平安京の地域形成

編著
西山良平
鈴木久男
藤田勝也

京都大学学術出版会

口絵１　右大臣藤原良相の西三条第（写真提供：（公財）京都市埋蔵文化財研究所。池の水色は編者の加筆）

2011年、JR 二条駅の西側駅前の発掘調査で、平安京右京三条一坊六町の北東部が調査され、９世紀後半とされる池250などが検出される。六町は右大臣藤原良相の西三条第（百花亭）と推定され、墨書土器84点、木簡19点が出土し、うち仮名墨書土器は約20点。調査地の水色の部分が池250（北西から）。〈第６章参照〉

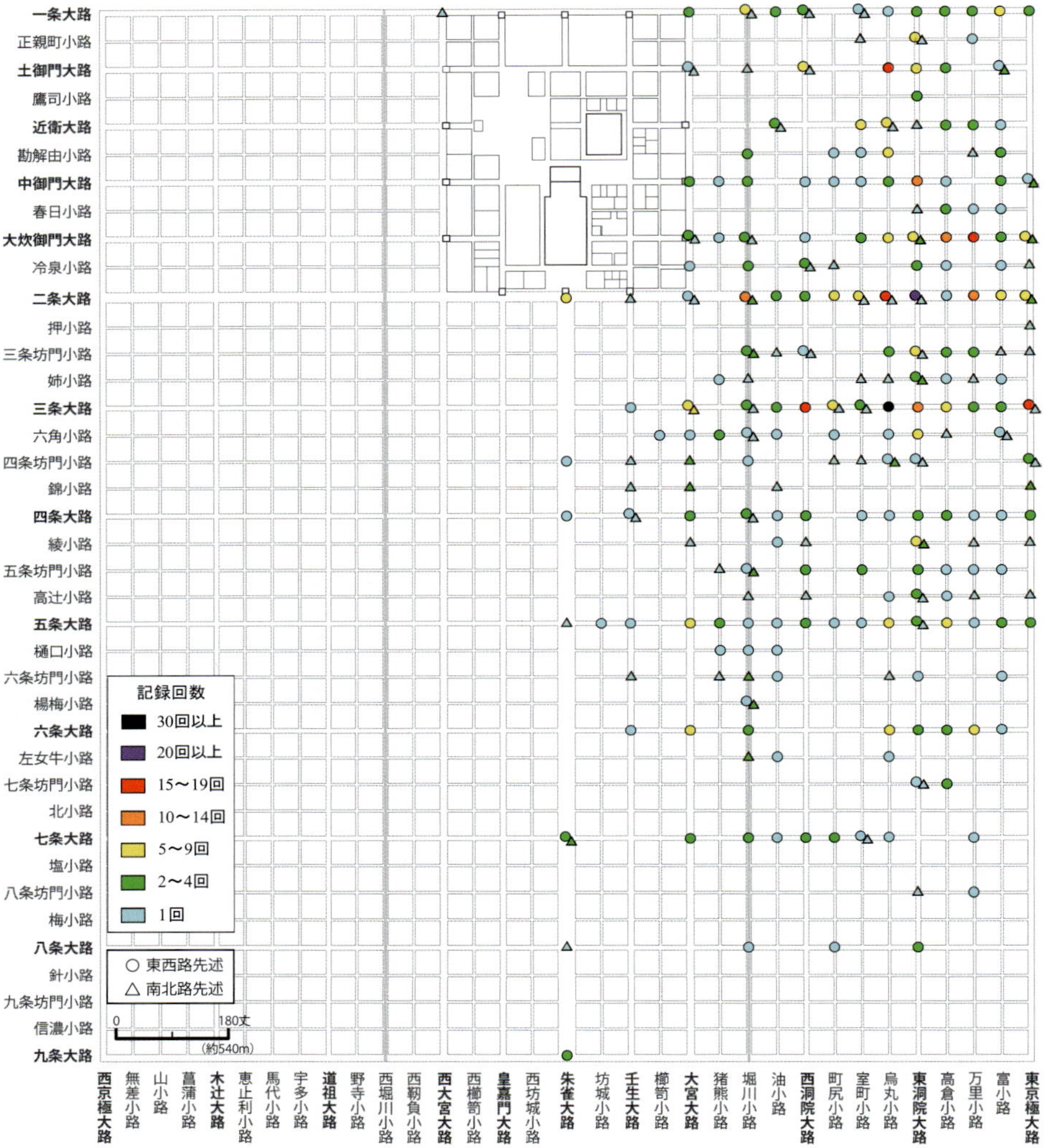

口絵2　貴族の日記に記録された交差点（院政確立期）

「三条烏丸」か「烏丸三条」か――。先述された路次上が活動や認識の中心と考えれば、東西路と南北路のいずれを先述するかは重要である。貴族の日記に記録された交差点を図示してみると、圧倒的に東西路先述が多く、貴族は東西路中心の空間認識を有していると考えられる。また、図からは活動の中心が左京二条〜三条であることも理解できる。ただし、「東の京の四条以北、乾艮の二方、人人貴賤無く、多く群聚する所也」（慶滋保胤『池亭記』）という平安中期の状況に比べて、平安後期にさしかかると、左京六条に御所が置かれることもあるなど、左京（東京）全体に貴族の活動範囲が広がっていることも確かである。〈第2章参照〉

口絵３　灰陶加彩四合院　明時代（16〜17世紀）
愛知県陶磁美術館所蔵（茂木計一郎コレクション）
四合院のような平面配置は、中国においては宮殿や宗教建築にも共通する大原則である。こうした閉鎖中庭型の配置は世界的にも文明が発達した地域に顕著に分布する。大陸を訪れた遣唐使たちが見た風景にも、こうした中国の住まいがあったと想像される。〈アーティクル参照〉

口絵４　重要文化財　源氏物語手鑑　竹河一　和泉市久保惣記念美術館所蔵
（土佐光吉　安土桃山時代）
寝殿で碁打ちに興じる玉鬘家の姫君たちが描かれる（左側）。左下にはその様子を覗き見る蔵人の少将の姿を確認することができる。貴族の家では傅かれる娘たちは上位空間である寝殿で育てられることが多いが、彼女たちの生活は外界からは遮断され、外の者の目に触れることはない。しかし、この絵を見る者は垣間見をする蔵人の少将同様に通常なら知り得ない寝殿の姫君たちの日常を絵によって窺い知ることができる。〈第７章参照〉

口絵５　松尾祭の船渡御

松尾祭は現在、４月下旬から５月中旬にかけて行われている。その神幸祭では、神輿は桂川の桂大橋付近を船で渡り（写真上と右）、西七条御旅所や川勝寺、郡の末社に滞在する。平安京と葛野郡をつなぐ祭りの姿を今に伝えているといえよう。〈第３章参照〉

口絵６　ずいき祭のずいき神輿（撮影・西村豊）

北野祭は現在、ずいき祭として10月１日から５日にかけて行われている。西ノ京では、農作物を材料にずいき（サトイモの茎）で屋根を葺いた、華やかなずいき神輿が制作され、御旅所から町を巡行する。〈第３章参照〉

口絵７　平安京右京二条二坊十一町の西堀川（南から）（写真提供：（公財）京都市埋蔵文化財研究所）

中央の水が溜まった部分が西堀川、その左右が西堀川小路路面。西堀川は、自然河川である紙屋川を右京の基幹水路として条坊に沿って掘削しなおしたもの。二条二坊では、10世紀に10〜20㎝大の石を含む土砂によって一気に埋没する。西堀川埋没後もその上に厚さ2.5mにも及ぶ土砂が堆積しており、度重なる紙屋川の氾濫の様子がうかがえる。〈第４章参照〉

口絵８　平安京右京三条二坊の野寺川（北西から）（写真提供：（公財）京都市埋蔵文化財研究所）

野寺川は、西堀川が埋没する10世紀後半頃、野寺小路に開削される。川幅はほぼ路面幅いっぱいの６〜８ｍ、深さは1.8ｍと、西堀川よりも規模は大きい。基幹水路の存在は、右京が居住域として衰退したのちも管理された土地であったことを示す。12世紀頃に埋没するが、右京域には、この後も道祖川や天神川が引き続き開削され続ける。野寺川を挟んで右側が十一町内、左側が十四町内である。〈第４章参照〉

口絵９　平安京左京八条三坊四・五町跡　雨落溝を伴う基壇建物（西から）
（写真提供：（公財）京都市埋蔵文化財研究所）

JR と近鉄の鉄道敷地間で行われた東西二町にわたる発掘調査。各町で一町規模の邸宅がみつかった。邸宅内には、周囲に雨落溝を伴う基壇建物や地業を施した建物が複数建ち並び、池や泉も配される。〈第５章（調査62）参照〉

口絵10　平安京左京九条三坊十町跡　室町小路に面対する建物群（北から）
（写真提供：（公財）京都市埋蔵文化財研究所）

現京都駅ビル南側の発掘調査。平安時代前期の広大な池を埋め立て、平安時代後期から鎌倉時代にわたり、室町小路想定位置（写真右手が現室町通）に面対して建物群が建ち並ぶ。〈第５章（調査117）参照〉

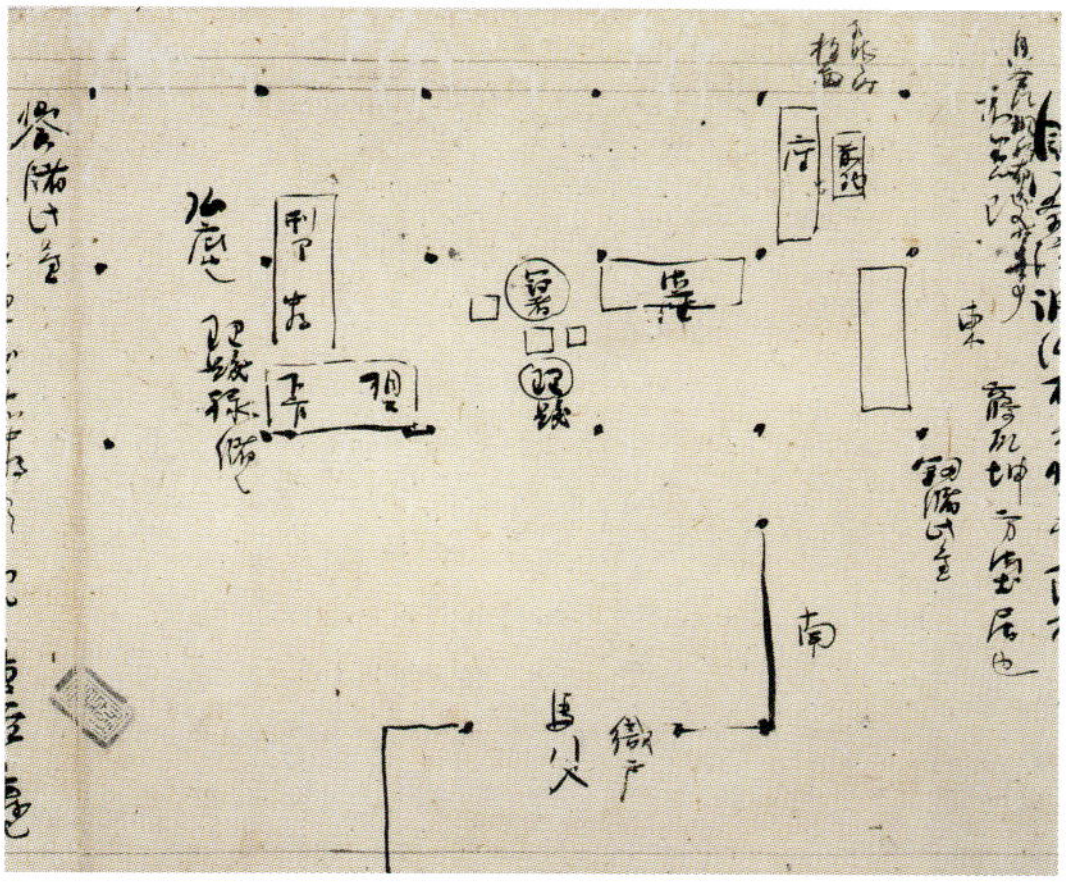

口絵11　藤原為家の元服式会場にみえる織戸中門（『明月記』元久２年12月15日条、公益財団法人冷泉家時雨亭文庫所蔵本より）。

公家日記の指図中に織戸が描かれるめずらしい例。しかし織戸はある意味、普遍的な存在で、江戸時代の有職故実家、裏松固禅はこれを見逃さなかった。〈第８章参照〉

口絵12　左大臣藤原経宗邸の織戸中門（『法然上人絵伝』巻十二）（続日本の絵巻１『法然上人絵伝　上』、中央公論社、1990年より）。

絵巻にみえる織戸（中門）の一例。織戸は絵巻に多種多様に描かれ、庶民の住まいでは網代組の粗末な扉としてもみえるが、この中門に装置される織戸は公家邸にふさわしく瀟洒なデザイン。板桟戸などではなく、あえて織戸にした意図は何か。〈第８章およびコラム３参照〉

口絵13　鹿苑寺（金閣寺）の不動堂
不動堂の北にある急峻な崖（下の写真）は西園寺公経が造り、藤原定家が驚嘆した滝跡と考えられる。〈第９章参照〉

口絵14　不動堂の奥にある石窟の内部
石窟は、水に濡れると美しい緑色に変色する緑色片岩で構築されている。本尊は石造の不動明王で、石窟の奥に安置されている。写真左手前は、石造の狛犬。不動明王像の左右にある石柱は、江戸時代のもの。〈第９章参照〉

口絵15　不動堂の北にある滝跡
滝は不動山の岩盤を幅18m、奥行17m、高さ13mに渡り掘削して造ったものである。写真中央部が滝口と考えられる。滝から水が流れ落ちていた頃は木造の不動堂はなく、石窟の扉が滝の水しぶきに濡れていた。〈第９章参照〉

まえがき

本書は、十・十一世紀前後から十二・十三世紀にかけて、平安京の基礎的な居住と住宅の形態と、それを基底とする平安京内部の地域形成について、日本史・考古学・建築史・歴史地理学・日本文学の諸分野が協同し、研究の進展を目指すものである。居住と住宅（以下、「住まい」）は、貴族や一般住人の居住の形態と、居住を実現する住宅建築を包括する。その個々の「住まい」の集合が都市であるが、平城京や初期平安京など律令制都城では、「住まい」相互の共同・結合は希薄と推定される。

十世紀後半・十一世紀には「住まい」とその住人の共同・結合が進展し、保刀禰や「随近の者・近辺（の人々）」「在地の者」など、隣人集団・社会集団が形成される。住人の隣人集団と貴族社会の隣人関係は自ずと相違するが、住人の隣人集団は様々な地域形成を達成すると推測される（第三章・久米論文の「地域社会」、第四章・南論文の「エリア」、第五章・辻論文の「鋳造関連遺跡の分布範囲」）。「随近の者・近辺（の人々）」は一町程度の領域、保なら四町であるが、西七条や西八条には刀禰が発生する。西七条には刀禰と「近辺の人々」が存立し、隣人集団と地域形成が重層する。平安京に地域形成が進行し、西京（右京一条・二条）、西七条（右京の七条周辺）、左京の七条・町周辺（鋳造工房群）、三条・町や四条・町の周辺（商工業地域）など、特有の地域形成を実現する。地域形成の基底は住人の存在形態で、隣人集団の内部に、下級官人や鋳造工人など固有の職能が集住すると、西京や七条・町周辺などの地域形成が実現すると想定される。

本書の課題を地域形成とするのは、隣人・住人の共同・結合を重視し、とくにその生成・形成に着目するからである。

十一世紀以降の様態を静態的にではなく動態的に認識する。

また、個々の「住まい」自体も検討の対象とし、とくに九世紀から十四世紀まで、貴族の「住まい」の重要事例を多様な局面から検討する。

本書は三部から構成される。第一部「地域形成のとらえ方」は総論である。第一章（西山良平、以下敬称略）は、摂関期の「随近の者・近辺（の人々）」と院政期の「在地の者」は平安京の隣人集団・社会集団とする。「随近の者」などの生成が地域形成の起点と強調する。第二章（安藤哲郎）は貴族の大路・小路をめぐる空間認識を分析し、貴族は東西路を重視し、院政期には行動の中心軸と認識されると結論づける。東西路の重視の要因に、左京の南北方向の流路や、南北路の商業的な空間を推測する。Article（塚本明日香）は、中国大陸の住まいに対する捉え方の変化を探り、唐宋変革（十世紀後半から十一世紀前半）を経て、人々の住まいに「民舎・民廬」などが追加され、より細かな区別が見られると指摘する。塚本論文に一言付け加える。当初の計画では、故愛宕元先生に唐代長安などの住まいを文献や発掘調査の成果から解明していただき、愛宕論文と塚本論文で中国の住まいの変遷を解明する予定であった。中国と日本の住まいを比較し、平安京の地域形成に東アジアの視点を導入したいと考えた。残念ながら愛宕先生が急逝されたため、塚本論文を第一部に収載する次第である。

第二部「地域形成を見いだす」は本書の本論である。第三章（久米舞子）は、七条・西七条・西京を抽出し、生業の実態、祭りを通じる社会的結合のあり方から、都市民の地域社会の特質を明らかにする。都市平安京は複数の地域社会に分節され併存し、地域性を生みだすと主張する。第四章（南孝雄）は、右京の発掘成果から、九世紀前半から十世紀前半の宅地利用のあり方を概観し、十世紀中頃の右京の実態、その後の土地利用や空間のあり方を検証する。平安後期には、居住域が西京や西七条など四つのエリアに分節するとする。第五章（辻裕司）は、左京域南部（六条大路以南）では、邸宅、町屋（小屋）、工業・商業地域また葬地などが重層し、室町時代以降、多くの地域で耕作地また空閑地に変貌すると指摘する。鋳造関連遺跡は油小路から室町小路、塩小路から梅小路に高い密度で分布すると整理する。

第三部「貴族の住まいの広がり」では、貴族の「住まい」を多様な側面から検証する。各々、九世紀から十世紀前半の右大臣藤原良相の西三条第（第六章・西山良平）、王朝文学作品などの寝殿（第七章・天野ひろみ）、平安末から鎌倉時代の織戸、織戸中門（第八章・藤田勝也）、西園寺公経の山荘北山殿（第九章・鈴木久男）を解明する。

第三部の紹介は簡略に過ぎるかもしれぬが、各章のご味読・ご批評をお願いする次第である。なお、以上は多分に私見の側面が強く、各章を必ずしも拘束するものではない。

二〇一六年九月　（文責　西山）

表紙の写真：『松崎天神縁起絵巻』（一三一一年、重要文化財、山口県防府天満宮蔵）より。
本扉の写真：竹内鳴鳳『扇面写経下絵』（一九一三年、模本、京都市立芸術大学芸術資料館蔵）より。
原本は『扇面法華経冊子』（平安時代末期、国宝、大阪府四天王寺蔵）。

平安京の地域形成◉目次

第二部　地域形成を見いだす

第一部
地域形成のとらえ方

稲荷祭の中ノ社神輿
稲荷祭は現在、４月下旬から５月初めにかけて行われている。かつて中ノ社神輿が滞在したのは、八条坊門猪熊に所在した「稲荷上中両社旅所」であったが、豊臣秀吉により旅所はすべて西九条に移された。五基の神輿はここに集結し、JR 東海道本線を越えて、左京下辺を巡行する(103頁参照)。

第一章　平安京の「随近之人」「在地者」と住人集団

西山良平

第一節　平安京の住人集団と地域形成

本章の課題は平安京の住人の相互関係の解明である。住人の相互関係の変化が平安京の変貌の基底にあり、摂関期や院政期以降の様々な特性を生成すると想定される。右京の衰滅、西京（右京一条・二条）の生成、右京の七条周辺（西七条）、左京の七条・町小路（以下、町とする）周辺（鋳造工房群）、三条・町や四条・町の周辺（商工業地域）、北辺（上京）の展開などである。平安京は各地域に分節し、地域形成が進展する。

十世紀から十二世紀には、「住民」・権力機構と両者の「中間的な官吏」は大略一世紀ごとに変化するとされる。昌泰二年（八九九）に京保（京内の「四保一坊」の保（四町）、図1-1「平安京と藤原忠親など」参照）は成立し、十世紀には保長が京職の下部機構である。家司や諸司の六位官人が任用され、治安維持や住民の掌握などを管轄する。京職の職務を王臣家に分担させ、京内支配を充実する。保長が消滅し、五位以上は京内行政から離脱する。

十世紀末に保刀禰が登場し、十一世紀に顕著に活動する。検非違使庁に管轄され、官位や官職と関係なく補任される。

「保」に平均四名で、現地の「有力者」が任じられ、治安維持や行政全般に関与する。保の行政区画は維持され、「有力者」を保刀禰に補任し、京支配を再生する。

十二世紀に左京では京保が衰退し、院や摂関家は多様な手工業者を家産機構に編成する。神人の存在が表面化し、京職や検非違使の支配は弱体化する。一方、紛失状の作成過程などに、「在地」と呼ばれる地縁関係が成立する。「庶民」の人間関係が公的な効力を発揮する最初であるとする。(1)

十世紀から十一世紀に、「住民」・権力機構と両者の「中間的な官吏」は保長から保刀禰に変化し、十二世紀に「庶民」の人間関係すなわち「在地」が成立するとされる。(2)

平安京では「随近之人」「近辺人々」が散見し、それは住人の社会集団とみなされる。すなわち、「随近之人」「近辺人々」が刑事事件などに登場し、証言し殺害犯人を拘束する。一定の社会集団を形成するが、紛失状などの「証判」は現存しない。「随近」は一町程度と想定される。(3)

鎌倉から南北朝時代の都市京都では、「地縁関係」は「在地人」に表れる。紛失状の証判が在地人のもっとも顕著な機能で、下級官人層や僧侶など有力住人が中心である。鎌倉後期には地名を冠する在地人が登場し、より組織的で広範な住人を含み込む。課役免除のため共同行動し、信仰活動の主体となるとする。(4)

十二世紀から南北朝時代まで、「在地」「在地人」が紛失状の証判や譲与・売買などで権利を保証する。「随近之人」「近辺人々」は刑事事件などに出現する。譲与・売買など権利の保証と刑事事件には懸隔がある。本章では、第一に「在地」と「随近之人」の差異性・共通性を検証する。(5) また、貴族社会の隣人関係では、放火・焼亡や強盗・殺害を強く意識する。隣人は交流が希薄でも、放火や殺害事件に「連帯」する。(6) 以下では、第二に「随近之人」「在地」など住人集団と貴族社会の隣人関係を比較する。平安京の地域形成の基底に、「随近之人」「在地」など住人集団の成立を予想する。

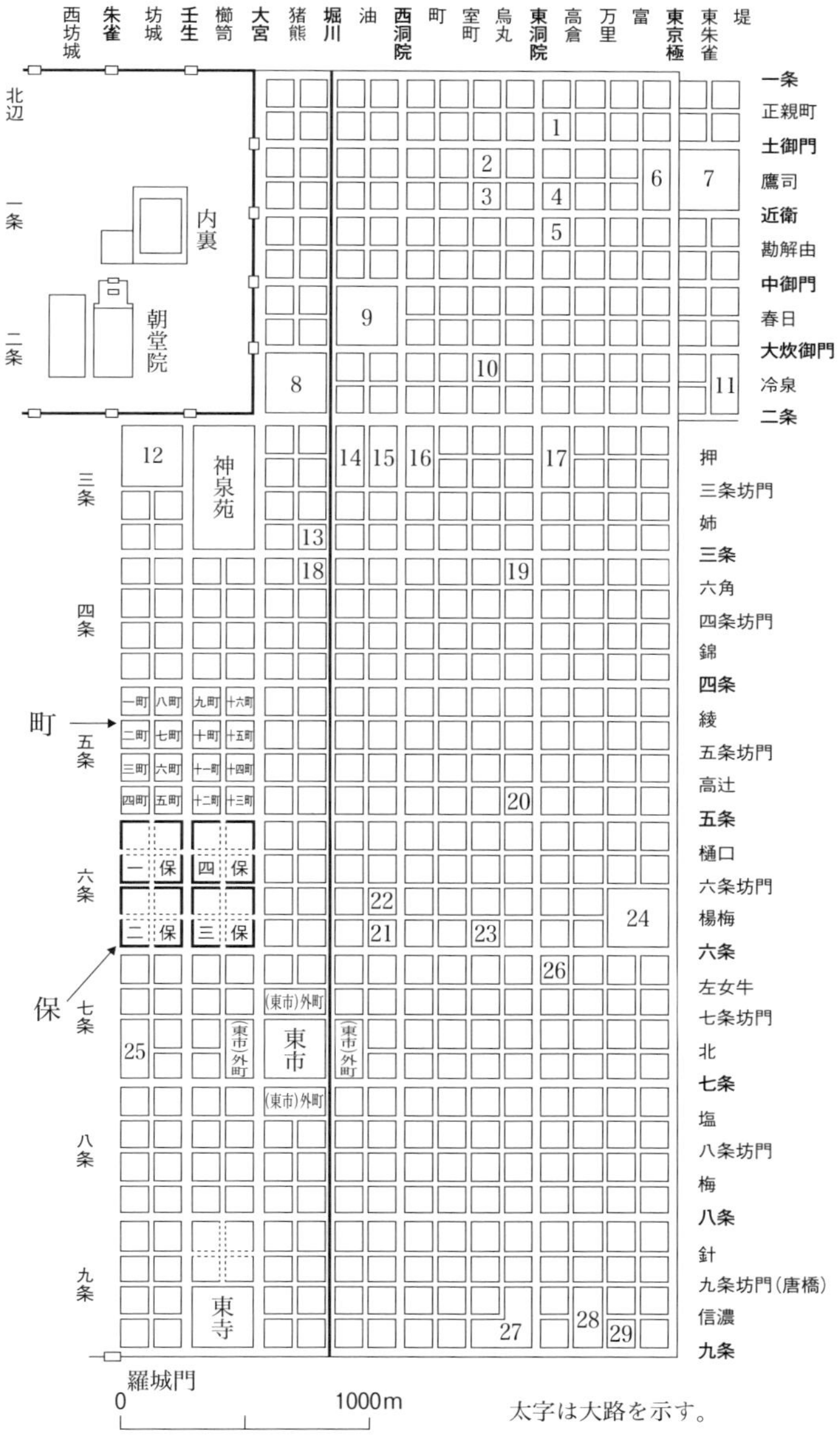

1　土御門殿
2　土御門・烏丸殿
3　近衛殿
4　藤原師長
5　花山院
6　京極殿(土御門殿)
7　法成寺
8　冷泉院
9　高陽院
10　小野宮第
11　法興院
12　大学寮
13　藤原忠親
14　堀川第(堀河院)
15　閑院
16　東三条殿
17　二条殿
18　源雅頼
19　六角堂
20　因幡堂
21　六条殿
22　藤原忠親
23　中院第
24　河原院
25　東鴻臚館
26　平時忠
27　九条殿(藤原師通)カ
28　皇嘉門院御所
29　九条殿(藤原兼実)

図1－1　平安京と藤原忠親など

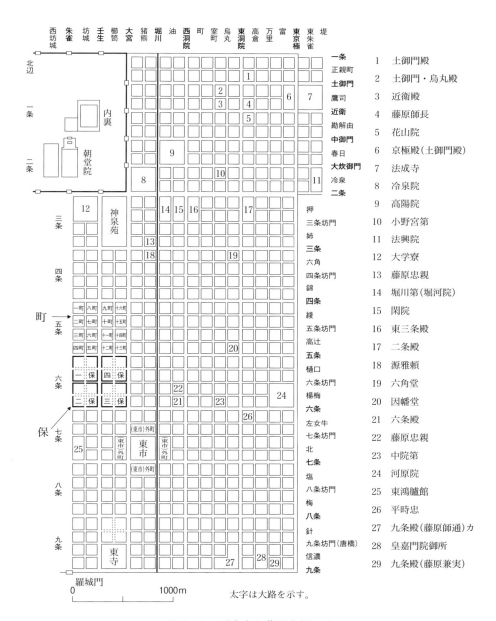

第二節　「随近之人・近辺人々」と「在地者」「在地之輩」

1　「随近之人・近辺人々」と刑事事件

「随近之人・近辺人々」は刑事事件に証言し、犯人を拘束する。「不義者」を追放する可能性があり、住人の隣人関係・「一定の社会集団」を形成する。刑事事件に顕在し、社会生活の安全を保障する。その事例を再考し補足する。

左近番長の神部吉仁が今夜自妻の密夫を伺い捕えるが、俄かに寅時に殺害される。舎弟男が心神を迷わし、来たり訴える。「近辺の人々（近辺人々）」が「合力して」（力を貸して援助・協力する、助勢する）密夫を捕え得る。そこで甲は乙に、早く看督長を差し遣わし、日記を立て犯人を禁じてほしいと所望する。「昨日の御書」が今朝卯剋に到来する。乙の返書では、事由を検非違使別当に申し、官人らに触れ示して糺すべきだが、太皇太后宮が石山寺の経営に参るため、万政が遅引する。犯人は貴下に捕え禁じ、その経営の後に理に任せ糺すつもりだ（『高山寺本古往来』一二・一三）[7]。

「近辺」は「近いところ。近傍。近所。付近。」（『日本国語大辞典』）。「近辺の人々」は左近番長の神部吉仁の「近いところ」の「人々」すなわち隣人集団、甲はそれに所属すると推定される。「合力して」とあり、共同性・集団性が顕著である。乙は殺害を通知され、検非違使別当や官人らと親しく、検非違使の官人と推測される。すなわち、「近辺の人々」は「合力して」殺害犯人を確保・拘束し、検非違使に通報する。検非違使に看督長の派遣と犯人の尋問・禁固を申請する。「近辺の人々」は犯人を拘束し、検非違使は尋問し禁固する。

長保二年（一〇〇〇）七月、阿波権守源済政の宅人が前武蔵守藤原寧親の従者を射殺す。すなわち、藤原寧親の私宅の「西門」の門前で、馬飼武男と事業行正らが射臥せられる。南方から葦毛馬に乗り弓箭を帯びる一騎が馳せ来る。歩兵一人が北より弓を控《ひ》き走り会い、武男を射、また行正を射る。「往還の人々（往還人々）」が見騒ぐが、藤原寧親の「北小路に居住せる下女」が申すには、その二人は「この西の小宅に罷り入る。」。武男の弟がその宅の門を叩くが、相応じない。そこで、弟は「人二人を射殺すの者この宅に入る。随近の人（随近之人）聞くべきの由を申し」、罷り去る。

藤原寧親の私宅の「西門」とその「北の小路に居住せる下女」「この西の小宅」が登場する。武男の弟は「随近の人」の証言を期待して、「人二人を射殺すの者この宅に入る。随近の人聞くべきの由を申」すと想定される。

藤原寧親は検非違使別当・右衛門督藤原公任に事由を申し、藤原公任は検非違使・左衛門権少尉安倍信行を遣わし日記（事実を記録）させる。安倍信行は日記の後、左大臣藤原道長に子細を申させる。一方、源済政は六位蔵人菅原孝標に一条天皇に奏聞させる。菅原孝標は一条天皇の「仰せ」に依り、検非違使・右衛門大尉藤原陳泰を遣わし日記させる。安倍信行（や藤原陳泰）の日記には、「随近の人」の証言が記録されると推測される。

源済政の奏では、別当藤原公任が殺害の下手を奉れと仰すが、これは一条天皇の「先日の仰せの旨」と相違する。藤原公任が「前日の仰せ」に依れと申すので、先ず（良岑）英俊と「随近の刀禰ら（随近刀禰等）」を召し、実否を尋問し、次いで殺害の下手を召すべきだ。しかし、「先日の仰せ」と違い、ひたすら済政方の下手を召す。しかし、一条天皇の仰せでは、「先日」はただ源済政の申すところを聞き入れる。藤原寧親従者の所為を違法と思い、検非違使藤原陳泰を遣わし「問注」させる。（良岑）英俊を「証人」とするが、それは慥かではない。また、別当藤原公任の仰せに依り、検非違使安倍信行に「問注」させるところは相違がない。犯罪は殺害より重きはなく、一条天皇は下手を奉れと仰させる（『権記』長保二年七月廿五日・廿六日・廿八日・八月廿三日・廿四日、三年七月十六日・十七日・十九日条、『小記目録』第十七「追捕事」長保二年八月廿九日・三年七月十七日条[8]）。

一条天皇は「先日の仰せ」（前日の仰せ）で、先ず（良岑）英俊と「随近の刀禰ら」を尋問させる。また、「先日」は源済政の言い分を聞き入れ、藤原寧親従者の所為を違法と思惟する。そこで、藤原陳泰に「問注」させるが、（良岑）英俊の証言は不確かで、安倍信行の「問注」は相違ない。ひたすら済政方の下手を召し奉らせる。したがって、源済政は、

（良岑）英俊、または（良岑）英俊と「随近の刀禰ら」の証言を自己に有利とみなすと推定される。

「随近の者」は「周辺の住民」(9)。刀禰は「保」（四町）の刀禰、「保」の刀禰は平均四名である(10)。「随近の刀禰」は「周辺」居住の刀禰と推測される。「随近の人」は、馬飼武男の弟が「聞くべきの由」を申すので、藤原寧親の「北の小路」に隣接する範囲、一町程度の領域と想定される。「随近の人」は「周辺」に居住し、「保」より微小な集団である。また、藤原寧親や馬飼武男の弟は「随近の人」に証言を期待し、源済政は（良岑）英俊または（良岑）英俊と「随近の刀禰ら」に有利な発言を予想する。「随近の人」と「随近の刀禰」は一致しないと推定される。

長元七年（一〇三四）二月、播磨大掾播万貞成は、西七条刀禰の安倍清安・不知姓豊延らに従者男の近正の川原毛父馬一疋などが奪い取られるので、検非違使庁の裁定を申し請う。安倍清安や豊延らは、その馬は中臣松犬丸が去年六月に盗み取られるとする。しかし、その馬はもと播磨国飾東郡の大石頼安の馬で、長元五年十二月に近正の黒毛母馬と相替え、「券文無きに非ず。」。「（播磨国の）在地郡司・刀禰らが皆見知する」。ところが、盗み取られると検非違使庁に触れ申し、近正は召し禁じられる。その馬は大石頼安が十余年、近正が三箇年領知する。一方、安倍清安・豊延らは去年六月に盗み取られるとする。また、「近辺の人々（近辺之人々）或いは在らずと申し、或いは慥かに見て申すべきの由を申すと云々。専ら一定なし。」（播磨大掾播万貞成解、九条家本『延喜式』巻四紙背文書、『平安遺文』五二四）(11)。

「近辺の人々」は播磨国の在地郡司・刀禰や西七条の刀禰と別個であるが、播磨国の郡司・刀禰は近正の領知を見知するので、西七条の「近辺の人々」と想定される(12)。「近いところ」の「人々」、すなわち西七条より微細な隣人集団である。

さて私見の旧説では、「近辺の人々」以下は、「或いは（清安らの言い分を）在らず（無実）と申し、或いは慥かに見て（近正が盗み取るのを慥かに見たので）申すべきの由を申す。」である。しかし、まず「在らず」を「無実」とするのは無理がある。第二に、前半の「在らず」の主語は「清安らの言い分」、後半の「見て」の目的語は「近正が盗み取る」で、文意が屈折する。一方、前半の主語と後半の目的語を同じ近正の父馬とし、「在らず」は「いない」とすると、前半は「（今問題の父馬は中臣松犬丸の所に）いなかったと申し」、後半は「慥かに（その父馬を）見たので申すべし（証言できる）と申す。」と解釈される。「在らず」に無理がなく、文意が明解である。(13)「近辺の人々」は西七条の小集団で、内容は対立するが、近正の父馬の存否を証言する。

長元八年七月十一日、国覓永頼は大中臣清武に天女《あめ》父牛（黄牛《あめうし》）一頭を盗み取られるので、検非違使に裁定を申し請う。清武に尋ね問い、「紛失日記」に従い弁申させる。「紛失日記一通」を副え進める。四月三日に私牛を盗まれ、行方を尋ね問う。嫌疑人を伺い求めるが、犯人を聞き得難い。大中臣清武は「近辺・随近に居住する（居二住近辺・随近一）」が、「不義者」である。そこで、「追い掃う」が、また著れて往反する。とりもなおさず「疑いを負おす」。清武は犯人は知らないが、牛の在所を尋ね聞き、沙汰すると承伏する。七月七日、他犯に依り捕えられるので、検非違使が尋ね問い、清武に弁申させる（国覓永頼解、九条家本『延喜式』巻四紙背文書、『平安遺文』五四〇）。

大中臣清武は「近辺・随近に居住する」が、「不義の者」であるので「追い掃う」。その主体は永頼かのようであるが、特定の人格が個人を追放すると想定しにくい。国覓永頼や大中臣清武はともに「近辺・随近に居住する」ので、「近辺・随近（の人々）」が住人を選別し「居住」を否定するとみられる。この事件は場所が不明であるが、それは副進の「紛失日記」に記載されると推定される。十世紀から十一世紀前半に、検非違使庁の活動は平安京から畿内近国に拡大するが、(14)この事件が平安京の内部の可能性は充分ある。(15)

治暦四年（一〇六八）十二月、伊勢神宮の祭主大中臣元範は伊勢神宮の月次祭に参宮する。神祇権少副大中臣公輔の内奏では、大中臣元範の在京の宿所に死人の穢れがある。祭主宿所の「家主」は「右馬寮属、姓不知光則」であり、光則を検非違使に召し籠め穢気を糺問する。光則の弁申では、祭主元範が光則の私宅に来たり宿し滞在する。光則の許の「今来の下女一人」が病脳し、「非常の事」（死）を恐れる。祭主元範も光則も退出させるべきだと考え、「病女を下女に負い担わ」せ、「便人の許」に宿り違えする。その「少家の人」が申すには、「宅主」は熊野に参向するので、「他所に宿すべき」である。そこで、「便所」に臥せ置くが、これは「傍《かたわら》随近の者・往還の人々（随近乃者・往還人々）」が具に「見知」し、ひたすら「死人」に非ずと申す。さらに真偽を決するため、病女を負い担う女を「法に任せ糺正」する。生き乍ら負い出だすと「実正」に依り陳じる。まして、「近辺・往還の人々（近辺・往還人々）」も生き乍ら出だし置くのが「実」と「証」する。大中臣公輔の内奏が無実なのはつまびらかで、過状が提出される（『太神宮諸雑事記』【史料Ａ】治暦四年十二月条[16]）。

穢れの有無は病女を負い担う下女と「随近の者・往還の人々」「近辺・往還の人々」の証言で結着する。「随近の者」は「近辺（の人々）」と同一で、「往還の人々」と区別される。「随近の者」「近辺（の人々）」は事件を「見知」し「証」する。その証言は充分に法的に有効である。

この事件には関連史料がある。

治暦四年十二月十一日、伊勢神宮祭主大中臣元範の「宅」に死穢がある。後三条天皇は神事違例を怖れ、「元範従者幷びに近隣の住人ら（元範従者幷近隣住人等）」を搦め捉える。「拷訊す」るが、死穢を承伏しない。神祇官・陰陽寮の卜筮では穢気があるので、元範を召し留める（『扶桑略記』【史料Ｂ】治暦四年十二月十一日条）。十二月十四日の「未刻」参議・左大弁源経信が参内する。伝聞では、十一日、祭主元範の「宅」に死人がある。神祇権少副大中臣公輔は按察使・大納言源隆国に元範が死人を隠すと語り、源隆国は左兵衛督藤原経季に後三条天皇に洩れ申させる。後三条天皇は驚き大中臣公輔を召問するが、公輔は事情が一定しないので申し上げないとする。また、後三条天皇は検非違使に「元範寄宿宅の女法師ら（元範寄宿宅女法師等）」を「拷訊」させるが、承伏しない。十四日（壬子）の「今朝」、「子の日」御卜の例を問われ、「軒廊御卜」がある。神祇官・陰陽寮は各々穢気があると占い申す。遣使し幣使を停め、触穢の幣物の例を勘申させる（『帥記』【史料Ｃ】治暦四年十二月十四日条[17]）。

大中臣元範の「宅」【史料Ｂ】「宅・寄宿宅」【史料Ｃ】は「宿所」【史料Ａ】に相当する。「元範従者幷びに近隣の住人ら」【史料Ｂ】は、「従者」は病女を負い担う下女、「近隣の住人ら」は「随近の者・近辺（の人々）」に該当し、「元範寄宿宅の女法師ら」【史料Ｃ】は病女を負い担う下女と推定される。また、「元範従者幷びに近隣の住人ら」「元範寄宿宅の女法師ら」は検非違使に「拷訊」されるが、承伏しない【史料Ｂ・Ｃ】。「随近の者・往還の人々」は具に「見知」し、死人でないと申す。そこで、真偽を決するため、病女を負い担う下女を「法に任せ糺正」するが、ひたすら死人でないと陳じる。「近辺・往還の人々」も生き乍らと証する【史料A】。拷訊と不承伏【史料B・C】は「真偽を決するため」以下【史料A】に対応すると推測される。拷訊は「三度」実施されるが（「獄令」35察獄之官条、『中右記』永久二年七月二日条）、「女法師ら」や「近隣の住人ら」は承伏せず、その姿勢は強烈である。

「随近の者・近辺（の人々）」【史料A】は「近隣の住人ら」【史料B】に一致する。「近隣」は「ごく近いあたり。となり近所。近辺。近所。」で（『日本国語大辞典』）、「近隣」は「随近・近辺」と同義である。「随近の者・近辺（の人々）」はすなわち「近隣の住人ら」である。「近隣の住人ら」は死穢の有無を証言する。

「近辺の人々」「随近の人」「近辺の人々」「随近の者・近辺（の人々）」は殺害犯人を拘束し、殺害下手の証人となり、父馬の存否や死人の穢れの有無を証言する。また、「随近」「近辺」に「人々」「人」「者」が付加され、「近辺の人々」が「合力」するなど、集団性・共同性が明瞭である。

さて、永久二年（一一一四）九月二十五日、検非違使別当・左兵衛督藤原宗忠に、検非違使・左衛門少尉橘説兼が一日放火の疑いの小男を将来する。申す旨は明らかならず、慥かに「在地の者（在地者）」に尋ねよと仰せる。二十六日、橘説兼は放火の者について「近隣の人々（近隣人々）」が申す旨はおおよそ拠所《よんどころ》（基づく所）無いとする。別当藤原宗忠は早く免ぜよと仰せる（『中右記』永久二年九月廿五日・廿六日条）。拠所無いと消極的であるが、「近隣の人々」が放火の内容を証言する。治暦四年の「近隣の住人ら」【史料B】と同様である。また、「近隣の人々」は前日の「在地の者」と同一と推定される。したがって、「随近の者・近辺（の人々）」【史料A】と「近隣の住人ら」、「近隣の人々」と「在地の者」はすべて通底すると推測される。

ところで、永久三年四月、散位平資孝は左京七条二坊一町の所領地（一戸主一九丈四尺三寸）の「在地の証判（在地証判）」を申し請う。天永二年（一一一一）平資孝は下総国の目代に下向し、文書や財物を妻子に預け与える。しかし、天永三年「彼の保」（左京七条二坊一保また左京七条）[18]が焼亡し、券文などが焼失する。「在地証判」を後日の証験とする（平資

孝文書紛失状、『九条家文書』三・六六〇（四）（圖書寮叢刊）、『平安遺文』一八二三）。

件屋地、主人城外之間、
公験焼失之由、成二見聞一
明白也、仍加二在地随近
証判之一、
在地人々等
源（花押）
東市官人代玉出（花押）
（裏書）「久行」
左京保刀禰大中臣（略押）
（裏書）「吉国」

「在地の人々」が「在地の証判」「在地随近の証判」を加える。所領地が左京七条二坊にあり、「在地の人々」に東市（左京七条二坊）官人代が参加する。「在地の人々」は左京七条二坊周辺の住人と推定される。十二世紀には紛失状の作成過程などに、「在地」と呼ばれる地縁関係が新たに成立する。庶民の人間関係が「在地」として公的な効力を発揮する。[19]「在地随近の証判」とあり、「在地」と「随近」の親和性が示唆される。この前年、「在地の者」は「近隣の人々」に相当し、「近隣の住人ら」を媒介に「随近の者・近辺（の人々）」と通底する。

「近隣の住人ら」「近隣の人々」の事例を瞥見する。

「近隣の人」は証言する。寛治六年（一〇九二）、内大臣・左大将藤原師通は一日の舎人を左少将・尾張守藤原忠教に返し遣わす。高陽院造作のため、鍛冶造手三人に針を造らせるが、一人が逃げ去る。「近隣の人（近隣人）」に子細を問うため、召し参らせる。尾張守藤原忠教の「門を渡る」と、「門内」より舎人が走り出て、「女一人」を奪い取る。「宅に残れる人」を召すため、罷り向かうと、この女が「宅」にいる。そこで、召し参らせるが、また捕えられる。舎人が逃げ去るので、女が参る。女を召し問うと、「作手人」は近江国に罷ると言上する（『後二条師通記』寛治六年六月三日条）。

藤原忠教の「門を渡る」と、「門内」より舎人が走り出て、「女一人」を奪い取る。大臣家などの〈門前〉は〈家〉に事実上支配される。〈門前を渡る・通る〉は事実上の不法行為で、支配権の行使のため拉致監禁する。[20] 藤原忠教は乱暴で、闘乱が散見する。[21]「近隣の人」「女一人」「宅に残れる人」が鍛冶造手（作手人）の行方を証言する。「近隣の人」は鍛冶造手の「近隣の人」と推定される。[22]

康和元年（一〇九九）二月十六日、関白・内大臣藤原師通は九条殿に行く。前関白藤原師実は高野詣から二〇日ほどに帰京する。「白昼」だと九条殿に立ち寄るとのことだが、「夜」だと立ち寄らないはずだ。検非違使に明日より掃除させる。二〇日午剋、藤原師通は九条殿に向かう。藤原師実が高野詣から帰京し立ち寄るので、もてなしを用意するというわけである。「陋巷（狭くきたない町・俗世間）の説（陋巷説）」を聞くと、藤原師実は「酉剋」（午後六時頃）にとっくに帰京する。「重ねて近辺に相尋ね一定に候う（重相二尋近辺一一定候）。」。「黄昏」（夕方の薄暗いころ）に五条辺に出で、「秉燭」（火をともすころ）に京極殿に参る。しばらくして退出する（『後二条師通記』康和元年二月十六日・廿日条）。

藤原師実の住宅は京極殿、藤原師通は二条殿。[23] 左少弁・因幡守平時範（摂関家家司）は「京書」を引用し、「今夕」大殿藤原師実が高野より帰京するとする（『時範記』承徳三年二月廿日条）。[24] 藤原師実は「今夕」帰京し、それを「夜」とみなし、九条殿に立ち寄らないと推定される。藤原師通は「陋巷の説」で「酉剋」に帰京と聞く。「陋巷の説」は世間の風聞、「近辺」は九条殿の「近辺」と推測される。「白昼」と「夜」では藤原師実の経路が相違するため、「重ねて近辺に相尋ね一定に候う。」。「近辺」は藤原師実の帰京は「酉剋」（今夕）と証言し、藤原師通は九条殿に立ち寄らないと判断する。「黄昏」に五条辺に出で、「秉燭」に京極殿に参る。藤原師実は直接京極殿に到着すると推測される。

「近隣の人」や「近辺（の人）」は内大臣藤原師通に鍛冶造手の行方や前関白藤原師実の帰京を証言する。鍛冶造手の逃去事件の解決には「近隣の人」の証言が不可欠である。平安京には「近辺（の人）」の情報や「陋巷の説」が流通する。「近辺（の人）」の風聞が刑事事件の証言の基底と推定される。

2 「在地者」「在地之輩」と刑事事件

「随近の者・近辺（の人々）」と「在地の者」は通底し、「在地」と「随近」は親和的である。また、十二世紀には紛失状の作成過程などに、「在地」（在地の人々）と呼ばれる地縁関係が成立し、公的な効力を発揮する。「随近の者・近辺（の人々）」は殺害犯人を拘束し、殺害下手の証人となるなど、刑事事件に活躍する。そこで、「在地」と刑事事件との相関を検討する。

既述のように、永久二年（一一一四）九月二十五日、検非違使別当藤原宗忠に、検非違使橘説兼が一日放火の疑いの小男を将来する。申す旨は明らかならず、慥かに「在地の者」に尋ねよと仰せる。翌日、橘説兼は放火の者について「近隣の人々」が申す旨はおおよそ拠所《よんどころ》無いとする。別当藤原宗忠は早く免ぜよと仰せる（『中右記』永久二年九月廿五日・廿六日条）。「在地の者」「近隣の人々」が「放火の者」について証言する。「在地の者」と「者」が付加され、「近隣の人々」と同様に集団性・共同性が想定される。

永治元年（一一四一）、検非違使別当・左兵衛督藤原公教に検非違使・左衛門尉（カ）藤原周光が言うに、去夜、綾小路・京極と高辻・西洞院の二カ所が放火される。しかし、二カ所ながら「夜行人」が打ち消す。もっとも「綾小路・京極の在地ら（綾小路京極在地等）」が「皆悉く群参（皆悉群参）」して言うに、この放火される「宅」を追い立てるべきだ。この両三年放火がもう三カ度である。「在地の者（在地者）」が「夜行人」を置くのはできにくい、と。別当公教が答えるに、それは適当ではない。どこに「居住」しても、放火は「意趣」（恨み）ある者はなおその心があるはずだ。追い立てるべきではない、と。この二カ所は「夜行人」が各一人勤めないとのことだ。それで、その二人を召し散禁させる（『教業記（公教卿記）』保延七年（永治元年）正月廿四日条[25]）。「夜行人」は検非違使庁の夜行役である。[26]「在地ら」が放火される宅を追放しようと「群参」する。この事実は「近辺・随近（の人々）」の「不義の者」追放と一致する。また、「在地の者」が検非違使の夜行役の基底である。「在地」に「者」が追加され、「群参」に共同性・主体性が明白である。「在地ら」「在地の者」は放火と対峙する。

安元二年（一一七六）、九条家の「大番の輩（大番之輩）両三人」が瓜を盗み取るため、下人らの畠中に入る。「近辺在地の輩（近辺在地之輩）」が盗人と称し、「群発」し追い搦める。二人が逃去し、一人は囲い籠められる。逃げ遁れるため「大刀」を抜き、下人一両を切り突く。そこで「人勢《にん》」（大勢の人）でさらに捕え、その一人は打ち害われる。逃去の二人はかえって「家門」に逃げ入る。「兵士の輩（兵士之輩）」が盗犯のため捕え搦められ、殺害される。この「大番の者ら（大番之者等）」は源頼兼の郎従で、世人はこの党類を美濃源氏と称し、頼光の末葉（『玉葉』安元二年六月廿九日条）。九条家の「大番の輩」は源頼兼の郎従、頼兼は頼政の男、したがって頼光の末葉である。この喧嘩では「近辺在地の輩」がその一人を打ち害う。「近辺在地の輩」は「群発」し追い搦め、「人勢」で捕える。集団性・共同性が顕著で、「大番の輩」・「兵士の輩」と応戦する。「近辺在地の輩」は強力な集団である。喧嘩の現場は下人らの畠や九条家の「家の門」である。

右大臣藤原兼実は姉皇嘉門院聖子の「猶子」となり、仁安二年（一一六七）九条殿に渡居する。承安二年（一一七二）竈神を渡し、九条殿が名実ともに兼実の「本所」となる（『兵範記』保元元年正月四日条、『玉葉』仁安二年正月廿八日条、承安二年八月廿日・十一月廿五日条[27]）。兼実の九条第は左京九条四坊十二町、皇嘉門院御所は五・六町に比定され、六町に殿舎が想定される。[28]

「在地の者」は放火を証言し、「在地の者」は放火と対決する。「近辺在地の輩」は盗犯を追い搦め、打ち害う。「人々」や「人勢」とあり、共同性・集団性が想定される。「群参」「群発」に主体性が看取され、「近辺在地の輩」と「兵士の輩」の喧嘩に戦闘性が窺知される。「在地の者」「近辺在地の輩」は刑事事件に集団的・主体的に対峙する。

第三節　貴族社会の隣人関係と強盗・焼亡

1　隣人関係と強盗・群盗

寛仁二年（一〇一八）、内舎人藤原季良の「宅」は大納言・右大将藤原実資の「西隣」にある。夜半許りに「大刀」を抜く者が「宅の戸」を打ち開き、入り来る。藤原季良を殺害しようとし、左方の大指を打ち落とし、尻上の二所を切る。実資「家」の随身所が聞き付け、「叫びを放つ。」。きっと害はないが、指は落ちるとのことだ（『小右記』寛仁二年正月廿二日条）。藤原実資の小野宮第は左京二条三坊十一町。小野宮第の随身所は西面・西側と推定され[29]、「西隣」の季良宅は至近である（図1-2「藤原実資の隣人」）。貴族社会では、隣人の殺害未遂事件を聞き付け「叫び」を放ち連帯する。

寛仁三年、大納言藤原実資の「北隣」の皇太后宮大進藤原佐光宅の西廊の上に火が投げ上げられる。煙が発ちそうなので、参議藤原資平の宅人が「見付け」、「雑人ら」が撲滅する。また、藤原実資の「東町」の「小人宅」が放火され、中納言・大宰権帥藤原隆家家の宿直者が見付け「告」げる。ただちに打ち滅ぼす。隆家家では宿護者が舎上に夜居する（『小右記』寛仁三年四月五日・十三日条）。

藤原実資の隣人関係では、藤原資平の宅は「北宅」で「北隣」。藤原資平宅と藤原佐光宅は同じく「北隣」で、三坊十町、資平宅が西側、藤原佐光宅は東側。藤原隆家家も「北隣」で、十町周辺とみられる。「東町」は東隣で、十四町[30]。隣人の放火を「見付け」、また見付け「告」げる。後者は「小人宅」で、隣人関係は貴族社会を越境する。前者では「雑人ら」が撲滅するが、これは佐光宅の「雑人ら」と想定される[31]。

強盗・群盗や放火は近隣に騒動を発生する。

長治二年（一一〇五）正月、強盗が五条・京極の小屋に入り、「近隣」ゆえ、「鳴鏑の声」が「隣里」を驚かす（『中右記』長治二年正月卅日条）。参議・右大弁藤原宗忠は五条・烏丸亭に多年居住するが、康和五年（一一〇三）焼失する。その後、宗忠は「東五条家」にいるが、長治二年十月、中御門・富小路亭の北対に「密々」に移徙する（『中右記』康和五年十一月十六日・十七日条、長治二年十月三日条）。「東五条家」は五条・烏丸以東で、五条・京極の「近隣」と推定される。天養二年（一一四五）、権大納言・左大将源雅定の中院第（左京六条三坊十二町）の寝殿に煙があり、「屋上」を掩うので、「隣里」が驚く。源雅定は伊勢公卿勅使の精進のため「他所」に渡り、「仏経など」は家中に置かない。「放火」と考え、驚いて「天井」を放つと、「絵仏像五体の色旗など（絵仏像五体色旗等）」がある。それを門外に出す後、煙は散り尽きる（『台記』天養二年三月七日条）。

東京の四条以北は人々が貴賤となく多く群聚する。高家は門を比《なら》べ堂を連ね、小屋は壁を隔て簷《のき》を接《まじ》える。「東隣」に「火災」が有ると、「西隣」は余炎を免れない。「南宅」に「盗賊」が有ると、「北宅」は「流矢」を避りにくい（慶保胤「池亭記」『本朝文粋』巻十二「記」）。長元五年（一〇三二）、「群盗」が「近辺小屋」に乱入し、矢を関白・左大臣藤原頼通の堀川第に射入れる（『小記目録』第十七「捜盗事付盗賊」長元五年十月一日条）。群盗（強盗）の規模は十人の倍数で、弓矢の戦闘に堪能と推定され、群盗の追捕・撃退は合戦に展開する。[32]

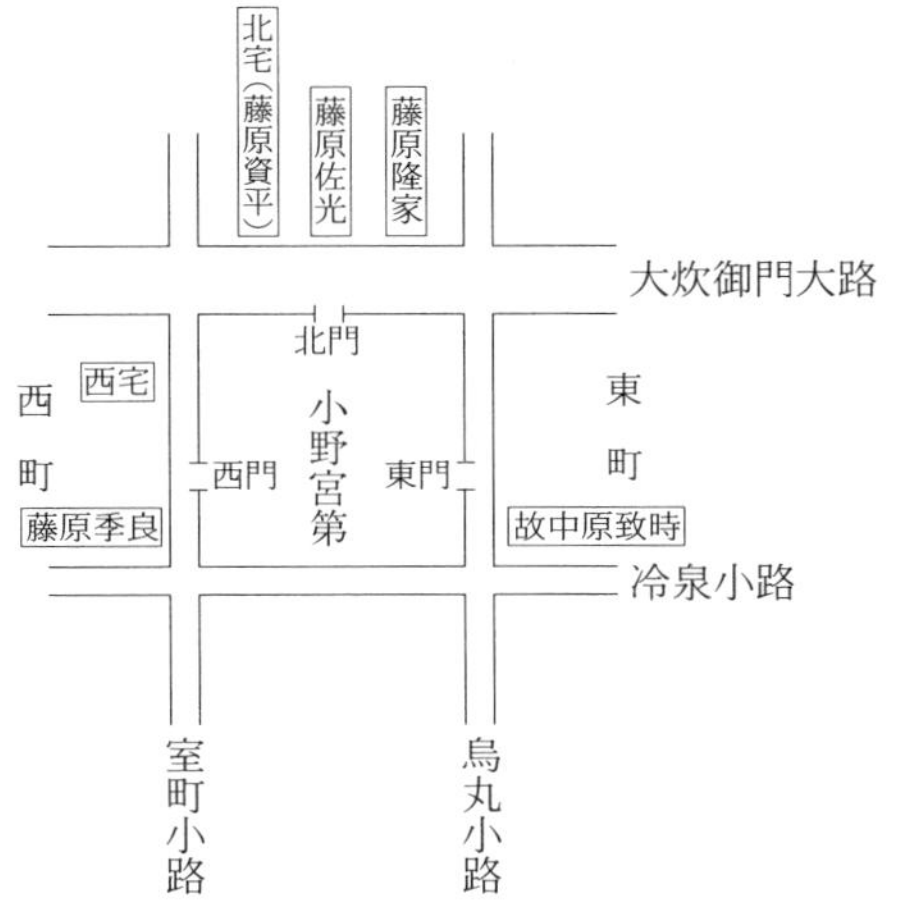

図1－2　藤原実資の隣人（西山『都市平安京』京都大学学術出版会、2004年より）

群盗や殺害と放火・焼亡は連帯の危険性に懸隔がある。

天仁元年（一一〇八）、夜半に「強盗」が二条・富小路の人家に入り、数多の物を取り、家主の五位を殺害する。「近隣の少内記光遠（近隣少内記光遠）」が「彼の難を助くるが為」二条大路に出るが、検非違使の郎等に射殺される。光遠は「文士」である。「人の難を訪うが為」出で来、流矢のため「夭命」(短命)に終わる。「大至愚の者」と謂うべきだ。近日、京中では強盗がときおりその聞こえがある。今夜「下渡」(二条大路以南の左京の世界(33))でも強盗が入る(『中右記』天仁元年四月廿五日条)。権中納言藤原宗忠は少内記光遠を「文士」「流矢」ゆえに批判する。

寿永元年(一一八二)、四条・室町の故権大納言藤原成親の旧室宅に「群盗」が乱入し、侍一人が殺害される。旧室は故参議藤原親隆の女で、その宅は親隆の亭である。「東隣」の前右(左カ)馬権頭源宗雅、左馬允藤原有道は「垣を隔て声を合わ(隔レ垣合レ声)」せるので、凶賊が矢を放ち、その侍に中《あた》り死去する。「薄命」(短命)と云うべきだ。「家々にこの難有り」(『吉記』寿永元年二月廿三日条)。

前右(左カ)馬権頭源宗雅は故右中弁源雅綱の男、治部少輔・民部権少輔、治承四年(一一八〇)左馬権頭、養和元年(一一八一)頭を辞し従四位下に叙し、文治二年(一一八六)刑部卿(『公卿補任』建仁三年条「尻付」、『除目部類』『玉葉』治承四年正月廿八日条)。源雅綱は右大臣源顕房の孫、康治二年(一一四三)右中弁源雅綱が卒す(『本朝世紀』康治二年三月廿七日条、『弁官補任』康治二年条)。男の刑部卿源顕兼は『古事談』の編者・歌人。源宗雅は武士の家系ではない(34)。

安元二年(一一七六)、戌刻ころに「雑人」に喧嘩がある。九条家の「大番の輩(大番之輩)両三人」が瓜を盗み取るため、下人らの畠中に入る。「近辺在地の輩(近辺在地之輩)」が盗人と称し、「群発」し追い搦める。二人が逃去し、一人は囲い籠められる。逃げ遁れるため「大刀」を抜き、下人一両を切り突く。そこで「人《にん》勢(マヽ)」(大勢の人)でさらに捕え、その一人は打ち害われる。逃去の二人はかえって「家の門(家門)」に逃げ入る。民部少輔源宗雅が「自然に来会(自然来会)」し、「所従の中、聊か勇士に堪うるの侍ら有りと云々。件の男これを捕う(所従之中、聊有下堪二勇士一之侍等上云々、件男捕レ之)。」。「大番の者(大番之者)」と称するので免じるが、二人は逃去する。「大番の者ら(大番之者等)」は源頼兼の郎従で、頼兼は九条院(近衛天皇中宮)の非蔵人・五位。世人はこの党類を美濃源氏と称し、頼光の末葉。これらは「雇従者ら」か(『玉葉』安元二年六月廿九日条)。既述のように、九条家の「大番の輩」は源頼兼の郎従、頼兼は頼政の男、したがって頼光の末葉である。(35) この喧嘩では「近辺在地の輩」が一人を打ち害い、民部少輔源宗雅の所従の侍らが二人を捕える。宗雅の所従は「聊か勇士に堪うるの侍ら」で、源頼兼の郎従を捕捉する。源宗雅の侍は暴力を発動する。(36)

左馬允藤原有道（通）は山門堂衆の重舜の男、左馬允・帯刀と注記され、四親等以内に検非違使・馬允・北面・帯刀・衛門尉・兵衛尉・滝口が輩出、「強盗を為す」ため殺害されるとされる（『尊卑分脈』「良門孫」）。(37)

有道は帯刀から馬允に任官すると推定される。帯刀は春宮坊帯刀舎人、騎射と歩射があり、騎射の編成は《長《おさ》—部領《ことり》—副《わき》部領—三番《みつがい》》、歩射は《長—歩射部領—歩射腋—連《つれ》?》。東宮が即位すると上級の官職に昇任するが、院政期には長・部領などの職務に応じて昇任する官職が固定化する。帯刀長・部領は衛門少尉、副部領・歩射部領は兵衛少尉、三番は馬少允に任官する。白河院政期に、帯刀など院周辺の武力の強化がはかられる。帯刀に「武士的性格の者」が多数登用され、特定の家流が相承する傾向が生じる。「重代の侍」が、帯刀や滝口・検非違使・北面の武力の有力な部分を構成すると推測される。しかし、次第に官制組織の実体を失い、武勇者の身分の表徴的な性格を強めていく。(38) 藤原有道は「武士的性格の者」「重代の侍」で、騎射の三番から左馬允に昇任すると想定される。(39)

前左馬権頭源宗雅には「勇士に堪うる侍ら」があり、左馬允藤原有道は「武士的性格の者」「重代の侍」で、強盗張本のため殺害される可能性がある。宗雅や有道は、西隣の群盗乱入に「垣を隔て声を合わ」せ威嚇する。隣人の強盗・群盗に応戦し連帯するのは、「勇士に堪うる侍ら」や武士的性格の者で強盗の張本すら難儀と推定される。

2　近隣焼亡と「侍男共」献上

治承三年（一一七九）十一月、南方に火があり、検非違使別当・左衛門督平時忠の「近隣」である。「侍男共を献り、また牛を送る（献二侍男共一、又送レ牛）」。火は七条坊門北・東洞院東の辻堂より起こり、南北各半町を過ぎる。別当家は左女牛北・東洞院東で（左京七条四坊一町）、検非違使らが来て小屋を壊す（『山槐記』治承三年十一月三日条）（以下、『山槐記』は日付だけ記載する。[40]）。焼亡があり、使別当平時忠家の「近辺」である（『玉葉』治承三年十一月三日条）。

上位者の火災では駆けつける努力をする、または音信を送る。友人関係の火災では、火事見舞いに「訪」が相互に行われ、手紙を持たせ使者を送る、もしくは自身で出向く。平時忠の火災では、侍は「破壊消防」の要員、牛は物を運び出すと推定され、「即座に」消防要員から物までが送られるとされる。[41]

藤原忠親は「馳せ向かう」、また訪い訪われる。仁平二年（一一五二）、近衛北・高倉西の新宰相・左中将藤原師長宅が放火で炎上する。五位蔵人・左衛門佐藤原忠親は、花山院（兄・権中納言藤原忠雅亭）の「対」（北隣）なので「馳せ向かう。」。そのうえ里内裏・近衛殿（近衛北・烏丸西）の陣口のため直衣を着る。美濃守・左少将藤原家明らが花山院に参る（仁平二年八月廿六日条、『本朝世紀』仁平二年八月廿五日条）。仁安二年（一一六七）、三条・油小路に火あり、権中納言藤原忠親は里内裏・土御門殿（土御門北・東洞院東）から「馳せ向かう。」。油小路は忠親の三条・堀川亭から一町東。「炎煙は太だ近し。」。人々は「或いは使を送り、或いは来り訪う。」。三位中将藤原兼雅（兄・内大臣忠雅の男）らが来る（仁安二年五月廿七日条）。

治承二年、前権僧正公顕房が放火で焼亡する。この房は歓喜光院の南にある。検非違使別当・右衛門督藤原忠親は「後朝、使者を以てこれを訪う。」（治承二年五月廿九日条）。治承四年、前権中納言源雅頼家（三条南・猪熊東）で前右大将平宗盛が勇士を家中に乱入させる。武士が寝所の塗籠などに入り、女房の衣服を剥ぎ取る。権中納言藤原忠親は「近隣」なので（北隣）、騒動の「音」を聞く。「武士退帰の後、使を差し納言を訪う。」（治承四年十二月六日条）。

「侍男共を献り、また牛を送る。」は、即座の「馳せ向かう」や事後の「訪う」と異質と推定される。藤原忠親の行為は類例を見出しにくい。

内大臣藤原忠親の室は権大納言平時忠の女、従三位兼季と従三位忠明の母（『尊卑文脈』「師実公孫中山」[42]）。

藤原忠親は京内では三条・堀川亭と楊梅・西洞院亭に居住する。

三条（堀川）亭は藤原忠親の青年時代に遡及する。仁平二年、里内裏・近衛殿から花山院に帰り、装束を改め三条第

(亭)に帰る(仁平二年三月三日・八月十五日・九月八日・十五日条)。検非違使別当・右衛門督藤原忠親の三条亭は「三条北・堀川西角」(左京三条二坊五町)。治承元年(安元三年)四月の太郎焼亡では、三条亭は火災に遭い、翌日検非違使・左衛門志清原季光は大理(使別当)御所に参る(佐(左)女牛・東洞院)。忠親は「聟公」なので、権中納言・右《〔左カ〕》衛門督平時忠が「同宿」する(『清獬眼抄』「一大焼亡事」所引「後清録記」安元三年四月廿八日・廿九日条)。

検非違使別当・右衛門督藤原忠親は治承元年四月から二年十二月まで権中納言・左衛門督平時忠亭に「寄宿」し、侍廊を検非違使の「庁」とする(治承三年二月二日条)。治承元年正月、権中納言藤原忠親は右衛門督を兼任し、検非違使別当に補される(『公卿補任』安元三年(治承元年)条)。翌年正月、始めて庁事を行い、忠親と平時忠は中門廊の連子から雑犯を糺すのを見る(治承二年正月三日条)。治承三年二月、使別当・左衛門督平時忠の亭では庁始めがあり、侍廊を用いる。藤原忠親は時忠亭に「寄宿」し、侍廊を「庁」とするが、時忠も「同所」を「庁」とする(治承三年二月二日条)。

治承二年正月、東山から三条亭の作事を見て、左女牛亭に帰る。六月、東山堂に向かうが、任官のため急ぎ左女牛亭に帰り、束帯を着て参内する(治承二年正月十日・廿四日・六月十日・廿二日・閏六月廿二日条)。治承二年五月・閏六月、三条亭では作事が続行し、翌年正月「造作」がいまだ終らず(治承二年五月七日・閏六月廿四日・三年正月廿八日条)。

治承二年十二月二十九日、検非違使別当藤原忠親は三条・堀川亭に渡り、庁屋を立て、三年正月三日、庁始めがある(治承三年正月三日条)。同月十九日、藤原忠親は右衛門督と別当を辞し、権中納言・左衛門督平時忠を検非違使別当となす(『公卿補任』治承三年条)。六月十四日、祇園御霊会の列見は「予家三条・堀川」の近辺である(治承三年六月十四日条)。さて、治承二年閏六月、方違えのため、楊梅小屋に向かう(治承二年閏六月廿日・廿九日条)。治承三年正月、王相方に当たるので、庁屋を壊さず、「本所」に宿る後に壊させる(治承三年正月廿三日条)。二月、権中納言藤原忠親は三条亭の庁屋を壊却し、因幡堂に施入する。方違えのため「本所」の楊梅・西洞院に宿る(治承三年二月廿七日・廿八日条)。

文治元年(一一八五)七月以前から、藤原忠親は「中山蝸舎」(東山)に居住する(文治元年七月九日・八月十四日・十八日・九月九日条)[43]。八月、中山亭で「当腹女子」(十歳)が着袴、「同(当腹)嫡男」(三男、七歳)が元服する(名は兼季)。

東山から院御所（六条北・西洞院西、六条殿）に参り、「楊梅蝸舎」に向かい、東山に帰る。院御所に参るため、東山から「楊梅・西洞院蝸舎」に向かう。これは「家の女房の宅」で、東山に帰る（文治元年八月十九日・廿三日・廿五日・廿六日条）。九月、東山から「楊梅蝸舎」に向かい、院御所に参り、「北隣」に宿る。翌日・翌々日、依然として「楊梅蝸舎」にいるが、三日後、楊梅から東山に帰る。四条・富小路で「女房の車」の輪が落ち、近隣に依り兵庫頭藤原範保の車を召し、乗り移る（文治元年九月五日・六日・七日・八日条）。

「女房」「当腹」は忠親の室で平時忠の女、「当腹嫡男」は兼季。藤原忠親の「本所」は「楊梅・西洞院」で、これは「家の女房の宅」すなわち時忠女の「宅」である。院御所（六条北・西洞院西）に参り、「北隣」に宿るが、翌日・翌々日「楊梅蝸舎」にいる。「楊梅蝸舎」は院御所の「北隣」、楊梅北・西洞院西（左京六条二坊十四町）と推定される。

検非違使別当藤原忠親は治承元年四月から二年十二月まで左衛門督平時忠亭に「寄宿」し、侍廊を検非違使の「庁」とする。忠親は「寄宿」とする。一方、検非違使清原季光は左女牛・東洞院の「大理御所」に参るが、平時忠が忠親は「聟公」ゆえ「同宿」する。季光は「同宿」とする。時忠と忠親は「寄宿」「同宿」し、時忠の左女牛亭は忠親の使別当御所に転成する。時忠の左女牛亭は「家の女房」の本家以上の意義がある。

検非違使庁の庁務は使庁政舎の〈政〉を中核とする庁務から、十一世紀中頃に別当家を中心とするシステムに変化する。別当に就任すると、私第の「侍廊」を転用したり、「庁屋」を設けるなど、「家中庁」が設けられる。「家中庁」の執務の場が「庁座」で、別当が使庁を運営・統括する機能を備える。また、別当家の「門前」は犯人を将来し、判決を下す場である。[44] 検非違使別当には「別当家」「私第」が不可欠で、時忠の左女牛亭が忠親の「別当家」に転生する。

さて、平安貴族社会では、「近々」（「近辺」「近隣」）は大略三町以内である。特定の貴族の「近々」の焼亡には、公卿・殿上人などが「火の近々の事」を訪いあるいは来問する。また、その貴族の「近辺」に居住する場合、「近辺に依り」来向また消息する。平安貴族社会では「近々」の諸関係は焼亡に尖鋭に露顕する。[45] 検非違使の「内裏三町内焼亡奏なし」の故実（十二世紀以降成立か）などから、「三町内」は延焼の危険のある火事の現場と推定される。「近々」「近隣」の火事に駆けつける範囲は三町内程度の距離が多く見え、火事の延焼の危険距離は三町前後と想定される。内裏三町内の火事は内裏が火事現場と認識され、焼亡奏の対象から除外されるとみられる[46]。

藤原忠親は三条・堀川亭と楊梅・西洞院亭に居住する。三条亭と平時忠の左女牛・東洞院亭は南北方向だけで一二町以上で、「近々」ではない（図1-1「平安京と藤原忠親など」）。楊梅亭と左女牛亭は東西五町・南北二町で、三町を少々超過する。元永元年（一一一八）、里内裏の土御門・烏丸殿（土御門南・烏丸西）の西に焼亡があり、権中納言藤原宗忠は「皇居近きに依り」馳せ向かう。焼亡は堀川・土御門辺の小屋で、「四町を相隔て事の恐れ無し。」、宗忠は退出する（『中右記』元永元年正月十五日条）。「四町を相隔つ」の文意は、土御門・烏丸殿と堀川・土御門の距離五町である。藤原忠親の侍男共の献上は、「近々」の焼亡に起因すると見做しにくい。

藤原忠親の侍男共・牛の献送は馳参・訪と異質で、その要因は平時忠の左女牛亭「寄宿」「同宿」にあると推定される。左女牛亭は事実上の「私第」である。鎮火要員の献上は稀少とみられる。

平安貴族社会では、群盗・強盗や焼亡が頻発するが、隣人・近隣の対処は相異する。群盗・強盗には殺害が併発し、連帯の行動は危険で、「垣を隔て声を合わす」が有効である。焼亡は群盗ほど危険ではないが、焼亡発生の情報伝達が中心で、鎮火への合力は希少と想定される。嘉禄元年（一二二五）、公家政権は「隣里の輩（隣里輩）」に強盗の闌入（許可なく入り込む）を「救助」させる。「隣里救助の法（隣里救助之法）」は京洛静謐の基である。ところが、「己の害（己害）」を恐れ、「人の難（人難）」を顧みない。「声を掲《かか》げ（高くあげ）力を勠《あわ》せ（掲レ声勠レ力）」、「互」にひたすら「防禦」させる（（嘉禄元年十月廿九日）「条々」[47]）。強盗・群盗は危険で、「己の害」を恐れ「人の難」を顧みない。「声を掲げ力を勠す」、すなわち「声」や「叫び」が「互い」の「防禦」に効果的である[48]。

第四節　平安京の住人集団と貴族社会

本章の第一の課題は、摂関期の「随近の者・近辺（の人々）」などと、院政期の「在地の者」などの比較・検討である。

「随近の者」「在地の者」は、平安京の住人集団である。

「随近の者」は殺害犯人を拘束し、殺害下手や父馬の存否・穢れを証言する。刑事事件に登場し、「人々」や「合力」など、集団性・共同性が想定される。

院政期には、紛失状の作成過程などに、「在地の人々」と呼ばれる地縁関係が新たに成立し、公的な効力を発揮する。

一方、「在地の者」は放火と対決し、放火を証言する。盗犯を追い搦め、「兵士の輩」と喧嘩する。「群参」「群発」に集団性・主体性が、喧嘩に戦闘性が看取される。「在地の者」は刑事事件と主体的に相対する。

さて、摂関期の「随近の者」が紛失状などを作成する可能性がある。

寛弘二年（一〇〇五）、明経生大《（太）》秦公信は山城国葛野郡三条大豆田里の四段二四〇歩の地を松尾大神宮の神主秦奉親に与売する。「随近之」の出雲目小治田助忠・松尾大神宮祝秦佐正ら六名が署名し、郡判が「随近署証に依れ。」とされる（山城国某郷帳解、『平安遺文』四三八、『大日本史料』第二編之五・寛弘二年雑載・売買、東文書[49]）。寛弘七年、松尾大神宮の神主秦奉親は葛野郡二条下原田里の二段の私地を、三条大豆田里の本願寺の畠二段と相替する。「随近之」の前出雲目小治田助忠・松尾大神宮祝秦佐正ら六名が署名する（郷長三宅某田地相博状、『平安遺文』四五四、『大日本史料』第二編之六・寛弘七年雑載・立券、東文書[50]）。

山城国葛野郡二条下原田里・三条大豆田里は山田郷にあり、平安京右京の西側に隣接する。また、長徳三年（九九七）、河内国若江郡や但馬国朝来郡では「随近の人々（随近人々）」が殺害未遂など刑事事件や地域の紛争を調停する（前淡路掾美努兼倫解・『平安遺文』三七二・『大日本史料』第二編之二（長徳三年六月十一日条）・三条家本北山抄紙背文書、但馬国朝来郡司全見挙章問・『政事要略』巻八十四「告言三審誣告等事」）。農村地域の「随近の人々」は「署証」を形成し、刑事事件を処理する。山城国葛野郡は平安京右京の直近で、京内の「署証」の可能性を示唆する。

「随近の者・近辺（の人々）」などと「在地の者」などは集団性・共同性があり、刑事事件に活動する。この性格は「随近の者・近辺（の人々）」に始発すると推定される。また、「在地の人々」は紛失状などに「証判」を構成し、「随近の者・近辺（の人々）」が「署証」を形成する可能性がある。(51) 後者の判断は至難であるが、「随近の者・近辺（の人々）」に「署証」が欠落するとすると、そこに「在地の者」との差異が想定される。

貴族社会では、隣人は放火や強盗・殺害に強く意識される。近々（近辺）は大略三町以内で、近々の焼亡を「訪」する。群盗・強盗と殺害が併発し、「救助」は危険で、「垣を隔て声を合わす」が可能な方法である。焼亡は「見付け告ぐ」すなわち放火などの情報を提供するが、「破壊消防」にほとんど合力しない。

住人集団と貴族社会を比較すると、殺害犯人などと群盗・強盗では「害・難」に懸隔があるが、「随近の者・近辺（の人々）」や「在地の者」は集団性・共同性が顕著である。住人集団は証言や「証判」など法的な能力を保有する。貴族社会の隣人・近隣関係は希薄である。寛仁三年（一〇一九）、大納言藤原実資の「東町」の「小人宅」が放火される。帥・中納言藤原隆家家の宿直者が「見付け告ぐ。即ち打ち滅ぼす（見付告、即打滅）。」。「見付け告ぐ」すなわち放火の情報が「小人宅」に通知され、「小人宅」の住人が即時に「打滅」する。住人集団では、「破壊消防」などに共同の可能性がある。

さて、平城京や初期平安京は、北・南と東・西の方向軸から構成される。平城京などでは、五位以上の貴族は五条以北に居住し、一町以上の宅地は五条以北に限られる。(52) これは北・南の方向軸である。一方、東（左京）・西（右京）の方向軸では、平城京では左京に貴族が多く住み、右京は地形的に複雑で、下級官人が多い。(53) さらに、東市・西市の周辺に金属器・漆器・皮革など多種の工房が集中する。(54)

十一世紀から十二世紀以降、平安京は北・南や東・西の方向軸などから離脱し、西京（右京一条・二条）、右京七条周辺

（西七条）、左京七条・町周辺（鋳造工房群）、三条・町や四条・町の周辺（商工業地域）など、地域形成が進展する（本書第二部参照）。町小路には二条から綾小路や七条・町に座が多く存在し、「町」は東は室町、西は西洞院を包括する。(55) 地域形成は一町をはるかに凌駕し、多数の住人集団から構成されるが、この住人集団こそ地域形成の基底である。住人集団の内部に、鋳造工人や魚商人など多様な職能が集住すると、七条・町周辺の鋳造工房群や、六角・町の生魚供御人が成立する。(56) 十世紀末から十一世紀初頭に「随近の者・近辺（の人々）」が成立し、十二世紀初頭に「在地の者」に発展する。「随近の者・近辺（の人々）」「在地の者」の生成が地域形成の起点と推定される。

第一章　註

（1）北村優季『平安京―その歴史と構造―』第一「平安初期の都市政策」第三「京中支配の諸相―十、十一世紀の平安京―」第五「平安京都城論―むすびにかえて―」吉川弘文館、一九九五年。大和・山城・紀伊の各国では、十一世紀に「随近」や「在地」の証判が土地売買の条件である。周辺の社会が浸食し、京内の「在地」が形成される。それは都市の農村化の現象であるとする。

（2）保刀禰は「都市民」の「地域社会」を代表する有力者とする。下級官人が永住し、都市貴族が定着する。住民が固定化し、平安京で「地域社会」が形成され、「都市民」が成立する。保長が本主の遷任や家地売却などから行き詰まり、新たな有力者が保刀禰と称される。保刀禰は制度に起源せず、十世紀後半から下級官人層を母体に、地域社会を代表する有力者である。特定の官司に管轄されず、検非違使庁や京職に協力する。保刀禰は「都市民」を前提に発生する。「都市民」は同じ地域に居住し、その連帯感から地域を維持・運営する、すなわち「地域社会」を形成するとする（市川理恵「京職の末端支配とその変遷―「都市民」の成立を中心に―」『古代日本の京職と京戸』吉川弘文館、二〇〇九年）。

（3）拙稿「平安京の〈家〉と住人」『都市平安京』京都大学学術出版会、二〇〇四年。

（4）高橋慎一朗「鎌倉期京都の地縁関係」『中世都市の力―京・鎌倉と寺社―』高志書院、二〇一〇年。京都の有力住人は保刀禰から在地人さらに初期の町人につながるとする。

（5）摂関期には「随近」「近辺」が一定の社会集団を構成する。院政期に「在地」という地縁共同体が成立し、文書の作成に「在地証判」が必要になる。摂関期は「在地」の萌芽期であるとする（古瀬奈津子『摂関政治』第四章・シリーズ日本古代史⑥、岩波新書、二〇一一年)。

(6) 拙稿「平安京の〈家〉と住人」前掲、拙稿「平安京の社会=空間構造と社会集団」『年報都市史研究』一三・二〇〇五年。右大臣藤原実資は息災延命や火事消除のため、当保や西保の仁王講や火祭に信乃布などを給う。実資の「東町」の小人宅が放火され、「北隣」の帥・中納言藤原隆家家の宿直者が見付け告げる。貴族社会と住人集団は接合し、各々が相対的に自立する。

(7) 『高山寺本古往来』は「十世紀末～十一世紀初頭」に成立とみられる(石井進「中世成立期の軍制」『鎌倉武士の実像』平凡社選書、一九八七年)。

(8) 倉本一宏「前武蔵守藤原寧親郎等の闘乱事件をめぐって」『ふるさと多摩』九・一九九九年、倉本一宏・全現代語訳『藤原行成「権記」』(上)(中)・講談社学術文庫・二〇一一・二〇一二年を参照。

長保二年八月二十四日、別当藤原公任は検非違使安倍信行に源済政の従者紀近吉の「申詞記」を示し送らせる。この「申詞記」は安倍信行の「問注」の一部の可能性がある。また、同月二十九日、中納言藤原実資は「追捕事」を記録する。「廿九日」、蔵人頭藤原行成は源済政の従者「出雲介」の追捕宣旨を藤原実資に仰せ下すが、それが「追捕事」に相当するとみられる。

(9) 日本思想大系三『律令』「厩牧令」12須校印条「頭注」、岩波書店、一九七六年。牧馬の校印は牧子を尽くし、「随近の者」を取りて充てる。

(10) 北村優季『平安京―その歴史と構造―』第三「京中支配の諸相―十、十一世紀の平安京―」前掲。

(11) 『延喜式』紙背文書は、e国宝(国立博物館所蔵　国宝・重要文化財)・http://www.emuseum.jp/、京都大学文学部日本史研究室所蔵『延喜式裏文書』(影写本、古文書室架蔵分)を参照。

(12) 右京の七条以南では大路・小路が廃絶し、四保一坊の「京保」(四町)は機能を失い、西七条や西八条が地域の呼称に定着する(北村優季『平安京―その歴史と構造―』第五「平安京都城論―むすびにかえて―」前掲)。

(13) 拙稿「九条家本『延喜式』紙背文書「播磨大掾播万貞成解」(『平安遺文』五二四)追考」『東京国立博物館古典籍叢刊1(九条家本延喜式一)月報』思文閣出版、二〇一一年。辻浩和氏のご教導に感謝する。

(14) 前田禎彦「平安時代の法と秩序―検非違使庁の役割と意義―」『日本史研究』四五二、二〇〇〇年。

(15) 拙稿「平安京の〈家〉と住人」前掲・註53。

(16) 祭主大中臣元範は十二月十五日に離宮院に到着し、「酉時許」に神祇官の鎰取が神祇伯の消息を随身して到着する。その消息に元範宿所に死人の穢れありとする。翌年二月、真偽を決するため、神祇官・陰陽寮が卜食し、共に穢気があると申す。

「右馬寮属、姓不知光則」は「左馬寮」の「属伴光則」と推定される。康平五年（一〇六二）、関白・太政大臣藤原頼通が賀茂社に詣で、内大臣・左大将藤原師実が供奉する。御前（前駆）は左近衛府（少将・将監）と左馬寮（助・允・属など）、左馬寮の「属伴光則」（『定家朝臣記』（『康平記』）康平五年五月二日条）。「右」と「左」は誤記しやすく、「右馬寮属、姓不知光則」は「左馬寮属、姓不知光則」と推測される。

(17) この月次祭の幣物触穢の経緯は複雑である。十二月十一日、里内裏・関白左大臣藤原教通の二条殿が焼亡し、後三条天皇は教通の東二条殿の御堂から閑院に行幸する。月次祭は「常の如し」、神今食は「内裏の火事」で延引する。「十一日」に祭主大中臣元範が進発するが、その日に「失火穢の疑い」があり、卜筮する。十五日、遂に元範は召し帰される。十七日、建礼門で神今食延引の大祓がある（『本朝世紀』【史料D】十二月十一日・十五日・十七日条）。すなわち、月次祭・神今食の触穢には、里内裏の「失火穢」と元範宅の「死穢」の両者が想定される。

十一日に神今食だけが「内裏の火事」のため延引される。また、「十一日」に「失火穢の疑い」で卜筮され、十五日に元範が召し帰される。当初は神今食の延引などは「失火穢」が原因である。十四日の「子の日」の「軒廊御卜」は「失火穢の疑い」を卜定すると推定される（『帥記』【史料C】十二月十四日条）。

十六日、関白藤原教通が右大臣藤原師実に問うに、「先日、軒廊御卜」に穢気の有無を下し、神祇官・陰陽寮はともに穢れがあると占い申す。よくよく（後三条天皇が）「焼亡の触穢」を考え、穢気の有無を問うと、穢れがあると申す。「猶月次祭幣物の穢れるや否やの由を占わるべきか。」（『帥記』【史料C】十二月十六日条）。「先日、軒廊御卜」で穢気の有無を下すのは、十四日の「子の日」の「軒廊御卜」に相当する。

十七日、外記は「軒廊御卜」が終わるのを待ち結政に参仕するが、この「軒廊御卜」が「月次祭幣物」の触穢を占うと推定される。しかし、結政に弁や外記が未参なので、上卿以下は退出する。「今日」十七日、「月次祭幣物の触穢」や神今食延引の大祓を行う（『帥記』【史料C】十二月十七日条）。【史料C】の十七日の大祓は【史料D】の十七日の大祓と一致する。また、十七日、中・少弁は障りがあり、外記はわずかに一人が出仕する。しかし、先に「軒廊御卜」があり、陣役に従うので、上卿以下が退出する（『本朝世紀』【史料D】十二月十七日条）。【史料C】の十七日の「軒廊御卜」や弁・外記の未参は【史料D】の十七日の記事に相当する。

この一件は翌年に持ち越される。延久元年（一〇六九）四月、陣定では、祭主大中臣元範が去年（十）二月月次祭では穢れはないと弁申する（『土右記』延久元年五月十三日条）。

(18) 十二世紀以降、検非違使庁は「保」を単位に保検非違使を派遣し、各保の警察・行政を掌握する。保検非違使の保の範囲は大路と大路の間の「条」である（五味文彦「使庁の構成と幕府―12～14世紀の洛中支配―」『歴史学研究』三九二・一九七三年、五味「京に中世を探る」五味編『都市の中世』中世を考える・吉川弘文館・一九九二年）。

(19) 北村優季『平安京―その歴史と構造―』第五「平安京都城論―むすびにかえて―」前掲。

(20) 拙稿「平安京の〈門前〉と飛礫」『都市平安京』京都大学学術出版会、二〇〇四年。

(21) 『平安時代史事典』「藤原忠教」項〈関口力執筆〉。

(22) 原文は「一日舎人着〔差カ〕二使一人一、遣二返尾張守、忠教、許一。鍛〔冶〕治造手也。」である。末尾の「鍛冶造手」は事件の要因とみられるが、「舎人」がすなわち「鍛冶造手」の可能性がある。後者では、造手一人が逃げ去り、その造手（舎人）が藤原忠教の「門内」に逃げ込む。「門内」より走り出て、「女一人」を奪い取る。また女が捕えられ、舎人（造手）は逃げ去る。女は参るが、「作手人」（舎人）は近江国に罷る。以後、作手人（舎人）は藤原師通に拘束されると推定される。鍛冶造手一人（舎人）は「女一人」の証言を阻止するため、奪い取るとみられる。

(23) 飯淵康一「藤原師実の住宅と儀式会場―藤氏長者・摂関家の儀式会場の変遷過程について―」『平安時代貴族住宅の研究』中央公論美術出版、二〇〇四年。

(24) 早川庄八「時範記 承徳三年春」『日本古代の文書と典籍』吉川弘文館、一九九七年。平時範は二月九日に因幡国に下向し、四月三日に帰京する。

(25) 高橋廉「三条公教と『教業記』―校訂『教業記』翻刻―」和光大学『表現学部紀要』九、二〇〇九年。「在地ら」に綾小路・京極を冠し、高辻・西洞院と区別する。

(26) 北村優季『平安京―その歴史と構造―』第三「京中支配の諸相―十、十一世紀の平安京―」前掲。

(27) 応保元年（一一六一）兼実は従三位・中宮亮藤原季行の女兼子と婚姻し、季行の六角亭に婿住する。兼実は応保元年から仁安二年までもっぱら六角亭に住み、承安二年に九条第に完全に移住する。

(28) 九条殿は、北は九条坊門小路・東は富小路・南は九条大路・西は高倉小路の四町。皇嘉門院聖子御所・兼実第や御堂は敷地を共有し、兼実第は聖子御所に附属する。兼実第は敷地の東南で、十二町にあたると推定される。以上、朧谷寿・角田文衛「平安京」角川日本地名大辞典26『京都府』下巻・角川書店・一九八二年、高群逸枝『平安鎌倉室町家族の研究』第二篇第三章一「藤原兼実（号九条、月輪、後法性寺）」国書刊行会・一九八五年、川本重雄「複数の御所で構成される邸宅―高倉殿・九条殿・近衛殿―」『日本建築学会大会学術講演梗概集（関東）』一九八八年、伊藤瑞恵「九条殿―兼実第と皇嘉門院御所―」『日本建築学会大会学術講演梗概集（中国）』一九九九年。

(29) 拙稿「平安京の〈家〉と住人」前掲・註67。

(30) 拙稿「平安京の〈家〉と住人」前掲。

(31) 貴族社会では「家単位」で延焼を予防すると推定される（大村拓生「火災と王権・貴族」『中世京都首都論』吉川弘文館、二〇〇六年）。この「雑人ら」が佐光宅や資平宅などの「雑人ら」の可能性はある。

(32) 拙稿「京中〈群盗〉の歴史構造」『都市平安京』前掲。

(33) 黒田紘一郎「京都の成立」『中世都市京都の研究』校倉書房、一九九六年。

(34) 経基王が左馬頭に任じられて以来、清和源氏の嫡流では左馬頭・権頭らを多く輩出するとされる（『尊卑分脈』「清和源氏」、木下聡「左馬頭」『中世武家官位の研究』吉川弘文館、二〇一一年）。左・右馬頭は「四位上臈公達」・近代は「諸大夫」を任じ、権頭は「然るべき公達・諸大夫」を任じる（『官職秘抄』下「左右馬寮」）。

十二世紀後半の馬頭・権頭を電覧すると、清和源氏では源義朝（以上、頭）、桓武平氏では家盛・重盛・宗盛・重衡・行盛（以上、頭）、正盛・忠盛・経盛・教盛・経正（以上、権頭）。一方、藤原長輔（長実一男）・藤原隆季（家成一男）・藤原信輔（道隆孫・坊門）・藤原信隆（信輔嫡男）・藤原親信（信輔四男）・藤原定輔（親信一男）・藤原定隆（良門孫）・源資時（宇多源氏・権大納言資賢子）・源隆保（村上源氏・師忠曽孫）（以上、頭）、藤原能定（頼宗玄孫）・藤原実清（公季孫）・藤原隆信（長良孫・子信実）・源顕定（村上源氏・雅俊男）（以上、権頭）。また、平信業（後白河院北面下臈・坊門局弟）・平業忠（後白河院北面下臈・信業男）（以上、権頭）。馬頭・権頭ともに多様で、清和源氏・桓武平氏に限定されない。

(35) 美濃源氏は源頼光の孫国房の系統。国房は頼政の祖父頼綱の弟。

(36) 源宗雅は藤原忠通の乳母子、宗雅の女は藤原兼実の二男・摂政良経の乳母で、宗雅らは九条家に近侍するとされる（浅見和彦「源顕兼」『日本古典文学大辞典』第五巻、岩波書店、一九八四年）。安元二年（一一七六）、乙童・八歳（良経）の著袴に、乳母の「民部権少輔宗雅女」は病のため不参（『玉葉』安元二年三月十日条）。忠通の乳母子の典拠は、「法性寺殿乳母子、自嬰児近習、殿下（良経）御乳母、年已七旬」（『明月記』建仁三年三月三日条、『翻刻 明月記』一、冷泉家時雨亭叢書 別巻二）。法性寺殿は忠通、宗雅は嬰児以来の近習である。忠通の生年は一〇九七年、建仁三年（一二〇三）宗雅は「七旬」（七十歳）だと、生年は一一三四年前後で、「乳母子」の年齢の差異が目立つ。兼実は「後法性寺と号す」（『尊卑分脈』「摂家相続孫九条」）、生年は一一四九年。

(37) 藤原有道（通）の祖父藤原盛重以来の利基流藤原氏は、白河院による寵遇をきっかけに帯刀・検非違使などの武官に登用され、かつ白河—鳥羽の皇位継承路線擁護に武力で貢献する（笹山晴生「春宮坊帯刀舎人の研究」『日本古代衛府制度の研究』東京大学出版会、一九八五年）。藤原盛重は「盗人」を射とどめて兵衛尉になる（『続古事談』巻五―四三）。盛重は「周防国住人」「周防の国の百姓の子」とされる（『尊卑分脈』「良門孫」、『十訓抄』一―四一）。

(38) 笹山晴生「春宮坊帯刀舎人の研究」前掲。

(39) 馬允（大少）は滝口・院武者所・先坊帯刀・成功者などを任じる（『官職秘抄』下「左右馬寮」）。久安四年（一一四八）「左右馬允各廿五人」を員数とし、保元三年（一一五八）「左右馬允各卅人」を員数とする（『百錬抄』久安四年正月廿八日条、『拾芥抄』中・第一「百官部」）。しかし、「近代」は四・五倍に及ぶとする（『官職秘抄』下「左右馬寮」）。

(40) 牛一頭は翌日に時忠から引き送られる。

(41) 大村拓生「火災と王権・貴族」前掲。

藤原道長の法成寺など、貴族の住宅の火災では、公卿ら「主従関係・上下関係にある人々」が消火のために駆けつける（または、「消火活動に奉仕すべき人間関係にある人の屋敷やゆかりの場」に駆けつける）。一方、公卿らの関心は消火にはなく、被災者の避難先に火事見舞いにでかけるとされる（京樂真帆子「平安京における都市の転成」『平安京都市社会史の研究』塙書房・二〇〇八年、京樂「平安京都市社会と火災」三宅和朗編『古代の暮らしと祈り』環境の日本史２・吉川弘文館・二〇一三年）。

「侍男」は破壊消防に従事する。寛仁二年（一〇一八）、大納言藤原実資の小野宮第の倉代が焼亡する。厩舎がはなはだ近いが、雑人が厩舎の南庇を壊し禦ぎ止める。「侍男ら（侍男等）」が向かい、実資が次いで走り向かう（『小右記』寛仁二年五月廿四日条）。元暦元年（一一八四）、内大臣藤原実定の白川家に火がある。翌日、「使者を以てこれを訪い申す。」。「亭主」実定や息右中将公守・侍従公嗣（継）はもっぱら強盗と思い、板敷の下に隠れる。「侍男共」は「亭主」を求め、「声を放ち強盗に非らざるの由を呼ぶ。」。それで、実定らは匍匐し「板敷下」を出る（『山槐記』元暦元年八月十四日条）。寛喜三年（一二三一）、武者小路・室町辺に炎上がある。北白川院・大殿九条道家・関白九条教実・中宮藤原竴子御所の近辺である。教実の「侍・御随身ら（侍・御随身等）」が雲霧の如く競い馳せ、小屋を破却するので、一条の東西屋は余煙に漏れる（『民経記』寛喜三年八月十八日条）。

(42) 角田文衞『平家後抄』（上）第四章「女人の行方」講談社学術文庫、二〇〇〇年（原本一九八一年）。

(43) 中山亭は中山堂（吉田寺）の別郭で、持仏堂がある（文治元年九月十一日条）。

(44) 前田禎彦「検非違使別当と使庁―庁務の構造と変遷―」『史林』八二―一、一九九九年。

(45) 拙稿「平安京の社会＝空間構造と社会集団」前掲。

(46) 中町美香子「検非違使官人の日記―『清獬眼抄』に見る焼亡奏と「三町」―」倉本一宏編『日記・古記録の世界』思文閣出版、二〇一五年。

(47)『中世法制史料集』第六巻「公家法・第一部法規」岩波書店、二〇〇五年。

(48)下野守藤原為元は三条南・西洞院西の家に住む。その家に強盗が入るが、「隣ノ人驚キ合テ喤《ののし》」る（騒ぎに応じて驚き、大騒ぎする）。盗人はたいして物を取れず、取り籠められると思う。上臈の女房を質に取り、三条大路を西の方に逃げて行く（『今昔物語集』巻第二十九「下野守為元家入強盗語」第八）。隣人の「喤」るは「垣を隔て声を合わす」に相当する。藤大夫某は猪熊・綾小路に住む。強盗がその家に入り、ひとつ残さずすっかり取って行く。逃げ隠れる者共が出で来て「喤リ合」う（騒ぎあう）。盗人は猪熊小路を南の方に「出テ走」り、「隣ノ者共ノ起合《おきあひ》テ（騒ぎに応じて人が起きて）箭ヲ射懸」ける。盗人は「散々《さんざん》ニ」（散り散りに）逃げ去る（『今昔物語集』巻第二十九「藤大夫□家入強盗被捕語」第七）。

保延五年（一一三九）の賀茂祭では、次第使・左馬助藤原敦頼と肥前権守源俊保が退出するが、一条・大宮で馬部数十人が二人を搦める。敦頼だけを返り乗せ、中御門・西洞院辺で子細を権中納言・右兵衛督藤原家成に申し上げる。家成は東洞院・中御門家にある。馬部はまた敦頼を引き落とし、その装束を剥ぎ取り、追放する。その由緒は、去年の賀茂祭では敦頼は左馬寮使に奉仕し、手振（従者）の装束を給うべきだ。しかし、その弁えを致さず、あるいは隠れて逢わない。馬部は左馬頭藤原隆季の父であるため、右兵衛督家成に訴える。家成が責め取るのがよいとするので、馬部は敦頼の家の厩の馬を取り立てる。敦頼は馳せて「主君」按察使・権大納言藤原実行に訴えるが、「是れ近隣為るに依りてなり（是依レ為二近隣一也）」。権大納言実行は三条南・高倉東、敦頼は三条・東洞院。実行家と権中納言・左兵衛督藤原公教家より下部ら数十人が出で来たり、その馬を奪い留め、馬部二人が殴陵される。残りの一両は逃げ脱《のが》れる。公教は実行と「同宿」。按察使実行は馬部二人を右兵衛督家成の許に遣わし、左兵衛督公教は残りの馬部二人を搦め、検非違使・左衛門少尉源季範に給わる（『古事談』第一「王道后宮」・九四「藤原敦頼、藤原家成の馬部に凌礫せらるる事、鳥羽院近臣、藤原家成・隆季と同実行・公教仲好からざる事」）。

馬部は右兵衛督藤原家成に訴え、左馬助藤原敦頼は按察使・大納言藤原実行に訴える。馬部と藤原敦頼の紛争が藤原家成と藤原実行・その男左兵衛督藤原公教に展開する。実行と公教は「同宿」、実行は三条南・高倉東、敦頼は三条・東洞院。実行と敦頼は一町の距離である。一方、実行は敦頼の「主君」である。事件が実行と家成の対立に拡大するので、「主君」と家人の関係が基礎で、「近隣」は副次的と推定される。

(49)東文書は京都大学文学部日本史研究室所蔵『東文書』（影写本、古文書室架蔵分）を参照。

(50)行取りは「（前略）仍／加署名、在地山城国葛野郡山田郷／随近之」。小治田助忠らが寛弘二年の「随近之」と一致する。

(51) 長承三年（一一三四）、従五位下藤原経則は左京八条二坊の次第相承文書が焼失し、左京職判を申請する。「在地の署判」を加えるとして、「刀禰」伴近友と藤原某以下四名の「随近」の証署、職判が与判される（藤原経則紛失状、『平安遺文』二三〇一、成簣堂所蔵雑文書・田中教忠氏所蔵文書）。

(52) 山中章「都城の展開」『日本古代都城の研究』柏書房、一九九七年。

(53) 拙稿「平安京とはどういう都市か―平城京から中世京都へ―」『京都千二百年の素顔』、校倉書房、一九九五年。平城京では、左京に大規模宅地が多いが、右京の二条・三条付近に一町以上の宅地は多くなく、中規模・小規模宅地が多い（家原圭太「平城京における宅地の構造・分布・変遷」西山良平・藤田勝也編著『平安京と貴族の住まい』京都大学学術出版会、二〇一二年）。

(54) 拙稿「平安京の社会＝空間構造と社会集団」前掲・註36。

(55) 赤松俊秀「町座の成立について」『古代中世社会経済史研究』平楽寺書店、一九七三年。

(56) 拙稿「平安京の社会＝空間構造と社会集団」前掲。

第二章　平安貴族の大路・小路をめぐる空間認識
――歴史地理からみる平安京の空間

安藤哲郎

第一節　平安京の路に関するアプローチと本章の意義

碁盤目状になっている現在の京都の町は、平安京の姿がそのままに残っているのではなく、平安時代から徐々に変化して出来上がったものである、ということはこれまでの多くの研究で紹介されてきた。例えば歴史地理的に京都の一二〇〇年を辿ることのできる足利健亮編『京都歴史アトラス』[1]を見ていくだけでもそのことは理解できる。

平安京における都市形態や住人の状況がどのような変化をしてきたのかについては西山良平「恒久の都 平安京」[2]に詳しいが、西山氏は、「律令制都城の最後の形態」を備えた平安京が、「十世紀後半から末期には、右京が衰退するだけでなく、都市住宅の町屋・住人の随近集団が成立し、身分集団が集住し始める」状況を経て、「院政期には開発・再開発が進展し、院御所・寺院が各地に造営され、都市形態が変貌」し、「住人の在り方では、摂関期に町屋商業が成立し始め、院政期に大きく発展し、また住人の地縁組織が公的な効力を発揮する」ことになり、「摂関期から院政期に、平安京は律令制都城から中世都市に転換」したとまとめている。都城として計画的に整備された平安京が徐々に変化し、左京・右京ではなく上京・下京と分化する中世都市・京都へと変化していく過程で、居住の変容や「開発・再開発」が大きく関係していることが理解される。

その平安京の変化には、大路や小路もまた大きく関係していると考えられる。四行八門に分割された団地のような集合住宅から、大路・小路等に面する町屋ができ始める過程で、大路・小路が儀式的な要素や通路としての意味以上により実質的に重要な機能が付与されていくのであり、通路に固有の名称が付けられていくことも、そのことを如実に示していると考えられる。

この平安京の路について、これまでにもいくつかの研究が蓄積されてきた。山本雅和氏は考古学的調査の成果から平安京の路について検討し、路面・側溝の整備の状況や流路の変化などを捉え、左京南東部や右京南西部の広範囲で条坊が未整備であったことや右京南部・右京中部・右京北部・朱雀大路沿いの順に路面・側溝が埋没していくこと、その一方で鴨川の治水対策の効果によって左京南部は活況を呈するようになることなどを明らかにしている(3)。

網伸也氏は初期平安京を構成したと考えられる平安京の大路・小路ごとの考古学的成果を整理し、平安京の条坊は基本的には各時代に踏襲されていることを示している(4)。

路の利用という側面では、小寺武久氏が行幸路に関連した研究(5)を行い、平安末期においても朱雀大路を儀礼的空間として意識する先例に従うことを強く志向している一方で荒廃が進んでいたであろうと考えているほか、大路と小路をめぐり、当初は「往還」としての大路と建物と密着した小路とが機能を厳しく分かち合うよう存在していたが、実際には早くから当初の形態が崩れたこと、行幸路もより実情に即した大宮、東洞院、二条、七条などを軸として再編されていったことを指摘している。また路の一部が田畑や宅地に変わっていく「巷所化」についても、大路・小路の実質が失われていったことと合わせて言及している(6)。

このように、大路・小路に関連した言及は比較的多く得られているが、大路・小路の合流点である「交差点」について(7)目を向けてみると、管見の限り少ない。秋山國三氏が宅地表示法と関連して研究を行っているものがまず挙げられるが、他に山中章氏が発掘調査の結果などから、古代宮都の大路・小路の優先権について考察したなかで、平安京については事例が少ないとしながらも、朱雀大路の優先権が確立し、条坊の優先関係が存在していた、と論じているもの[8]や、北村優季氏が平安京の売券の記載を分析し、東西路を優先する街路表示の慣行が十二世紀前半に徐々に形成され、十二世紀後半に完全に定着した、とする研究が得られている。[9]他に、建物や敷地の位置を整理する過程で用いて、都市構造を考察する研究[10]は行われているが、交差点への言及という形式ではない。後述するが、平安貴族の日記にはその場所の情報やそこでの行動などとともに多くの交差点が記されており、これを分析することによって、貴族の空間認識に迫ることができる可能性がある。したがって、大路・小路を考える際、街路名がふんだんに使われている交差点に着目することも必要ではないかと考える。

そこで本章では、平安京における大路・小路をめぐる貴族の空間認識について、交差点に着目しながら分析することとしたい。

実際に筆者は旧稿[11]において、平安貴族が日記に記録した交差点の表記を整理し、交差点名は東西大路を先述する例が時期を問わず多いこと、交差点名として東西大路・南北小路の組み合わせが多いが、時代を下ると東西大路・南北大路の組み合わせも多く、また東西小路・南北大路も徐々に増加していることなどを指摘した。また別の旧稿[12]において、火災の範囲と邸宅の位置などから、貴族の行動空間と都市空間にはずれが生じていることなどを指摘したことがある。

ただし、二つの旧稿では、交差点の組み合わせを数値的に示し、全体を図化して、東西大路先述が多いという事実を述べた段階にとどまっていたり、火災の範囲や邸宅の位置なども必ずしも交差点表記の問題としては捉えていなかったりしており、大路・小路をめぐる分析にはならなかった。そのため本章ではこの部分を課題としたい。

研究には貴族の日記を利用する。貴族が記述した交差点名を中心に整理・図化することにより、交差点名に含まれる大路・小路についてどのように考えていたかを分析したい。

また平安時代（一部鎌倉初期を含む）の貴族日記を用いるが、その際、一般的ではないが、これまで筆者が改良を加え

図2-1　本章における便宜的な時期区分

図の上部の年号はそれぞれの時期区分が始まる年であり、例えば藤原期は969〜1067年、院政確立期は1068〜1155年ということになる。動乱期は1185年以後も続く。

ながら用いてきた独自の便宜的な時期区分[13]（図2-1）を用い、政治・社会状況との比較検討を行いやすいように工夫したい。加えて、貴族の日記が十分に得られる時期（筆者の区分で、藤原期・院政確立期・動乱期[14]、特に院政確立期・動乱期）を中心とした検討とする[15]。

第二節　交差点表記の傾向

表2-1は、参照した日記の記録者に関する情報を整理するとともに、交差点表記[16]をどのように行っているのか、その傾向を示したものである。これによれば、交差点の記述が全体的に増えていくのは『中右記』以降、院政期に入る頃からであることが分かる。さらに、旧稿でも示したが、東西大路先述が、人物を問わず全体に共通していることも指摘でき、かつて秋山國三氏が「縦横両街路の連結法は横街路を先に縦街路を後につける呼び方が普通で、（中略）例外はきわめて少ない。「堀川冷泉院辻」「町尻四条坊門」などと時たま見かける程度である」[17]と指摘しているが、実際にほとんどの日記で南北路（縦街路）が先述される例は非常に少なく、東西路（横街路）先述が一般的であると言える。

しかし、藤原期の交差点表記を示した図2-2を見ると、例は少ないが、東洞院大路を中心に南北路先述の例（△印）もまだ目立っている。また、例えば『中右記』においては、もちろん東西路先述の例（○印）が突出して多いことはたしかであるが、他の日

表２－１　参照した日記の記録者・時期区分と交差点表現の手法

日記名	記録者	最高官職	最高位	氏長者	時期(中断・散逸あり)	時期区分	東西路先述	南北路先述
貞信公記	藤原忠平	摂政関白	従１	○	延喜７(907)～天暦２(948)	北家台頭	1/0	0/0
九暦	藤原師輔	右大臣	正２		天暦元(947)～天徳４(960)	北家台頭	0/0	0/0
小右記	藤原実資	右大臣	従１		天元５(982)～長元５(1032)	藤原	12/2	7/5
権記	藤原行成	権大納言	正２		正暦２(991)～寛弘８(1011)	藤原	10/3	0/0
御堂関白記	藤原道長	摂政	従１	○	長徳４(998)～治安元(1021)	藤原	4/2	0/1
左経記	源経頼	参議	正３		長和５(1016)～長元８(1035)	藤原	1/0	0/0
春記	藤原資房	参議	正３		万寿３(1026)～天喜２(1054)	藤原	0/1	2/1
水左記	源俊房	左大臣	従１		康平５(1062)～天仁元(1108)	藤原/院政	11/7	4/0
帥記	源経信	大納言	正２		治暦元(1065)～寛治２(1088)	藤原/院政	9/0	4/2
後二条師通記	藤原師通	関白	従１	○	永保３(1083)～康和元(1099)	院政確立	3/0	0/0
中右記	藤原宗忠	右大臣	従１		寛治元(1087)～保延４(1138)	院政確立	361/70	50/42
殿暦	藤原忠実	摂政関白	従１	○	承徳２(1098)～元永元(1118)	院政確立	20/3	7/6
永昌記	藤原為隆	参議	正４下		康和元(1099)～大治４(1129)	院政確立	1/3	0/0
長秋記	源師時	権中納言	正３		長治２(1105)～保延２(1136)	院政確立	19/6	1/0
兵範記	平信範	兵部卿	正３		長承元(1132)～承安元(1191)	院政/動乱	67/22	0/0
台記	藤原頼長	左大臣	従１	○	保延２(1136)～久寿２(1155)	院政確立	54/8	0/1
山槐記	中山忠親	内大臣	正２		仁平元(1151)～建久５(1194)	院政/動乱	105/48	5/2
玉葉	九条兼実	摂政関白	従１	○	長寛２(1164)～正治２(1200)	動乱	75/30	0/1
愚昧記	三条実房	左大臣	正２		仁安元(1167)～建久６(1195)	動乱	51/11	0/0
吉記	吉田経房	権大納言	正２		承安３(1173)～文治４(1188)	動乱	18/11	0/0

『公卿補任』１（国史大系、2005（新装版第２刷））、『日本史辞典』（岩波書店、1999）を参考に作成。

注１）「最高位」は「従一位」なら「従１」、「正四位下」ならば「正４下」とした。

注２）「氏長者」に○がある人物は、藤原氏の長者を経験した人物である。

注３）貞信公記は「貞信公記抄」、九暦は「九暦抄」（ともに大日本古記録、岩波書店）を、小右記・御堂関白記・後二条師通記・殿暦・愚昧記（上・中）は大日本古記録（岩波書店）、玉葉は図書寮叢刊、その他は史料大成（臨川書店）を使用した。

注４）「東西路先述」と「南北路先述」は交差点の表記の際、どちらの方向の通りを先に書いているかを数えたものであり、表中の数字は、「先述された大路数／先述された小路数」を示している。

記に比べて南北路先述の例も多いと言ってよい。記述時期が比較的長いことも一因とは思われるが[18]、それにしても『中右記』は突出して多い。

そこで、例の多い『中右記』であれば交差点表記の傾向が見受けられるかもしれないので、『中右記』に記載のある交

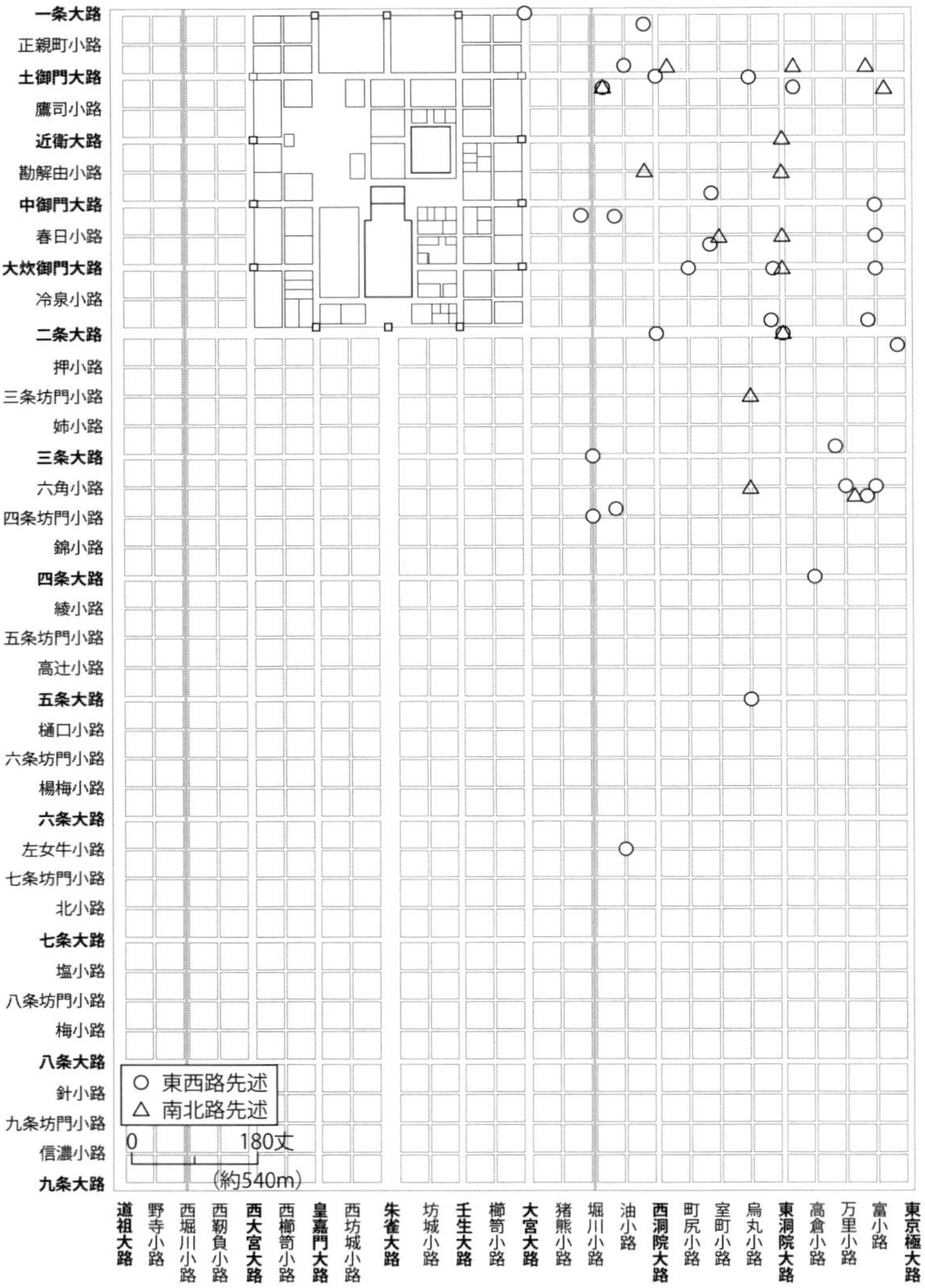

図2－2　藤原期の交差点表記

参照した日記は表2－1の「時期区分」に「藤原」とある『小右記』『権記』『御堂関白記』『左経記』『春記』と、『水左記』『帥記』の1067年までのものである。

差点を図示してみた（図2-3）。これによれば、左京五条以北の大宮以東では一部の小路に面したところを除いて、全体に広く記述された交差点が分布していることが分かる。記述した藤原宗忠がそれだけ京内で起こった出来事や自分の行動を詳細に残しているということに他ならないが、ここでは交差点の表記方法に着目してみる。

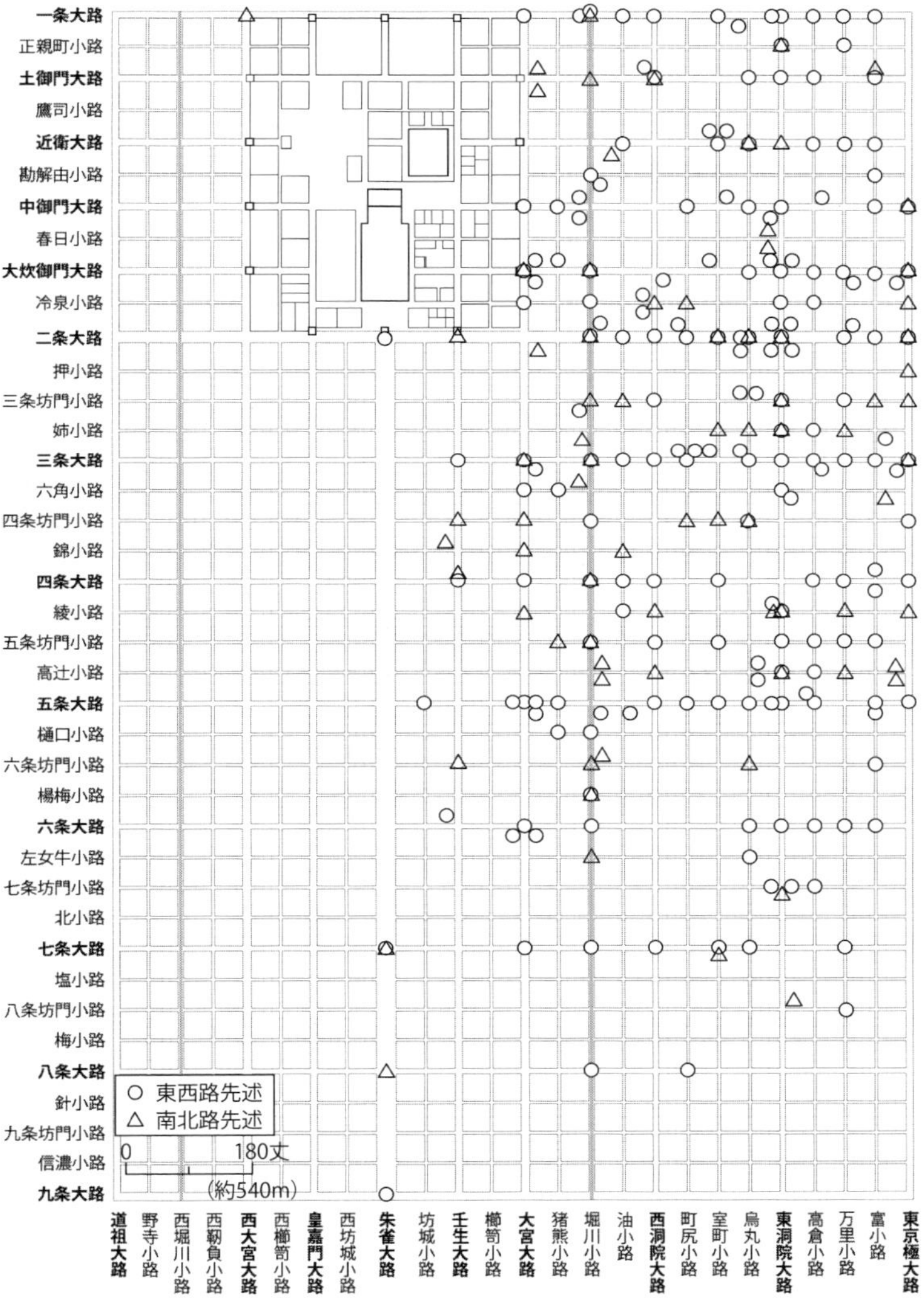

図2-3　『中右記』に記述された交差点

全体的には東西路先述の交差点が多くを占めているが、南北路先述の交差点もその間に点在している。南北路先述の交差点が並列している大路・小路を調べていくと、京極・東洞院・大宮大路や堀川小路といった南北路のほか、二条大路や三条坊門小路、姉小路、四条坊門小路といった東西小路に多いように見受けられる。ただし、南北路の場合、東西路先述の例もまた多く、必ずしも南北路上では南北路先述になるということはない。一方、東西路であるが、二条大路は東西路先述の方が多く並んでいると考えた方がよいだろう。問題は東西小路上であるが、ここでは南北路先述の例が比較的見られるので、これが一般的なのか、『中右記』での例とみるべきなのか、他の例と合わせて検討することにしたい。他方、例の多い東西路先述の交差点については、どの大路・小路であるかの区別は特になく、全体的に広がっていることも指摘できる。

『中右記』を除く他の日記でも、南北路先述の例は見られるので、今度は全体的にどのような交差点表記の傾向になっているのか見ておく。旧稿でも同様の表を挙げたが、各時期における交差点表記の組み合わせ、東西大路、南北大路、東西小路、南北小路[19]のいずれが先・後に表記されているかについて、その数と割合[20]を整理したものを示したい（表2-2-1～3[21]）。

表2-2によれば、東西大路が先述はもちろんであるが、南北路が大路・小路問わずに先述される割合が時代を下るにつれ減っているところが特筆される。東西大路の先述される割合は院政確立期と動乱期ではあまり変わらないと見てよいが、南北路先述が減った分、東西小路先述が増加している。これを見る限りでは、一般的に貴族は大路にこだわるよりも東西路にこだわっていると考えることができる。

後述路については、反対に南北路の記述される傾向が強まっていくが、もともと南北小路後述の割合が高かったのが、その間の差は小さくなる傾向にあり、この面でも大路・小路の違いについてはあまりこだわりがないことを示している。

以上のことを整理すると、基本的に貴族による交差点表記は東西路先述で行われており、大路・小路の別よりも東西であることに強いこだわりがあると考えられる（カラー口絵2では、院政確立期の日記全体における交差点表記について、記録

表２－２－１　交差点表記の方法別にみる記録箇所数とその割合（藤原期）

後述路＼先述路	東西大路	南北大路	東西小路	南北小路	計
東西大路		**6**（11.8）		**3**（ 5.9）	**9**（17.6）
南北大路	**11**（21.6）		**1**（ 2.0）		**12**（23.5）
東西小路		**3**（ 5.9）		**4**（ 7.8）	**7**（13.7）
南北小路	**16**（31.4）		**7**（13.7）		**23**（45.1）
計	**27**（52.9）	**9**（17.6）	**8**（15.7）	**7**（13.7）	**51**（100）

太字はのべ箇所数、カッコ内は割合（％）

表２－２－２　交差点表記の方法別にみる記録箇所数とその割合（院政確立期）

後述路＼先述路	東西大路	南北大路	東西小路	南北小路	計
東西大路		**31**（4.2）		**18**（2.4）	**49**（ 6.6）
南北大路	**199**（26.8）		**48**（ 6.5）		**247**（33.2）
東西小路		**35**（4.7）		**33**（4.4）	**68**（ 9.2）
南北小路	**316**（42.5）		**63**（ 8.5）		**379**（51.0）
計	**515**（69.3）	**66**（8.9）	**111**（15.0）	**51**（6.9）	**743**（100）

太字はのべ箇所数、カッコ内は割合（％）

表２－２－３　交差点表記の方法別にみる記録箇所数とその割合（動乱期）

後述路＼先述路	東西大路	南北大路	東西小路	南北小路	計
東西大路		**1**（0.3）		**3**（0.8）	**4**（ 1.0）
南北大路	**138**（34.9）		**57**（14.4）		**195**（49.4）
東西小路		**4**（1.0）		**0**（0.0）	**4**（ 1.0）
南北小路	**141**（35.7）		**51**（12.9）		**192**（48.6）
計	**279**（70.6）	**5**（1.3）	**108**（27.3）	**3**（0.8）	**395**（100）

太字はのべ箇所数、カッコ内は割合（％）

回数を反映して図示したが、そこでもこのことが理解できる)。

第三節　交差点の種類別にみる傾向

貴族の日記において交差点が表記されるのは、その交差点あるいは交差点付近で何らかの出来事が起きた場合であるが、その表記を大別すると三つの種類が挙げられる。

まず、例えば「乗車参内す、三条坊門堀川辻において車より下る」[22]などのように、交差点上や交差点付近で人々が出会ったり車を止めたり儀式を行ったりするものがある。この交差点を「往来の辻」とする。これは表記された交差点で何らかの行動がなされているもので、交差点の位置そのものに意味がある。

次に、例えば「摂政殿六角東洞院亭に渡り給ふ」[23]などのように、邸宅・建物や土地の位置を示すものがある。これを「建物・土地の位置」とする。この表現の場合、もちろん邸宅は交差点上にはないので、四つ角のいずれかの町にあるということになるので、交差点からは位置がずれることになるが、図示の際には「午剋内裏上棟す東洞院西、三条坊門北」[24]などのように具体的に方角が書いてある場合を除き、交差点の中心に図示することとした。

もう一つ、例えば「中御門富小路辺り焼亡す」[25]などのように、火災の記事である。これを「焼亡」とする。これについても、建物のない交差点上での出来事とは考えにくいが、具体的な表示のない場合は交差点の中心に図示した（前出の図2-3）。

この種類別に、交差点の表現がどのようになっているのか整理した（表2-3）。表2-3によると、『小右記』『中右記』『殿暦』『山槐記』などでは種類ごとに東西路先述、南北路先述の例が見られるが、南北路先述の例が見られない例もある。全体でみると、建物・土地の位置では南北路先述の例が比較的見られるが、往来の辻では少ない。ただ往来の辻では東西

表２－３　交差点種類別の記述回数・先述路の表現方法

先述路／日記	往来の辻		建物・土地の位置		焼亡	
	東西路	南北路	東西路	南北路	東西路	南北路
貞信公記			1／0			
九暦						
小右記	1／1	4／1	4／1	1／1	7／0	2／3
権記	5／1				5／2	
御堂関白記	2／0		0／1		2／1	0／1
左経記			1／0			
春記		2／0			0／1	0／1
水左記	1／0		6／4	2／0	4／3	2／0
帥記	6／0	2／0	3／0	2／2		
後二条師通記	3／0					
中右記	62/14	10/ 5	235/36	22/19	64/20	18/18
殿暦	6／0	3／2	9／1	4／1	5／2	0／3
永昌記	1／1		0／1		0／1	
長秋記	11/ 5		6／0	1／0	2／1	
兵範記	15/ 2		52/19		0／1	
台記	18/ 4		33/ 2	0／1	3／2	
山槐記	23/ 2	1／1	77/35	3／1	5／11	1／0
玉葉	21/ 3		50/20	0／1	4／7	
愚昧記	29/ 6		13/ 3		9／2	
吉記	5／1		9／3		4／7	
合計	209/40	22/ 9	499/126	35/26	114/61	23/26
割合（%）	17.6/3.4	1.8/0.8	41.9/10.6	2.9/2.2	9.6/5.1	1.9/2.2

注１）数字は、表２－１と同様に、「大路／小路」の先述回数を示している。

注２）焼亡記事で「○○小屋」「○○小人宅」（○○は交差点）という表現については、建物の位置を示すものとしても捉えられるが、「焼亡」の欄に算入した。ただし、貴族邸宅関連の建物の焼亡記事の場合は、「建物・土地の位置」に算入した。

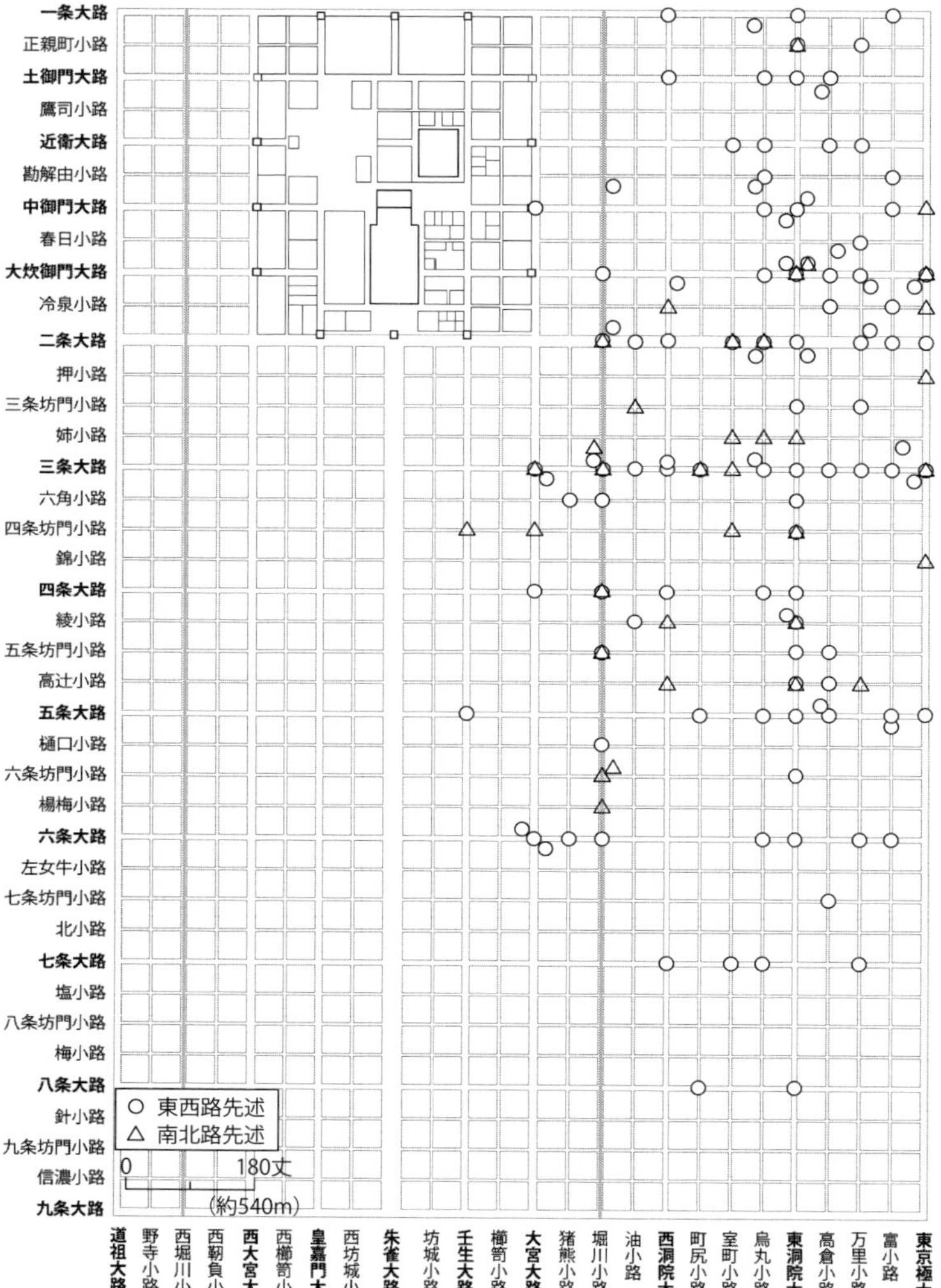

図2－4　建物・土地の位置（院政確立期）

参照した日記は『水左記』『帥記』の1068年以降と『後二条師通記』『中右記』『殿暦』『永昌記』『長秋記』『台記』、および『兵範記』『山槐記』の1155年までのものである。

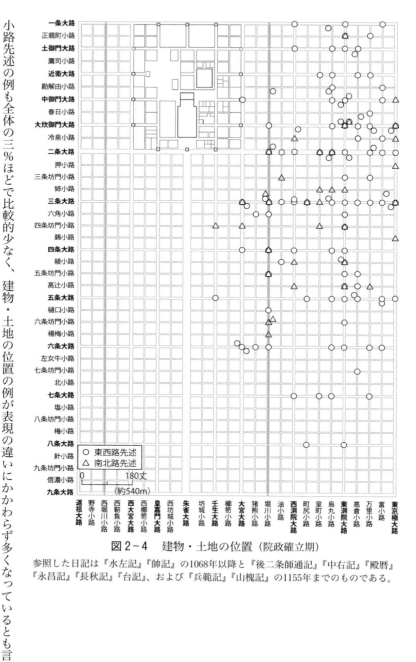

小路先述の例も全体の三％ほどで比較的少なく、建物・土地の位置の例が表現の違いにかかわらず多くなっているとも言える。

そこで、南北路先述が比較的見られる建物・土地の位置とそれが少ない往来の辻とを、今度は図示したもので確認しておきたい。

図2-4・図2-5は建物・土地の位置をそれぞれ院政確立期と動乱期に関して図示したものである。建物・土地の位置する大路・小路で見ると、図2-4では、二条・三条を中心に、大炊御門や五条といった東西大路で連続しており、また

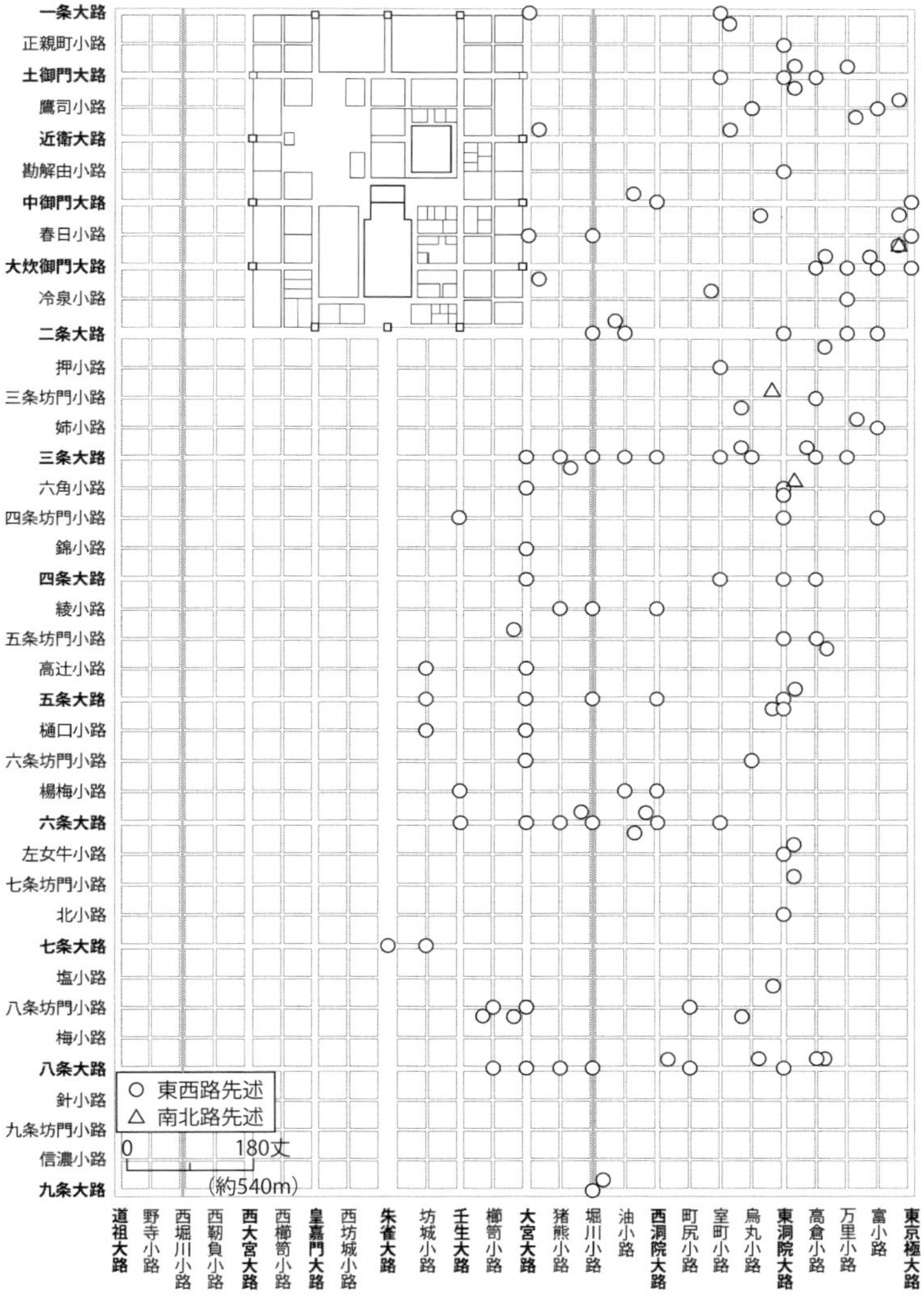

図2-5　建物・土地の位置（動乱期）

参照した日記は『兵範記』『山槐記』の1156年以降と『玉葉』『愚昧記』『吉記』である。

南北路でも東洞院大路や堀川小路をはじめ、特に左京三条以北では南北路上に連続して分布する様子が窺える。一方、図2-5では、左京全体に分布が広がったことに伴って、多少密度が小さくなっているとも言えるが、三条・六条・八条大路や東洞院・大宮大路など、東西路、南北路を問わず連続している部分が見られる。

それでは、先述路がどのようになっているかという観点で見ていくと、図2-4では、二条大路以北と六条大路以南は、基本的に東西路先述となっている。一方で南北路先述の例も左京三条・四条・五条に点在する。しかし図2-5になると南北路先述は京極大路・東洞院大路沿いに多少見受けられるのみで、ほぼ東西路先述となっている。

今度は、往来の辻を示した図2-6（院政確立期）・図2-7（動乱期）を見ていく。往来の辻として利用された交差点は、図2-6によれば、東西路では二条・三条大路を中心に集まっている一方、東洞院大路や堀川小路でも集中している部分が見られる。図2-7によれば、全体が分散的になっているために集中している路がはっきりしなくなっているが、二条・三条大路のほか東洞院大路には比較的集まっていると見受けられる。

一方、先述路については、図2-6では全体としては東西路先述の例が多いが、特に左京三条以北で南北路先述の例が見られる。他方、図2-7ではほとんどが東西路先述になっており、南北路先述はわずかである。

図2-4〜図2-7の分析によれば、図示した時期を通じて建物・土地でも往来の辻でも、東西路に沿って利用されていることが多い一方で、南北路沿いについても利用されている様子が見られるものの、記述の面では、院政確立期には東西路先述だけではなく南北路先述もなされていたが、動乱期には例が極端に減り、ほぼ東西路先述で統一されていくと考えることができる。

ここで、東西路先述が顕著になっていることについて、貴族の移動路次が東西路を中心としているためかどうか確かめたい。移動が東西路中心で行われていれば、自然に先述になる可能性が高いからである。そこで、日記に書かれた移動路次を整理し、ちょうど東西から南北、あるいは南北から東西に路次を変更する交差点を図化した（図2-8・図2-9）。東西路を進んでいて南北路へと進行を変える場合は○、南北路から東西路に進行を変える場合は△で示している。[26]したがって、△で表されていることは、南北路を進んできていたことを表すため、△が東西路に並んでいれば、複数の南北路が利用されている形跡となるし、○が南北路に並んでいれば、複数の東西路が利用されていることになる。

図2-8（院政確立期）によれば、まず利用されている路次を見ると、左京三条以北ではあらゆる交差点が利用されてい

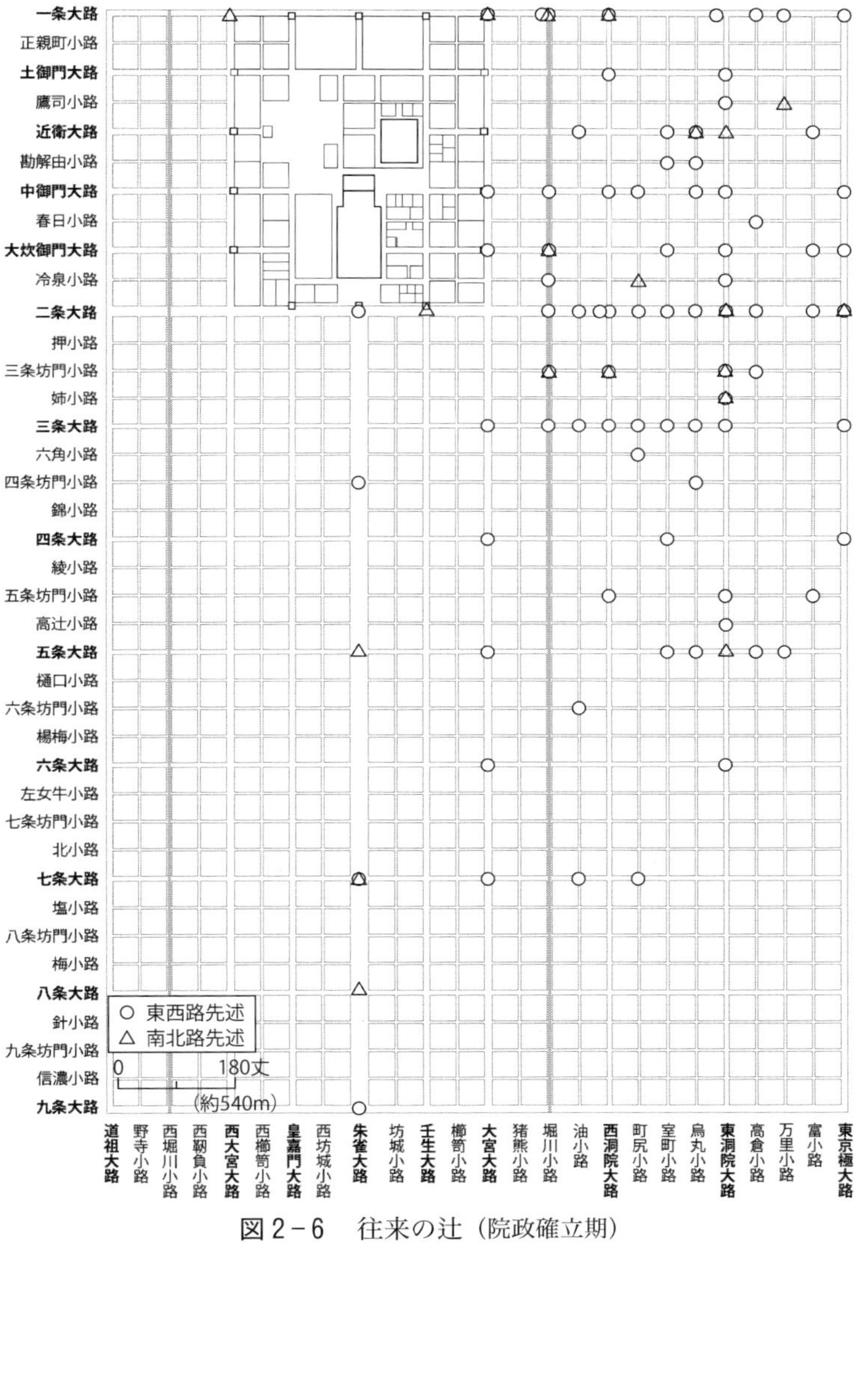

図2-6　往来の辻（院政確立期）

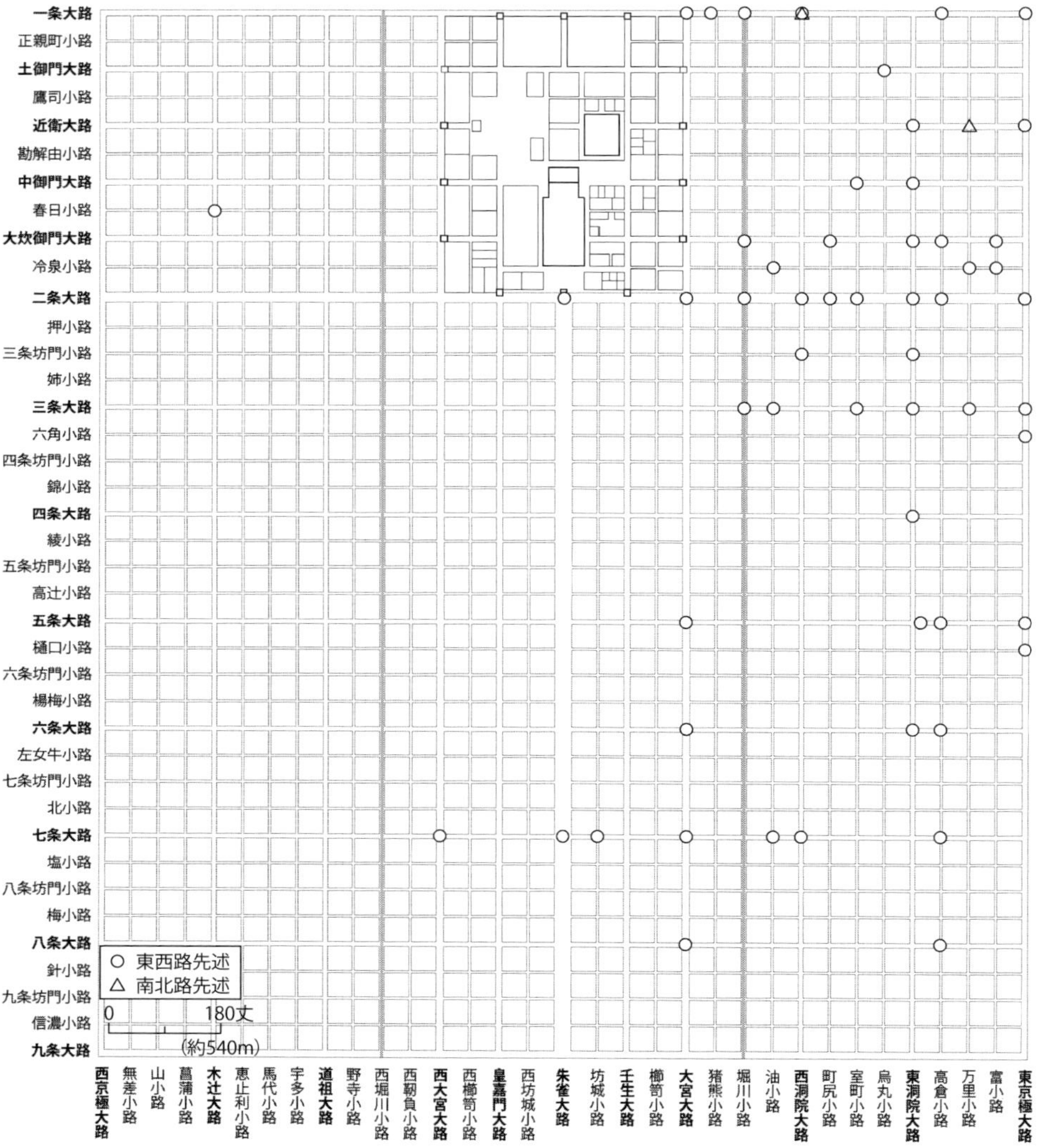
一条大路
正親町小路
土御門大路
鷹司小路
近衛大路
勘解由小路
中御門大路
春日小路
大炊御門大路
冷泉小路
二条大路
押小路
三条坊門小路
姉小路
三条大路
六角小路
四条坊門小路
錦小路
四条大路
綾小路
五条坊門小路
高辻小路
五条大路
樋口小路
六条坊門小路
楊梅小路
六条大路
左女牛小路
七条坊門小路
北小路
七条大路
塩小路
八条坊門小路
梅小路
八条大路
針小路
九条坊門小路
信濃小路
九条大路
○ 東西路先述
△ 南北路先述
0
180丈
(約540m)
西京極大路
無差小路
山小路
菖蒲小路
木辻大路
恵止利小路
馬代小路
宇多小路
道祖大路
野寺小路
西堀川小路
西靭負小路
西大宮大路
西櫛笥小路
皇嘉門大路
西坊城小路
朱雀大路
坊城小路
壬生大路
櫛笥小路
大宮大路
猪熊小路
堀川小路
油小路
西洞院大路
町尻小路
室町小路
烏丸小路
東洞院大路
高倉小路
万里小路
富小路
東京極大路

図2－7　往来の辻（動乱期）

る。また、左京六条も利用が多くなっているが、この時期にこの付近に内裏があったこと[27]を反映していると思われる。進行方向の変更について見ていくと、左京三条以北の多くの東西路や五条大路で、○と△の両方が見られる。対して南北路でも、○と△の両方が見られる。

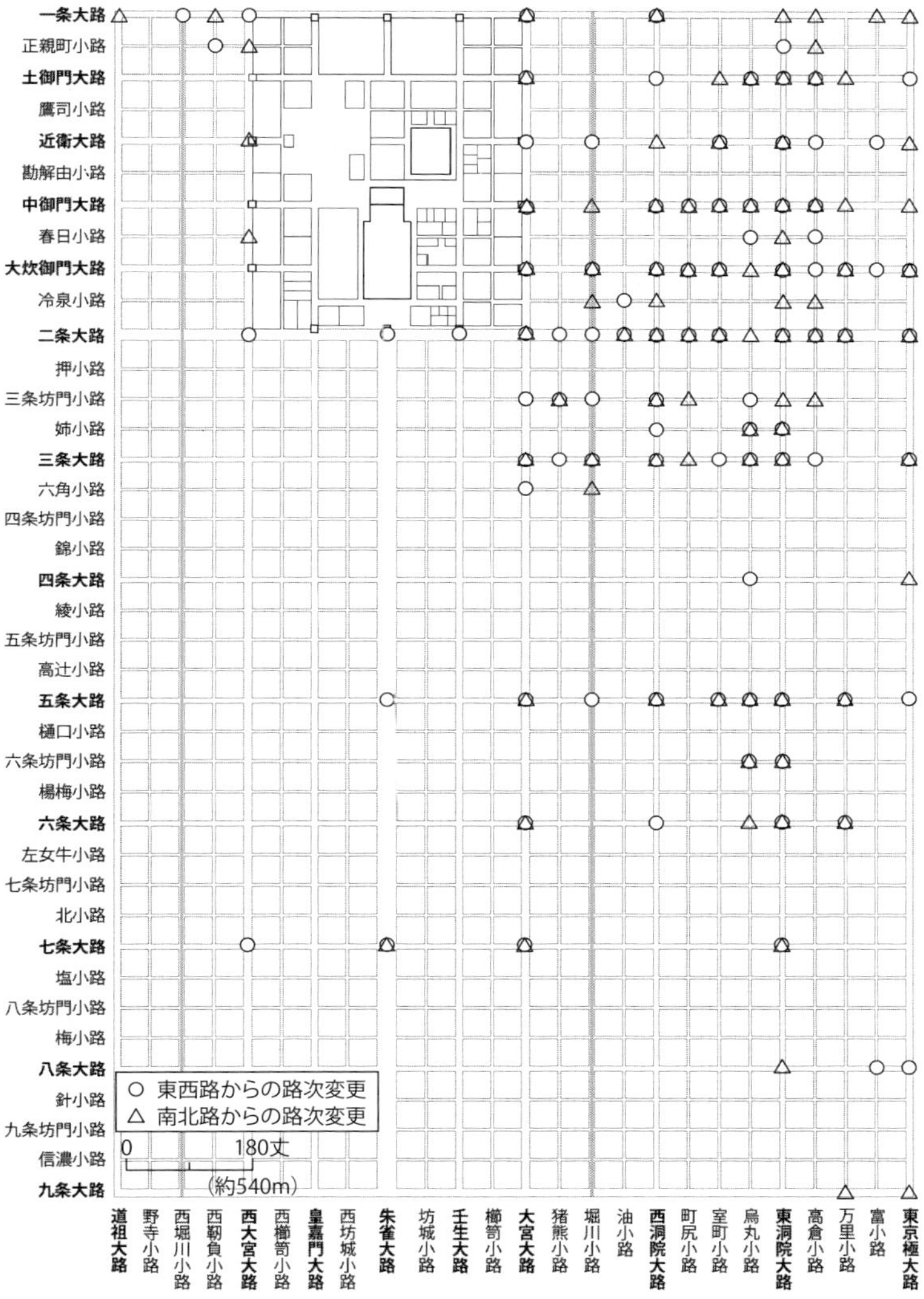

図2-8　移動路の変更が行われた交差点（院政確立期）

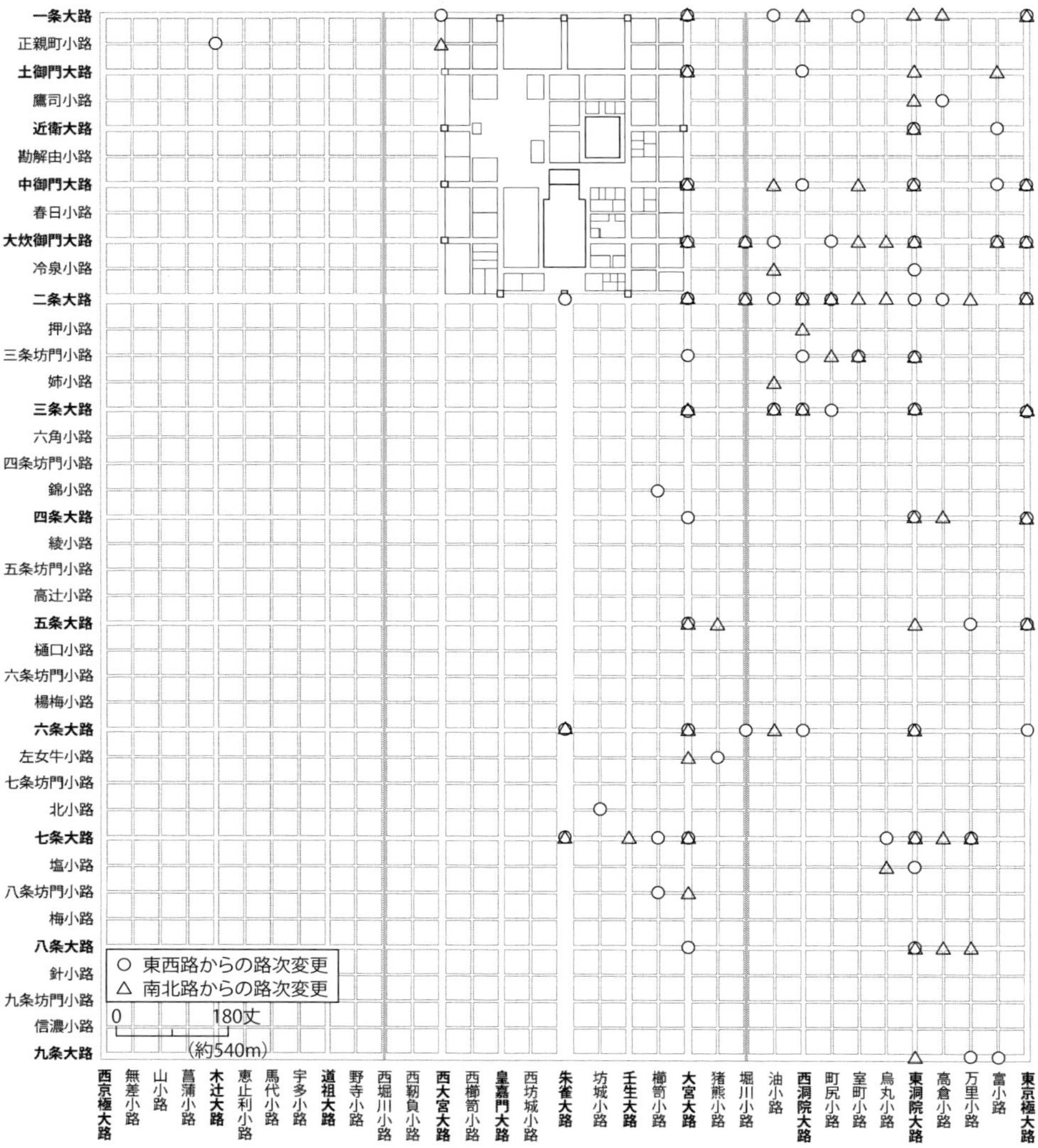

図2－9　移動路の変更が行われた交差点（動乱期）

図2-9（動乱期）では、まず利用されている交差点の比較的連続している路次は、東洞院大路、大宮大路、大炊御門大路、二条大路などで、東西・南北ともにみられる。ただし院政確立期に比べて一条から九条までより切れ目なく広がっている反面、交差点の密集があまり顕著ではなくなった。進行方向の変更については、○と△の両方が見られるため、東西路、南北路の違いはあまり見られない。

この分析から考えると、貴族の東西路と南北路の活用に大きな差はなく、移動路次が東西路先述に影響を与えているとは考えにくいことが分かる。

ところで、図2-8では三条大路以南から五条大路以北や六条大路以南の烏丸小路から猪熊小路の間の、図2-9では三条大路以南の東洞院大路から堀川小路の間や六条大路以南の室町小路から堀川大路の間の大路・小路上では、○や△がほとんど見られず、進行方向を変更する交差点としてはあまり使われていないことも指摘しておきたい。これは、その区間の路次では通過するのみで、方向転換がなされていないことを示している。

この間の部分について、先述した先行研究のうち、山村亜希氏が作成した「小屋の分布と火災の類焼範囲」の図で示されている位置関係[28]と非常に近い分布を示していると考えられる。つまり、方向変換が行われない交差点付近は、「商業空間」として町屋が広がっている部分ではないか、という考え方ができることになる。大路・小路を通過することは引き続き行われているが、貴族は「自分たちの空間」ではないと判断した部分ではあまり行動を起こさないのではないか、と推察される。後の上京・下京の分化はこういった行動の面からも徐々に始まりつつある可能性を指摘できる。

第四節　先述路を重視する貴族

ここまで東西路が先述されてきた例を挙げつつ、貴族が東西路を重視していたのではないかという考え方を提示してき

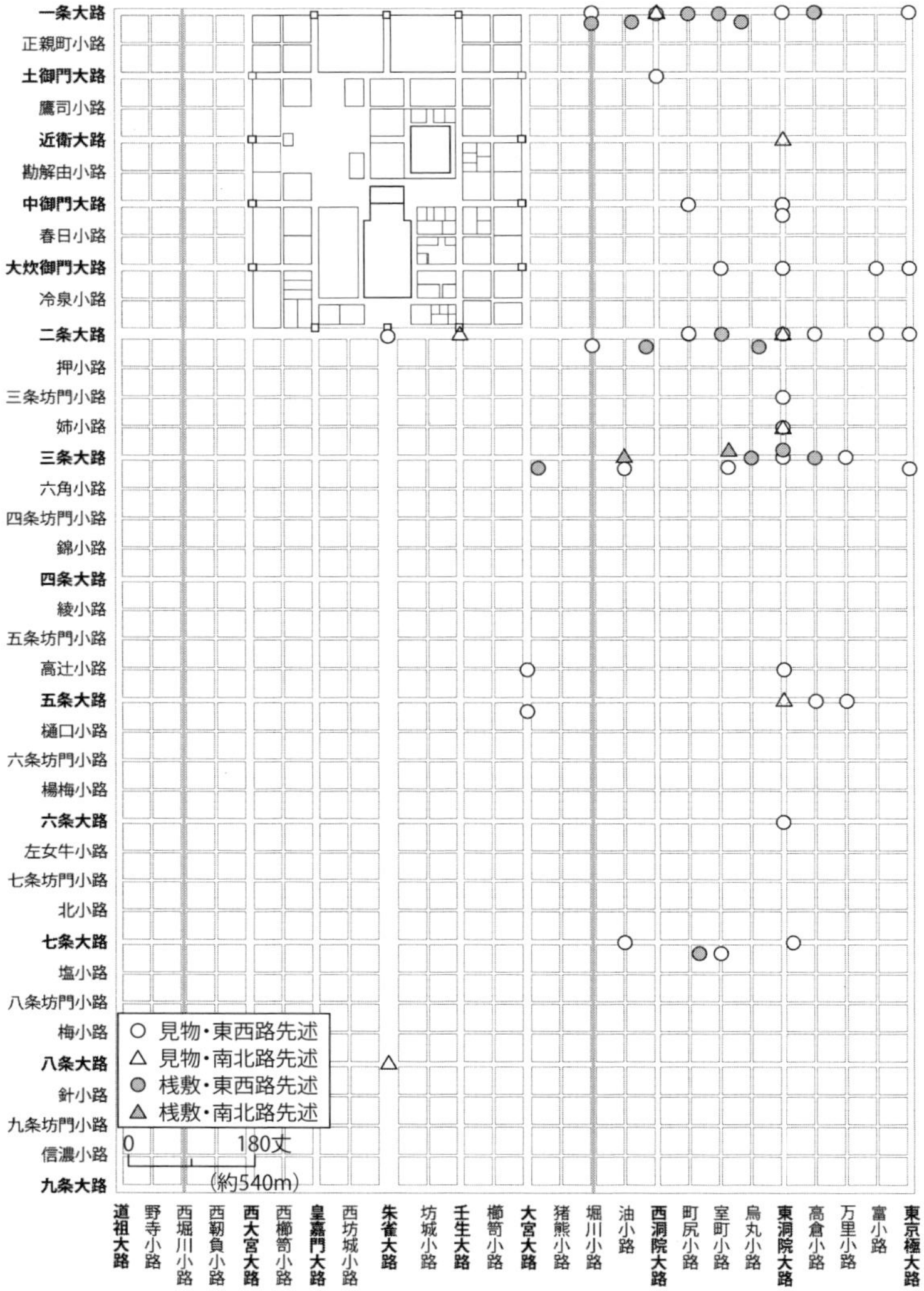

図2-10　見物の位置（院政確立期～動乱期）

たが、そもそも、先述路を貴族が重要視しているのではないか、と考えることが正しいのかどうか、検討しておく必要がある。

現在の地点表示であれば、例えば「堀川通錦小路上ル」と言えば「堀川通に面していて錦小路通から北に進んだところ」であるし、「錦小路通堀川東入ル」と言えば「錦小路通に面していて堀川通から東に進んだところ」ということになる。どの通りを進んでいるかどうかが、通り名を先述することで理解できる。しかし、平安貴族の記述では、先述された大路・小路に面して行動している可能性が大きいとは考えているが、明確にそうであるというには検討が必要である。例えば「一条東洞院西において御車を立つ[29]」という時には、一条大路に面して東洞院大路よりも西のところに車を止めたと解釈することが可能であるが、「鳥羽に参るの間、六条大宮において、頭弁重資来たり逢う[30]」とある例では、六条大路を進んでいる時に会った可能性が大きいとは思われるが、大宮大路上で会った可能性を否定するところまではいかない。

そこで、別の角度からの検討を行うことにし、「上皇三条坊門東洞院において御見物あり[31]」のように「見物」が行われた交差点、さらに交差点表記で示された桟敷の位置について図化した（図２-10）。「見物」あるいは見物のために用いられる「桟敷」に着目したのは、大路・小路に面していることが重要な事項であると考えられるからである。

図２-10を見ると、見物地点や桟敷が東西路に連続している様子が見受けられる。特に桟敷は、一条・二条・三条大路にその多くが面している。東洞院大路にもまとまっている部分があるものの、東洞院大路も含めて全体的に東西路先述の傾向であることも分かる。集積の具合から見れば、一条・二条・三条の密度が高く、これらの東西大路を中心としていたとみられる。一方で東洞院大路上でも見物が行われていたと推察されるが、東洞院で南北路先述がなされている例が見られることから、東洞院での見物の場合、東洞院を先述していた可能性を指摘できる。つまり、見物の位置の表現から推察すると、交差点表記の場合に先述路を重要視していた可能性が高いと考えて差し支えないだろう。

もう一点、この見物の位置の分析には副産物があり、主に見物が行われるのは東西路（特に東西大路）上であるという点である。行列を「見物」する位置が「東西路に集中」していることに着目したい。見物の地点が集中しているということは、この路で人に見られることを前提にしているという考え方ができる。一条大路で見物がなされていることについては、『今昔物語集』に少し時代が遡るが「陽成院」に関連する話として「賀茂祭日、一条大路立札見物翁語」という題目で「今昔、賀茂の祭の日、一条と東の洞院とに、暁より札立たりけり。其の札に書たる様、「此は翁の物見むずる所也。

人不可立ず」と」（巻第三十一第六）とあることから理解できる。一条東洞院のところに見物のための場所取りをする翁の話であるが、「一条大路」に札を立てる話として題目が掲げられている（尚、「一条と東の洞院」と記述し、「一条大路」での行動について述べるので、この点も先述路に話の主体があることの傍証となる）。

そして行列を見物するのに適した大路には桟敷が設けられていた点についても、『今昔物語集』に「朱雀を登り、行列の作法実にたふとし。大路の左右には狭敷ひまなし。小一条の院、入道殿の御狭敷を始めて、自余を思ひやるべし」（巻第十二第九）とあるように、藤原期には、朱雀大路に桟（狭）敷が並んでいたということが分かる。この当時は中心街路である朱雀大路がまだ見物に適した機能を持っていたことも理解されるが、見物のために桟敷が並んでいることを考えると、見物地点の集中が桟敷の集中の可能性を示唆している。図2-10では朱雀大路ではなく一条・二条・三条大路に桟敷が並んでいる様子が見受けられるから、院政期にはこれらの東西大路が、朱雀大路に代わる「公的な」道路になっていたと考えられる。

整理すると、貴族が先述路を重視していたこと、また東西大路が重視されるようになっていったこと、というのがそれぞれに理解され、先述路である東西大路が重視されていたという構図がより強化される。さらに先述路を重視する過程で、先述される東西路が大路・小路に関わらず重視されていくようになるのだろうと推察される。

第五節　東西路先述の要因

さて、よく考えてみると、東西大路が重要視されるのはあまり自然なことではない。少なくとも元来、中心に据えられたのは朱雀大路である。突出して道路幅が広いことは、それを示す一端となる。先述したように、見物のための桟敷も朱雀大路に並んでいた。

では、それがなぜ東西大路（あるいは東西路）が中心になっていったのだろうか。これについて北村氏は、大内裏の衰退をきっかけに南北の軸線そのものが意味を失い、東国と西国を結びつける交通の要衝としてむしろ東西路を軸線とする市街地に生まれ変わったと考えている[32]。その他に現時点でその要因として推測できる点をいくつか示したい。

まず、北村氏の議論とも関わるが、朱雀大路があまり使われなくなることが関わっていると考えられる。朱雀大路が失われていくことについては先述した小寺武久氏の指摘などもあったが、それに代わる機能を東西大路が中心に担うことになったという推測ができる。また、このことは、政治の中心が大極殿・八省院から内裏（紫宸殿）に移っていったことが影響を与えているものと推察される。朱雀大路の延長線上に大極殿があるので、それが中心軸よりも東側に寄る内裏へ政治の中心が移動し、さらに里内裏を転々とするようになることも、朱雀大路を中心とする必要性を薄らげる結果となったと考えられる。

次に、南北方向には河川が流れるようになるケースが多くなり、移動などで利用がしにくくなったのではないか、という推測である。平安京には東京極川・東洞院川・西洞院川・堀川・大宮川・耳敏川・西大宮川・西堀川・佐比川・西室町川といったいくつかの川が南北方向に流れていたことはすでに指摘されており[33]、また右京域を中心に幅数十メートルから数メートルになる大規模な水路の検出が見られる、という[34]。

そこで図2-11に、どちらも後世の資料となるが、江戸時代に森幸安が考証した「中古京師内外地図」と一九二五年の都市計画図を合わせ、河川の推測を行った[35]。平安時代の地層を表しているものではなく、また「中古京師内外地図」も必ずしも正確でない考証を伴っているものではあるが、平安京左京が北東方向から南西方向に低くなっていく複数の扇状地によってできていることが『平安京提要』の「平安京直前の京都盆地」図からも分かり、扇状地の中央を河川が流れることから推定すると、複数の河川が北から南に向かって流れていると考えられるので、個々の河川については推測が誤っている可能性もあるが、少なくとも南北方向に複数の河川が流れていただろうことだけは説明できる。

史料からは、『今昔物語集』巻第二十九第八に「大宮河」の記載がある。「三条よりは南、西の洞院よりは西」の家に強

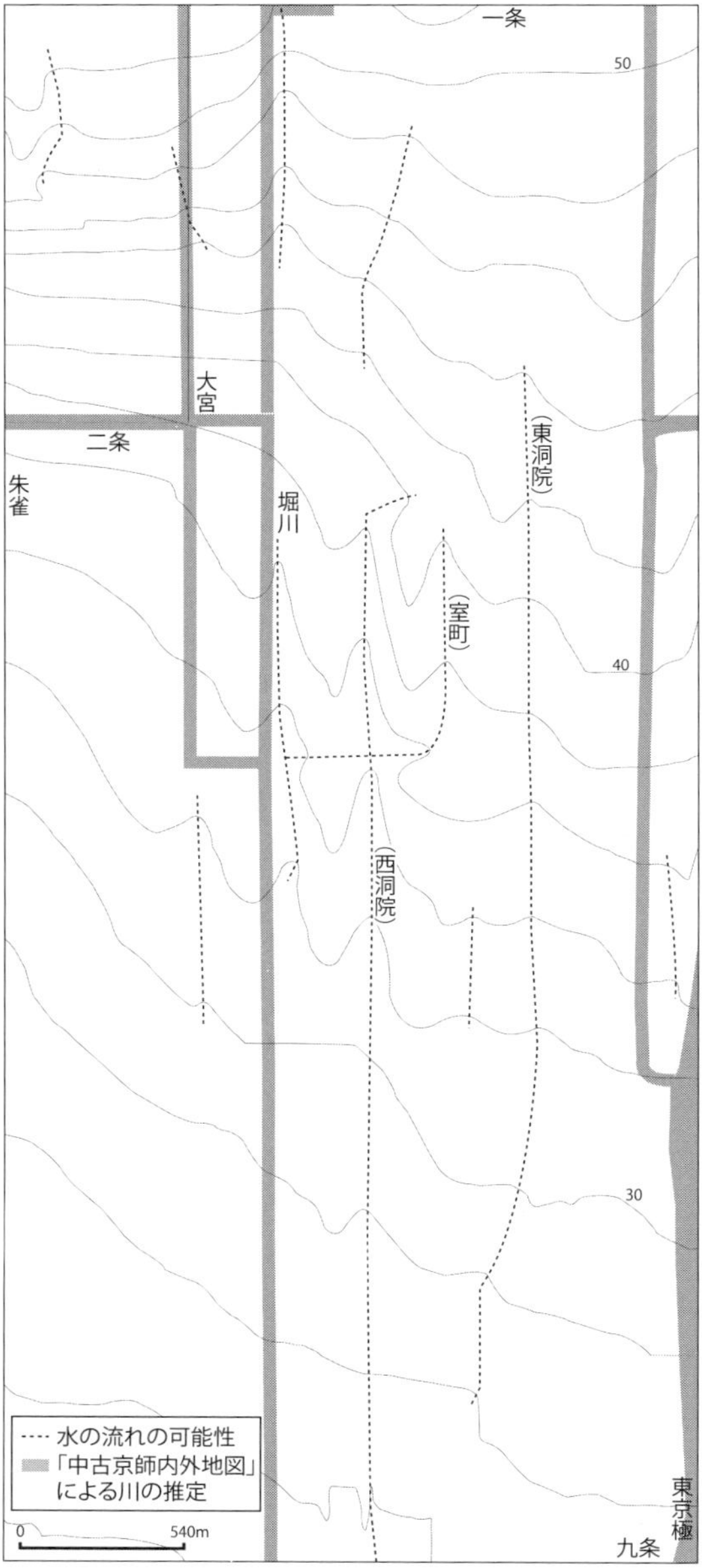

図２-11　左京部分の等高線と水流の推測

基図は3000分の１都市計画図「聚楽廻」「御所」「西院」「四条烏丸」「西七条」「京都駅」（1925）を使用した。

盗が入り、強盗は女房をさらって「三条より西様」に逃げ、「大宮の辻」に出た時に、人が追ってきたと思って、女房の衣を剥いで女房をそこで捨てて逃げた、という件の後、「女房、習ひ不給ぬ心地に、裸にて、「怖々し」と思ひける程に、大宮河に落入にけり。水も凍して風冷き事無限し。水より這上て、人の家に立寄て門を叩けれども、恐て耳に聞入る人無し」とあり、大宮川には人が（這い上がれるけれども）落ちてしまう深さがあることが分かる。

このように、南北方向に複数の河川が流れていたわけであるが、その中には人の落ちてしまう可能性のある深さのある川があったと考えると、真っ直ぐ通り抜けるということだけであればよいだろうが、牛車に乗って移動する貴族に行動の制限を与える可能性もあったのではないかと考えられる。

ところで網伸也氏による考古学的成果の整理によると、東洞院大路において、左京二条四坊三町で約二メートルの東側溝および路面の一部が検出され、西洞院大路においては、左京一条三坊二町の東側溝は幅が約四・六メートルで橋が架かっていたほか、西側溝は約一・八メートル（北は途切れる）で、路面幅が平安後期で約一二メートルであったという(36)。図2-6～図2-10で、東洞院大路では貴族の活動が比較的盛んであったが、西洞院大路ではそれに比べて少なくなっていたことが分かるが、路面幅が小路並みになり、側溝幅も広かったことが、活動を制限することになった可能性を指摘できる。

一方、東洞院大路に関して、小松武彦氏によると、「東洞院大路の中央に溝（東洞院川）が検出」しており、「東洞院川がいつ掘削されたか不明」なものの「川（溝130）の堆積土から平安時代後期から室町時代末期の遺物などが出土」しているという(37)。したがって少なくとも平安時代後期には流路が大路の中央にあったと考えられるが、図2-2～図2-10を比較した時に、東洞院大路での貴族の活動が動乱期になると以前ほど活発ではないことが推察されるため、この点も、流路が活動を制限する傍証となる可能性がある(38)。

さらに、二条大路では右京二条二坊五町で平安中期には幅約五メートルの東西流路があったこと、大炊御門大路に関して、左京二条二坊三町の側溝が平安前期後半に意図的に埋め立てられた可能性が言及されているが(39)、西への移動の際に、「その路西洞院・二条・西大宮・春日末を経、広隆（寺脱カ）西大門より入御す(40)」とあることから、広隆寺へ向かうのに二条大路ではなく春日小路を利用していることがわかり、右京の二条大路は移動に利用されていない。一方、大炊御門大路は図2-6～図2-10でも利用の比較的多い大路であり、側溝が埋められたことは、利用の妨げになるのを防ぐ意味があった可能性もあろうかと考えうる。

これらのことからも、側溝や川の幅がある路は利用がしにくいということが理解でき、流路が多かったと考えられる南北方向に比べ、東西方向をより活用するようになったのではないかと考えられる。

もう一点、南北路に沿って、商業的な空間が形成されつつあったことが影響しているのではないかと考えられる。旧稿(41)で取り上げたことのある部分であるが、九条兼実が内裏の造営に関連して「行隆仰せて曰はく、五条堀川〈後院町〉、造営あるべし、而るに堀川材木商人、陣中たるに依り通るべからず、この条計りて奏すべしてへり[42]と記しており、堀川に材木商人がおり、彼らが陣中との関係で通行が妨げられることを示している。さらに同日条に「五条以北永く通るべからざること、世人のため商客のため、必ず愁いある所か」として、陣中となることで五条以北の通行ができなくなることは人々の愁いになると述べている。内裏造営が商人に影響（愁い）を与えるケースがあることを示唆している。[44]

つまり、旧稿で述べたこととも重なるが、貴族の行動空間として考える部分は、商業的な空間を避けていた節があり、それが南北路沿いに形成されていったことが、結果的に東西路中心になっていく要因の一つとも考えられる。もちろん、東西路を中心に利用していたことが、商業空間を南北路沿いに立地させた可能性もあるので、双方が影響しあった結果、としておく方がよいかと考える。

以上述べてきたように、貴族は東西路を重視し、特に院政期には行動の中心軸として認識されるようになっていたのではないかと、貴族の日記に記述された交差点表記の分析から明らかになった。その理由として、朱雀大路が失われてきたことに加え、南北路上に流路があったことや商業空間化してきたことがあるのではないかと考えたところである。

第二章　註

（1）足利健亮編『京都歴史アトラス』中央公論社、一九九四年。
（2）西山良平・鈴木久男編『古代の都3　恒久の都 平安京』吉川弘文館、二〇一〇年、一～二三頁。
（3）山本雅和「平安京の路について」『立命館大学考古学論集』Ⅰ、一九九七年、四二三～四四二頁。
（4）網伸也「初期平安京の諸施設と条坊路」『平安京造営と古代律令国家』塙書房、二〇一一年、一〇五～一三九頁。
（5）小寺武久「平安京の空間的変遷に関する考察（一）―行幸路次を中心として―」『日本建築学会論文報告集』一六五、一九六九年、九三～一〇〇頁、「平安京の空間的変遷に関する考察（二）―考察―」『日本建築学会論文報告集』一六六、一九六九年、六五～八六頁。

(6) 小寺武久「中世京都の都市空間に関する考察（二）—道路—」『日本建築学会論文報告集』二三九、一九七六年、一三三〜一四〇頁。

(7) 秋山國三「条坊制の「町」の変容過程—平安京から京都へ—」秋山國三・仲村研『京都「町」の研究』法政大学出版局、一九七五年、八八〜一六九頁。

(8) 山中章『日本古代都城の研究』柏書房、一九九七年。

(9) 北村優季「都城における街路と宅地—古代都市変容の一面—」青山学院大学総合研究所人文科学研究部研究成果報告論集『東西都市の歴史的諸相』二〇〇六年、六一〜八〇頁。

(10) 例えば、山村亜希「院政期平安京の都市空間構造」金田章裕『平安京——京都　都市図と都市構造』京都大学学術出版会、二〇〇七年、一二五〜一五一頁。

(11) 安藤哲郎「交差点の表記法と平安貴族の空間認識」『地域と環境』一一、二〇一一年、二二五〜二三六頁。

(12) 安藤哲郎「平安京の都市構造と貴族の行動空間——「焼亡」の範囲と貴族邸宅の位置との比較から」『地域と環境』一二、二〇一二年、九五〜一〇九頁。

(13) 時期区分の名称や時代の概要についての説明は、本章においては割愛する。尚、これまでに、拙稿「説話文学における舞台と内容の関連性—平安時代の都とその周辺を対象に—」『人文地理』六〇—一、二〇〇八年、「史料に記述された場所と説話の舞台の分布—平安時代の都とその周辺—」『地域と環境』八・九、二〇〇九年、「京都の地名と説話文学—院政期の記録と比較して—」『地名探究』八、二〇一〇年などで説明を行っているので参照されたい。

(14) 本来、鍵括弧を付けて用いるべき独自の区分であるが、これ以降、鍵括弧を省略する。

(15) 縦横の大路小路について「十世紀の後半にはその名称も定着固定したように思われる」（前掲註7、一〇〇頁）とあり、交差点表記が藤原期以降徐々に行われ、院政確立期には慣用されていたと考えられ、このこともこの時期以降の分析とする理由の一つになる。

(16) 「院乗御車、自東洞院、到一条辻、御車立定」（『後二条師通記』寛治六年（一〇九二）四月二十一日条）のように、街路と街路を直接合わせたものではない例や、「五条坊門以南、六条以北、東洞院以西、西洞院以東、皆以焼亡」（『兵範記』仁平三年（一一五三）四月十五日条）のように一町を超える規模を指す例は含めていない（一方で、「午後京中大焼亡す、中御門東洞院より近衛富小路に至る」（『中右記』寛治元年（一〇八七）十二月二十九日条）のように「中御門東洞院」「近衛富小路」という焼亡した具体的な交差点が分かる事例の場合は、その部分のみを加えた）。

(17) 前掲註7、一〇四頁。

(18) 交差点記述の多い院政期以後で、四〇年近い長い記録期間のある『中右記』『兵範記』『山槐記』『玉葉』といった日記では、記録数が確かに多く、このことも記述数に影響している可能性はある。
(19) 東西方向の街路を「東西大路・東西小路」、南北方向の街路を「南北大路・南北小路」とする。
(20) 別の人物が同一日に同じ出来事について記述する場合もあるが、表記法を問題とするため、一例ずつ扱った。
(21) 前掲註11で示した数値と一部異なっている部分があるが、旧稿のときに「自〇〇至△△辻」という表現のものも加えていた部分などがあったのを、今回の整理では例に加えなかったことなどが影響している。
(22) 『中右記』長治二年（一一〇五）四月十三日条。
(23) 『兵範記』仁安三年（一一六八）六月七日条。
(24) 『山槐記』応保元年（一一六一）十一月三日条。
(25) 『台記』久寿元年（一一五四）一月十四日条。
(26) 例えば、『中右記』大治四年（一一二九）十月十九日条の「経土御門西洞院一条」の場合、「土御門西洞院」の交差点に〇、「西洞院一条」の交差点に△を示している。また、図の〇と△に出現回数は反映されていない。
(27) 詫間直樹『皇居行幸年表』（続群書類従完成会、一九九七年）によれば、六条院（六条坊門南高倉西）に白河天皇の、小六条殿（六条坊門南烏丸西）に鳥羽天皇や崇徳天皇、近衛天皇の、六条烏丸殿（六条北烏丸東）に近衛天皇の、里内裏が置かれたことが確認されている。
(28) 前掲註10、一四四〜一四五頁。
(29) 『中右記』嘉保元年（一〇九四）四月十五日条。
(30) 『中右記』長治二年（一一〇五）十一月十九日条。
(31) 『長秋記』元永二年（一一一九）十一月九日条。
(32) 前掲註9、七九頁。
(33) 村井康彦「新京の造営」京都市『京都の歴史1　平安の新京』學藝書林、一九七〇年、二三二頁。
(34) 前掲註3、四二四頁および本書第二部第四章参照。
(35) 平安時代の地形についての論考として、戸口伸二「平安京右京の衰退と地形環境変化」『人文地理』四八—六、五八〜六九頁や、河角龍典「平安京における地形環境変化と都市的土地利用の変遷」『考古学と自然科学』四二、三五〜五四頁、卯田強「ＧＩＳで見た平安京の原地形」『新潟大学災害復興科学センター年報』一、二〇〇七年、一八九～一九八頁などが得られているが、本章では特に左京の河川について詳細に取り上げるため、現時点では用いやすい後世の資料を参照することとした。

(36) 前掲註4、一二三～一二四頁。

(37) 古代文化調査会『平安京左京四条三坊十五町・烏丸御池遺跡―御射山町の調査―』二〇一五年、二六頁。

(38) 尚、「不明」とした東洞院川の掘削時期について、小松氏は「洪水時の平安京の都市機能を維持するために造営当初から東洞院川は掘削されていたものと思われる」と推定している（前掲註37）。また網氏の整理によれば、東側溝からは平安時代前期から中期の遺物が出土しており、下層では側溝と一部重なる平安時代前期の流路を確認しているという（前掲註4、一二三頁）。この場合、東洞院川が貴族の活動を制限するものになっていない可能性もあるが、日記で貴族の活発な動きが示されていた時期の東洞院川の実態は明確でないため、この部分の成果が待たれるところである。

(39) 前掲註4、一二一～一二二頁。

(40)『中右記』長治元年（一一〇四）二月五日条。

(41) 前掲註12、一〇七頁。

(42)『玉葉』治承四年（一一八〇）一月二十四日条。

(43) 五条堀川に皇居の造営があった場合、陣中となる内裏の周囲一町の通行に影響が出てくることになるので、少なくとも高辻小路～五条大路～樋口小路間の堀川小路の交通に支障が出ることになる。

(44) この部分では「これに加えて、後院町に皇居を造らる先例未だ聞かず」という文言もあり、その後「又先日皇居の地を尋問せらる事、五条堀川、人々皆甘心せず」（『玉葉』治承四年二月二十日条）とあって、様々な理由から貴族に反対されていたことが理解される。

Article

中国正史に見られる住宅用語の変遷

塚本明日香

第一節　平安京の住まい・中国歴史時代の住まい

平安京の都市プランが唐の長安城に学ばれた、とはよく言われる話である。[1]菅原道真の進言により遣唐使が廃止されて以降、しばらく日本と中国大陸との公の交流が途切れていたことは確かだが、平安京の成立に前後して多大な影響を与えた中国大陸において人々がどのように生活を営んでいたかを知ることは、平安京での空間と住まいを考える上で一定の意味を持つだろう。

しかし残念ながら長安の都は唐の滅亡と時を同じくして徹底的に壊されており、現在の西安には有名な大雁塔を含むごく少数の建築物しか残っていない。[2]また、人々の住まいとして現在知られている最古のものは元代の銘がある姫宅であり、[3]それ以前のものについては文献や絵画や発掘調査を通して調査するよりほかない。

平安京で都市住宅が誕生したのは十世紀後半から十一世紀前半であるという。[4]また、都市住宅ではないが上流貴族の邸宅の様子が知れてくるのもこの頃である。いわゆる寝殿造は、中国の住宅や平安京の諸建築のような南に正門を開く形式から変化したものと言われている。[5]中国の住宅といえば、中庭（院子）を四方の棟が囲んでいる四合院の形式がよく知られており、現存するのももちろんだが、絵画や副葬品、遺跡とたどっていくと二千年以上も遡ることができる(6)（口絵３参照）。

この十世紀後半から十一世紀前半は、中国大陸においては宋初の頃にあたる。建築の方面では、既に引用文の形でしか残らないが喩皓《じゅこう》が中国の建築著作の先駆となる『木経《ぼくけい》』を著した他、十一世紀末になると李誡《りかい》が建築技術書である『営造《えいぞう》法式《ほうしき》』を上梓しており、これらは後の中国建築にも大きな影響を及ぼした。また具体的な技術面でも門や窓の発展や彩色技術の向上など、唐から一線を画す発展があり(7)、中国建築史においてもこの十世紀後半から十一世紀前半というのは重要な時期である。

ここでは、この時期ないしそれ以前の中国大陸において人々の住まいに対する捉え方がどう変化していったのか、住まいに対して使用される用語の変遷から探っていくこととしたい。

第二節　史料について

住まいは、その戸数において最も普遍的に存在する建物である。それゆえにかえって記録に残ることが少なく、文献史料による調査の難しさが存在する。また、今回対象とする時代については住宅遺構が現在のところ知られていないことは先に紹介した通りである。

本稿では災異史料に着目することで、一定数の記録の確保を試みた。災異史料とは、災害の記録と異常事態の記録の総称である。災害は言うまでもなく水害や火災、震災、あるいは風による被害といった出来事であり、異常事態に該当するのは、今回の調査範囲では家畜の奇形や瑞祥となる霊芝の発生といった出来事である。水害や火災で被災した時、あるいはその建物を舞台に何か異常事態が起こった時であれば、普遍的な建物といえども多少の描写記録がなされる。描写内容はシンプルだが、ある程度まとまった量の記事が見られるのである。

特に調査対象として収集したのは災異史料のうち、一般的な住まいと考えられる用語が登場するものである。明らかに官や軍に属する建物である場合（「官舎」「軍塁」など）や、災害後の復興支援を指示する詔に含まれる用語（「遭水家（水害に遭遇した家）」などの言い回し）は除外している。

ただし災異史料のもうひとつの特徴として、記録によっては英雄譚としての側面を持ち、事象としての信憑性に十分な信頼をおけない可能性がある。そこで使用する史料を国家編纂の歴史書である正史にのみ求めることとした。正史であっても王朝の開祖を神格化するための説話が収録されることがままあるが、義務的に収録している災害や異常現象についてはある程度の事実を反映していると考えられよう。

正史とは『史記』を筆頭として二十四史とも二十六史とも言い表される一群の歴史書である。『史記』は通史だがそれ以降の史書は各王朝を個別に扱う断代史の形をとる。ここでは宋（九六〇～一二七九年）以前を扱うものを対象とし、中でも統一王朝を取り上げた正史を主に利用する。分裂期の正史は必然的に戦いの記録が多く災異史料の数が全体的に乏しいため、一部を参照するに留めた。

さらに、正史は形式を踏襲して編纂されているので災異記録の比較的多く収録されている「本紀」及び「五行志」の章に絞って調査を行っている。なお「五行志」が存在しない場合は全文を調査対象とし、「本紀」と「五行志」それぞれに同一内容の記事が重複している場合は、使用される用語が異なることもあるので、双方の記事を採取することとした。

次節では具体的にどのような用語の変遷があったかを述べることとする。

第三節　中国正史に見られる建物用語の変遷

1　記事数と書誌概観

まず対象とした史書と、各書物から採録できた記事数を一覧表とした（表1）。ここでは扱う史書の書誌を確認し、調

表1　使用した正史の成立年代及び収集した記事数

書名	成立年代[注1]	総巻数	本紀		五行志		記事総数
			巻数[注2]	記事数	巻数	記事数	
史記	B. C. 90頃	130	12	2	—	—	2
漢書	A. D. 82頃	100	12（13）	7	1（5）	12	19
後漢書	～445	120	10（12）	5	5	11	16
晉書	648	130	10	19	3	59	78
隋書	636/656	85	5	1	2	10	11
舊唐書	945	200	20（24）	70	1	48	118
新唐書	1060	225	10	1	3	115	116
宋史	1345	496	47	27	7	441	468

注１）成立年代は竹内康浩『「正史」はいかに書かれてきたか』大修館書店、2002年、103頁「中国歴代正史」表による。

注２）巻数は史書の記述量の目安として掲載した。（　）で示したのは１巻が上下に分かれる等して実質量が史書に割り当てられた巻数と異なる場合の実質巻数である。

査対象とした災異史料に対する当時の史書における位置づけを順に読み解いていく。

記事総数に着目したとき、時代が下るにつれて段階的に増加する傾向にあることが分かる。『晉書』と『隋書』の逆転現象については後述する。

最初の『史記』では全体を通してわずかに二件、それも項羽と劉邦の戦いの場面での描写であり、普遍性の高い描写とは言い難い。ただしここで利用されている「廬舎」及び「屋」という表現はその後も継続して使われ続けており、述語と対になった「焚廬舎（廬舎を焚く）」「發屋（屋を発《あば》く）」の表現としても後々頻出するので採録して数えることとした。

他に災害や異常発生に言及した記事が無い訳ではないが[8]、ごく少数である上にそれに関連して建造物の描写があっても「臺屋」のように普遍的ではないものや[9]、「牆」のように一部を表すもののみで[10]、一般的な建物の被害描写は一切ない。ひとまず二件数えることとしたが、実質的に求める記事はなかった形である。

次の『漢書』と『後漢書』は、明らかに一般的な住まいを含むと考えられる描写が複数ある。特に「五行志」では両書とも災異現象を相当数記述しており、災異記録自体があまり見られなかった『史記』とは一線を画す[11]。

なお、『史記』と『漢書』は収録対象とする年代が重なっている部分があるので用語分析とは別に分析対象記事の年代を確認する必要がある。すると『漢書』から収録した記事で年代の古いものから順に、秦二年（紀元前二四五）から武帝征和二年（紀元前九一）までの全十四件の記事[12]が『史記』も記述対象としている時期に当たる。つまり、『史記』で記載されなかった災異記録は、記録がなかった訳ではなく採録されなかっただけなのである。

『史記』の著者である司馬談・司馬遷の親子は太史公という記録をつかさどる職務についていたし、司馬遷が膨大な史料の参照に限らず各地を歩き回って話を集めたことはよく知られている[13]。『漢書』で記載されている災異記録のもととなった文書が彼らの目に触れていないとは考えにくく、司馬親子が『史記』に採らなかったその種の記事を『漢書』を記した班一家が収録したということは、そこに価値基準の違いを認めてよい。筆者は以前、こうした災害記録が『史記』に取り上げられていないことに触れ、「『史記』編纂の課程で削られたと考えるよりはそれ以前に伝承が少なかったと見るべきであろう」と述べたが[14]、記事の年代考証を怠ったための誤りであったと言わざるを得ない。

なお、史書の成立は『史記』が紀元前一世紀、『漢書』が一世紀、『後漢書』が五世紀と大幅な開きがある。三世紀に後漢以後の三国時代を扱う『三國志』が成立しているので、参考までに数字を挙げておくと総巻数六五巻、収録記事総数一〇件であり[15]、総巻数に対する調査対象記事の割合として『漢書』『後漢書』と同水準である。

従って災異記録は、紀元前一世紀頃の人である『史記』編者には記録としての必要性を認められていなかった可能性があるが、一世紀～五世紀頃の記述者たちからは、ある程度記録の必要性を認められるようになっていたと言える。人々の住まいに関する災害被害や異常現象について、為政者側の人々が関心を持つようになったのである。

続く『晉書』と『隋書』では記事総数の水準が逆転しているが、成立年代が前後しており、この時期にも一つの転換点があったと考えられる。折しも唐の太宗の頃のことだ。『史記』から『後漢書』というのは個人もしくは一家族の手によるものだったが、『晉書』以降はたとえ編纂者が個人であっても国家プロジェクトとしての史書編纂という側面が強くなる。『漢書』の断代史をモデルとして史書編纂は行われてきたが、国家主導として行う時にどういった記事を載せるべきか、未確定といって良い時期に人々の住まいの描写を含む災異史料の数がばらつくことは実に興味深い。

特徴的なのは『晉書』での記事総数七八件という数字の大きさである。続く『隋書』が合計一一件の用例しか持たず『漢書』や『後漢書』とほぼ同水準であることを思えば、『晉書』の用例数はあまりに多い。

この現象を論じるには、まず『晉書』と『隋書』それぞれの成立を確認する必要がある。表1では通常の正史の並べ方にしたがって扱われている王朝の時代順に列挙したため、『晉書』の次に『隋書』という並びになっているが、成立は相前後する同時期である。編纂代表者も異なり、細かく見ていくと六三六年に『隋書』の「本紀」及び「列伝」が魏徴を中心とするメンバーによって成立、六四八年に『晉書』の編纂命令が出されて房玄齢らの手によってごく短期間で完成、その後、六五六年に『隋書』の「志」の部分が長孫無忌らによって成立している。

つまり収録した記事数について成立順に並べ替えると、

六三六年　『隋書』「本紀」五巻中一件、
六四八年頃『晉書』「本紀」一〇巻中一九件、
六四八年頃『晉書』「五行志」三巻中五九件、
六五六年　『隋書』「五行志」二巻中一〇件、

となり、一見して成立年代による記事数の変化ではないことは明らかである。わずか二十年の間に立て続けに成立していながらここまでの差異がある原因は、編者の姿勢に求めるべきであろう。

そこで『晉書』についての評価を見ると、肯定的なものも否定的なものも一様にその史料収集の幅広さを指摘している。それぞれ一例をあげると、『册府元龜』では「前文を博く考えざることなく、旁らに遺逸を求むるに、蕪蔓を芟夷して其の精要を挙ぐ。」と程度の低いものを除いて精度を上げた史料を幅広く集めていると評価し、(16)『舊唐書』では「然るに史官の多くは是れ文詠の士にして、好みて詭謬碎事を採り、以て異聞を広くす。」と、編者に文人が多く怪しげな話を好んでやたらに記事を広げていると言う[17]。ただし続けて「唯だ李淳風の星暦に深明たるは、著述を善くし、天文・律暦・五行を修むる所の三志、最も觀採すべし。」と、五行志を含めた三志については唯一見るべきものである、としており、否定的な『舊唐書』の方でも災異記録の多く収録されている五行志は評価が高い。

つまり、『晉書』はさまざまな記事をかき集めたことで賛否が分かれるが、五行志に含まれるような記事については肯定的に評価されているのである。実際にこの後の『舊唐書』『新唐書』で集められた災異史料の総数と総巻数の比をとると『晉書』に次ぐ水準となる。編纂者の違いだけで記事数に差が出たことから、こういった災異記録が正史編纂時に参照される史料中には多くあったと考えられる。

『晉書』で晉代百五十四年間（二六五〜四一九年）を扱って七八件の記事が収録出来たという水準は、続く『舊唐書』『新唐書』の唐代二百八十九年間（六一八〜九〇七年）を扱って一一八もしくは一一六件という水準よりもなお密度が高い。『晉書』はよほど網羅的に史料を集めたのであろう。なお、新旧の唐書はいずれも『晉書』に見られたような、やたらに記事を集めているという評価は下されていない。この頃には災異記録は収録することが当然という位置づけになっていたのだと考えられる。

また、『舊唐書』はもともと単に『唐書』であったが、不備が多かったために再編され、新たに編まれた方が『新唐書』、区別するためにもともとの方が『舊唐書』と呼びあらわされるようになった。記録されている対象が遣唐使たちの訪れた唐王朝であり、成立が十世紀末から十一世紀にかけてという、この二書については第3項にて詳述する。

最後に挙げた『宋史』は十四世紀の成立である。扱う時代は宋代三百十九年間（九六〇〜一二七九年）と唐代とそれほど大きな差はないが、全体のボリュームが倍以上あり正史の中でも最も分量の多い史書である。そしてその全体量の大きさを上回る水準で災異記録が残されている。記事数が多くさまざまな用語が使用されていたため、拙稿で詳細な分析を試みたことがあるが[18]、ここではより多くの史料が収録されたことを指摘するに留めておく。

表２　『史記』から『隋書』の災異記録に見られた用語の種類

書名	記事総数	種類数	用語の内訳 (数字は用例が複数ある時の使用数)
史記	2	2	廬舎・屋
漢書	19	6	屋３・民室３・民舎２・廬舎・室屋・規模９
後漢書	16	7	廬舎４・屋３・室屋３・民舎２・人家・廬宅・規模２
晉書	78	13	～家25・屋16・廬舎11・屋室２・直廬・居人・家人舎・郡舎・小屋・房・人戸・規模17
隋書	11	5	屋５・～家４・民舎・宅・他舎・規模

２　『史記』から『隋書』までの建物用語の変遷

まず唐以前に編纂された書物について、集めた記事に使用されている用語を確認しておく。『晉書』を除いて、まだあまり災異記録が残されていない時期のものであり、記事総数が少ないため各用語に対する詳細な検討は『舊唐書』以降の史書に譲る。

収録した用語は表２に列挙した。基本的に使用数の多い順に記載しており、以後の考察でも同様である。ただし建物をあらわす用語を含まずに被災規模のみを描写する記事は用語の考察には不適格なので、「規模」として使用数を問わず最後尾に記すこととした。

『史記』で採った記事は前述の通り、普遍性を持っているとは考えにくい描写である。ただし「廬舎」と「屋」のいずれもが後々まで使用されている用語なので、ひとまず記事を確認しておくと、一方は「項羽乃ち悉く兵を引きて河を渡り、皆船を沈め、釜甑を破り、廬舎を焼き、三日の糧を持ちて、以て士卒に必ず至りて一還心の無きを示す。(19)」といい、この「廬舎」は兵士の退路を断つために焼かれている。兵火による人災というよりは戦略上の措置で軍のものを処分した形と考えられ、兵の仮住まいではあるにしても一般的な住まいを表しているとは言いにくい。

もう一方は「是において大風西北より起きて木を折り、屋を発き、沙石を揚げ、窈冥として昼晦く、楚軍を逢迎す。(20)」といい、窮地に陥った漢王朝の始祖たる劉邦を風が助けた形の内容である。風による「發屋」の表現は後の史書でも頻出するものだが、内容として高祖劉邦の神格化をはかったものであり、普遍性のあるものとは言えない。

これが『漢書』や『後漢書』になると、たとえば「河南、潁川郡水出でて、人民を流殺し、廬舎を壊敗す。[21]」や「五月、山水大いに出でて、廬舎五百余家を漂壊す。[22]」というように普遍性を持った描写となってくる。ここで水害によって壊されてしまった「廬舎」は、被害数からみても特殊な建物ではなく、大多数が人々の住まいだったと考えて良いだろう。『晉書』や『隋書』に見られる記事もこれと同系統の描写である。

記事数が増えるに従って使用されている用語の種類も増えており、初めは見向きもしていなかった人々の住まいについて、記録を増やしていく過程の中でいろいろな用語が出てきた様子がうかがえる。

3　『舊唐書』と『新唐書』

この二書はいずれも唐代を扱うものだが、成立年は『舊唐書』が九四五年、『新唐書』が一〇六〇年と、およそ百年の開きがある。そもそも同じ時代を扱う正史が二種類存在する背景には、『舊唐書』が五代の戦乱の最中に成立したために不備が多く、それを補うために改めて『新唐書』が編纂されたという事情がある。

『舊唐書』の不備の代表的なものとして、同一人物に二つの伝を立てるような記事の重複や、全体の記述が初唐に偏っていることがあげられる。当然『新唐書』ではそれらの改善が図られた。今回の調査対象である災異記録についても、この二点については検証しておく必要がある。

まず記事の重複について確認したい。

『舊唐書』から収録した記事では「本紀」七〇件「五行志」四八件のうち、一八件の記事が同一内容を示している。ここで同一内容というのは年月・場所・災異の種類が全て一致している記事を示し、月が異なるが状況が同じであるとか、一方に場所の記載がないといった組み合わせは含まない。また、記事内容でも「本紀」「五行志」のどちらかの方が詳しい、という偏りもなく、たとえば六四九年の地震記事では本紀の方が詳しいが[23]、六八二年の水害の記事は五行志の方が詳しい。(24) おおよその文言は共通しており、特に記事を整理することなくそれぞれに収録したということであろう。

一方で、表1に示したように『新唐書』で「本紀」から収録した記事は一件のみで、ほとんど全て「五行志」からの収録である。ただしこれは「本紀」に災異記録がないということを意味しない。特に災害については「本紀」にも多くの記事が見られ、「五行志」に重ねて記載されているものも少なくないのだが、「本紀」で詳細な描写がある記事はごくまれであり、記事があっても「河溢れて河陽城を壊す。」とか「大風、太廟の屋瓦を発く。」といったような収録対象としていない公の建物に関わるものばかりとなっている。(25) つまり『新唐書』では、「本紀」でも現象そのものは記述し、国家的に重要な建物に対して被害が出た場合はそれにも触れるが、詳細については基本的に「五行志」に譲るという姿勢があるのだ。

唯一『新唐書』「本紀」から収録した記述は六八一年の水害の復興支援に関するものであり、「室廬の壊るるは復を給うこと一年」という。(26) 復を給うとは税の免除を示す。これに対応する五行志の記事は「大水、民居十万余家を壊す。」と災害の規模が述べられており、(27) 政令に関する内容を記した「本紀」と災害の内容を記した「五行志」という性格の違いは明らかである。

つまり『舊唐書』全体のものとして批難されている記述の重複は災異史料でも生じている現象で、『新唐書』ではその解消が試みられているのである。ただし『新唐書』にも一件だけ重複記事があり、それは五行志の中で「風雨」のカテゴリーと「風害」のカテゴリー双方に記録された八一三年の記事である。(28) なお、これは一方に発生場所の記載がない組み合わせである。本紀との重複は明らかに修正されていたが、五行志内のカテゴリー違いまでは注意が回らなかったのだろう。

次に『舊唐書』の記事が初唐に偏っているという批判である。

先ほど確認した記事の重複を考えに入れると、見掛け上は収録した記事数について『舊唐書』と『新唐書』であまり差がないが、実際にはおよそ二十件が『新唐書』で追加されていることになる。『宋史』のように全体で記事数が四百件以上もあれば問題視する程の差ではないが、百件が百二十件になったのでは明らかな増加であろう。

これが第二の問題点である記述の偏りによるものかどうか、確認のために大まかな年代別の記事数をまとめる（表3）。

表3　『舊唐書』『新唐書』の年代別記事数

年代	『舊唐書』	『新唐書』	共通記事
618～700	23（5）	24（1）	6
701～750	37（7）	26	14
751～800	28（4）	14	7
801～850	26（2）	28（1）	9
850～907	4（0）	24	1

単純に年代ごとの記事数で比較するために、機械的におよそ五十年ずつで区切った。記事数は「本紀」「五行志」双方の記事数を単純合計したものをあらわし、同一書物内での重複記事の数を（ ）で記している。また『舊唐書』『新唐書』の双方で同じ内容の記事を収録しているものの数を「共通記事」として示した。これも発生年月・場所・状況の三点全てが同じ記述のみを数えており、現象一つにつき一件と数えている。

　表から、『舊唐書』が唐末の五七年間についてほとんど記事を持たないのに対し、『新唐書』が比較的まんべんなく記事を有していることが一目瞭然であろう。逆に七〇一年から八〇〇年の間で不思議と数が少ないが、そこの減少を補ってなおあまる追加分はほとんど唐末部分の補遺によるものといえる。この点でもやはり『舊唐書』に対する批判が当てはまり、『新唐書』がその改善に努めている形が見える。

　次に史料の中身を検討するため、収録した記事に見られた用語を全て前項と同様に表4にまとめる。

　表から、単純に使用されている用語の種類数を見た場合には『新唐書』の方で数が少なく、『舊唐書』を整理、補充しながら編纂する過程で用語も整理したように見える。しかし『舊唐書』で複数の利用があるのは「廬舎」「屋」「屋宇」の三つの用語のみであり、一定以上使用される用語の種類は『新唐書』の方が明らかに多い。

　同じ時代を扱いながらこのように差が出るのは、成立した時期の違いを反映していると考えられる。『晉書』と『隋書』では同時期の成立で編纂者の姿勢の違いが見て取れたが、『舊唐書』と『新唐書』は成立に百年の開きがあるので、編纂者の姿勢よりは時代背景の影響を見るべきだろう。特にこの百年間は中国史において大きな社会変化が指摘される、いわゆる唐宋変革の時期と重なっている。平安京でも都市住宅が成立したとされる時期にあたり、今回重点的に見ようとする時期ときれいに一致する。唐とは中世の終末で、宋に近世の発端が開かれるとは内藤湖南の頃からの指摘であり[29]、中

表4　『舊唐書』『新唐書』の災異記録に見られた用語の種類

書名	記事総数	種類数	用語の内訳 (数字は用例が複数ある時の使用数)
舊唐書	118	18	廬舍60・屋10・屋宇3・人家・屋舍・室・田廬・民舍・廬井・居民（民居）[注1]・全家・百姓宅・人居・牆屋・垣屋・牆宇・戸・屋木・規模30
新唐書	115	10	廬舍22・民居（居民）29[注2]・～家24・屋11・民舍5・垣屋・屋柱・～舍・屋宇・規模20

注1）『舊唐書』巻37「許州自五月大雨，水深八尺，壞郡郭居民大半。」校勘「張森楷校勘記謂「居民」當作「民居」。」(30)

注2）通算しているため「廬舍」よりも多数だが、「民居」のみでは21件、「居民」は8件と「廬舍」の用例数より少なくなるため2番目の記載としている。

世近世の定義付けや細かい部分は横においておくとしても、この間に大きな社会変革があったことは疑いない。つまり、唐が滅んで間もなく書かれた『舊唐書』と宋が成立してから書かれた『新唐書』の比較から、唐宋変革の一端が読み取れると考えられる。

では建物の描写がどのように変化しているのか、各用語に着目して検討していきたい。

まず『舊唐書』で多く使用されている「廬舍」と「屋」は、『史記』から継続して一定程度使用され続けている用語である。

「廬舍」は、災異の種類を問わずあらゆるケースに用いられており、もっとも普遍的な用語と言ってよい。『舊唐書』から収録した記事一一八件のうち、過半数の六〇件を占めるのだから使用頻度は圧倒的である。使いなじんだ勝手の良い用語なのだろう。

「屋」は一〇件のうち、風害が八件（重複二件）を占める。字義からいくと、「屋」の第一義は建物だが、第二に建物の覆い、すなわち屋根を意味する。また、風による被害描写では「發屋（屋を發く）」という表現が多用される。「發く」は隠れているものをあばきだす、という意味なので、「發屋」とは建物の内部がさらけ出されてしまった様子を描写しているのだろう。たとえば建物が全壊してしまった場合、内部の様子など見ることはできないので、おそらく多くの場合は屋根を吹き飛ばされた状況を示すのだと考えられる。ここで使用されている「屋」は第二義である屋根に重きを置いた用例といえる。

なお、日本の文献では「小屋」という単語が多く見られるが、今回調査範囲としたところではわずか四件しか確認できなかった。最初の『漢書』の用例は春秋左氏伝の引用で防災の話であり「先づ火の未だ至らざるところの小屋を徹《こわ》し大屋を塗り……[31]」と「大屋」と対にする形の表現である。また『三国志』の注に二件の用例があるものの、一方は寒貧という隠者の住まいであり[32]、もう一方は鳥を殺して埋めた上に架けた小屋根というほどのもので[33]、いずれも明らかに非常に小規模なものである。唯一『晉書』の例が雷被害の描写として表れているが[34]、こうした記事が充実して集められている『晉書』で一件のみという用例数を考えると、少なくとも中国の正史で普遍的に使われた用語ではなさそうである。

他に、「廬舎」や「屋」には及ばないながら、「屋宇」も『舊唐書』で三件の用例を持つ。『新唐書』での使用数が一件しかなく、どちらかというと淘汰されていった用語だと思われるが一応検証しておく。『舊唐書』三件中一件は七八八年の地震の被害描写で、「本紀」と「五行志」で記述が重複しており、「屋宇」と記されているのは「五行志」の「時に金、房州尤も甚だし。江溢れ山裂け、屋宇壊るるもの多く、人は皆露處す。」という文章である。これは「本紀」においてほぼ同じ文言のまま「地震あり。金、房尤も甚だし。江溢れ山裂け廬舎は壊るるもの多く、人は露處に居す。」と、「廬舎」に置き換えて使用されている[35]。さらには『新唐書』における「屋宇」の用例もこの地震の記事で、「皆震す。金、房二州尤も甚だし。江溢れ山裂け、屋宇壊るるもの多く、人は皆露處す。」とあって[36]状況描写としては『舊唐書』「五行志」の記事とまったく同じである。

これらの地震記事から「屋宇」の特性を見出すことはできない。『舊唐書』の残る二件は上奏文中の水害による被害描写であり[37]、やはり何らかの特徴をとらえられるほどの内容ではない。建物を表す用語として時折使用されているというばかりで、古くから使われ続けている「廬舎」と通用し、あまり特徴づけもできないとなれば淘汰されたのは自然の成り行きともいえる。

次いで『新唐書』で使用されている用語では、『舊唐書』にあった「廬舎」と「屋」に加えて「民居（居民）」「〜家」「民舎」の三語が複数の用例を有している。

表5　『舊唐書』『新唐書』の用語変化

番号	発生年・災異内容	収録巻数（丸付数字）・『舊唐書』の描写	収録巻数（丸付数字）・『新唐書』の描写
1	692年・水害	⑥・漂流居人五千餘家	㊱・漂居民五千餘家
2	705年・水害	㊲・壞百姓廬舍二千餘家	㊱・壞民居二千餘家
3	717年・水害	⑧・毀郭邑廬舍七百餘家 ㊲・壞郭邑廬舍七百餘家	㊱・損居民數百家
4	720年・水害	㊲・一坊五百餘家俱失	㊱・居民五百餘家皆没不見
5	722年・水害	㊲・漂没居人廬舍	㊱・漂没民居
6	727年・水害	⑧・壞人廬舍 ㊲・損居人廬舍	㊱・漂居民二千餘家
7	730年・水害	⑧・損居人廬舍千餘家 ㊲・損居人廬舍千餘家	㊱・壞天津、永濟二橋及民居千餘家
8	763年・火災	⑪・焚船三千艘，焚居人廬舍二千家	㉞・焚舟三千艘，延及岸上民居二千餘家
9	776年・水害	⑪・壞坊民千二百家	㊱・壞民居千餘家
10	817年・水害	⑮・壞坊民二千家 ㊲・壞廬舍二千家	㊱・毀民居二千餘家
11	822年・水害	⑯・漂溺居人三百家	㊱・漂民居三百餘家
12	824年・水害	⑰・壞城郭廬舍	㊱・壞州城、民居、田稼略盡
13	830年・水害	㊲・壞城郭田廬向盡	㉞・壞城郭廬舍殆盡
14	832年・水害	㊲・壞民舍九百家	㊱・壞民居九百餘家
15	836年・水害	㊲・壞百姓屋三百間	㊱・壞民舍數百家

これらの検討に適しているのは両書に共通しておさめられている災異事象三八件の記事である。ここから先ほど検証した「屋宇」に関する七八八年の記事を除いた三七件のうち、一五件で異なる用語が使用されているので、表5に示す。なお、同じ用語が使用されている二二件の内訳は「廬舎」一〇件、「屋」三件、「垣屋」一件、「規模」八件となる。ここには「居人廬舎」が「廬舎」となるような接頭語の違うだけの三件のケースも含むこととする。(38)

表5では整理のために各出来事に番号をつけ、年代と記事の扱う事象を明記して、それぞれの書物でどのように描写されているかを見るために該当記事の収録されている巻数と原文を記した。『舊唐書』内でさらに記事が重複している場合は描写の違いの有無を問わず「本紀」「五行志」両方の文面を記し、常に上段に「本紀」を置いている。

この変化の生じた前提は言うまでもなく『新唐書』の存在意義にある。『舊唐書』の不備を補うために作成された『新唐書』が、『舊唐書』と全く同じ記事内容であることはあり得ず、旧史料の再検討と新史料の追加は当然行われたと考えるべきである。それを踏まえたうえで、以下、『新唐書』で複数の用例を持つ各用語について検討していく。

まず『新唐書』で急激に使用数を伸ばした「民居（居民）」について、表5では13番と15番を除く一三件の記事すべてがこの用語に置き換えられている。この一三件における『舊唐書』の用語は、七件が「廬舎」（2、3、5～8、12番）、五件が「規模のみ」（1、4、9～11番）、残る一件が「民舎」（14番）である。

この共通記事に見られる変化から、『新唐書』で最大多数である「民居（居民）」が何か特定の用語の代替品として出現した訳ではないことが分かる。しかし、代替品でこそないものの「廬舎」のシェアを相当数奪っていることも、使用数と共通記事に見られる変化から明らかである。

用語の意味合いとしては、そもそも「民居」と「居民」で混用が指摘できるほど人との結びつきが強い。『舊唐書』で扱われた時は原文で「居民」と記されたものが校勘で「民居」に正されており、(39) 現代中国語でも「民居」とは住宅を示す用語である。『新唐書』では表5の5番「民居」と6番「居民」の記述が好例だが、いずれも「廬舎」に変わって使用されており、内容にも大きな違いは認められない。強いて言うなら「居民」の方は続けて規模を明示しており、人を表すニュアンスが強いと言えなくもない。「民居（居民）」二九件中「居民」は八件あり、いずれも同様である。

「廬舎」との区別を考えた場合に指摘できるのは建物の形態による区別ではなく、単に建物と見なすか、人が居るところと見なすかという区別であろう。この区別と、それに対応する用語が人々に浸透していった結果、『新唐書』の編纂にあたってこれだけの用例が現れたと考えられる。表5に挙げた『舊唐書』の記事で、「民居」に置き換えられた用語に「百姓廬舎」（2番）や「居人廬舎」（5～8番）といった「人＋廬舎」というパターンが少なくないことを加味すると、区別が先に出てきて用語が需要に追いついたとも考えられる。概念と用語が結びついて成立した時期はもっと遡れるだろうが、少なくとも『新唐書』成立期には民の居所をそれと認識して記述する姿勢があったことは断定して良い。

『新唐書』が編纂された宋代になってからの革新として指摘されていることの一つに、印刷術の本格化に裏付けられた文化水準の向上がある。(40)支配層でなくとも読み書きして記録を残せる人々が激増した時期であり、そこで「民」すなわち「官」に属さない人々の居所が、概念として対応する用語を必要とする程度にまで独立してくるという流れは、ごく自然に受け入れられることであろう。規模のみで記されていた記事について「民居（居民）」が使用されていることも、この文脈で解釈できる。『舊唐書』においてわざわざ記すほどではなかった建物群について名称が加えられたということは、名称を与えるべきだという考えが生まれており、またそれに見合う用語が存在したということである。

次いで使用数が増えているのは「～家」だが、表5には一切出てこない。それ以外の共通記事にも見られず、『新唐書』で新たに加えられた記事でのみ使用されている用語と言える。「民家」あるいは「民某家（某は人名）」とする用例が多数であり、『宋史』に見られた同様の用語を検討した際に、これは特定一軒を表すものだと考えた。(41)異常発生の場となり、個人名を冠することが多かったのが理由だが、『新唐書』に見られる用例はその範囲を出ない。(42)

なお、『舊唐書』で「家」がつく用語には被災規模の単位として使用されているものを除くと(43)「人家」と「全家」がある。いずれも五行志の記事で、「河濱の人家、忽ち風雨の声を聞く。暁に其墓踊出して、上に雙柳樹有り、下に巨石二有り、柳は各々長さ丈余なるを見ゆ。(44)」は異常発生に類する現象の記述であり、やはり特定の家を示すと考えられる。「杭州大風にして海水翻潮し、州郭五千余家、船千余隻を飄蕩す。全家の陥溺する者百余戸、死者四百余人[45]」は異なり、一家全員といった意味合いになろう。

さらに遡れば、今回見た範囲の中では『後漢書』にある「人家」が最も古い用例となる（表2）。この記事では「董卓、洛陽の宮廟及び人家を焚く。[46]」とされ、人災による被災対象の描写であり、誰それの家だという特定した言い方ではない。『晉書』や『隋書』では、おおむね『新唐書』や『宋史』と同じく特定一軒の家を示すことが多いが、「人家」に関しては不特定多数と考えられる記事もある。[47]

つまり、「家」という用語が初めは不特定多数でも特定少数でも使われていたのが、次第に意味を限定されていき、『新唐書』の頃におおむね特定一軒の建物を表すとして定着した、という流れが読み取れる。これが不特定多数を表す場合の「民居（居民）」が定着した結果だと、関連付けることは矛盾はしないものの、証拠不十分なので可能性の指摘に留めておく。

「民舎」は『漢書』『隋書』でも使用例があり、『宋史』では「廬舎」に次ぐ用例数だったのだが、ここではまだ「民居（居民）」の方が使用数の点ではるかに勝っている。水害の記事が一件あるほかは火災被害の話であり、[48]いずれの記事も後ろに被災規模が記されるものの用語の定義付けとして何か特徴が見て取れるほどの記事ではない。『宋史』の分析では、民にまつわる建物を示す場合に居住者の有無を問わない広義の用語として使用されていたと結論付けたが、ここでは再注目される前段階だと推察するのみとする。

この他に興味深いのは、表5の4番、9番、10番で『舊唐書』の方に見られた「坊」の字が『新唐書』の用例には非常に少ないことである。表5には用例が見られず、それ以外で4番のように被災規模を示す単位として使用される例はあっても、[49]9番や10番のような用例は見られない。「坊」とは条坊制の坊であり、城郭都市の中をさらに壁で仕切るこの制度が唐末から崩れていったことはよく知られている。『新唐書』の編纂された北宋時代にはもはや馴染みの薄い用語となっていて、新たに使用されるようになった「民居（居民）」に取って代わられたのだろう。

表6　『宋史』「本紀」および「五行志」集計結果

	水害	火災	風害	地震	異常発生	その他	合計
廬舎	88	6	4	6	0	1	105
民舎	43	16	7	0	0	3	69
民廬	57	0	0	1	0	0	58
民居（居民）	17	26	1	2	1	0	47
田廬	28	0	0	0	0	0	28
～家	0	4	0	0	52	2	58
屋	5	7	5	1	3	1	22
その他	8	7	0	2	1	2	20
規模のみ	11	49	0	1	0	0	61
合計	257	115	17	13	57	9	468

4　『宋史』災異史料中に見られる用語

『宋史』は正史の中でも最大のボリュームを誇り、収録した記事数も他を圧倒する。その四六八件の記事の中で、一〇件以上の用例があったのは「廬舎」「民舎」「民廬」「民居（居民）」「田廬」「～家」「屋」の七語である。記事数が多いので、使用されている状況についても分類した表を示す（表6）。

編纂時期が十四世紀と今回対象とする時代からかなり遅れるため、全ての用語についての詳細は他に譲るとして、ここではこれまでに出てこなかった「民舎」「民廬」「田廬」について見ておく形としたい。なお、他の四つの用語については前項までに紹介した解釈の通りである。

舎と廬はよく似た字義だが、廬が人のやどる場所、人がやどることを示すのにたいし、舎は星や軍隊のいどころまで含んでいて幅が広い。「民廬」と「田廬」が明らかに水害に特化しているのに対し、「民舎」がまんべんなく使用されていることはこれに対応するのだろう。

ただし「民舎」が示す範囲はかなり広く、到底人の日常的な住まいだとは思われない使われ方をすることがある。「滁州に熊虎の同じく樵民舎に入るあり。夜、自ら相搏死す。[50]」という記事は、きこりの住宅か作業場か、あるいは兼用の建物かは分

表7　『宋史』水害記録中の被災用語

	壊	漂	浸	圮	毀	漂浸	漂没	漂溺	流	その他	合計
廬舎	61	8	2	2	2	1	2	0	0	10	88
民舎	33	3	1	0	2	0	0	0	0	4	43
民廬	3	25	12	7	0	2	0	0	2	6	57
民居(居民)	5	5	0	0	0	3	0	3	0	1	17
田廬	11	6	1	5	0	0	3	0	0	2	28
屋	2	0	0	0	0	0	0	0	0	3	5

からないが、少なくとも城壁をめぐらされた都城の内部ではないだろう。これが日常的な住まいで人が常駐していたとしたらまず間違いなく人的被害が出たはずである。しかし野獣に遭遇したために人的被害があった他の例で「虎の蕭山県の民趙馴の家に入るや、八口を害す。[51]」と被害が明記されていることを鑑みれば、恐らく樵民舎に人はいなかったのだろう。人が常駐している建物ではなく、作業時にのみ使用する仮小屋のようなものだったと考えたい。

一方「民廬」では場所を表す接頭語のある記事は「城内外」「城市」「附郭」「城外」の四件存在し[52]、いずれも城郭内部もしくはその近辺と予想される。そして「民廬」が特化している水害記事の中での使い分けを見るために、主な建物用語ごとに被災用語をまとめた(表7)。すると他の用語で多数を占める「壊」が殆ど使われず、「漂」と「浸」で過半数を占めていることが分かる。

「漂」が最多となれば、水に浮かぶような軽い材で作られていたものを主に示したと考えられよう。「その他」で示した中には「漂」とま逆の「没」の例もあるのだが、これは「連州大水。城郭を敗すること百余丈、官舎・郡痒・民廬を没し、田畝聚落を壊すこと甚だ衆し。[53]」と官舎や郡の学校と並列して示されているので、そういった官営の、恐らくは民衆の住まいよりも立派な建物に引きずられた結果の記述と見て良いだろう。瓦葺のしっかりした建物ではなく、草ぶきのような軽い屋根で梁・柱も細めの建物が想起される用語である。

そのような建物だったと仮定し、かつ接頭語に見られたような比較的人口密度の高い空間に存在したとすると、火災時には無残に焼けつくされたと思われる。結果、焼け跡を少し検分しただけでは判別がつかず、より広義の「民舎」や先に考察した「民居」を使用したとすれば、火災での使用例がないことも説明できる。

「田廬」も「民廬」と同じく水害に特化した用語であり、字からは土地も合わせての呼称だと考えられる。土地にまで被害が及ぶような災害は水害と地震であり、地震の記事数と「田廬」の使用数が小さいために水害のみの使用として見えるのだろう。被災用語は「壊」に次いで「漂」も多く、土地はそう簡単に「壊」れたり「漂」ったりしないから、建物の方に重点が置かれていると見てよい。

集計には出てこないが、列伝中に「時に倉卒として軍を興す。餽餉切急たり。県令、荷の至るを佐けて民を校督するに、民多く田廬を棄て、或いは自尽に至る。(54)」という記事があり、急な軍事行動のために切羽詰まった民が棄てた「田廬」が示すのは耕すべき土地と住居だと考えられる。土地が合わせて言われる理由は、宋代に確立したという土地私有制度の影響であろう。(55)状況に応じて土地と家を両方示す用語が必要となり、「田廬」が使用されるようになったと考えられる。

5　小結

ここまで中国大陸の正史において、どういった言葉遣いで人々の住まいが捉えられているのかを見てきた。災異史料という限られた記録の中ではあるが、読み解いてきた事柄をまとめておく。

まず正史の最初と位置付けられる『史記』には人々の住まいを描写したと思われる記事が見当たらない。つまり『史記』の編纂された紀元前一世紀頃、住まいは記録に値するものとしては捉えられていなかったのである。そして一世紀に編纂された『漢書』以降、わずかながら記録が現れるようになる。

その記録の数が飛躍的に増えたのは唐代からであった。太宗の頃、ほぼ同時に編纂された『晉書』と『隋書』に見られる記事数のばらつきは、そのまま史料の価値付けの迷いであろう。人々の住まいに対して為政者が注意を払う必要が認められ、まずは災異現象に関する記述が残された。この時、住まいを表す用語のヴァリエーションは単に建物を表す「廬舎」を筆頭としており、あまり多くない。

それが宋代になると、同じ状況を記す時に異なる用語を利用するようになる。『新唐書』における「民居（居民）」の定着は、単なる建物ではなくそこから人がいる場所を区別するようになったという価値観の変化の現れである。これと個別の住まいを表すと思しき「家」が意識的に区別されるようになっている。

人々の住まいについての記録を残そうと考えるようになった唐代、その唐代の記録をもとに記された新旧の『唐書』は、人々の住まいを呼び分ける方向性を持った。そうしていくつかの用語が定着した宋代の事を表す『宋史』ではさらに用語のヴァリエーションが増えることになる。本稿では住まいに限らない幅広さを持った「民舎」、質素なイメージの固定される「民廬」、そして土地と建物がセットになった「田廬」を取り上げた。

こういった用語の変化はとりもなおさず為政者たちの視線の変化であり、それを招くほどの人々の社会における力の増大を示しているといえよう。

第四節　災異史料中の用語の変遷から見る社会変化

災害史料を用いての都市研究は、現代のみならず歴史時代を対象にも行われている。平安京に関しては西山良平が火災に特化した論考を記しているし[56]、吉越昭久らは、主要な災害として水害・火災・震災・土砂災害・気象災害の五種類を挙げてさまざまな研究報告を行っている[57]。

これらの研究は各時代の史料から災害の具体的な様相を読み解き、それに対する当時の人々の対応や現代社会への活かし方を探るといった視点に依っている。しかし今回のように災害の種類を限らず異常事態も合わせて扱う時に、こういった視点に立つことはできない。本稿で試みたのは、用語の変遷を通して歴史の記し手たちがどのような捉え方で世界を見ていたのかを探ることである。

七世紀中ごろ、中国大陸では本格的に人々の住まいに対する記録が生じてきた。第一次遣唐使が派遣されたのが六三〇年なので、日本から最新の技術や文化を求めて訪れた彼らは為政者たちが無視できなくなってきた市井の人々の住まいも見たのだろう。八世紀以降、宮城移転に伴って街東が官僚街、街西が庶民街となっていく様子も目にしたに違いない[58]。恐らくはその庶民街が発達するに従って、民の居るところとして「民居（居民）」という用語が発生、定着していく。その後、唐宋変革を経て民衆の力がさらに大きくなっていくことと連動するように「民舍」「民廬」「田廬」といったヴァリエーションが追加されるのである。まずは民の居所としてのみ認識されていた住まいやそれに類する建物が、より細かな区別を以て見られるようになった形である。

正史はさまざまな史料を参照して編纂される書物であり、正史から突如新しい用語が使われだすとは考えにくい。十一世紀に編まれた『新唐書』で定着した感のある「民居（居民）」を筆頭に、ここで取り上げた用語は当然それ以前から別の記録で使われていたはずである。その詳細な変遷や更なる用語の検討については今後の調査課題としておきたい。

註

（1）門脇禎二「平安京と唐文化」『大唐長安展』京都文化博物館、一九九四年。
（2）妹尾達彦『長安の都市計画』講談社、二〇〇一年。
（3）田中淡「元代の都市と建築」『世界美術全集 東洋編 第七巻 元』小学館、一九九九年。
（4）西山良平『都市平安京』京都大学学術出版会、二〇〇四年。
（5）井上充夫『日本建築の空間』鹿島出版会、一九六九年。
（6）劉敦楨著、田中淡・沢谷昭次訳『中国の住宅』鹿島出版会、一九七六年。
（7）前掲註6に同じ。
（8）『史記』巻二八 封禅書第六「夏、有リ㆔芝ノ生ズル㆓房内中ニ㆒。」巻三七 衞康叔世家第七「(靈公)十一年、火。」など。
（9）『史記』巻四三 趙世家第十三「代地大動シ、自リ㆓樂徐㆒以西、北ハ至ル㆓平陰ニ㆒、臺屋牆垣太半壞レ、地ノ坼《さ》クコト東西百三十步。」（代の地が

大いに動き、欒徐以西から北は平陰まで、台屋や牆垣の大半が壊れ、地は東西百三十歩に坼けた)

田中淡『中国建築史の研究』(弘文堂、一九八九年)によると、「臺」とは高く突き固めた基壇のみからなる見晴らし台のようなものを言い、台の上に木造建築をおいたものは榭といわれる。ここで「臺屋」と言われているのを素直に受け止めるなら、台に何か付随させた建造物だと考えられ、少なくとも被支配者層の人々にとって普遍的な建造物でないことは確かである。

(10)『史記』巻六三 老子韓非列伝第三「宋ニ有二富人一、天雨牆ヲ壞ス。」(宋に富豪がおり、雨で牆が壊れた)

(11)『史記』には「志」ではなく「書」として、礼書・樂書・律書・暦書・天官書・封禅書・河渠書・平準書の八巻がある。

(12)巻数が前後するが、ここでは記事のあらわす年代順に列挙しておく。

年代(西暦)	収録巻数	記事本文
秦二年(紀元前二四五)	一	大風従リ二西北一起ツ、折リレ木ヲ發《あば》キレ屋ヲ、揚ゲ二砂石ヲ一、晝晦シ、楚軍大イニ亂レテ、而漢王得二與数十騎ト遁去ヲ一。
恵帝二年(紀元前一九三)	二七	地震隴西、厭ス二四百餘家ヲ一。
高后三年(紀元前一九二)	三	江水、(漢水)溢、流ス二民四千餘家ヲ一。
高后四年(紀元前一九一)	二七	漢中、南郡大水、水出デテ流ス二四千餘家ヲ一。
高后四年(紀元前一九一)	二七	河南大水、伊、雒流ス二千六百餘家ヲ一、
高后四年(紀元前一九一)	二七	汝水流ス二八百餘家ヲ一。
高后八年(紀元前一八七)	三	江水、漢水溢、流ス二萬餘家ヲ一
高后八年(紀元前一八七)	二七	夏、漢中、南郡水復タ出デテ、流ス二六千餘家ヲ一。
高后八年(紀元前一八七)	二七	南陽沔水流ス二萬餘家ヲ一。
文帝二年(紀元前一七八)	二七	淮南王都壽春大風毀シ二民室ヲ一、殺スレ人ヲ。
文帝五年(紀元前一七五)	二七	呉暴風雨、壞ス二城官府民室ヲ一。
文帝後三年(紀元前一六一)	二七	藍田山水出デテ、流ス二九百餘家ヲ一。
文帝後三年(紀元前一六一)	二七	(燕)[漢水出デテ]、壞ス二民室八千餘所ヲ一、殺ス二三百餘人ヲ一。

征和二年（紀元前九一）	六	大風發キレ屋ヲ折ルレ木ヲ。

(13) 小川環樹『史記列伝』筑摩書房、一九六九年。

(14) 塚本明日香「宋代以前の正史災異史料に見られる一般的な建物用語の変遷」『日本建築学会計画系論文集』六七四号、二〇一二年。

(15) 『三國志』は『史記』と同じく「五行志」が存在しないため、挙げている数字は全体を通読して得たものである。

(16) 『册府元龜』巻五五 六國史部三・採撰第二「莫クレ不ルコトレ博二考セ前文ヲ一、旁ラニ求ムル二遺逸ヲ一、芟夷シテ二蕪蔓ヲ一、舉グ二其ノ精要ヲ一。」

(17) 『舊唐書』巻六六 房元齢傳「然ルニ史官ノ多クハ是レ文詠之士ニシテ、好ミテ採リ二詭謬碎事ヲ一、以テ廣クス二異聞ヲ一；又タ所二評論スル一、競イテ爲シ二綺豔ヲ一、不レ求メ二篤實ヲ一、由リテレ是ニ頗ル爲ル二學者ノ所トレ譏ル。唯ダ李淳風ノ深二明タルハ星暦ニ一、善クシ二於著述ヲ一、所ノレ修ムル二天文、律暦、五行ヲ一三志、最モ可シ二觀採ス一。」

(18) 塚本明日香「『宋史』に見られる一般的な建物用語の分析」『日本建築学会計画系論文集』六五五号、二〇一〇年。

(19) 『史記』巻七 項羽本紀「項羽乃チ悉ク引キテレ兵ヲ渡リレ河ヲ、皆沈メレ船ヲ、破リ二釜甑ヲ一、燒キ二廬舎ヲ一、持チテ二三日ノ糧ヲ一、以テ示ス三士卒ニ必ズ至ルニ、無キヲ二一還心ノ一。」

(20) 『史記』巻七 項羽本紀「於イテレ是ニ大風從リ二西北一而起キテ、折リレ木ヲ發《あば》キレ屋ヲ、揚ゲ二沙石ヲ一、窈冥トシテ晝晦ク、逢二迎ス楚軍ヲ一。」

(21) 『漢書』巻一一 哀帝紀第十一「河南、潁川郡水出デテ、流二殺シ人民ヲ一、壞二敗ス廬舎ヲ一。」

(22) 『後漢書』志第十五「五月、山水大出シ、漂二壞ス廬舎五百餘家ヲ一。」

(23) 『舊唐書』本紀の巻四「河東地震アリ、晉州尤モ甚シ、壞シ二廬舎ヲ一、壓死者五千餘人。」に対して五行志は巻三七「晉州地震アリ、壞シ二人廬舎ヲ一、壓死者五千餘人。」となる。

(24) 『舊唐書』本紀の巻五「自リ二丙午一連日澍雨アリ、洛水溢レ、壞ス二天津及中橋ヲ一、立德 弘教 景行諸坊、溺ス二居民千餘家ヲ一。」に対して五行志巻三七「連日大雨アリ、至ル二二十三日ニ一、洛水大漲シ、漂-損シ二河南立德弘敬、洛陽景行等坊二百餘家ヲ一、壞ス二天津橋及中橋ヲ一、斷タルルコト二人行ノ一累日タリ。」となる。

(25) 『新唐書』巻三「河溢レ、壞ス二河陽城ヲ一。」巻七「大風發ク二太廟屋瓦ヲ一。」等。

(26) 『新唐書』巻三「以テ二河南、河北ノ大水ヲ一、遣リテレ使ヲ賑ゼシメ二乏絶ヲ一、室廬ノ壞サルル者ハ給ハシメ二復一年ヲ一、溺死者ハ贈ラシム二物、人三段ヲ一。」

(27) 『新唐書』巻三六「河南、河北大水、壞ス二民居十萬餘家ヲ一。」

(28) 『新唐書』巻三五「八年六月庚寅、京師大風雨、毀シレ屋ヲ飄シレ瓦ヲ、人ノ多シ二壓死スル者一。」同書巻三六「六月庚寅、大風、毀チレ屋ヲ揚ゲレ瓦《ヲ》、人多《ク》壓死《ス》。」

(29) 内藤湖南「概括的唐宋時代観」『内藤湖南全集第八巻』一九九七年、筑摩書房。

(30) 表4の注1「張森楷の校勘記に「居民」は当に「民居」に作るべし、と謂う。」『舊唐書』の書き間違いの可能性ももちろんあるが、近代の人張森楷の感覚で「民居」とするべき文脈で「居民」と記されている事実に注意したい。

(31) 『漢書』巻二七上五行上「襄公九年「春、宋災《アリ》」。（中略）左氏傳曰《ク》、宋災《アリ》、樂喜爲《リ》司城《ト》、先《ヅ》使《ム》火《ノ》所《ノ》未《ダ》至《ラ》徹《シ》小屋《ヲ》、塗《リ》大屋《ヲ》、陳《ネ》畚䈂《ヲ》、具《ヘ》綆缶《ヲ》、備《ヘ》水器《ヲ》、畜《ヘ》水潦《ヲ》、積《ミ》土塗《ヲ》、繕《ロヒ》守備《ヲ》、表《シ》火道《ヲ》、儲《ヘ》正徒《ヲ》。」

(32) 『三国志』魏書一一　注「魏略《ニ》又載《ス》扈累及《ビ》寒貧《ナル》者《ヲ》。……（寒貧）獨《リ》居《リ》窮巷《ノ》小屋《ニ》、無《シ》親里《ハ》。」

(33) 『三国志』呉書一八　注「抱朴子《ニ》曰《ク》：呉景帝《ニ》有《リ》疾、求《メ》覡視者《ヲ》、得《二》一人《ヲ》。景帝欲《シ》試《サント》之《ヲ》、乃《ハチ》殺《シテ》鵝《ヲ》而埋《メ》於苑中《ニ》、架《ケ》小屋《ヲ》、施《シ》牀几《ヲ》、以《テ》婦人《ノ》屐履服物《ヲ》著《シ》其《ノ》上《ニ》、乃《ハチ》使《ム》覡《コ》視《セシム》之《ヲ》。」

(34) 『晉書』巻二九五行下「（成帝咸和）三年六月辛卯、臨海《ニ》大雷《アリ》、破《リ》郡府内《ノ》小屋《ノ》柱十枚《ヲ》、殺《ス》人《ヲ》。」

(35) 『舊唐書』巻一三　本紀「乙亥、地震《アリ》、金、房尤《モ》甚《ダシ》、江溢《レ》山裂《ケ》、廬舎《ハ》多《ク》壞《ルルモノ》、居《ス》人《ハ》露處《ニ》。」同書巻三七　五行志「時金、房州尤《モ》甚《ダシ》、江溢《レ》山裂《ケ》、屋宇多《ク》壞《ルルモノ》、人皆露處《ス》。」

(36) 『新唐書』巻三五「皆震《ス》、金、房二州尤《モ》甚《ダシ》、江溢《レ》山裂《ケ》、屋宇多《ク》壞《ルルモノ》、人《ハ》皆露處《ス》。」

(37) 『舊唐書』巻一九上「奏：『屬郡潁州去年夏大雨、（中略）平地水深一丈、田稼、屋宇淹没《シテ》皆盡《ク》、乞《フ》蠲《カンコトヲ》租賦《ヲ》。』」同書巻三七「又徐州奏《ス》：自《リ》五月二十五日雨、至《リテ》七月八日《ニ》方《ニ》止《ム》、平地水深一丈二尺、郭邑廬里屋宇田稼皆盡《キ》、百姓皆登《リ》兵塚山原《ニ》以《テ》避《ク》之《ヲ》。」

(38) 六三八年、七一二年、七三四年の地震記事を示す。『舊唐書』での描写は六三八年「壞《ス》人廬舎《ヲ》」（本紀・五行志同文）、七一二年「壞《ス》人廬舎《ヲ》」（本紀）、七三四年「廨宇及《ビ》居人廬舎《ノ》崩壞《スルコト》殆盡《タリ》」（本紀）「壞《ス》廨宇及《ビ》居人廬舎《ヲ》」（五行志）であったのが『新唐書』ではすべて「壞《ス》廬舎《ヲ》」となっている。

(39) 註30に同じ。

(40) 愛宕元『東洋史概説』学術図書出版社、二〇〇二年。

(41) 註14塚本前掲論文。

(42) 『新唐書』巻三四「景龍二年、岐州郿縣《ノ》民王上賓家、有《リ》苦蕒菜《ノ》高《サ》三尺餘、上廣尺餘、厚二分《タルモノ》。」等。

(43) たとえば『舊唐書』巻三七「温州大水《アリ》、漂《コ》流《セシム》四千餘家《ヲ》。」集計時には「規模」に分類している。

(44)『舊唐書』巻三七「河濱人家忽《トシテ》聞《ク》二風雨《ノ》聲《ヲ》一、曉《ニ》見《ルニ》二其墓《ノ》踊出《シタルヲ》一、上《ハ》有《リ》二雙柳樹一、下《ハ》有《リ》二巨石二一、柳《ハ》各《々》長丈餘《タリ》。」

(45)『舊唐書』巻三七「杭州大風、海水翻潮《シ》、飄蕩《ス》州郭五千餘家、船千餘隻《ヲ》一、全家《ノ》陷溺《スル》者百餘戸、死者四百餘人。」

(46)『後漢書』巻九「董卓焚《ク》二洛陽《ノ》宮廟及《ビ》人家《ヲ》一。」

(47)たとえば『晉書』巻二九　五行志「壽春大雷《アリ》、山崩《レ》地坼《ケ》、人家陷死《ス》、上庸《モ》亦如《シ》レ之。」、『隋書』巻二三　五行志「陳禎明二年五月、東冶鐵鑄、有《リ》レ物赤色《ニシテ》、大《ナルコト》如《シ》レ斗《ノ》、自《リ》レ天墜《ツルニ》二鎔所《ニ》一、隆隆《トシテ》有《リ》レ聲、鐵《ハ》飛《ビ》破《リテ》レ屋《ヲ》而四散《シ》、燒《ク》二人家《ヲ》一。」

(48)水害の記事は『新唐書』巻三六「鳳翔麟遊縣暴雨《アリ》、水、毀《チ》二九成宮《ヲ》一、壞《ス》二民舍數百家《ヲ》一、死者百餘人。」火災の記事は同書巻三四「洪州火《アリ》、燔《ク》二民舍萬七千家《ヲ》一」「揚州火《アリ》。皆燔《ク》二民舍千区《ヲ》一。」「揚州市火《アリ》、燔《ク》二民舍數千区《ヲ》一。」「丁丑晦、揚州市火《アリ》、燔《ク》二民舍數千家《ヲ》一。」

(49)『新唐書』巻三六「(天寶十三歳)九月、東都瀍、洛溢《レ》、壞《ス》二十九坊《ヲ》一。」

(50)『宋史』巻六五「滁州有《リ》下熊虎《ノ》同《ジク》入《リテ》二樵民舍《ニ》一、夜、自《ラ》相搏死《スルモノ》上。」

(51)『宋史』巻六六「虎入《リテ》二蕭山縣《ノ》民趙馴家《ニ》一、害《ス》二八口《ヲ》一。」

(52)『宋史』巻六一「潼川府江溢《レ》、浸《ス》二城内外《ノ》民廬《ヲ》一。」「階州白江水溢《レ》、浸《ス》二城市民廬《ヲ》一。」「福州水、浸《ス》二附郭民廬《ヲ》一、……。」「潼川府東、南江溢《レ》、後六日《ニシテ》又溢《レ》、浸《シ》二城外民廬《ヲ》一、人《ハ》徙《ル》二於山《ニ》一。」

(53)『宋史』巻六一「嘉定二年五月己亥、連州大水《アリ》、敗《リ》二城郭百餘丈《ヲ》一、沒《シ》二官舍、郡痒、民廬《ヲ》一、壞《スコト》二田畝聚落《ヲ》一甚《ダ》衆《シ》。」

(54)『宋史』巻三四五　劉安世伝「時《ニ》倉卒《トシテ》軍《ヲ》興《ス》、餽餉切急《タリ》、縣令佐《ケテ》レ至《ルヲ》レ荷《ノ》校督《スルニ》民《ヲ》一、民多《ク》棄《テ》二田廬《ヲ》一、或《イハ》至《ル》二自盡《ニ》一。」

(55)河原由郎『北宋期・土地所有の問題と商業資本』西日本学術出版社、一九六四年。

(56)註4西山前掲書。

(57)吉越昭久・片平博文編『京都の歴史災害』思文閣出版、二〇一二年。

(58)妹尾達彦「隋唐長安城と郊外の誕生」橋本義則編著『東アジア都城の比較研究』京都大学学術出版会、二〇一一年。

第二部
地域形成を見いだす

左京八条三坊四・五町跡で検出された泉（写真提供：（公財）京都市埋蔵文化財研究所）
JRと近鉄間の鉄道敷地間で行われた東西二町にわたる調査（第五章の調査62）では、絵画・文献史料を彷彿とさせる、平安時代後期から室町時代の遺跡が姿を現した（166頁参照）。

第三章　平安京の地域社会に生きる都市民

久米舞子

第一節　都市への居住という視角から

都市とは何か、都市をいかにして認識するのか。都城の歴史的展開が論究されるなかで、この問いは現代的な関心に基づき、様々に論じられてきた。本章は、摂関期から院政期にかけての平安京を分析対象として、都市を「居住」という視角から考察するものである。

十世紀末期・十一世紀初頭に、平安京において「住人」概念が成立したとする西山良平氏は、彼らが一定の社会集団を形成して社会生活の安全を保障する存在となったこと[1]、十一世紀には職能や身分の分立にともない、その身分集団の集住がみられることを示した[2]。また市川理恵氏は、「同じ地域に居住する者としての連帯感を持って、地域の維持・運営にあたった」る「都市民」の成立を前提として、地域社会の代表者である保刀禰が十世紀後半にあらわれるとする[3]。十世紀後半の平安京における自立した都市民の成立は、「居住」という視角からみた都城の歴史的展開における一つの転換点としてとらえられよう。

そこで本章は、この都市民の実態について、平安京から三地域を抽出し、具体的な地域社会に則した分析を行う。取り上げるのは、七条・西七条・西京である。平安京に成立したこれら地域社会の位置づけを明らかにし、生業からみた都市民の実態、そして祭りを通じた社会的結合のあり方から、平安京の都市民が生きる地域社会の特質を明らかにしたい。

第二節　都市の地域社会と交通

平安京の下辺に、七条大路と呼ばれる大路がある。京を東西に貫き、八丈（約二四メートル）の路幅をもつ七条大路には、朱雀大路を挟んで鴻臚館が並び建ち、東西の七条二坊には市が対称に設置されて、それぞれを市町が取り巻く。また行幸や御幸、公卿の出向などの経路分析からは、七条大路が京の東西を結ぶ路として京の主要な大路と位置づけられていたことが明らかにされている(4)。七条大路と朱雀大路が交わる七条朱雀の地は、平安京における儀式の場の一つであった。天皇の即位後に初めて挙行される大嘗会において、神供を大嘗宮へ搬入する悠紀・主基の行列は、「七条衢《ちまた》」（『儀式』三、践祚大嘗祭儀中）から朱雀大路を上るパレードを繰り広げる。また貞観七年（八六五）には、除災のために「七条大路衢」の「朱雀道東西」に僧が配され、朝夕二時に般若心経が読まれた（『日本三代実録』同五月十三日癸巳条）。この七条大路に沿う左京側が七条、そして右京側が西七条にあたる。

都城平安京は、朱雀大路の南門にして都城唯一の京城門である羅城門を七道すべての起点とし、その門前は都城の内と外が接する境界であった(5)。しかしながら、平安京が都市として人々のあいだに定着するに従って、都城の理念的な空間構造は実態を失い、平安京を取り巻く交通路は多様化する。

このうち平安京から宇治や大和へ向かう交通路には、鴨川東岸を南下する法性寺大路が用いられた。『中右記』嘉承元年（一一〇六）十二月十六日癸卯条にみえる藤原忠実の春日社参詣で、彼は万里小路を南下して出京、「深草」「伏見北坂

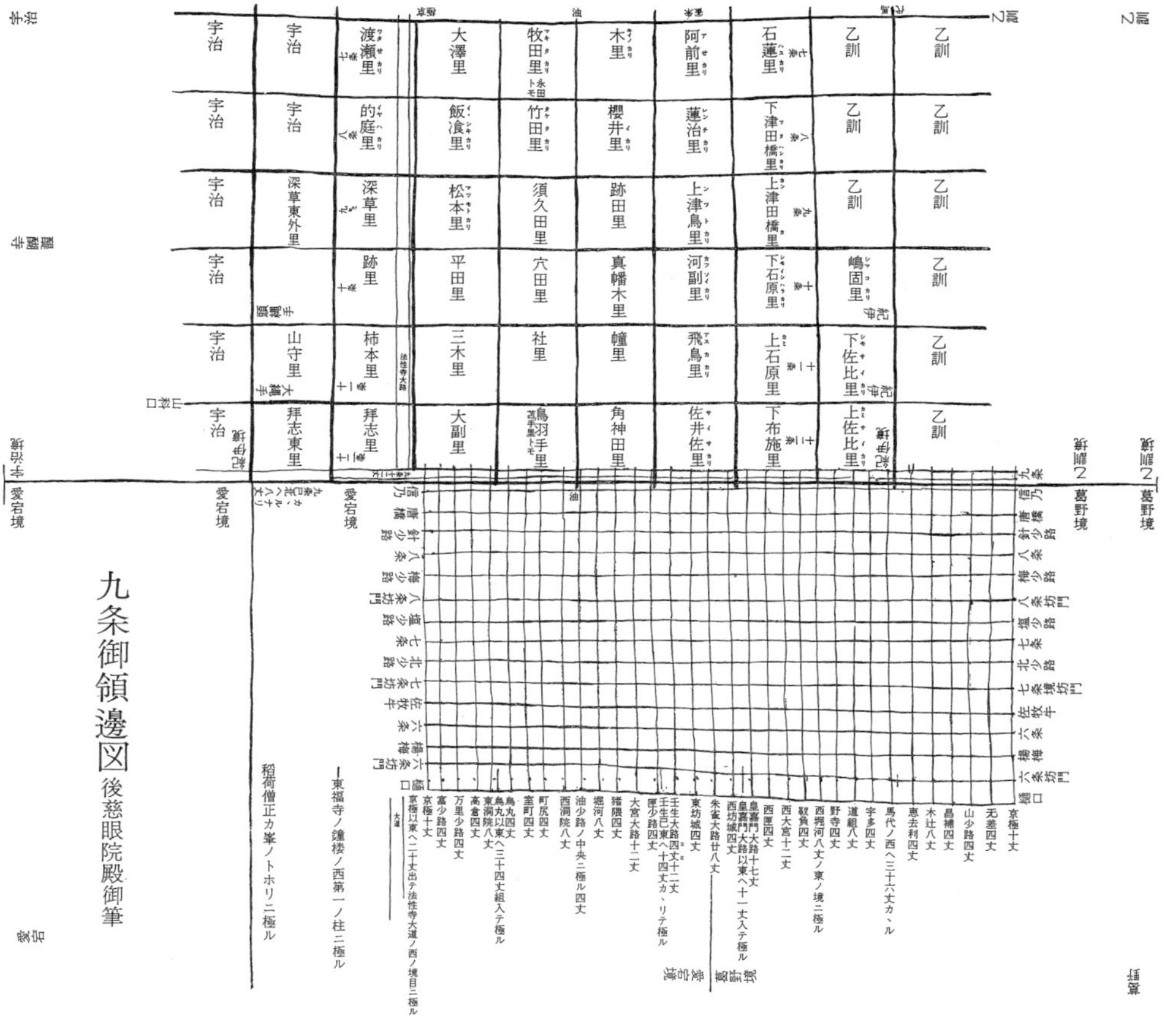

図3-1　九条御領辺図（図書寮叢刊『九条家文書』3、明治書院、1973年より）

辺」「宇治橋」を経て「佐保殿」に至った。また『兵範記』保元二年（一一五七）二月十二日戊申条では、春日祭使を見物する車が、鴨川付近と推測される「河原口」から「深草辺」まで立ち並んでいたという。左京下辺を出京し深草を経由するこれらの事例は、法性寺大路を経路として用いたと考えられる。

法性寺大路の初見史料は、『百錬抄』長寛三年（一一六五）二月十一日庚寅条の「法性寺大略《路カ》」と考えられる。十六世紀初頭に成立した「九条御領辺図」（図3-1）にはこの法性寺大路が描かれており、足利健亮氏によれば、北は「五条大路ライン」付近から、南は紀伊郡条里七条の渡瀬里南辺まで達する長大な直線道路[6]」と読みとれるという。大路の名に冠された法性寺とは、山城国紀伊郡に藤原忠平が建立した寺院である。『貞信公記抄』延長二年（九二四）二月十日戊寅条には、彼がこの寺に参り初めて鐘音を聴いたとあり、これ以前に創建されたと考えられる。法性寺内の最勝金剛院の地に、九条道家が東福寺を建立するのは嘉禎三年（一二三七）のことである。十三世紀に入って間もなく、法性寺の主要部は廃絶したと考えられるが、その寺名は地名として存続し、十三世紀後半には東福寺伽藍の西門前の道から西は「法性寺」と称された[7]。この法性寺の地は、法性寺大路における交通の要衝として発展し、中世には御厨子所率分関や東福寺・室町幕府による関所の設置をみている[8]。法性寺大路は左京下辺へと達し、七条大路はその主要な大路である。七条大路と法性寺大路との接続が推測される。七条は、平安京より南方の宇治や大和へ向かう出入り口に位置したといえよう。

西七条は、七条大路の右京側にあたる。『源平盛衰記』巻六（西光卒都婆）には「七道ノ辻」について「四宮川原、木幡ノ里、造道、西七条、蓮台野、ミゾロ池、西坂本」と記されており、西七条はその場所自体が七道の辻の一つであった。寛弘二年（一〇〇五）に平安京西郊の大原野社に行啓した一条天皇中宮の藤原彰子は、この西七条を経て出京した。行啓に従った公卿の一人である藤原公季は「七条辺」（『小右記』同三月八日丙辰条）より退帰しており、『大鏡』人、道長（雑々物語）でそこは「西の七条」と記される。後朱雀天皇の石清水行幸でも七条大路西末より出京する経路がとられ、「西七条辺」にて降雨があったとの記録が残る（『行親記』長暦元年（一〇三七）三月九日壬午条）。西七条からの出京は、京近郊へ向かう事例に限られない。因幡守として下向する平時範は「西七条辺」で衣冠を脱ぎ布衣に着替えた（『時範記』承徳三年（一〇九九）二月九日壬午条）。西七条が、京の内外を分ける境界と認識されていたためであろう。西国へ配流される流人もまた、西七条より出京する。安芸国へ流される源頼行は、「西七条辺」で領送使や検非違使に追い立てられ、その場で衛府の番長を殺害し自害した（『兵範記』保元二年（一一五七）七月十七日丙辰条）。領送使とは流人を配所へ送る使であり、その追立の次第は、十二世紀末頃に成立した『清獬眼抄』（流人事）にみえる。流人を連行する検非違使は、配流先が西国の場合は「七条朱雀之辺」で、東国北陸道の場合は「粟田口之辺」において流罪の旨を記した官符を読み上げ、領送使に官符と流人とを引き渡す。これらの史料からは、七条大路を西行して西七条より出京し、京近郊や山陰・山陽道へつながる交通路の存在を確認できる。この経路は、行幸や行啓における天皇・中宮の出京、国司の出立や配流などの儀式としての意味合いが強い行事においても用いられた。

西京については、まずこの地名の成立から考察を始めたい。そもそも古代の人々にとって西京とは、唐長安の都を意味する言葉であった。称徳天皇が由義宮を「西京」(『続日本紀』神護景雲三年(七六九)十月三十日甲子条)と定めたのはこれになぞらえたものと考えられる。一方で、都城の左右京を東西京と言い換える事例が、八世紀後半以降に朝廷の編纂史料にみられるようになり、九世紀半ばには、東京・西京がそれぞれ単独で用いられるようになる。また九世紀後半から十世紀にかけての漢詩文や記は、漢語的な修辞表現としてこの東京・西京という言葉を記した。十一世紀以降の古記録においては、東京の使用頻度が極端に低下するのに対し、西京はしばしばその用例がみられる。しかしその西京が指し示すのは、宮城に隣接する地域にとどまり、これを右京全体を想定した言葉として読むことはできない。したがって西京は、十一世紀を境に右京一条・二条の限定した地域を示す名称として通用するようになったと考える(9)。

西京とその近郊を結び移動する史料からは、平安京を取り巻く交通における西京の位置づけがうかがえる。『小右記』寛和元年(九八五)三月十六日庚申条で、円融上皇の西山への御幸に同行した藤原実資は、大堰川、寛朝僧正の広沢山荘、仁和寺、円融寺を経て帰家した。その帰途に「西京」で雨に降られている。『今昔物語集』巻十七第三十三には、「比叡ノ山ニ若キ僧」が「法輪ニ詣」でた帰り道、「西ノ京ノ程ニテ日暮ヌ」とある。法輪寺への参詣に西京を経由したことは、『梁塵秘抄』巻二にもみえる。「何れか法輪へ参る道　内野通りの西の京　それ過ぎて　や　常磐林の彼方なる　愛敬流れ来る大堰川」(三〇七)。内野通りの先に西京が所在し、葛野郡常磐を経て大堰川を渡り、法輪寺へと至るというのがその道程であった。『宇治拾遺物語』巻二ノ一では、「清徳聖」が母の供養のため「愛宕の山」に籠もり、成仏が叶って「京へいづる道に、西京」を経たとある。西京は、平安京北西の郊外に存する仁和寺や法輪寺、愛宕山へと向かう出入り口に所在した。

右京から北方へと出京する経路は、幾筋か存在したらしい。『長秋記』天永四年（一一一三）八月十七日乙丑条にみえる鳥羽天皇の北野行幸では、西大宮大路を北行して出京し、北野社へ至る経路がとられている。また『中右記』天永三年（一一一二）八月十三日丁酉条の平野行幸では、西大宮大路より二町西の西堀河小路を用いている。しかし従来は、さらに一町西の野寺小路が用いられたらしい。『左経記』治安二年（一〇二二）十月四日庚子条にみえる後一条天皇の平野行幸を前にした行幸路巡検、および同二五日辛酉条における実際の行幸路にその実例がみえる。右京域を越え北方へと向かう経路には、いずれも右京一条・二条にあたる西京を通過する。

このように平安京の交通路再編にともない、七条大路の東西末は、南方の宇治や大和、あるいは西国へと向かう大路と結ばれ、西京は、北方・西方への交通路が交錯する場として、人やモノが活発に行き交う京の玄関口の一つとなった。都市民による地域社会が形成された七条・西七条・西京は、いずれも平安京の内と外を結ぶ交通の結節点であったといえる。

第三節　都市民の生業

七条は、鍛冶師や鋳物師、金工の細工が集住する地域である。『新猿楽記』にみえる金集百成は「七条以南保長」にして「鍛冶鋳物師幷銀金細工」であった。『中外抄』下、九に「七条の細工」、『今昔物語集』巻二十第六に「七条辺ニ有ケル薄打ツ者」、『宇治拾遺物語』巻一ノ五には「七条町に江冠者が家の、おほ東にある鋳物師」、同巻二ノ四に「七条に薄打あり」とある。(10)

西七条もまた、細工が居住する地域であった。『中右記』嘉保二年（一〇九五）六月二十五日己丑条によれば、伊勢神宮の遷宮造替のための行事所への召物として「西七条刀禰」に「召針」が賦課されていた。西七条には、針製作を担う金工の職人が居住したことがわかる。しかし彼ら西七条刀禰は、白河院・郁芳門院の下部という権威を楯に、課役の差し出しを拒否するという。西七条の細工は、院に属してその生業に従事しつつ、召しにより朝廷にも出仕したことがわかる。

西七条刀禰は、すでに十一世紀前半には史料に姿をあらわす。九条家本『延喜式』巻四裏文書には、播磨大掾の播万貞成が検非違使庁に裁定を申請した、長元七年（一〇三四）二月八日付の解が残る（『平安遺文』五二四）。彼が近正なる者を従者として播磨国より京上したところ、「西七条刀禰」の安部清安と豊延が随身を引き連れて「西七条之末」に現れた。彼らは近正が連れた馬を昨年盗み取られた馬であると主張して奪い取り、かつ検非違使庁にこれを触れ近正の身を拘禁させた。播万貞成は、近正がこの馬を領知することには在地の郡司・刀禰の承認があり、一方で西七条刀禰の矛盾を指摘して、正理ある裁定を使庁に求めている。事件が発生したのは、西七条末である。この場所は山陰・山陽道から京への出入り口にあたり、播磨国からの入京にはまず西七条に達した。西七条には西国と京とを往来する様々な人やモノが行き交ったと考えられる。そのような場において、西七条刀禰は検非違使庁と結びつき、地域の治安維持に従事した。すなわち十一世紀前半には、西七条に地域社会が形成され、それを維持・運営する都市民が存在したことが認められる。そして本来、平安京の右京七条を意味した西七条は、この頃には特定の地域を指す名称として通用していたことがわかる[11]。

一方、西京には多くの下級官人が居住する。藤原彰子の入内に際し、吉方であるとして用いられた大蔵録の太秦連雅の邸宅は、「西京」に存したことが、複数の記録に残る（『御堂関白記』長保元年（九九九）十月二十五日甲戌条、『小右記』同日条、『権記』同二十七日丙子・三十日己卯条）。おそらく彼は、彰子の父藤原道長の家司であったのだろう。彰子入内に提供できるほどの邸宅を保有する、富裕な人物であったと推測される。また紀元武は右近衛府の近衛であり、藤原長家の随身である。『小右記』寛仁三年（一〇一九）十月十四日丁酉条によれば、その「元武宅」は「西京」に所在した。下毛野公忠は右近衛府生であり、藤原頼通の随身である。『小右記』治安元年（一〇二一）七月十九日壬辰条によれば、「公忠宅」は「西京」にあり、右京一条二坊十二町に位置する右獄に隣接するという。『長秋記』長承三年（一一三四）五月一日庚戌・二日辛亥条によれば、筑後前司であり前々斎院所領公験等を保管する「家司・預所のごとき地位[12]」にあった仲能なる者は、火難を避けるため仁和寺の一郭を卜して七宇の蔵を建て、衣食や家具、珍宝を納めていた。蔵には金七瓶、銀七万両、そのほか唐物・和物は数知れずという豪奢であったといい、源師時は「西京人家富」は陶朱以上であると、彼を陶朱猗頓の富の故事にみえる大富豪に喩えている。この仲能もまた「西京人」であった。『百錬抄』寿永二年（一一八三）三月十八日癸未条にみえる「西京上人」は、かつて高陽院に仕える舎人であった。『今昔物語集』には、「西ノ京ノ家」に住まう太政官の官掌「□ノ得任」（巻十九第二十五）、「西ノ京ノ家ニ住ム」（巻二十第四十四）右近衛将監の下毛野敦行が記される。なお敦行は、先の右近衛府生にして藤原頼通の随身である下毛野公忠の祖父にあたる（『地下家伝』十五〈近衛府

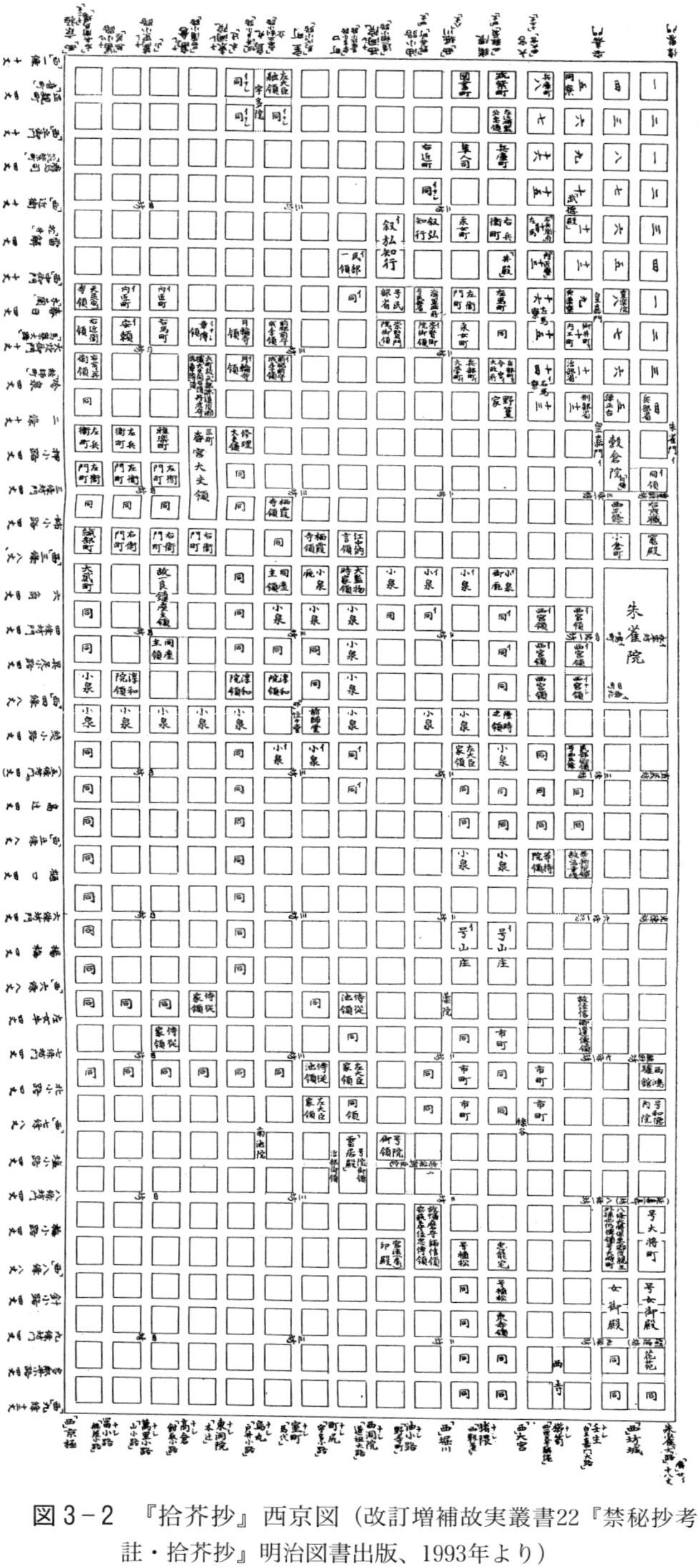

図3－2　『拾芥抄』西京図（改訂増補故実叢書22『禁秘抄考註・拾芥抄』明治図書出版、1993年より）

上〉調子、下毛野氏〉。近衛舎人播磨安高の「家ハ西ノ京」にあり（巻二十七第三十八）、左京属邦利延は「西ノ京ノ家」に住まい（巻二十七第四十二）、太政官の史「阿蘇ノ□」の家は「西ノ京」にあった（巻二十八第十八）。大蔵史生である宗岡高助の「家ハ西ノ京ニナム住ケル。堀河ヨリハ西、近衛ノ御門ヨリハ北ニ八戸主ノ家也」。西堀河小路の西、近衛大路の北は、右京一条にあたる。彼はその大邸宅で手塩にかけた娘二人を贅沢に養う富裕者であった（巻三十一第五）。『新猿楽記』の主人公である右衛門尉もまた「西京」の住人である。『拾芥抄』西京図（図3-2）によれば、右京一条・二条は右近町・右兵衛町・左馬町・左衛門町といった官衙町が集中する地域である。ゆえに西京には、これら官司に関わる下級官人が多く居住したと推測される。

七条・西七条には鍛冶師・鋳物師、細工といった職人が、西京には下級官人が多く居住する。七条・西七条における道々細工の集住には、近接する東西市の存在が影響した可能性があり、官衙町の集中する西京では、それに関わる下級官人が居住した。平安京における地域社会は、生業に基づき集住した人々を核として形成される傾向がみられる。(13)

第四節　都市民の祭り——稲荷祭・松尾の祭り・北野祭

都市民の社会的結合のあり方を、地域社会の祭りを通して考える。(14)都城は神社を持たないことが原則であるため、(15)ここで取り上げる平安京における都市民の祭りは、いずれも京の郊外から神輿に乗った神を迎え、地域社会の旅所にそれを祭るという形態をとる。

1　稲荷祭

七条では、七条大路を舞台として稲荷祭が執り行われた。稲荷祭の史料上の初見は『小記目録』十七闘乱事の寛弘三年

（一〇〇六）四月九日庚辰条である。祭りの起源を示す史料は残されていないが、十一世紀初めにはすでに稲荷祭が催行されていた。『春記』長久元年（一〇四〇）四月十九日癸卯条には、稲荷祭の祭使のありさまが「公使」と異ならないとあり、つまり稲荷祭の祭使は公使ではなかった。稲荷祭は朝廷の祭祀ではなく、巷間から興った祭りであった。

稲荷祭の式日は四月上卯あるいは中卯である（『師元年中行事』四月）が、仁安三年（一一六八）には後白河上皇の意向で二日後に式日を延ばした例があり（『兵範記』同四月十四日乙巳条）、厳格に守られてはいなかった。朝廷の祭祀である松尾祭が、延引によって月を跨ごうとも式日の申日を決して移さなかったことに比すれば、大きな相違である。そのため、稲荷祭の延引に対する朝廷の関与も曖昧なものであった。稲荷祭が穢による諸社祭延引の対象となったことが確認できるのは『台記』久寿元年（一一五四）四月九日辛酉条が初例であるが、稲荷祭の延引に朝廷は宣旨を下さないことが先例である（『玉葉』文治四年（一一八八）四月十三日己卯条）という。仁安二年（一一六七）には「七条人等申二事由一」により、稲荷祭が延引された。松尾祭以前に稲荷祭を行えば天下静かならず、この年には松尾祭が延引されており稲荷祭もこれに倣うのだとする彼らの主張が、朝廷に受け入れられたことになる。朝廷はこの知識を有しておらず、そのため蔵人所から「七条人」に稲荷祭延引を命じるという形式をとった（『山槐記』同四月十二日己卯条）。ここにあらわれる「七条人」こそが、稲荷祭を主催する都市民であろう。

十二世紀後半に成立した『年中行事絵巻』住吉模本巻十二には、五基の神輿が風流傘や騎馬田楽、獅子舞や楽人を引き連れて大路から鴨川を渡り神幸する、華やかな稲荷祭の行列が描かれる（図3-3）。そこには、稲荷祭を見物する多くの人々の姿もまたみられる。記録によれば、その見物場所は「七条堀河辺小屋」（『春記』長久元年（一〇四〇）四月十九日癸卯条）であり、「八条」や「自二七条一南、自二町尻一西」（『帥記』永保元年（一〇八一）四月十日丁卯条）、あるいは「自二七条一南、自二町尻一東」（同十五日壬申条）の桟敷であり、「市町桟敷」（『本朝世紀』康和五年（一一〇三）四月十九日丁卯条）、「町尻桟敷」（『兵範記』仁平三年（一一五三）四月八日丁卯条）、また「七条北、東洞院東角」の藤原定隆の邸宅（『山槐記』応保元年（一一六一）四月十三日乙卯条）である。稲荷祭とは本来、旅所から本社稲荷社への神輿の還幸をいい、『年中行

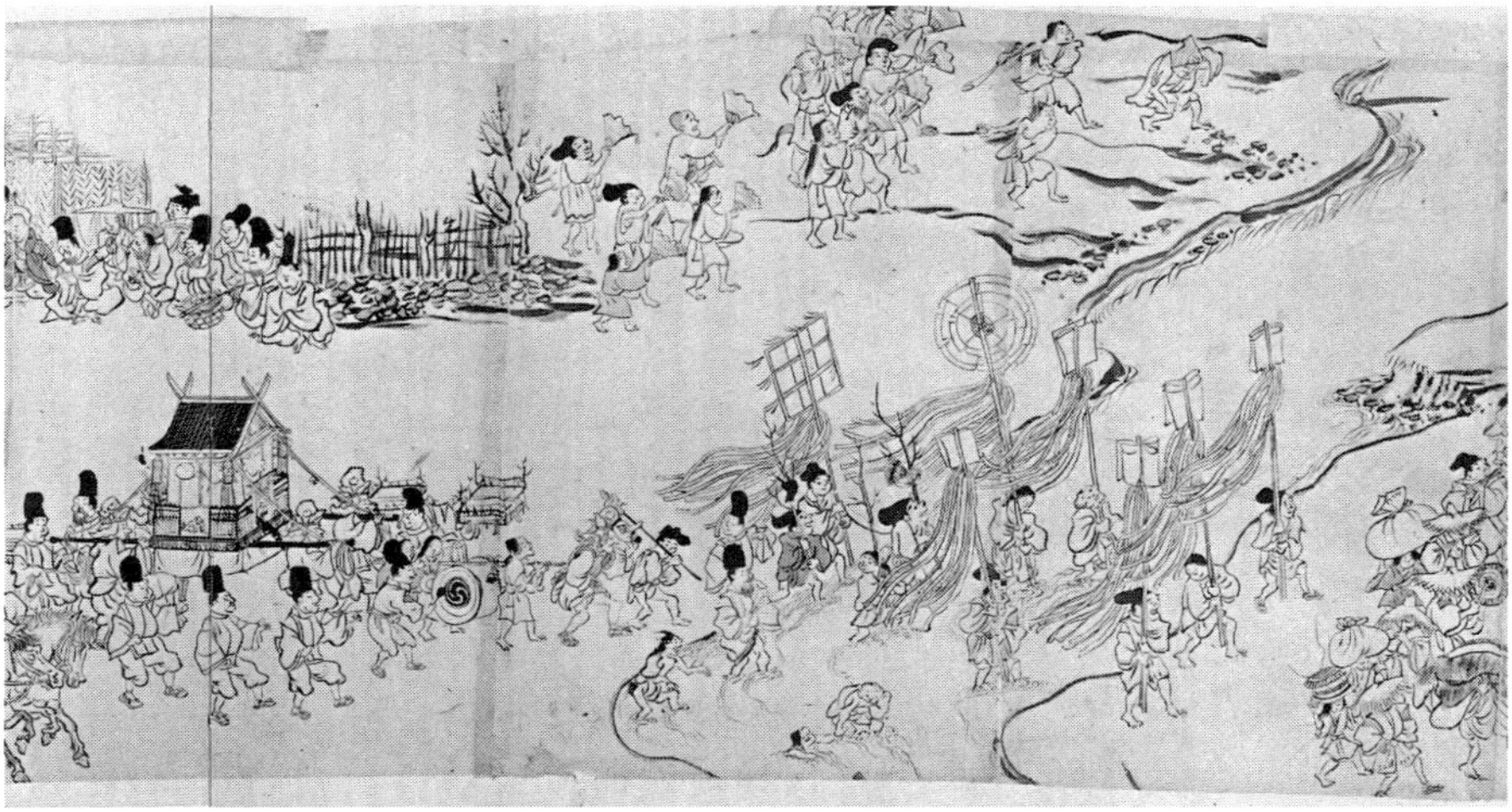

図3－3　『年中行事絵巻』巻十二、稲荷祭の神輿渡御
（日本絵巻大成8『年中行事絵巻』、中央公論社、1977年より）

事絵巻』が描くのもまたその場面である。稲荷祭は、七条大路を主たる舞台として催行される祭りであった。

九条家本『延喜式』付図平安京左京図（図3－4）には、二ヶ所の「稲荷旅所」が記される。梅小路猪熊と七条油小路である。『兵範記』仁安二年（一一六七）四月二十三日庚寅条には、六条天皇の方違行幸において、これまで用いられてきた「八条堀川前中納言顕長亭」を避けたとの記録がある。藤原顕長の邸宅は稲荷旅所に近接しており、稲荷祭の延引により稲荷神が未だ旅所に滞在しているためであるという。この旅所とは梅小路猪熊のそれをいうのであろう。またこの稲荷旅所は、『百錬抄』嘉禄二年（一二二六）二月十三日戊戌条にも記録される。この日の午時、「八条坊門猪熊」の「稲荷上中両社旅所」が焼亡した。「旅所神主」である「大行事則正」が、職の改易への不満から旅所の下殿で焼死し、「御体」もまた焼失してしまった、との事件を伝えるものである。稲荷上・中社の旅所は、八条坊門猪熊に所在した(16)。そこには大行事とも称される旅所神主が補任されて、稲荷神の御体が祭られ、旅所は祭りの期間外にも常設されていたことがわかる。

『明月記』嘉禄二年（一二二六）二月二十五日庚戌条は、稲荷旅所における神主の補任について、「本社」稲荷社から「七条村民」、さらに「後院細工所」へと変遷したとする。細工所が補任

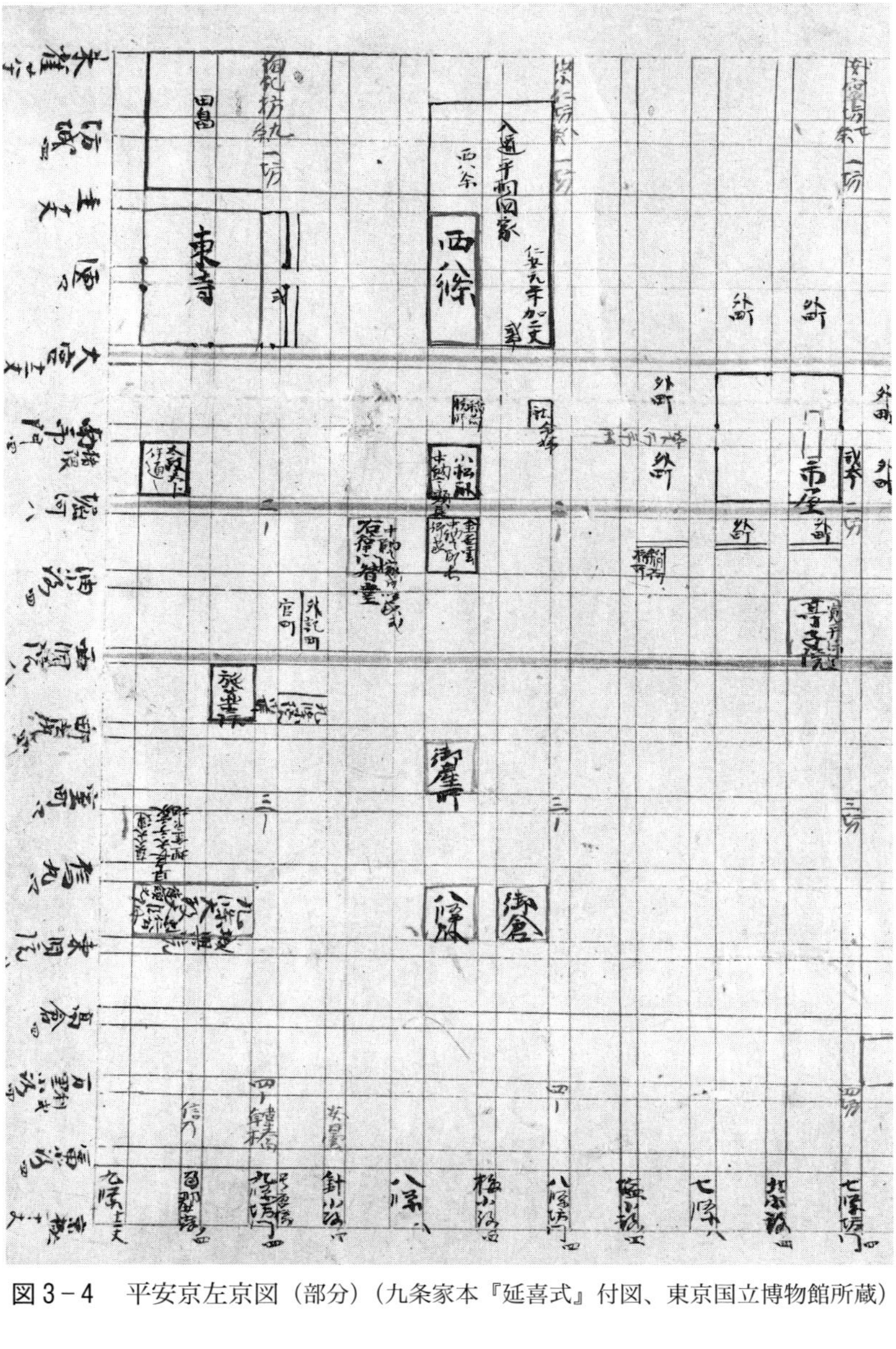

図３－４　平安京左京図（部分）（九条家本『延喜式』付図、東京国立博物館所蔵）

を担うようになったのは、「忠綱時」が初めてであるという。後鳥羽院の近臣藤原忠綱が、細工所別当に任じられたのは建永元年（一二〇六）のことである（『明月記』同五月二十日庚子条）。ではそれ以前に旅所神主の補任を担った「七条村民」とは、いかなる人々であったのか。

『中右記』嘉保二年（一〇九五）四月十四日己卯条は、明日に迫った賀茂行幸の行事所に参勤すべき「道々細工」が、稲荷祭のためにこれを懈怠したという。彼らは、稲荷祭を主催する七条の地域社会に居住する細工たちであったのだろう。旅所神主の補任は、道々細工と呼ばれる鍛冶師・鋳物師や細工ら「七条村民」から、彼らを統括する「後院細工所」へと変遷したと考えられる。

また『園太暦』観応三年（一三五二）九月九日己卯条には、嘉禎二年（一二三六）四月日付になる稲荷旅所の神主職への後院補任状が引用される。ここでは「稲荷（欠）階政所」すなわち稲荷旅所である二階社政所の神主職に、「則経」なる者を補任する条件として、相伝の職であることを証明する院宣、法家勘状と「七条（欠）等署判」があげられている。旅所神主への補任の主体が「後院細工所」へと変わっても、その就任には七条の、おそらくは居住者による承認が必要とされたのであろう。それは十三世紀初頭まで「七条村民」が旅所神主の補任を担ったゆえであり、補任の主体が変わっても旅所における祭りを催行する彼らの同意無しに、神主職を務めることは不可能であったと考えられる。瀬田勝哉氏は、「大政所」すなわち旅所について「各社の祭礼そのものに深く関わっていること、それは神を迎える在地側のセンターともなっていて、御供調進をする場でもあったこと、したがってそこに宮座的なものの存在が想定されること、またそれを構成する者が長者的性格を帯びたものであること」[17]を指摘する。稲荷旅所において、その「宮座的なもの」を構成するのは「七条村民」であり、それゆえに本来彼らが旅所神主の補任を担ったのであろう。

稲荷祭には神事頭役として、馬上役という制度がある。『近衛家文書』寛喜三年（一二三一）十一月三日付の後堀河天皇宣旨（『鎌倉遺文』四二四〇）は、「馬上」とは稲荷社・日吉社・祇園社の祭りにおいて「潤屋之賤民」が務める「本社之祭頭」であると記す。稲荷祭の馬上役については、『明月記』安貞三年（一二二九）三月十四日壬午条に次のようにある。

稲荷祭の「馬頭」すなわち馬上役は、前年の五月五日に六条以南の富裕者から選定される。しかしこの度選ばれた者は、日吉末社の神人を称して対捍するという。稲荷祭の馬上役は、その居住する地域によって選定されるのであり、他社の神人といえどもその役を免れえなかった。同様の事例は、『華頂要略』門主伝五、宝治元年（一二四七）条にもみえる。この年、稲荷祭の馬上役に差定されたのは、比叡山の「惣持院楽器寄人」であった。そこで寺家はこれを後嵯峨院に訴え、勅裁によって馬上役を停止させた。しかしそもそも「惣持院楽器寄人」が稲荷祭の馬上役に選ばれたのは、彼が「六条以南之住人」であることがその理由であった。左京六条以南の住人であることが、稲荷祭の馬上役を務める根拠となっていたのである。

正和元年（一三一二）には、稲荷祭の馬上役を選定する地域をめぐり稲荷社と祇園社とが争論を起こす。[18] 稲荷社が主張する馬上役の選定地域については、『東大寺文書』四ノ四十二、年未詳山城稲荷社神主等陳状案（『鎌倉遺文』二四七六六）にみえる。稲荷祭の神輿迎えを前にした三月初巳日には、五条大路の東西と朱雀大路の南面に、牓示榊が立てられる。その榊に囲い込まれた空間を稲荷社は「敷地」と称し、馬上役を課す地域としてきた。その稲荷祭の敷地は、平安末期の「永治」年間（一一四一・一一四二）には成立していたという。なお特定の住人に多大な負担を課すこの馬上役という制度は、鎌倉後期には廃止され、敷地の住人に等しく課される地口銭へと変遷する。[19] しかしこのような変革があろうと、六条（五条）以南を稲荷祭の敷地とする「古今之例」は踏襲され、七条を中心とする左京下辺に住まう都市民が稲荷祭の担い手であるとする認識は、継承されたのである。

2　松尾の祭り

松尾の祭りについては、『日本紀略』長徳四年（九九八）四月十日戊戌条に次のような記事がある。この日の「松尾祭」において「山崎津人」が恒例の田楽を奉仕する間、「雑人等」が合戦に及び、「京人等」が多く殺害されたという。ここから「松尾祭」への山崎津人・雑人・京人の参集が知られると共に、これが戊戌日の「松尾祭」の記録であることが確認される。朝廷の祭祀である松尾祭は、延引があろうと一貫して式日の申日を順守する。ゆえにこの「松尾祭」は、朝廷の祭祀とは異なる祭りを記した史料であると考えられる。「松尾祭」には、朝廷の祭祀とは別に山崎津人や雑人、京人が集う松尾の祭りが存在する。

久寿元年（一一五四）、藤原頼長は稲荷祭のために神が旅所に神幸するあいだ、奉幣を旅所に行うべきか、本社に行うべきかを決めかねていた。藤原忠重は、朝廷の祭祀である松尾祭は、神が旅所に滞在するあいだに挙行されており、その際祭祀に参上する弁は本社の松尾社へ参る、と意見する。藤原頼長はこれを理のある説明とし、使を稲荷社へ向かわせた（『台記』同四月九日辛酉条）。松尾祭は、神輿が旅所に滞在するあいだに、本社社頭において行われる。朝廷の祭祀である松尾祭と、都市民が神輿を迎える松尾の祭りは、同時に重複して催行されたことがわかる。

松尾社の旅所が西七条に所在したことは、仁安二年（一一六七）の記録から確認できる。『続左丞抄』に「感神院所司注進」としてみえる諸社怪異勘例注進案に、同三月二十五日「松尾末社櫟谷旅所」で「老尼」が頓死したため、四月二十一日に「旅所執行幷保々沙汰人等」に対し祓い清めを宣下した、とある。同じ事件を記す『山槐記』同四月五日壬申条には、この「松尾末社櫟谷旅所」は「七条西大宮旅所」と記される。『拾芥抄』西京図（図3-2）には、七条西大宮の路上に「櫟谷」の記載があり、この旅所の位置を示すと考えられる。

旅所での死穢発生から松尾祭の延引に至るまでの経緯は、『顕広王記』仁安二年（一一六七）四月五日壬申条に詳しい。松尾社末社の「櫟谷社旅所」で「老翁」（『続左丞抄』では「老尼」）が死去した。この時、旅所に置かれていた神宝は、「保住人・村長者」によって「大政所旅所」に運ばれ、ゆえに穢はこの松尾社本社の旅所にも及ぶことになった。その後、松尾社にこの事件が報告されて三十日の死穢が決せられ、松尾祭は四月下申日に延引された。松尾社はこの四月五日に祓清を行うことになったが、神輿の造替については保留されたという。死穢の生じた三月中にはすでに神宝を載せた神輿が旅所に滞在しており、旅所での事態を取り仕切り差配したのは「保住人・村長者」と呼ばれる西七条の住人や当地の富豪であった。また神輿の造替を社司に提案したのは「執行清延幷保々沙汰人」である。『続左丞抄』によれば、四月二十一日に同じ「旅所執行幷保々沙汰人等」に祓清が宣下されており、松尾の祭りの催行は、彼ら旅所の執行役や西七条の保々の有力者がその中心を担ったと考えられる。この「保住人・村長者」や「旅所執行幷保々沙汰人等」こそが、松尾社の旅所において「宮座的なもの」を構成する人々であり、その基盤となったのは、十一世紀から地域の治安維持に従事し、あるいは行事所の「召針」を対捍した金工の職人である西七条刀禰であろう。

松尾の祭りを催行する西七条の都市民には、どのような課役が賦されていたのか。『松尾神社文書』元久元年（一二〇四）三月五日付官宣旨（『鎌倉遺文』一四三九）によれば、松尾の祭りの神輿迎えにおいては、在家や田畠をもつ「西七条之住人」が頭役制によって御供を備進し、還幸時には「座衆」が同じくこれを負担するという。すなわち松尾の祭りは、在家や田畠による領域的な課役と、座衆による人的な課役という複合的な体制によって成り立っている[20]。これは『東寺百合文書』ニ、嘉禄三年（一二二七）九月六日付官宣旨案（『鎌倉遺文』三六六二）にみえる、神輿迎えには「西七条」の「保々六箇所」が、還御の日には「神人」が御供を調進する、との例にも矛盾しない。

また、松尾の祭りは西七条の奉仕のみでは成立しない。先の元久元年（一二〇四）三月五日付官宣旨において、桂川に津をもつ「大炊・梅津両郷」での札迎えの懈怠が問題とされるように、松尾の祭りは西七条での神輿迎えにとどまらず、その神幸路となる社頭以下の「葛野郡諸郷」における札迎えとの共同で成立する祭りであった。前出の嘉禄三年（一二二七）九月六日付官宣旨案は、松尾の祭り以下の松尾社の神事は「葛野一郡之営」であると述べる。葛野郡や桂川で生業を行う人々による松尾の祭りへの奉仕からは、葛野一郡の神としての松尾神の姿を認めることができよう。松尾の祭りにおける神輿の神幸は、交通路によって結ばれた西七条と葛野郡とのつながりを顕在化させる。

3　花園今宮の御霊会・北野祭

長和四年（一〇一五）は、京畿・外国を咳病・疫病が偏満し、死者は京の路頭にも絶えることがなかった。この危機的な状況のなか、西京に初めて疫神が祀られる。『百錬抄』同六月二十日戊辰条には、疫神の託宣により「京人」が「花園辺」に神殿を建てこれを祭ったとある。『小右記』同二十五日癸酉条によれば、それは「西京花園寺坤方、紙屋河西頭」に新たに卜された「疫神社」であった。その建立は「西洛人」の夢想、あるいは託宣によるものであるという。「東西京師凡庶」すなわち平安京の住人たちは、神に奉る御幣や神馬を捧げ、続々とその社頭へ向かった。藤原実資は『小右記』同二十六日甲戌条に、これを「花園今宮御霊会」と記している。御霊会には神社の牒により作物所が神宝を製作し、諸衛府が奉仕、馬寮が十列を牽いた。昨夜は夜通し、今日は終日、平安京の住人は神社に参集し、街路を埋め尽くしている。その群れ集う様は、同じく御霊会が行われる紫野今宮さながらであったという。

花園今宮が所在したのは、衣笠山南、双ヶ岡東にあたる花園の地であり、右京の西北域に位置する。御霊会の発端となった「西洛人」は、右京の住人であると想定され、さらには花園における疫神祭りによって神威の影響を被ること著しい、西京に住まう人々であった可能性が高い。花園今宮の御霊会は、疫病流行という突発的な脅威に遭遇した平安京において、官司を巻き込み京の全域から参詣者を集めた。しかしながら、花園今宮とその御霊会は一時の流行に止まったようで、その記録は『小右記』同二十九日丁丑条に「花園疫神祟祀之後、病患弥倍云々」とあるのを限りに途絶える。

再び花園今宮の御霊会が史料にあらわれるのは、やはり疾疫の続いた永承七年（一〇五二）である。その発端は「西京住人」の夢であった。御霊会再興の経緯は、『春記』同五月二十八日壬申条に詳しい。西京住人の夢に、神人と称する者が現れ訴えかける。吾はこの国に流れついた唐朝の神である。吾の到る所には、悉く疫病が蔓延する。吾を祭る社を設けたならば病患も鎮まろう、というのだ。西京住人がこの夢を「郷里」の人々に告げ広めると、「東西京人々」はこぞって託宣に従い「西京並寺」の傍らに社屋を建立した。祭りは諸衛府の官人によって催行され、近隣の輩が雲霞の如く集まったという。この神社は「今宮」と称される。『百錬抄』同二十九日癸酉条によれば、この「新造神社」は「祇花園社」とも称された。さらに『続古事談』巻四―七はこの御霊会について、「後冷泉院の御時、世間さはがしかりける年、ならびの岡の辺に社をつくらば、しづまるべし、と示現ありて、兵衛府生時重をはじめて六衛府のものども、社をつくりて御霊会をこなひけり。花園の社とぞいひける」と記す。神社が新造されたのは双ヶ岡辺の地であり、「西京並寺」すなわち双丘寺の傍らであった。双丘寺とは、清原夏野の山荘を引き継ぎ建てられた寺院であり、天安二年（八五八）に天安寺と改称された（『日本三代実録』同十月十七日甲辰条）。この寺は中御門大路西末に位置したと考えられる。[21]ここが花園と呼ばれる地であった。

しかしながら、二度にわたって行われた花園今宮の御霊会は、年中行事として定着することはなかった。その発端が西京の住人の夢にあったにも関わらず、社屋を設け神祭りにあふれかえったのは「京人」「東西京人々」であり、神威が明らかでなかったり危機が過ぎれば、彼らは花園の地を去った。西京の住人自身が地域社会を挙げてここに社屋を設け、御霊会を主催する姿をみることはなかった。[22]西京は、十一世紀半ばにおいて、未だ自ら神を求めるまでの地域社会としてのまとまりを欠いていたと考えられる。

花園今宮の神を地域社会に迎え入れることのなかった西京の住人たちは、新たに北野の神とのつながりを獲得し、北野社によって神人として編成される。[23]西京の住人を北野社の神人として確認できる初出の史料は、『勘仲記』弘安七年（一二八四）八月四日己酉条である。西京の住人は、ここで北野祭を担う北野社の「西京神人」として記録される。

北野祭について記す初出の史料は、『小記目録』四諸社祭事の寛和二年（九八六）八月四日庚子条と考えられる。北野祭は「官祠」すなわち朝廷の祭祀ではないが（『政事要略』巻二十二年中行事八月上〈北野天神会〉）、内蔵寮使が派遣され奉幣がなされる祭り（『小右記』長元元年（一〇二八）八月一日癸亥条）であった。北野祭の式日は、永承元年（一〇四六）に後冷泉天皇の母藤原嬉子の国忌により、八月五日から同四日に改められ（『百錬抄』同年八月四日辛亥条）、国忌廃止後も四日に定着し恒例とされた。

十一世紀後半には、北野祭に神輿迎えという祭儀が取り入れられる。『勘仲記』弘安六年（一二八三）八月一日壬午条が、北野祭延引の先例として引用する永保二年（一〇八二）の「外記例」に「七日御輿迎」とあることからそれが確認される。『殿暦』天仁二年（一一〇九）八月一日癸酉条には、北野祭の神輿迎えがこの夜に催行されたことが記される。式日は八月一日であり、その神輿を迎える旅所が所在した場所が、西京であった。建久五年（一一九四）書写の奥書をもつ『天神記』に「北野の御こし西京のたひ所におはしましける」との記載がある。西京に北野の神を迎える旅所が設けられたのは、十二世紀後半に遡ると考えられ、西京と北野社とのつながりもまたこれ以前に形成されたとみていい。さらに『天神記』には「仲秋四日も西の山のはにかゝやき北野のしは色あをみ渡たる上より、にしの大宮をのほりに神輿漸ちかつきましませは、荘厳眼のまへにかゝやき信敬いよ〳〵ねんころ也」とあって、神輿の還幸は四日であり、西京旅所から西大宮大路を北行して北野社へと至る経路をとったことがわかる。

北野祭における西京神人の奉仕については、『実躬卿記』永仁三年（一二九五）八月一日癸卯条に、北野社の「大宿禰神人」が「御輿迎」に相従うとあること、康応元年（一三八九）の「三年一請会引付」（『北野天満宮史料』古記録）に「西京神人」が神輿の神幸に太刀以外の武具を身につけることを禁じられていることから、「康応元年以前における西京神人・大宿禰神人の北野祭における役割とは、『長具足』を身につけ、神幸・還幸の警固役として神輿行列に加わる」[(24)]ことであったとの指摘がある。

十一世紀には、未だ地域社会としてのまとまりを欠いていた西京の住人は、御霊会を自ら催行し、年中行事として定着させることはなかった。十三世紀後半に至って、西京の住人は北野祭を担う北野社の神人として史料にあらわれる。北野祭に神輿迎えの祭儀が確認されるのは十二世紀初めであり、十二世紀後半にはその旅所が西京に所在したことが確かめられる。西京の住人による北野祭への関与もまたこの頃まで遡ると考えられよう。

平安京の都市民は、地域社会の守護を求めて、京の郊外から地域社会の旅所へ神を迎え入れた。それが七条における稲荷祭であり、西七条における松尾の祭りであり、西京における北野祭である。地域社会が年中行事として祭りを担うということは、彼らが旅所の維持管理や課役の負担、諸役の選出・執行といった祭りを支える体制を整え維持してきたことを意味する。都市民が主催する祭りの存在は、地域社会における社会的結合のあらわれであるといえよう。

第五節　平安京における地域性

都市民は、特定の場所において地域社会を形成し、それを維持・運営するため社会的結合によって結びつく。そのような地域社会は、一定の範囲に区切られ、固有の名称を与えられて、他の場所とは区別して認識される。「居住」という視角からみた平安京は、十世紀後半以降に、地域社会において結びついた都市民の形成により、都市として成立したのだと考える。

本章は七条・西七条・西京という三つの地域社会について、都市平安京における位置づけ、都市民の生業の実態、祭りを通じた社会的結合のあり方を分析してきた。三つの地域社会は、いずれも平安京の交通路再編によって、都市の内と外を結ぶ交通の結節点とされた場所である。その地域社会に住まう都市民は、七条・西七条では鍛冶師や鋳物師、薄打や細工が、西京では衛府を中心とする下級官人が、生業を核として集住する。彼らは自らの生きる地域社会を維持し存続させるため、その守護を求めて京の郊外から神を迎える祭りを催し、それを年中行事として定着させた。こうした地域社会は、七条では稲荷祭の催行が確認される十一世紀初め、西七条では「西七条刀禰」が姿をあらわす十一世紀前半には成立していたとみられ、西京ではやや遅れて、北野祭の旅所がこの地に設けられた十二世紀後半には一定のまとまりを形成していたとみてよいであろう。

都市平安京は、このような複数の地域社会によって分節され、それぞれが偏差をもって併存する。そして地域社会の立地する場所の固有性に基づいた都市民の実践は、律令によって均質な空間として規定された都城に本来備わっていなかった地域性を、平安京の内部に生みだしていくのである。

第三章　註

（1）西山良平「平安京の〈家〉と住人」『都市平安京』京都大学学術出版会、二〇〇四年。
（2）西山良平「平安京の社会＝空間構造と社会集団」『年報都市史研究』一三、二〇〇五年。
（3）市川理恵「京職の末端支配とその変遷」『日本古代の京職と京戸』吉川弘文館、二〇〇九年（初出二〇〇三年）。
（4）小寺武久「平安京の空間的変遷に関する考察」『日本建築学会論文報告集』一六五、九七頁、一六六、七〇頁、一九六九年、大村拓生「儀式路の変遷と都市空間」『中世京都首都論』吉川弘文館、二〇〇六年（初出一九九〇年）五九頁。
（5）久米舞子「平安京羅城門の記憶」『史学』七六―二・三、二〇〇七年。
（6）足利健亮「京都盆地の消えた古道二題」『京都府埋蔵文化財論集』三、一九九六年、五四九頁。
（7）福山敏男「法性寺の位置」『寺院建築の研究』下、中央公論美術出版、一九八三年（初出一九七五年）一五九・一六一頁。
（8）河内将芳「中世の稲荷祭神輿渡御の道筋と法性寺大路」『朱』四七、二〇〇四年、一六〇・一六一頁。
（9）久米舞子「平安京『西京』の形成」『古代文化』六四―三、二〇一二年を参照。但し、発掘調査による遺構分布からは西京の範囲は右京一条・二条にとどまらず三条まで広がっていることが指摘されている。南孝雄「衰退後の右京」（本書第二部第四章）を参照。
（10）七条大路に面する左京八条三坊九町の発掘調査では、平安後期から鎌倉時代にかけて「七条大路・室町小路に面して小規模な建物が建ち並び、奥側を井戸、物資の貯蔵、廃棄物の処理に使用した状態が復元できる」。「出土遺物の中には製品の素材と考えられる金属塊、坩堝・取瓶・鋳型などが多く含まれ」「鋳造生産をはじめとする手工業が活発に行われていたことが推定」される（京都市埋蔵文化財研究所『平安京左京八条三坊九町跡』二〇一〇年、四九・五二頁）。東接する同十六町でも、平安後期には建物が建てられ「鎌倉時代から室町時代にかけては」「町屋として発展したと思われる」。「特に鋳造にかかわるような遺構、遺物が比較的多く見られ」「鋳造にたずさわった職人が住んでいた可能性が高い」（同『平成二年度京都市埋蔵文化財調査概要』一九九四年、四七頁）。七条大路周辺の鋳造・鍛冶に関わる発掘調査の成果については、辻裕司「平安京左京域南部における遺跡の展開」（本書第二部第五章）を参照。
（11）北村優季氏は、西七条刀禰が保刀禰と称されないことに注目し、四保一坊の京保が機能を失って後に、西七条刀禰のような特定の地域の呼称を冠する刀禰が現れると推測する（「平安京都城論」『平安京』吉川弘文館、一九九五年、二六一・二六二頁）。
（12）戸田芳実「王朝都市と荘園体制」『初期中世社会史の研究』東京大学出版会、一九九一年（初出一九七六年）二一四頁。
（13）七条・西七条における道々細工の集住については、久米舞子「平安京都市民の存在形態」『法制と社会の古代史』慶應義塾大学出版会、二〇一五年を参照。

(14) 久米舞子「松尾の祭りと西七条の共同性」『日本歴史』七四二、二〇一〇年、久米前掲註9論文、同「稲荷祭と平安京七条の都市民」『史学』八二—一・二、二〇一三年を参照。

(15) 榎村寛之「都城と神社の関係について」『律令天皇制祭祀の研究』塙書房、一九九六年（初出一九九三年）。

(16) 梅小路と八条坊門小路は、南北に隣り合う小路であり、梅小路猪熊と八条坊門猪熊の旅所は、同一のそれを示すものと考える。

(17) 瀬田勝哉「中世の祇園御霊会」『洛中洛外の群像』平凡社、一九九四年（初出一九七九年）二四八頁。

(18) この争論について、年代確定を含む詳細は、小島鉦作「京都五条以南の稲荷社祭礼敷地役と東大寺」『神社の社会経済史的研究』吉川弘文館、一九八七年（初出一九七八年）を参照。

(19) 稲荷祭の地口銭成立については、馬田綾子「稲荷祭礼役をめぐって」『梅花女子大学開学一五周年記念論文集』一九八〇年を参照。

(20) 五島邦治「平安京の祭礼と都市民の成熟」『京都 町共同体成立史の研究』岩田書院、二〇〇四年（初出一九八七・二〇〇〇年）七二頁。

(21) 天安寺の故地には、大治五年（一一三〇）に法金剛院が建立される（『中右記』同十月二十五日甲午条）。発掘調査によれば、法金剛院遺構の下層から天安寺に比定される遺構が検出されており、その位置は中御門大路西末にあたる。杉山信三「法金剛院発掘調査概要」『埋蔵文化財発掘調査概報一九六九』京都府教育委員会、一九六九年、小松武彦・吉村正親「法金剛院境内」『平成七年度京都市埋蔵文化財調査概要』京都市埋蔵文化財研究所、一九九七年、小松武彦・吉村正親・小檜山一良「平安京右京一条四坊・法金剛院境内」『平成八年度京都市埋蔵文化財調査概要』京都市埋蔵文化財研究所、一九九八年を参照。なお『拾芥抄』西京図（図3-2）の中御門大路南・西京極大路東にあたる右京二条四坊十六町には「天安寺領」と記され、この遺構と隣接する。当該部分は国会図書館本のみ「天王寺領」とするが、他の写本は一貫して「天安寺領」と記され、後者を採るべきと考える。

(22) 花園今宮の御霊会には諸衛府や馬寮が関わり、その主体は「兵衛府生」（『続古事談』巻四—七）のような下級官人であった。右京一条・二条には右近町、右兵衛町、左馬町、左衛門町といった官衙町が集中し、その周辺にはこれら官司に関わる下級官人の居住が推測される。しかし彼らは西京の住人ではなく官司に属する集団として活動し、また認識されている。

(23) 中世における西京神人は、酒麹業を営む麹座神人として知られる。近年の研究に、三枝暁子「北野社西京七保神人の成立とその活動」『比叡山と室町幕府』東京大学出版会、二〇一一年（初出二〇〇七年）がある。

(24) 三枝暁子「北野祭と室町幕府」（三枝前掲註23書、初出二〇〇七年）一二八頁。

第四章　衰退後の右京
――十世紀後半から十二世紀の様相

南　孝雄

第一節　これまでの右京観

慶滋保胤は天元五年（九八二）『池亭記』に「予二十余年以来、東西の二京を歴く見るに、西京は人家漸くに稀らにして、殆に幽墟に幾し。人は去ること有りて来ること無く、屋は壊るること有りて造ること無し。」と右京が衰退する様子を記している。周知のように、この都市変容の過程を具体的に記す記述は、京都が平安京左京域を中心に現代まで発展してきた事と相俟って、その後の右京観に大きな影響を与え続けている。村井康彦氏は、右京衰退を歴史的な事実とした上で、その原因を低湿地が多く居住には適さない土地であったことをその理由とした[1]。杉山信三氏は、右京はもともと左京域に比べて土地が低く、西堀川（紙屋川）の氾濫などが居住域としての機能を奪ったとした。さらに、これの影響などによって右京各所に出来た湿地は、平安時代後期になって耕作地となっていき、近代までその姿が続くとした[2]。このような右京域の地形環境が居住に適さないという指摘と、『延喜式』や『拾芥抄』の平安京図の右京域に邸宅が記載されないことなどから、右京は遷都当初から左京に対して閑居な空間であったかのようなイメージが定着していく。

こうした右京観が定着する中で、一九七〇年代後半から本格化した発掘調査の成果を受けて、一九九〇年代になると考古学の立場から右京の歴史像に修正が迫られていく。山中章氏は、平安時代前期から中期の右京域での宅地遺構の分析を行い「平安前・中期の右京は「幽居」ではなく、大規模宅地の衰退は起きたが中・小規模宅地は存続する」とした。(3) また、山田邦和氏は膨大な発掘・試掘・立会調査のデータを整理し、平安時代前期から後期の右京の変遷について述べ、平安時代前期の右京は都市化していない部分はあるものの、同時期の左京と比較して特に閑散としていた訳ではないとした。(4) さらに平安時代中期に大規模邸宅はなくなるが中・小規模の宅地は存在しており、さらに平安時代後期から鎌倉時代の右京は耕作地と都市的な空間がモザイク状に入り組んでいたとした。(5) その上で『池亭記』の記述は批判的に検討をして議論をするべきであると指摘した。山中・山田両氏の指摘は、それまでの史料からみた右京観に対して、発掘調査成果から右京の実態に迫ったもので、後に文献史学側からの右京の再検討を行う契機となる。ただ、両氏が指す平安時代中期が、中期の始まり（九世紀後半）から中期の終わり（十一世紀末）までの長い時間を一時期として捉えたために、後に述べるように、実際にはこの間に起きた右京の質的な変化を捉え難くしてしまうという課題を残すことになった。(6)

一九九〇年代以降になると、ふたたび文献史学からも右京について論じられていく。網野善彦氏は、「西の京」が鎌倉時代には北野社の荘園的な関係を持ちながらも、「保」を単位として都市的な地域として展開していくことを述べる。そこの住人は『今昔物語』から右京北西部に存在した官衙町（諸司厨町）の流れをくむ下級官人が多いことを指摘する。(7) ここでの「西の京」の範囲は必ずしも明確ではないが、右京北西部と平安京の外側を含むものと思われる。平安時代中期以降の右京の中に独自性をもった空間が北野社との関係の中で成立したことを指摘したことは注目される。西山良平氏は、史料上右京域の居住者は、九世紀までは貴族を含め知ることが出来るが、十世紀になると居住者についてはほとんど不明となり、この間に右京の変容が存在したことを指摘する。(8) また、京樂真帆子氏と久米舞子氏は、山中章氏や山田邦和氏の考古学側からの右京についての指摘を承けつつ、平安時代中期以降の右京の貴族社会での位置やその実態に迫る。京樂真帆子氏は、貴族日記に記される右京に注目する。平安時代中期以降の右京は、実態として居住域が存在していても、記録者である貴族にとっては日常生活圏の外側となり見えなくなっていた空間であると述べる[9]。久米舞子氏は平安時代中期以降の右京域の中には、「西京」や「西七条」などの複数の地域社会が形成され、右京が分節することを指摘する。西京は北野社と、西七条は松尾社と結びつき、それぞれの地域内には、共同の祭礼を行うための御旅所が設けられ、御旅所祭祀を行いながら共同体を維持する様を明らかにした[10]。

本稿では、これら先行研究の成果に学びつつ、発掘調査成果から十世紀中頃以降の右京の実態に迫りたい。まず、九世紀前半から十世紀前半の右京の宅地利用のありかたを概観した後、右京が衰退する十世紀中頃以降の右京の実態を検証し、さらにその後の右京全体の土地利用や空間のあり方をみていきたい。

第二節　衰退前の右京——右京三条二・三坊から（図4-1、表4-1・4-2）

右京での平安時代前期から中期の宅地のあり方を、右京三条二・三坊の発掘調査成果からみてみたい。右京三条二・三坊域は右京の中でも多くの発掘調査が行われている。ここでは九世紀初頭から十世紀中頃までの期間で継続した宅地としての利用があり、宅地規模も一町規模の邸宅から中・小規模の宅地まで存在しており、右京の変遷をみるうえでの典型的なエリアといえる。

九世紀前半、右京三条三坊の四町と五町で一町規模邸宅が、十町では一／四町規模宅地が確認されている。九世紀中頃から十世紀初頭は三町で一／四町以下の宅地が確認される。三坊三町とその隣の三条二坊十四町も宅地の存続期間は同じ九世紀後半から十世紀前半である。

右京全体の宅地利用のあり方を概観すると、三条三坊とほぼ同様の推移をする。右京域の一町を超える大規模邸宅の検出例をみると、九世紀前半では六例、九世紀後半にも六例あるが、十世紀初頭でみられなくなる[11]。例外はあるとしても、

表４−１　右京三条三坊宅地規模一覧表

町/時期	９世紀前半	９世紀中頃	９世紀後半	10世紀前半	図４−１調査地点
三町	—	1/4町規模宅地	６戸主宅地	６戸主宅地	調査12・16・25
四町	１町規模邸宅	—	—	—	調査17・26
五町	1/2町又は１町規模邸宅	—	—	—	調査18・19
六町	湿地	湿地	湿地	湿地	調査20
十町	1/4町規模宅地	—	—	—	調査22
十二町	湿地	湿地	湿地	湿地	調査24

傾向としては右京の大規模宅地は九世紀代でほぼ終焉するようである。一方で中下級官人や京戸の宅地とみられる中・小規模の宅地は、十世紀中頃まで存続する。[12]このように平安遷都以来十世紀中頃までの右京は、都城における宅地としての機能を果たしていた。確かに従来から指摘されているように左京に比べ低湿な土地が多く、条坊制が施工されていなかった地域も存在したことは事実と思われる。[13]しかし、左京でも平安時代後期まで条坊道路が施工されなかった地点があることは確認されている。[14]また、これまでの発掘調査では左京域における九世紀代の遺構の検出地点は少ない。これは平安時代以降土地利用が継続的に行われた結果、遺構が失われた可能性はある。しかし、九世紀代に宅地利用が行われていたとすれば土器などの遺物が、後の時代の整地層に含まれる可能性が高いはずであるが、その出土地点もやはり少ない。左京が右京に対して遷都当初から優位であったという点は、なお慎重な検証が必要である。

十世紀中頃以降の右京域での宅地としての利用は、一部の例外を除いて、ほぼ断絶しており、これ以前の右京に居住した人々の多くは他所に移っていく。

第三節　西堀川の埋没とその後の人工河川

宅地利用の断絶の原因は、単独ではなく複合する理由が存在したと思われるが、その一因として環境の変化による住生活への影響の可能性が考えられる。

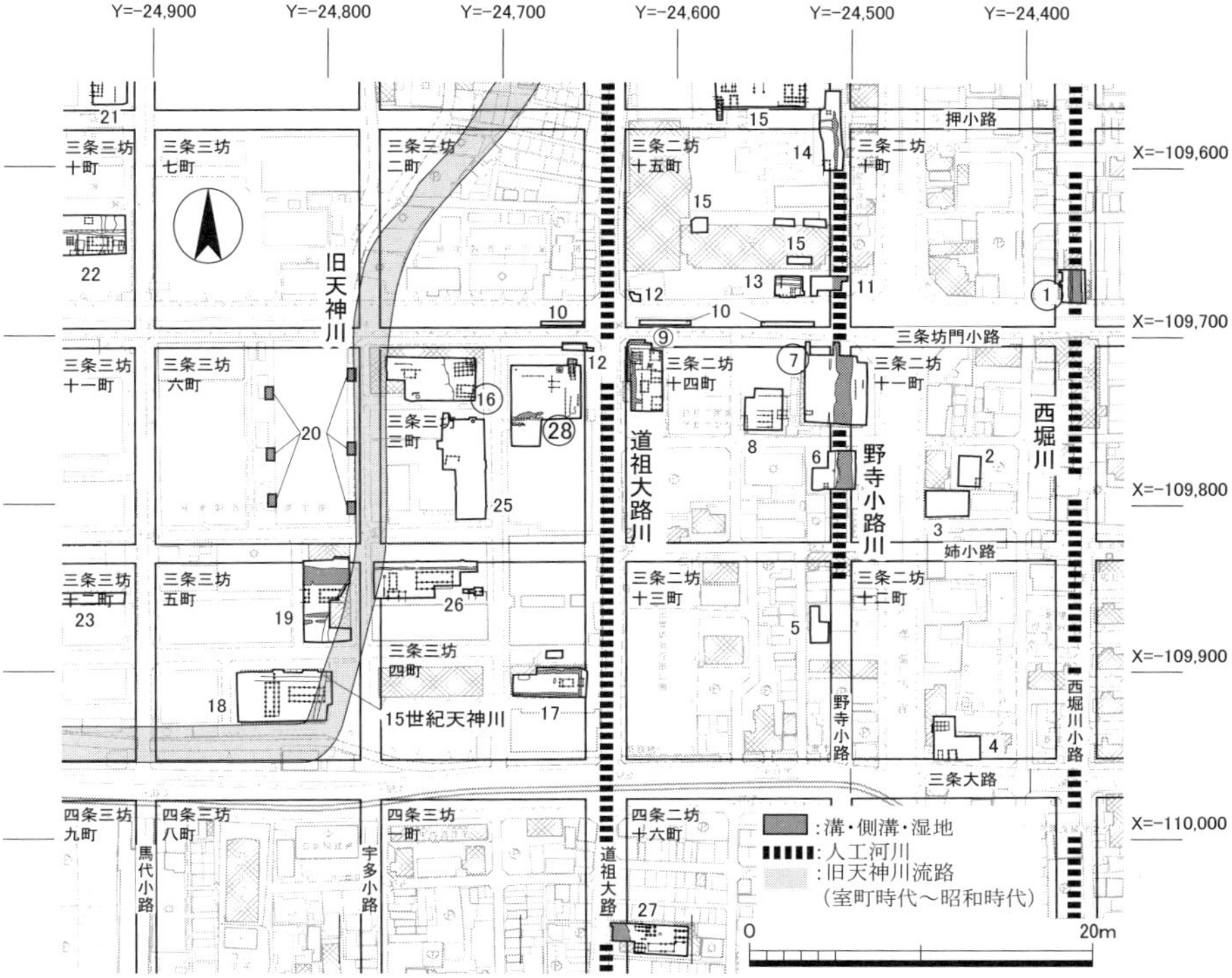

図4－1　右京三条二・三坊調査位置図（1:6,000）

※調査番号は表4－1に対応する。各調査の参考文献は本章末尾に記した。

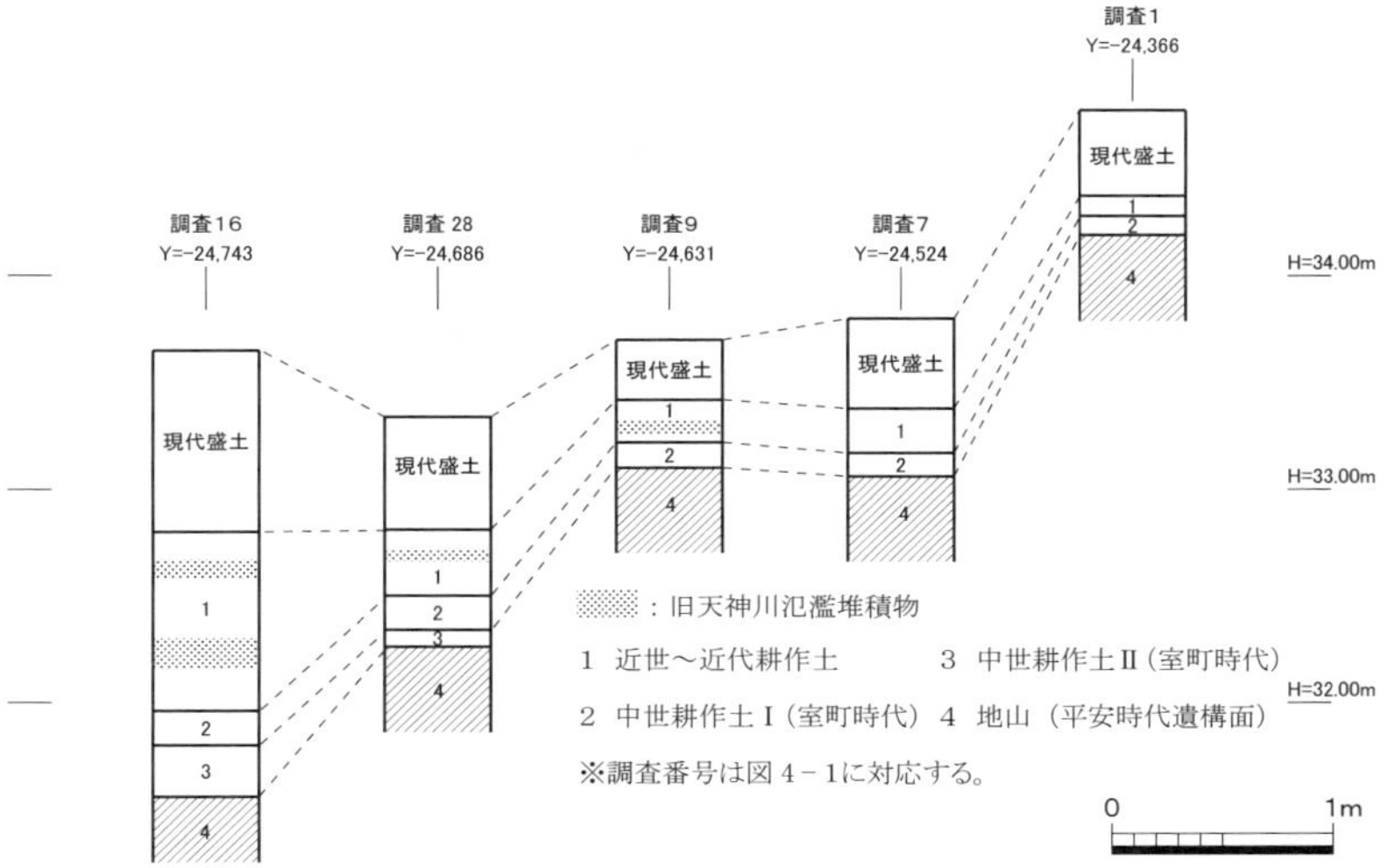

図4－2　右京三条二坊十四町～三坊三町柱状断面図（1:60）

表４－２　右京検出の大規模邸宅一覧表

遺跡名	時期	規模	主殿建物構造	庭園
右京一条三坊九町	９世紀初頭	１町	２面庇、主殿礎石	無し
右京一条三坊十六町	９世紀初頭	1/2町又は１町	４面庇、主殿礎石	無し
右京二条二坊八町	９世紀後半	１町か	不明	八町北西部に池、遣水
右京二条二坊八町	10世紀後半	１町か	池東岸に接して基壇建物	八町北西部に池、遣水
右京二条二坊八町	11世紀後半	１町か	不明	八町北西部に池
右京三条二坊十六町（斎宮邸）	９世紀第３四半期	１町	４面庇、主殿礎石建物	十六町西半部の南北に２つの池
右京三条一坊六町	９世紀初頭	１町	４面庇、主殿？礎石建物	六町北西部に池
右京三条一坊六町（西三条第）	９世紀第３四半期	１町	不明	六町北半部の東西に２つの池
右京三条三坊四町	９世紀前半	１町	不明	無し
右京三条三坊五町	９世紀前半	1/2町又は１町	不明	無し
右京四条一坊一・四・七町（朱雀院）	９世紀前半	８町	不明	有りか
右京四条二坊一・四・七町（淳和院）	９世紀前半から後半	４町	不明	有りか
右京六条一坊五町	９世紀中頃	１町	４面庇	無し
右京六条一坊十三町	９世紀後半	１町	４面庇	十三町中央に縦長の池
右京六条一坊十四町	９世紀後半	1/2町又は１町	４面庇、主殿礎石建物	無し

※参考文献は本章末尾に記した。

右京域に掘削された西堀川や道路側溝、または池状遺構の埋没状況からその様子をみてみたい。

右京の基幹水路である西堀川は、鷹ヶ峰に源流を持つ紙屋川を平安京内に取り込んだものである。西堀川の機能は、右京の排水路としての機能とともに、西市に接することから京内外の物資運搬路としての機能も併せ持っていたと考えられる。東西の堀川小路の規模については古くから議論がなされてきたが、[15]発掘調査によってその規模が確定している。右京三条二坊七町の東側では小路の西半が、[16]右京五条二坊五町の西側では小路の東半が確認されており、[17]これらの調査によって明らかになった西堀川小路の規模は、川幅が六メートル（二丈）、その両側に幅約三メートル（一丈）の路面が敷設され、さらに東西両側溝と側溝から築地までの犬走の幅とを合わせて、全体では幅二四メートル（八丈）となり大路と同じ規模となる。

西堀川は、北東から南西に傾斜する右京全体の地形には関係なく、平安京の条坊に沿って南北方向に直線に掘削されている。地形を無視していることは、右京三条二・三坊の調査の断面図をみても明らかで、このエリアの中でも最も地山（平安時代遺構面）が高い位置に西堀川は掘削されていることが分かる（図4-2・4-3）。但し、西堀川の南北方向の傾斜をみると、一条から九条までの間で、勾配にいくつかの変化点があることが分かる。現況地形から各区間の標高をみると、一条大路から二条大路の間は、南北距離一・四キロメートルで標高五八メートルから三八メートルと二〇メートル低くなり、傾斜角度は平均一・四パーセントの傾斜で南へ下がる。二条大路以南は傾斜がやや緩やかとなり、二条大路から五条大路まで南北距離一・六キロメートルで標高三八メートルから二七メートルと比高差一一メートルで、傾斜角度は約〇・七パーセントと緩やかになる。五条大路以南では、五条・九条間の南北距離は一・九キロメートル、九条大路と西堀川の交差点付近の標高は一八メートルで、比高差が九メートル、傾斜角度は約〇・五パーセントとさらに緩やかになる。この地形の傾斜の違いが、後述する西堀川の川幅がその北と南で異なる事実と関連すると思われる。

発掘調査によって確認している西堀川の川幅は、二条から五条までは幅四～六メートルであるが六条では幅一五メートルと約三倍となる。[18]降雨時の五条以南の西堀川には、右京の北半部で受けた雨水が集まってくる。[19]また先に述べたように、

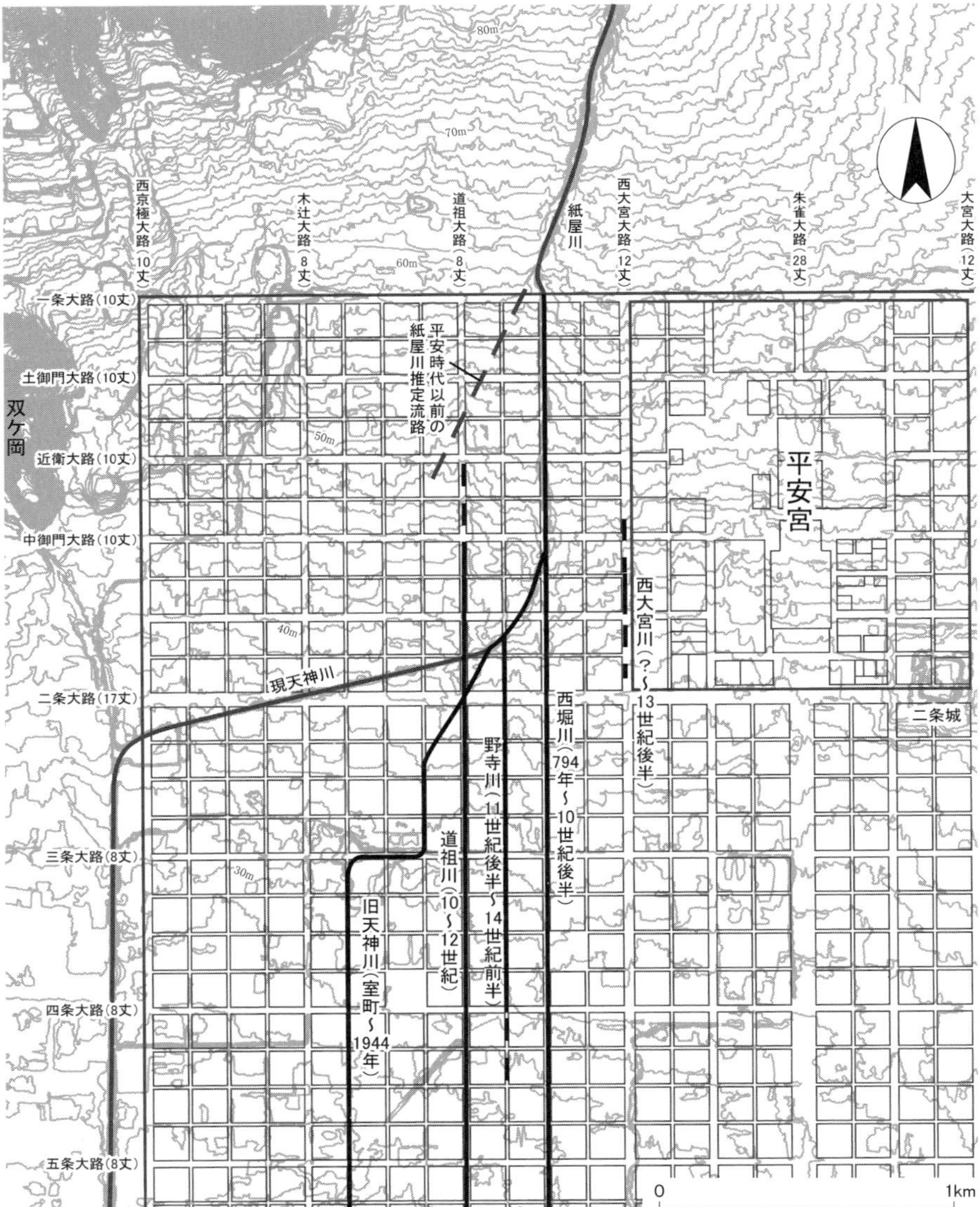

図４－３　右京河川変遷図

※等高線は現況地形。河角龍典氏の提供による。

西堀川の勾配が緩やかな五条以南では流水速度が遅くなることなどから、雨水を処理するために、排水機能を高めるべく川幅が広げられたものと考えられる。

このようにして、平安京遷都以来百数十年にわたり維持されてきた西堀川は十世紀中頃に埋没する。西堀川がなぜ維持されなくなるのか。単純に右京域に宅地としての利用がなくなり、管理する人間がいなくなるからとは言えない。後に述べるように、西堀川埋没後も右京には人工河川が掘削され続けるからである。

十世紀中頃に西堀川を埋める堆積物をみると、四条大路以北では径五〜二五センチの礫を多量に含む砂礫であり、一気に運ばれてきた土砂によって埋まったことが分かる。右京域の道路側溝の一般的な埋没状況をみると、ほとんどが泥の堆積によって埋まっていることから、多量の礫は、京外の紙屋川から流されてきたと思われる。大量の礫と砂の流入原因は必ずしも明らかではない。ただし、右京北西部の九〜十世紀の遺構埋土から産出する花粉分析の結果をみると、樹木の花粉では、マツの花粉が多い点が注目される。マツが二次林の代表的な樹種であることからすると、十世紀頃の右京周辺の山地は、遷都以来の樹木伐採のために荒廃しており、これが大量の土砂流入を引き起こしたと推測する事も出来る。しかし一方でこれらのマツ花粉は、平安京内の庭園などに伴う植栽に由来する可能性もあり[20]、また、平安時代の平安京周辺の植生は安定的で、マツ属花粉が優勢となるのは中世以降であるという指摘もある[21]。西堀川への大量の土砂流入の原因についてはなお検討を要するが、ここでは、右京北西部の道路側溝の埋没状況とは異なり、京外の紙屋川とつながる西堀川が十世紀中頃に大量の土砂流入によって埋没することを確認しておきたい[22]。

また十世紀以降の右京では地下水位の上昇も起きていたようである。西三条第の庭園遺構は九世紀後半に埋没するが、この池埋土の上層で湿地状堆積を示す泥の堆積が確認されており、池の埋没後に地下水位が上昇した様子が窺える[23]。同様の状況は右京三条三坊三町でも認められる[24]。西堀川や道路側溝の埋没とともに起きた地下水位の上昇は、右京の住環境に大きな影響を与えたものと考えられる。

十世紀中頃の西堀川や道路側溝の埋没と同時におきた宅地利用の断絶は、右京の住人の左京あるいはそれ以外への移転

表4－3　右京二坊・三坊検出河川一覧表

名称	川幅	深さ	時期	調査地点（図4-1）
西堀川	6m	1.0m	794年から10世紀後半	1
道祖川	9m以上	1.8m	10世紀から12世紀	9・27・二条三坊一町・六条二坊十五町
西大宮川	5m以上	1.0m	13世紀後半（掘削時期不明）	二条二坊二町
野寺川	10m	1.8m	11世紀後半から14世紀	7・6・11・14
旧天神川余水路	2m	1.0m	15世紀以前から1944年	18・19

を示すものであるが、右京は完全なる荒野と化した訳ではない。発掘調査によって、西堀川の埋没後も人工河川が存在することが明らかになっている。西堀川以降に掘削される人工河川は四本が存在する。時期は平安時代中期から室町時代である。再び三条二・三坊の発掘調査成果からその状況を見てみたい（図4-1、表4-3）。人工河川は西堀川同様に多くは条坊道路上に掘削されている。以下では河川名称をその道路名を付して呼称する。東から西大宮川、西堀川、野寺川、道祖川、旧天神川[25]である。これらの人工河川の存在はすでに指摘がなされており[26]、堀内明博氏はこれらの川は西堀川の余水路である可能性を指摘した[27]。ここではそれぞれの時間的な変遷をみた上で機能について述べてみたい。

道祖川は、西堀川が埋没する十世紀中頃から後半、これと相前後して道祖《さい》大路に掘削される。史料に確認できる「佐比川」は道祖大路を流れていたものと思われ、平安時代前期に淳和天皇が禊を行っている[28]。発掘調査で確認される平安時代中期の道祖川は大規模な人工河川となっている。右京四条二坊十六町西部の調査では、道祖川の東肩部を検出しており、幅が九メートル以上、深さが一・八メートル以上の規模を持つことが確認されている。右京三条二坊十四町北西部でも道祖川の東肩が、その西隣の右京三条三坊四町では西築地推定部付近で西肩が検出されていることから、川幅は大路幅と同じ八丈であったことが分かり、水量の多さが窺われる。これは道路側溝が機能不全に陥る中で、道祖川に雨水が集中したことがその理由として考えられる。

野寺川は道祖川に続いて掘削される人工河川で、その時期は十一世紀後半以降

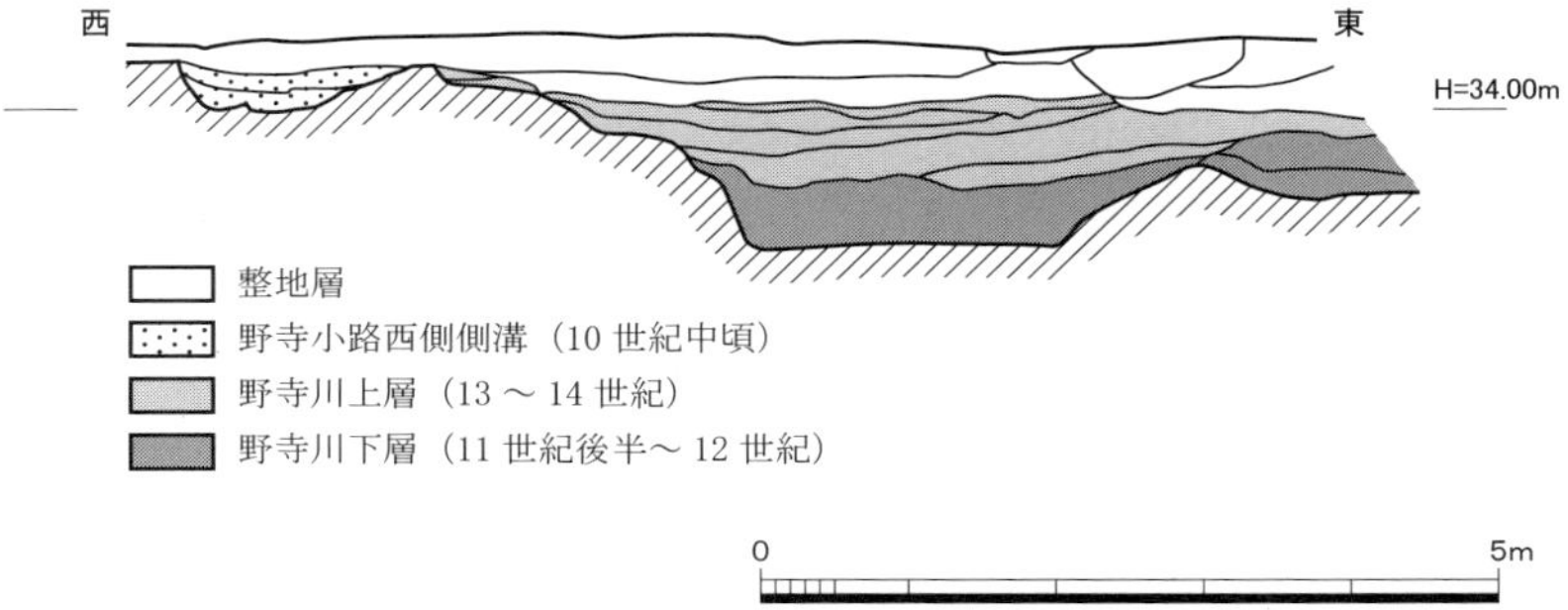

図4－4　右京三条二坊の野寺川断面図（1:100）

※図4－1調査6地点

十二世紀までの間である（口絵8）。道祖川が埋まる頃に相前後している。右京三条二坊十四町の検出例では、川幅は約八メートル、深さが一・三メートルである。川の堆積土は大きく三層に分かれる（図4-4）。下層に泥が、中層には砂礫が一気に流れ込み堆積する。川の深さは約半分になっている。溝の下半部が埋没した後、川底の東半には杭と板で堰を構築し、上流から流れてきた水を南西方向に分水した様子が窺える。野寺川を流れる水を何らかの用途に利用していたものと思われる(29)。

西大宮川は、掘削時期は不明であるが、十三世紀後半の土器が出土することからこれ以降に埋没する。幅五メートル以上、深さは約一メートルである。一地点でしか確認されておらず、詳細は不明である(30)。旧天神川は発掘調査ではほとんど確認されていないが、旧天神川の流路は昭和一〇年代の都市計画図から知ることが出来る。右京三条三坊五町の南東部で行われた発掘調査では、旧天神川の余水路と思われる幅約二メートルの大溝が検出されている。ここから十五世紀代の土師器が出土しており、それ以前に旧天神川が掘削されていたことが分かる(31)。

以上のように道祖川・野寺川・西大宮川は、西堀川と同規模あるいはそれ以上の規模であることが分かる。発掘調査の成果からは旧天神川の規模は不明であるが、昭和十九年の付け替えまで存在した川は幅一〇メートル程度あり、これら四つの川は西堀川埋没後の右京の基幹水路であったことが分かる。

西堀川埋没後に掘削された川の時期を、埋土とそこから出土する土器からみてみたい。道祖川を埋める砂礫層は大きく上下二層に分かれ、上層から十二世紀、下層からは十世紀の土器を主とした遺物が出土している。野寺川も同様に上下二層に分かれる。上層が十四世紀、下層は十二世紀の土器類が出土する（図4-4）。西堀川と道祖川、道祖川と野寺川というようにそれぞれの河川は、時期的に一時期重複して存在している。このことは、河川内に土砂が堆積して排水機能が劣化してくると、新たに河川を掘削している可能性がある。平安京右京二条二坊十一町の調査では（口絵7）、西堀川埋没後安土桃山時代までの間に、二〇センチを超える石と砂が約二メートルの厚さで堆積しており、多量の土砂が紙屋川から大水などの際に運ばれていたことが確認されている。[32]各川の川底に長い時間をかけて堆積する泥や砂などのほかにも、このような大水の際に一時期に流されてくる砂礫などによっても排水機能は低下していく。人工河川が次々に掘削された理由と考えられる。[33]

現在の天神川は、平安京域では一条通（一条大路）から丸太町通（中御門大路）付近までの間はほぼ真直ぐに南流しており、西堀川の流路を引き継いでいる。西堀川埋没後に掘削される道祖川や野寺川などの人工河川は、中御門大路付近で西堀川と繋がっていたと思われる。道祖川は、この推定合流地点よりも北側の一条二坊十三町でその東肩部とされる遺構が確認されている。[34]この中御門大路より北での道祖川の存在は、西堀川が、中御門大路よりも北側で分流していたのか、あるいは紙屋川以外の京外の河川と繋がっていたと思われる。いずれかは断定できないが、先に述べたように、史料上、淳和天皇が「佐比川」で禊を行っていることから、それは平安時代前期に遡る可能性がある。また、西大宮川はその位置から紙屋川との関係は考え難く、紙屋川以外の京外の河川と繋がっていたのか、平安京外の河川とは繋がっていなかったのかもしれない。道祖川は、最も南の検出地点が六条二坊十五町であることから六条までは南流していたことがわかる。[35]野寺川は、六条以南の検出例がないため、南へどこまで伸びていたのかは不明であるが、七条二坊十二町の野寺小路東築地推定ライン付近では未検出であり、これよりも北側で西に方向を変えていたと思われる。[36]

図4-2は各河川を検出した調査地点の断面柱状図である。平安京造営当初に掘削された西堀川は調査1で検出しており、地形的に高い位置にあることが分かる。旧天神川（調査16付近）が、柱状図から、これまで述べてきた河川の中で最も低い位置にあることが分かる。地形に従えば西堀川は旧天神川付近を掘削するのが妥当と思われる。図4-3の地形図

からは、平安京造営以前の紙屋川は、一条大路から南流することなく北東から南西方向に流れていたと思われる。西堀川は、平安京造営時に地形的に無理のある位置で直線的に南流させている。東西堀川は京内の排水路であるとともに、物資運搬路でもあることから、その流路の決定には東西市との位置関係が考慮されたと思われる。東西の堀川や東西の市、東西の鴻臚館などの平安京内の諸施設は、それぞれが朱雀大路を挟んで東西対称の位置関係にある。このような東西シンメトリックな配置は、平安京全体にみられる設計原理とされる[37]。地形的に無理のある位置で紙屋川の流れを西堀川としたのは、この原理に従って決定されたものと思われる。十世紀中頃に西堀川が埋没した後、道祖川などが西側に位置を変えて掘削されるのは、地形的に無理のないラインを考慮したとも考えられる。

以上のように、西堀川の埋没後も右京域では次々に人工河川を掘削しており、京内基幹水路は維持され、京外から流れ込む紙屋川の流れと雨水は一定管理され続けていた。人々の居住がほとんどなくなった右京で、これらの人工河川はどのような必要性から掘削されたのであろうか。無人の荒野に人工河川は必要とされないはずである。

一般的には平安時代中期以降の右京では耕作地化していったと考えられている[38]。これは、『延喜式』「左右京職」条の「凡そ京中水田を聴さず。但し、大小路の辺、及び卑湿の地では、水葱・芹・蓮の類を聴す。これによりて溝を広くして道を迫むるを得ず」という史料の存在や、左京域を中心とした日本最大の都市に隣接する巨大な空閑地となった右京は、耕作地としての土地利用がなされるのが当然だと考えられるからであろう。実際、一九六〇年代までは右京域の多くが耕作地であった。但し、右京での発掘調査で平安時代中期から後期の水田など耕作に伴う遺構はほとんど検出されていない。右京の耕作関係の遺構は素掘り溝が多いが、ほとんどが室町時代以降のものである。右京三条二・三坊の土層柱状図にみられるように（図4-2）、平安時代の建物跡や井戸跡などの遺構は地山（基盤層）の上面で検出され、この直上には室町時代以降の耕作土が存在するのみで、この耕作土の上面から多数の素掘り小溝が地山面まで掘削される。本来存在するはずの平安京造営時の整地層や十世紀中頃から鎌倉時代の耕作土、あるいは道祖川や野寺川の洪水層は存在しない。このことから、室町時代の耕地の整備に伴って、それ以前の整地層や耕作土、洪水堆積層などは削平によって失われ、室町時代以前の耕作痕跡が遺構として残されていない可能性が高いと考えられる。このような土層のあり方は右京域では、一定範囲で普遍的に認められることから、右京の広い範囲で同様の現象が起きていたとみられる。

右京六条一坊三町では、少し時期は下がるが十二〜十三世紀の西坊城小路東側溝の埋土からは、多量のプラントオパールとともにコムギ、ソバ、メロン属などの花粉が検出されており、周辺に水田や畑地が存在したことを表している。(39) 右京四条から六条にかけて所在した摂関家領の荘園、小泉荘は永保二年（一〇八二）の史料にその名が見えており、この頃には右京に一定規模の耕作地が展開していたのは間違いない。(40) 右京が耕作地化していく過程は考古学的になお検討を重ねる必要があるが、人がほとんど住まなくなった右京に人工河川が維持され続けるのは、やはり耕作地としての土地利用と、後述するように限定的ではあるが、十世紀後半以降も続く人々の居住がその理由と考えられる。

第四節　平安時代後期における右京の居住域

これまでに述べたように、十世紀中頃以降の右京では、一部例外を除いて、宅地としての土地利用は殆ど確認されなくなる。しかし発掘調査成果では、平安時代後期に右京域での遺構数は増加している。注目されるのは居住を示す建物跡などの遺構検出例が増加することである。検出地点は右京全面にではなく、大きく四つのエリアにまとまりをみることができる（図4-5）。北から、一条西京極周辺、北辺から三条にかけての一・二坊の平安宮周辺、六条一坊の周辺、七条一坊から三坊、七条大路の南北両側の四エリアである。この中で、西市周辺では十世紀中頃以降も建物遺構が継続して検出されている。

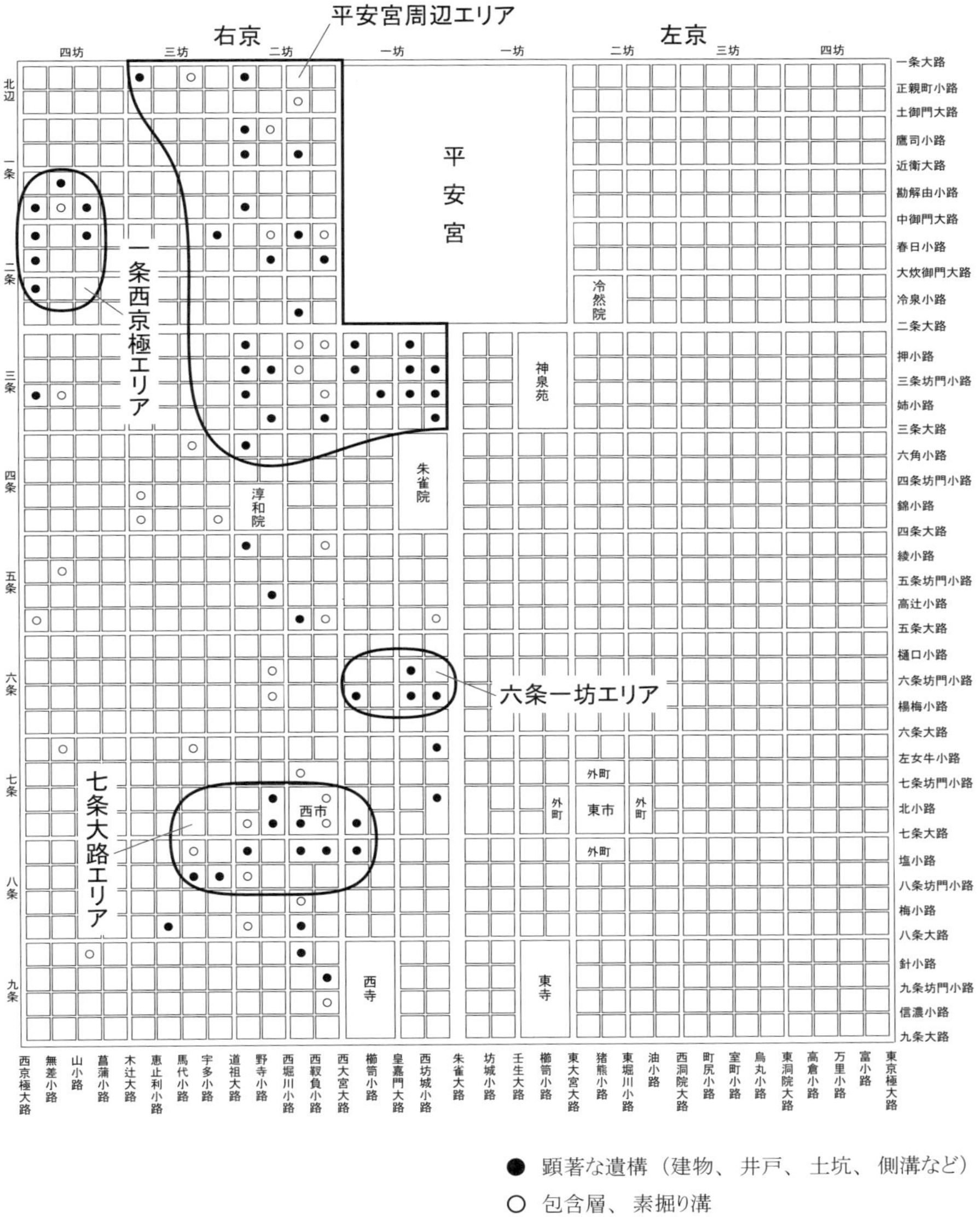

図 4－5　右京の平安時代後期・鎌倉時代遺構分布図（太線は居住エリアを示す）

1　平安宮周辺エリア

三条大路以北の平安宮周辺エリアでは、多くの地点で建物、井戸、土坑、道路側溝などの生活に関連する可能性が高い遺構が検出されている。遺構の分布範囲としては四エリアの中で最も広い。右京三条二坊十六町では、十世紀前半に斎宮邸が廃絶した後の十一世紀末に再び宅地となっており[41]、十六町の南東部の野寺小路や押小路に近い場所で掘立柱建物が数棟建てられる（図4-6）。但し、道路とは柵によって遮蔽されており町屋にはならない。十六町の中央部は遺構が検出されておらず、耕作地か空閑地かは不明である。建物が建つエリアとは四行八門の境界線上の溝や塀で区画されており、十六町中央部も所有権のある土地であったと思われる[42]。また、右京二条二坊八町では九世紀後半から十一世紀後半までの間に四期にわたって変遷を繰り返しながら続く庭園遺構も検出されている。庭園遺構は遣水や池からなり湧水を利用したとされ、池に面する基壇建物も確認されている[43]。宮に近接しており、湧水に恵まれた立地を活かした庭園を中心とする邸宅、あるいは饗宴施設の可能性がある。但し、この庭園遺構は周辺に遺構が増加する平安時代後期に廃絶している点は注目される。

平安宮周辺が居住空間であり続けたのはいくつかの要因が考えられる。まず、右京の平安宮周辺は、標高三〇メートル以上と右京の中では地形的に高い場所に位置しており、紙屋川などの洪水の影響を受けにくい場所であった。併せて交通路の存在も考えられる。一条大路は、周山街道（一条街道）に接し平安京から丹波・若狭へ至るが[44]、この途中には仁和二年（八八八）の仁和寺の造営に始まる御室地域の寺院群が存在する[45]。平安時代後期に遺構・遺物が集中して発見される平安宮周辺エリアには、一条大路を起点とする京外とを結ぶ交通路が存在したのである。

発掘調査成果からは確認されていないが、平安宮周辺には諸司に属する下級官人の宿舎であった官衙町（諸司厨町）が多数存在したとされており[46]、このこともその背景として考えられる。摂関期以降の官衙町は、身分・所属の関係なく人々

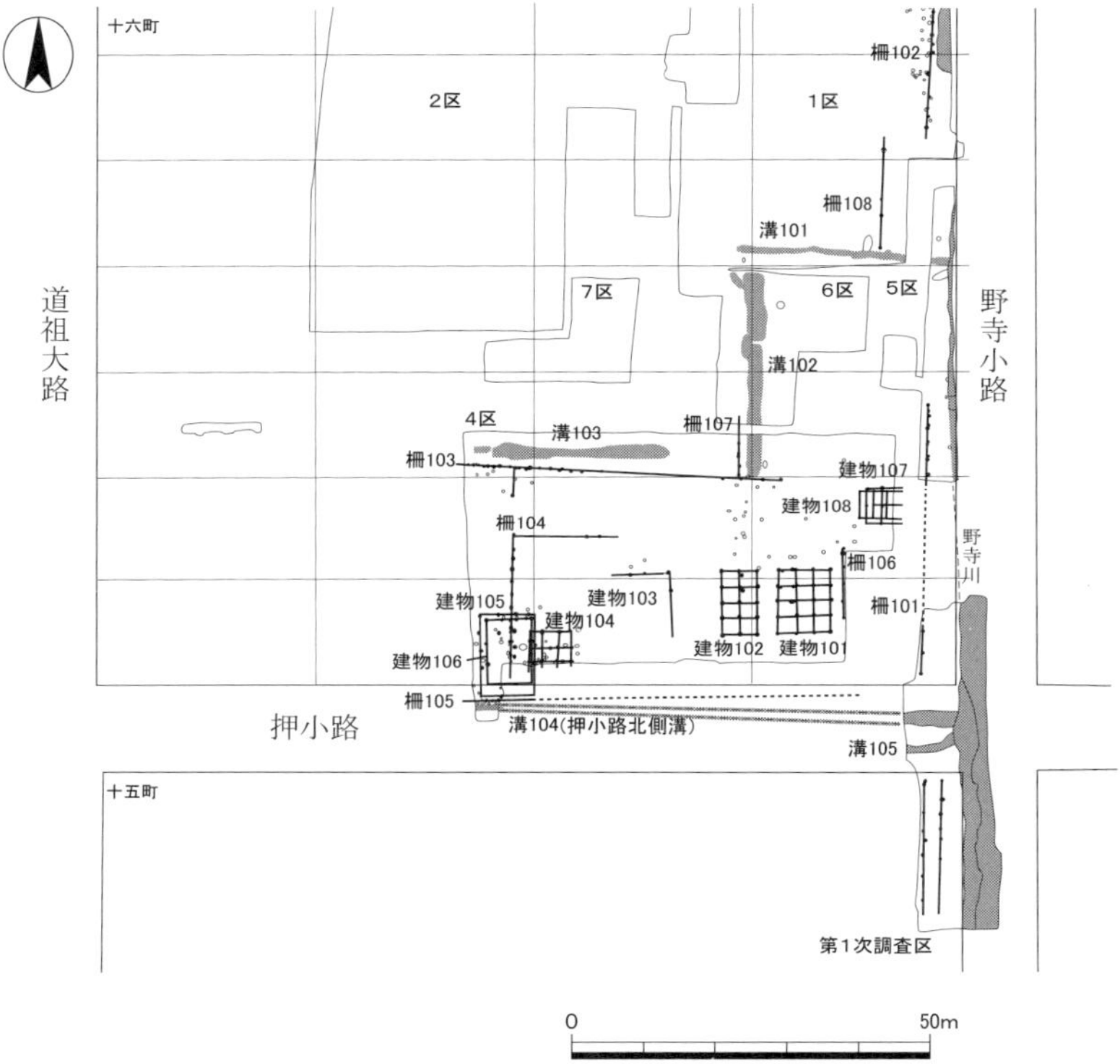

図4－6　平安京右京三条二坊十五・十六町遺構平面図（1:1,500）

が居住するようになり、諸司は居住者から夫役公事の徴収を行ったり、手工業者の編成を行う場となる[47]。さらに久米舞子氏によれば、十一世紀以降、右京一条及び二条は官衙町の流れをくむ下級官人が居住する空間となり、「西京」と呼称される地域となっていくとされる[48]。十二世紀後半にはこの「西京」には北野社の御旅所が設けられ[49]、「西京」という地域社会の中で御旅所祭祀が行われ、十三世紀になると「西京」の住人は北野社の神人に編成されていく[50]。久米氏の「西京」が、空間的な重なりからみて、ここで述べている平安宮周辺エリアと同じであることは明らかである。但し、遺構分布から見るとその範囲は右京一条・二条にとどまらず、三条まで広がっている[51]。

以上のように、官衙町や交通路の存在あるいは地理的な要因などが、平安時代後期平安宮周辺エリアに遺構・遺物が集中して検出される背景と考えられ、そのエリアは

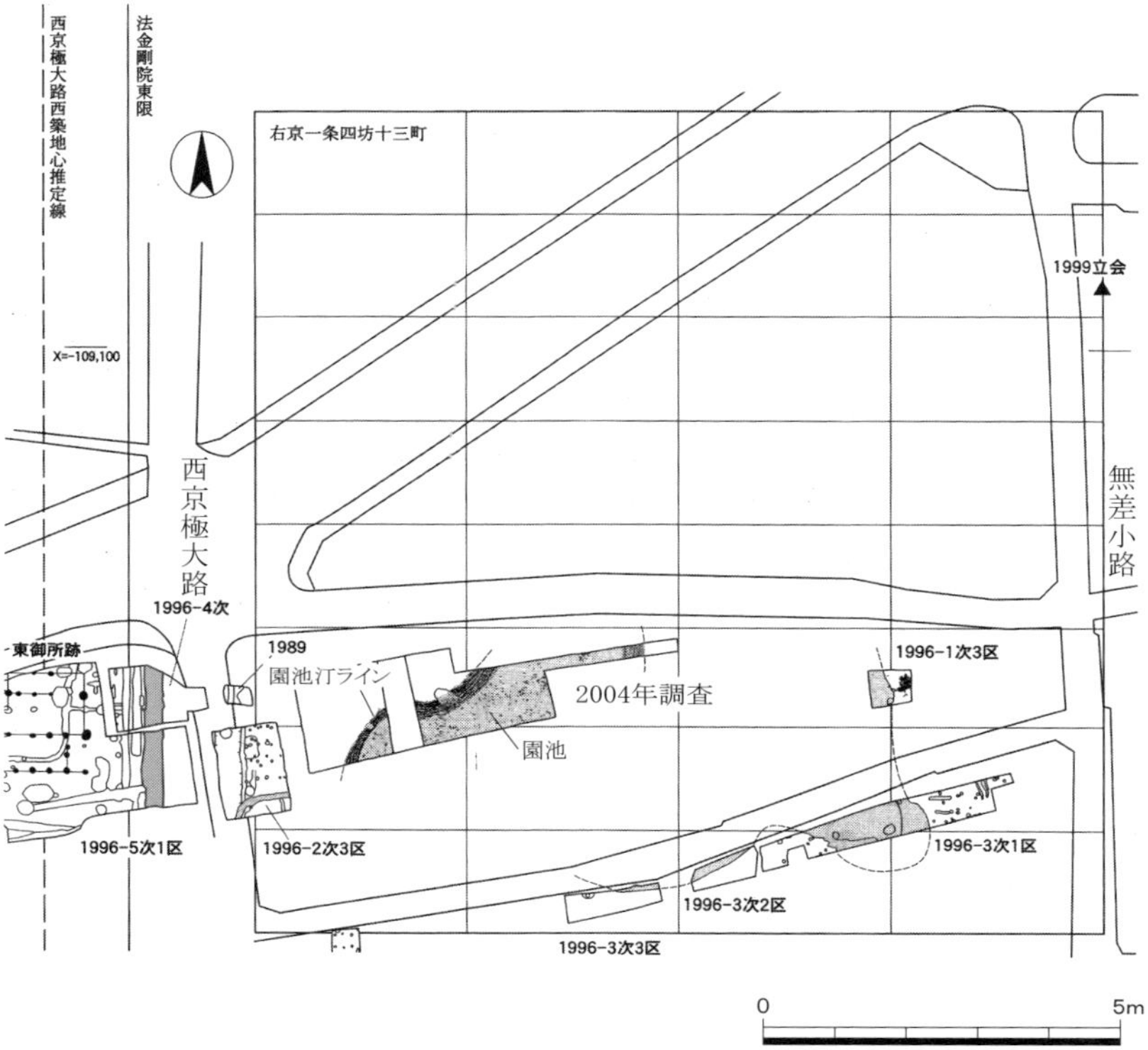

図4-7　右京一条四坊十三町遺構平面図（1:1,500）

十一世紀以降「西京」と呼称される地域であることがいえる。

2　一条西京極エリア

一条西京極周辺エリアでは、右京一条四坊十三町で一町規模の邸宅に伴うとみられる庭園遺構が検出されている（図4-7）。これは大治五年（一一三〇）に待賢門院璋子が建立した法金剛院に伴う、長承四年（一一三五）頃に造営された東新御所の庭園と考えられている[52]。京外に寺院を、京内にその対となる居住空間である御所を造営する。この周辺の西京極大路沿いの調査で検出される遺構は、平安時代前・中期はなく後期のみである。法金剛院造営に伴って、京内に付属施設などが整備された可能性がある。

3　六条一坊エリア

六条一坊エリアは、このエリアも九世紀前半には右京六条一坊五町で一町規模の邸宅などが存在していたが、[53] 十世紀前半には宅地としての土地利用は途絶える。[54] 宅地として再び利用されるのは十二世紀の平安時代後期である。

六町では、中心部に礎石建物と地業を行う建物を、南側には庭園（池）を検出している（図4-8）。池の岸部には州浜が施されている。時期は十二世紀後半から十三世紀前半である。[55] 礎石建物周辺からは多量の瓦が出土しており、瓦葺建物であることが分かる。礎石の配置から復元される建物の平面形が、鎌倉時代に建立された愛知県金蓮寺弥陀堂に類似することが指摘されており、六町は貴族の持仏堂と考えられている。[56]

この南側の五町では、楊梅小路近くにほぼ同規模の掘建柱建物が東西に並び建つ。建物の間に柵が存在することからも、これらの建物は一棟で一つの宅地と思われる。これらの建物の背面、南側には宅地境界施設とみられる東西方向の溝40が存在する。さらに五町南半部には濠016が存在し、幅三メートル、深さ一メートルの規模を持つ。五町内を分割する単なる宅地境界の施設としては特異な規模ではあるが、この濠からは十二世紀の瓦がまとまって出土することから、[57] この濠の周辺には甍棟の貴族住宅あるいは仏堂が存在したことが想定できる。五町北辺部の楊梅小路近くには町屋型建物が並び建ち、[58] 五町の南半部には貴族邸宅あるいは仏堂が併存したと考えられる。この二つの性格の異なる施設の居住者の関係性は検討を要するが、大小の宅地が混在しており、貴賎混住の様相を示しているといえる。

六条一坊六町に検出されたような平安時代後期の京内の仏堂に関連すると考えられる遺構は、明確なものは少ない。[59] 史料上では、平安京左京域では十一世紀以降末法思想を背景に四一堂の持仏堂が建立されることが明らかとなっている。[60] それが本宅に持仏堂が付属するものなのか、あるいは持仏堂を中心とした仏事施設なのかは様々と思われるが、その位置をみると四一堂のうち二八堂が左京六条以南にある。左京六条以南に約七割が集中する理由は定かではないが、すでに邸宅

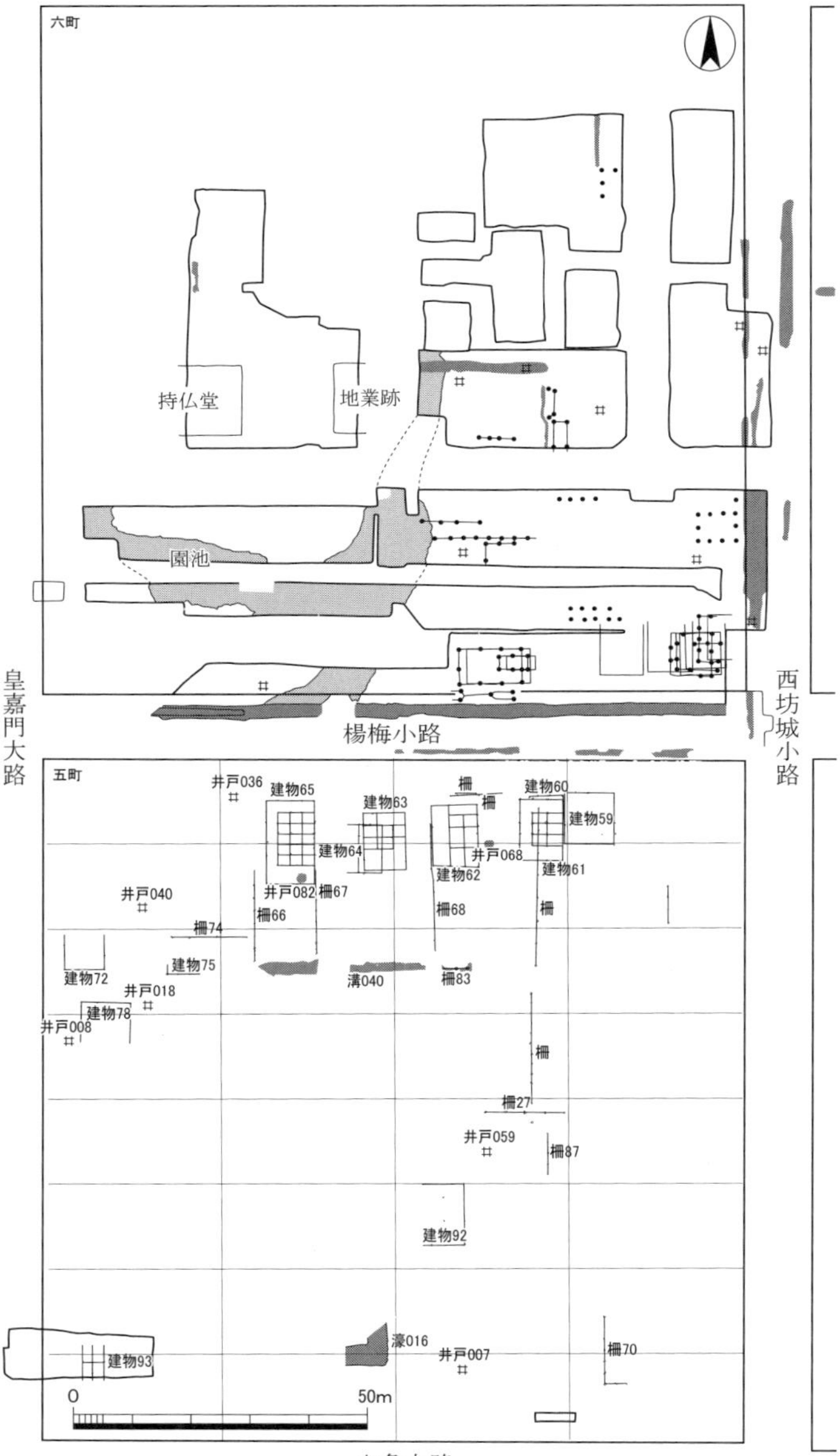

図4－8　平安京右京六条一坊五・六町遺構平面図（1:1,600）

や住居などの密集地となっていた五条以北には、新たに堂などを伴う施設を建設し難かったことがその一つの要因として想定できる。また、左京六条域では、白河天皇の中院の利用、さらに承保三年（一〇七六）の白河院の六条内裏造営を機として十一世紀の後半から再開発が行われた[61]。先述したように平安時代後期から鎌倉時代初頭の右京六条一坊エリアには、庭園を伴う堂を持つ施設と町屋型の小規模宅地が混在しており、左京中枢部に通じる様相を呈する。このようなあり方は、平安時代後期の右京で居住域となる他の三エリアでは認められない。右京六条一坊エリアは、朱雀大路を挟んで左京域に接しており、平安時代後期から鎌倉時代初頭の再開発は、左京六条の再開発の影響下に行われたものである可能性が考えられる。

4　七条大路エリア

七条大路を挟んで南北両側では、右京が衰退する十世紀中頃以降も七条大路路面・側溝や建物、井戸など人々の居住を示す遺構が検出されている。

右京七条二坊十二町では、九世紀前半から十三世紀までの掘立柱建物や井戸が検出されているが、十世紀前半までの宅地の具体的な様相は明確ではない。十世紀後半になると野寺小路に面しては小規模な掘立柱建物が道路と直行して建ち並ぶ（図4-9）。建物1〜3は小規模で、東西六〜七・五メートル、南北が三・五〜四メートルである。建物背面には井戸が並ぶ。小規模建物が、その妻側を道路に直接面して建ち並ぶ姿はこれ以前に平安京内ではなく、発掘資料における町屋型建物の初現といえる[62]。

右京八条二坊一町では、七条大路に関連する遺構として、平安時代中期以降の五面の路面、十世紀から中世に至る複数の七条大路南側溝を検出しており、七条大路が平安時代以降も継続して機能していたことが分かる。宅地内では、七条大路に面して平安時代から中世の多数の小規模な柱穴とともに宅地を区画する溝や平安時代後期の井戸が検出されている（図4-10）[63]。

また、右京七条二坊四町では、道路からやや奥まった位置にある土坑116からは十三世紀後半の土器とともに鞴羽口・鉄滓が出土しており、この場所で金属加工を行っていたことが分かる[64]。

右京七条大路エリアでは、平安時代前期から鎌倉時代以降も継続して遺構・遺物が検出される。その分布をみると、七

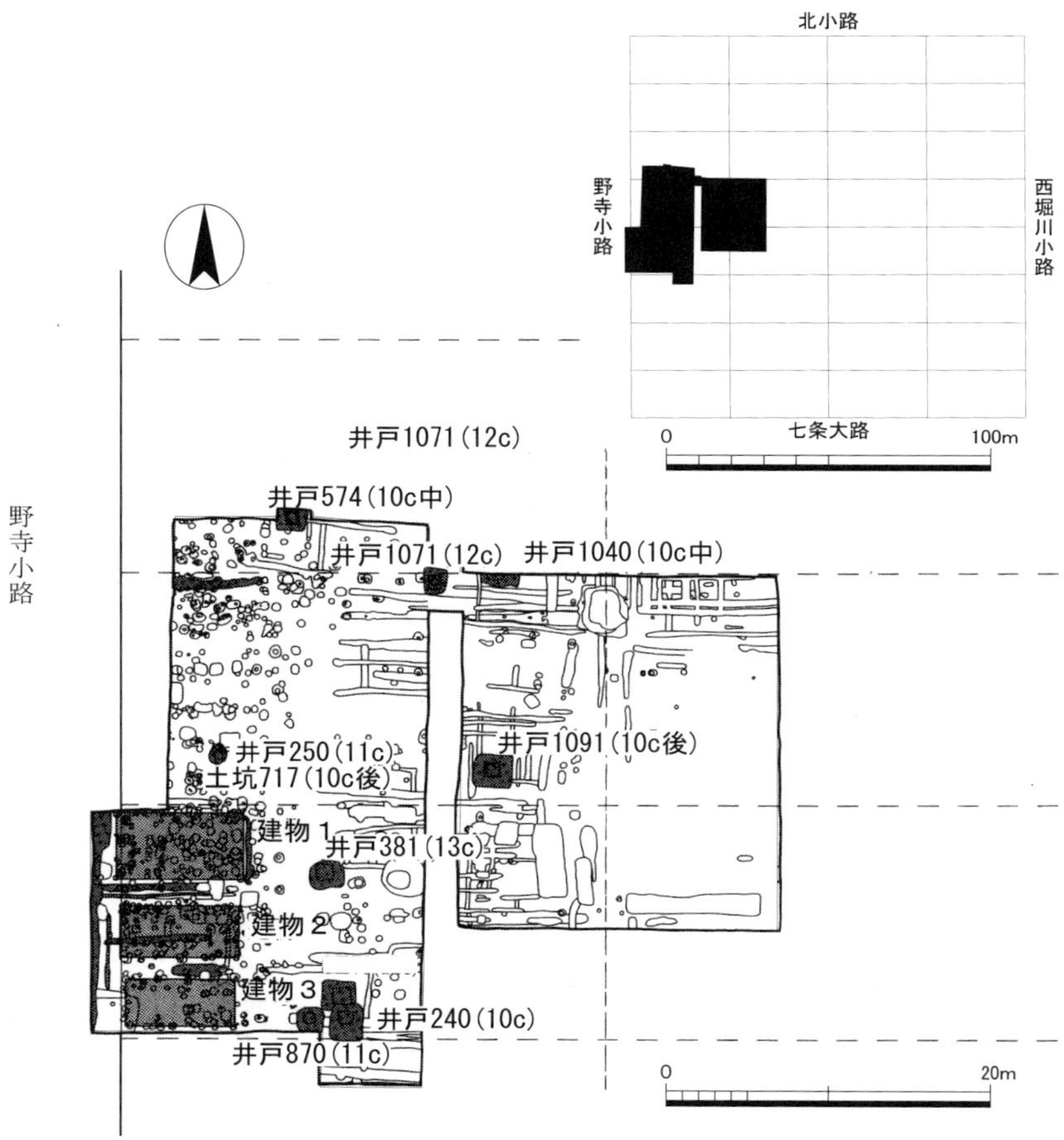

図４－９　七条二坊十二町遺構平面図（1:600）

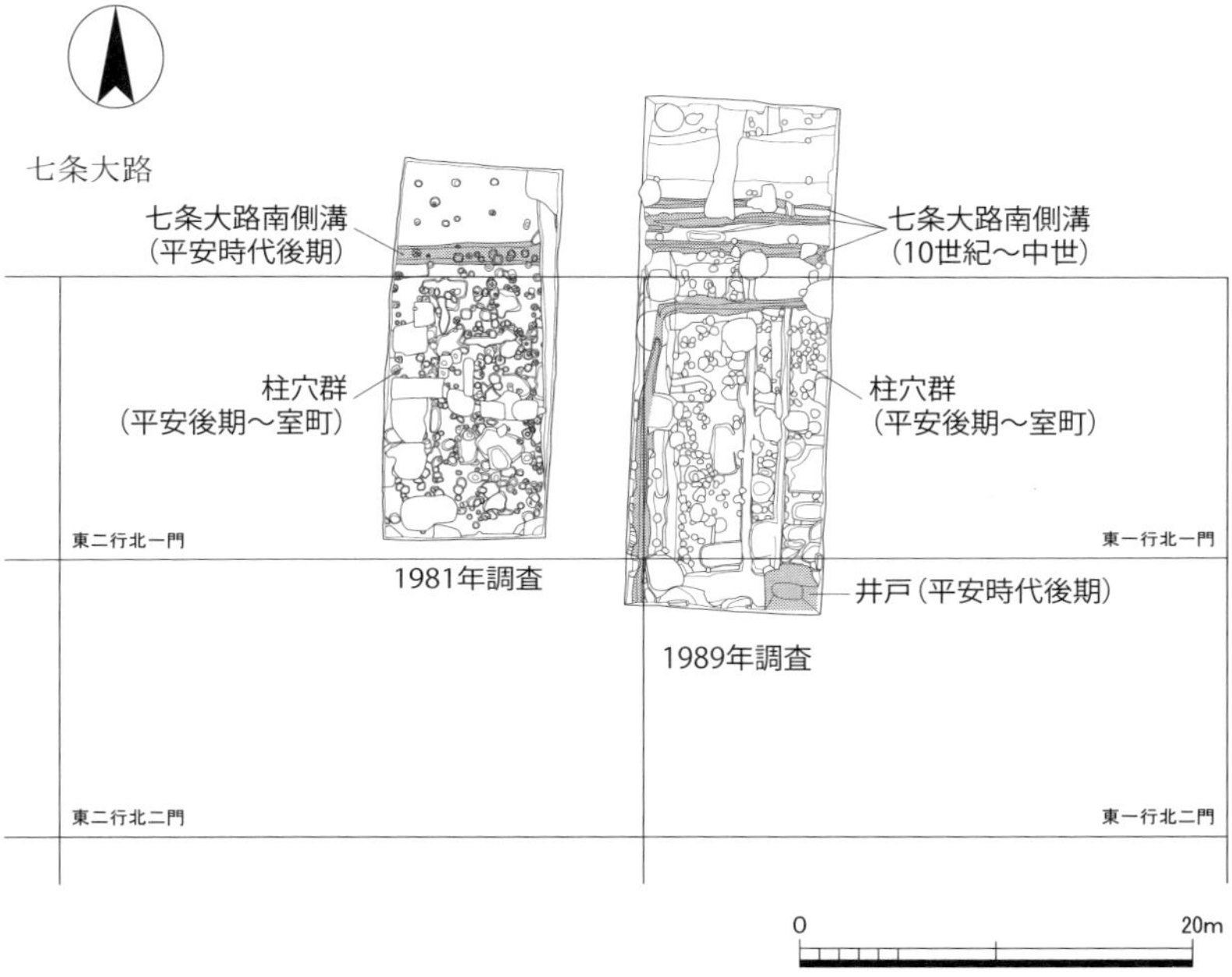

図4-10　右京八条二坊一町遺構平面図（1:600）

条大路を挟む南北両側に多い。右京七条一坊三町にも遺構が検出されているが、これは朱雀大路西側溝で、平安時代後期の朱雀大路の再整備に伴うものとして評価される[65]。七条大路は、平安時代前期から山陰道に通じており平安京内外を結ぶ主要交通路として、中世以降も続いたとされる[66]。七条大路エリアが十世紀後半以降、都市における商工業活動の最小単位ともいえる町屋型建物をいち早く取り入れながら居住域としてあり続けるのは、左京を中心とする京と西国とを結ぶ交通路上に存在したことが大きな要因と考えられる。

右京七条は、十一世紀前半の史料上には「西七条」として現れる。長元七年（一〇三四）安倍清安・豊延が「西七条刀禰」として確認される[67]。一般的に刀禰は、四保一坊の保を管轄として京中の治安維持にあたる下級官吏で、保刀禰と記されることが多い。北村優季氏は、保ではなく西七条を管轄する刀禰の存在から、西七条が特定地域の呼称として定着していたことを推測する[68]。久米舞子氏は、都城であった平安京が左京を中心とした都市へ展開していくなかで、右京七条を中心に展開した地域社会の「西七条」が成立し、金属加工に携わる職人が居住したことを指摘する。[69]この西七条では、十二世紀になると御旅所を設け松尾の神を迎える祭を行うようになる。仁安二年（一一六七）「七条西大宮旅所」が史料上の初見であり、[70]現在、御前通七条下ルに位置する西七条御旅所とほぼ同じ位置に存在することから、[71]七条大路エリアが「西七条」であったことが分かる。

七条大路エリアでの遺構分布をみると、「西七条」は七条大路を挟んだ南北両側を中心とした地域といえる。

第五節　平安時代後期の右京の姿

平安京右京の宅地をみると、九世紀代は高位の貴族の一町規模邸宅が存在するが、十世紀になると中・小規模宅地に限られるようになり、さらに十世紀後半にはこれらも一部を除いてほとんどが廃絶する。但し、西堀川が十世紀中頃に埋没した後も右京の基幹排水路は掘削され続ける。道祖川・野寺川・旧天神川がそれであり、管理された土地であったことが分かる。その掘削ラインをみると基本的には条坊道路上に掘削されており、十世紀中頃以降も条坊区画は基本的に崩れることはなかったことが分かる。これは右京に居住者がほとんどいなくなっても、土地の所有関係は存在していたことによると思われる。このことは、平安時代後期の一町内の宅地境が四行八門の推定ラインと重なるものが多く（右京三条二坊十六町の溝102・柵103（図4-6）や右京六条一坊五町の溝040（図4-8）など）、条坊区画だけではなく、町内にも所有関係が存在し続けたことを窺わせる。但し、大規模な基幹排水路の施工主体については現段階では不明である。

平安時代後期の右京の居住域は四つのエリアに分節して現れる。[72]その成立背景も異なる。このうち、西京極エリアと六条一坊エリアは鎌倉時代より後の建物遺構などはなく、居住域としての土地利用は一時的であった。これに対して平安宮周辺エリアと七条大路エリアは、京と諸国を結ぶ主要交通路上に位置し、鎌倉時代以降の遺構が検出されている。平安宮周辺エリアは「西京」の名で呼ばれるようになり、北野社を地域の祭神として、「西京」内に御旅所を設けこの地域の共同体祭祀を行う。また、七条大路周辺も「西七条」と呼ばれるようになり、松尾社を地域の祭神として、地域内に御旅所を設け共同体祭祀を行う。これらの両地域は、現在まで続くことになる。都城には共同体の紐帯となる神社は存在しなかった。[73] これらの地域では、地域共同体が形成されていくとともに、すでに存在した北野祭や松尾祭に関わりを持ちながら、十二世紀には京外の神を御旅所に迎え入れて共同体祭祀を行うようになる。「西京」や「西七条」は京都の外縁部にあり、都と諸国を結ぶ地域として鎌倉時代以降も存続していく。

「西七条」の東側、左京の七条大路沿いには「七条町」が展開する。七条町は東市の衰退後、十一世紀後半に七条大路と町尻小路の交差点を中心として成立し、八条院御所や平家の西八条第が近接して造営されることにより、十二世紀後半に拡大するといわれる。[74] この左京の七条町の成立と発展にも西国との街道に通じる七条大路の存在は不可欠であったと思われる。平安時代前期から七条大路が山陰道と通じていたとすれば、東西市が七条大路に面して立地するのもそれと関連して配置された可能性もある。「西七条」と「七条町」の成立と発展要因には、平安京の物資流通の拠点であった東西市の機能を引き継いだことも考えられる。右京の西七条と左京の七条町は、平安京とその後の京都の商工業の一拠点として現在にまで続く。二つの地域は別個ではあるが、七条大路を紐帯として有機的な関係性も想定できる。

平安時代後期は、平安京周辺には新たに鳥羽・白河・法住寺殿などの権門都市が創出される。これとともに左京六条や八条では再開発が行われ、この時期は平安京・京都の拡大期であった。[75] 右京の四つのエリアでは、十世紀後半から十一世紀の遺構は極めて少ないが、平安時代後期になると遺構数が増加している。このような京の拡大期に新たな居住者を京内及びその周縁部に呼び入れた事が背景にあるのではないだろうか。

第四章　註

（1）村井康彦「右京の変貌」『平安京と京都』三一書房、一九九〇年、初出は一九七〇年。

（2）杉山信三「平安京右京の湿地について」『古代文化』四〇巻九号、一九八八年。

(3) 山中章「都城の展開」『日本古代都城の研究』柏書房、一九九七年（初出は一九九一年）。
(4) 山田邦和「左京と右京」古代学協会・古代学研究所編『平安京提要』角川書店、一九九四年。
(5) 山田邦和「中世都市京都の成立」『京都都市史の研究』吉川弘文館、二〇〇九年（初出は一九八八年）。
(6) 山中章氏と山田邦和氏の平安時代中期の実年代が曖昧となった点については、いくつかの要因が考えられる。一つには両氏が論文発表された一九九〇年代前半までは、遺構の年代を決定する土器の年代が曖昧であったことによる。平安京から出土する平安時代前期から中期の土器の編年が体系的に提示されたのは、一九九〇年に平尾政幸氏が公表したのが初めてである（『平安京右京三条三坊』京都市埋蔵文化財研究所調査報告第一〇冊、京都市埋蔵文化財研究所、一九九〇年）。続いて一九九四年に上村憲章・小森俊寛・平尾政幸氏らが、平安京出土の前期から後期までの土師器・須恵器・緑釉陶器・灰釉陶器・輸入陶磁器など土器の総括的な編年を公表する（小森俊寛・上村憲章・平尾政幸・堀内明博・吉村正親「土器と陶磁器」『平安京提要』註4前掲）。これらの研究以降、平安京から出土する土器は約三十年という単位で年代を与えられるようになり、土器が出土する遺構の細かな変遷も考えることが可能となった。これ以前は断片的に土器の年代観が提示されていたために、報告書の遺構年代の記述も明確でない場合が多かった。
また、一九九〇年代前半までの平安京の発掘調査報告書のあり方にも一因があると思われる。当時の発掘調査報告書は、その成果を土器の実測図など詳細なデータを記載して刊行するものがある一方で、土器実測図をほとんど掲載せず、遺構の年代については、平安時代前期・中期・後期と大まかな時期を文章で記す概要報告に留まるものも多かった。詳細なデータを掲載する報告書が刊行されるようになったのは、二〇〇一年以降である。これは、二〇〇〇年に旧石器捏造問題を契機として、文化庁が発掘調査報告書の即時刊行を促す通知を出したことによる。これ以降、平安京内で行われるほとんどの発掘調査の報告書が刊行されるようになった。
(7) 網野善彦「西の京と北野社」『日本中世都市の世界』筑摩書房、一九九六年（初出は一九九〇年）。
(8) 西山良平「平安京とはどういう都市か」日本史研究会他編『京都千二百年の素顔』校倉書房、一九九五年。
(9) 京樂真帆子「平安京の空間構造」『平安京都市社会史の研究』塙書房、二〇〇八年（初出は二〇〇三年）。
(10) 久米舞子「松尾の祭りと西七条の共同性」『日本歴史』七四二号、二〇一〇年、「平安京「西京」の形成」『古代文化』四二巻八号、二〇一二年、及び、本書第三章参照。
(11) 例外として、右京三条二坊十六町の斎宮邸がある。この庭園の池は、九世紀後半から十世紀前半まで存続する。但し、建物や井戸などの生活に関連する遺構は九世紀後半までであり、十世紀前半は池のみが存在するという、特異なあり方を示す。邸宅廃絶後、庭園のみが儀礼空間として存続した可能性も考えられる。『平安京右京三条二坊十五・十六町―「斎宮」の邸宅跡―』京都市埋蔵文化財研究所調

査報告第二一冊、京都市埋蔵文化財研究所、二〇〇二年。
(12) 堀内明博「平安京における宅地と建物配置―中小規模宅地の事例をもとに―」『日本古代都市史研究』思文閣出版、二〇〇九年（初出は一九九三年）、南孝雄「町屋型建物の成立」西山良平・藤田勝也編著『平安京の住まい』京都大学学術出版会、二〇〇七年。
(13) 山田邦和「「前期平安京」の復元」仁木宏編『都市――日本前近代都市論の射程』青木書店、二〇〇二年。
(14) 左京八条三坊六町では、六町のほぼ中央を北東から南西に流れる幅一八メートルの流路が検出されている。流路下層から出土する土器は九世紀前半、最上層から出土する土器が十一世紀である。六町の東側の室町小路は、この幅一八メートルの流路が埋まる十一世紀は、路面幅で人工河川となっている。室町小路路面が形成されるのは十二世紀以降である。六町内では十二世紀以前の遺構がほとんど存在せず、条坊道路が施工されていたとは考えがたい（「平安京左京八条三坊2」『平成6年度　京都市埋蔵文化財調査概要』京都市埋蔵文化財研究所、一九九六年）。
(15) 川勝政太郎「平安京の構成（上）（下）」『史蹟と美術』二四―九・一〇、一九五四年、大石良材「式の京程の考定」『史蹟と美術』二八―九・一〇、一九五八年。
(16)「右京三条二坊」『昭和57年度　京都市埋蔵文化財調査概要』京都市埋蔵文化財研究所、一九八四年。
(17)「平安京右京五条二坊」『平安京跡発掘調査報告　昭和55年度』京都市埋蔵文化財調査センター、一九八一年。
(18)『平安京右京六条一坊六・十三町跡』京都市埋蔵文化財研究所発掘調査報告二〇〇七―三、京都市埋蔵文化財研究所、二〇〇七年。
(19) 神吉和夫・神田徹・増味康彰・中山卓「古代都市の雨水排除計画―平安京を事例に―」『水工学論文集』第三七巻、一九九三年。
(20) パリノサーヴェイ株式会社「付章　自然科学分析」『平安京右京二条二坊十一町・西堀川小路跡、御土居跡』京都市埋蔵文化財研究所発掘調査報告二〇一二―一五、京都市埋蔵文化財研究所、二〇一四年。
(21) 佐々木尚子・高原光・湯本貴和「堆積物中の花粉組成からみた京都盆地周辺における「里山」林の成立過程」『地球環境』一六、二〇一一年。
(22) 史料に見える右京域の洪水の記事は、西堀川を埋めるような大雨の際に起きたものかもしれない（『貞信公記』天慶元年（九三八）六月二十日条「鴨川水入京中、多損人屋・舎雑物、西堀川以西如海、不能往還　是左右看督使等所申也」）。
(23) パリノサーヴェイ株式会社「自然科学分析」『平安京右京三条三坊六・七町―西三条第（百花亭）跡―』京都市埋蔵文化財研究所発掘調査報告二〇一一―九、京都市埋蔵文化財研究所、二〇一三年。
(24) パリノサーヴェイ株式会社「自然科学分析」『平安京右京三条三坊三町・西ノ京遺跡』京都市埋蔵文化財研究所発掘調査報告二〇一

二―一二三、京都市埋蔵文化財研究所、二〇一三年。

(25) 西堀川、紙屋川、天神川の名称について整理しておきたい。現在、天神川の名称は平安京域内外の上・下流部すべてが含まれているが、本稿では紛らわしさを避けるため、平安京外を紙屋川、京内を天神川とする。本文で述べるように堀川は十世紀中頃に埋没するが、中御門大路より北ではその流路の位置を現在までほぼ保っている。また天神川は室町時代に掘削されたと考えられるが、現在とは流路が異なっている。現在の天神川は、昭和十五年の京都大洪水後の昭和十九年に付け替え工事を行っており、西大路通と丸太町通の交差点以南でそれ以前と大きく流路を変更している。この昭和の付け替え工事前を旧天神川とする。

(26) 山田邦和「中世都市京都の成立」前掲註5、山本雅和「平安京の街路と宅地」西山良平・藤田勝也編『平安京の住まい』京都大学学術出版会、二〇〇七年。

(27) 堀内明博『都を掘る――出土した京都の都市と生活』(淡交社、一九九五年)。これらの川は本文で述べるように異なる機能が考えられるが、西堀川の余水路と思われる大溝が右京三条二坊十二町で確認されている(図４-１の調査４)。十二町の中央で九世紀と十世紀の南北に流れる大溝を二条検出している。ＳＤ２は幅約四メートル、深さ一メートル、時期は九世紀。ＳＤ１はＳＤ２が埋没した後に造られた大溝で、幅二・五メートル、深さ一・六メートル。時期は十世紀。共に両岸がえぐられており速い流れがあったことが分かる(「平安京右京三条二坊十二町」(『昭和53年度　京都市埋蔵文化財調査概要』京都市埋蔵文化財研究所、二〇一一年)。

(28) 『類聚国史』巻八「神祇八　大嘗会」弘仁十四年(八二三)十月甲辰条「幸佐比河。修禊事也」。

(29) 『平安京右京三条二坊十六町跡』京都市埋蔵文化財研究所発掘調査報告二〇〇六―一、京都市埋蔵文化財研究所、二〇〇六年。なおこの報告では、当初の野寺川は、十一世紀後半以降に幅四メートルで掘削されていたものが、川の下半部が埋没した後の十三世紀末から十四世紀に幅約八メートルに拡幅されたとしている。しかし、調査報告書に掲載されている野寺川の断面図から断面形状や堆積状況をみると、野寺川は当初から断面形が漏斗状を呈して掘削されたものと思われる(図４-４)。

(30) 『京都市内遺跡試掘立会調査概報　昭和57年度』京都市文化観光局、一九八三年。

(31) 「平安京右京三条三坊」『昭和63年度　京都市埋蔵文化財調査概要』京都市埋蔵文化財研究所、一九九三年。調査の出土状況については調査担当者の平尾政幸氏よりご教示を得た。

(32) 『平安京右京二条二坊十一町・西堀川小路跡、御土居跡』京都市埋蔵文化財研究所発掘調査報告二〇一二―一五、京都市埋蔵文化財研究所、二〇一四年。

(33) 最後に掘削される旧天神川は、川の位置は固定化し、河床が埋まると堤防を高く築いていく。江戸時代には完全に天井川となり、度々水害を巻き起こす。その改修が議論される中で、昭和十五年の京都大洪水が起きる。小沢嘉三『西院の歴史』西院の歴史編集委員会、一九八三年。
(34) 工事に伴う立会調査での確認のみで、規模や時期など詳細は不明である。『京都市内遺跡試掘立会調査概報　昭和57年度』京都市文化観光局、一九八三年。
(35) 「平安京右京六条二坊2」(『昭和63年度　京都市埋蔵文化財調査概要』京都市埋蔵文化財研究所、一九九三年。
(36) 「平安京右京七条二坊」『平成9年度　京都市埋蔵文化財調査概要』京都市埋蔵文化財研究所、一九九九年。
(37) 網伸也「平安京造営過程に関する総合的考察」『平安京造営と古代律令国家』塙書房、二〇一一年。
(38) 棚橋光男『王朝の社会　大系日本の歴史4』小学館、一九八八年。
(39) 『平安京右京六条一坊三町跡』京都市埋蔵文化財研究所発掘調査報告二〇〇八—七、京都市埋蔵文化財研究所、二〇〇八年。
(40) 永保二年正月廿日「永作手田宛行状」(「大徳寺文書」『平安遺文』第一一八九号)。
(41) 網伸也ほか『平安京右京三条二坊十五・十六町—「斎宮」の邸宅跡—』京都市埋蔵文化財研究所調査報告第二一冊（前掲註11）。
(42) 南孝雄「町屋型建物の成立」『平安京の住まい』前掲註12。
(43) 『平安京右京二条二坊八町跡—平安時代庭園跡の調査—』株式会社日開調査設計コンサルタント、二〇一一年。
(44) 金田章裕「郡・条里・交通路」『平安京提要』前掲註4。
(45) 上村和直「御室地域の成立と展開」『仁和寺研究』第四輯、二〇〇五年、山本雅和「都の変貌」西山良平・鈴木久男編『恒久の都　平安京』吉川弘文館、二〇一〇年。
(46) 村井康彦「官衙町の形成と変質」『古代国家解体過程の研究』岩波書店、一九六五年。
(47) 北村優希「京中支配の様相」『平安京—その歴史と構造—』吉川弘文館、一九九五年。
(48) 久米舞子「平安京「西京」の形成」前掲註10。
(49) 岡田荘司「平安京中の祭礼・御旅所祭祀」『平安時代の国家と祭礼』続群書類従完成会、一九九四年。なお菅原道真を祀る北野社の鎮座は、天暦元年（九四七）(『北野天満自在天神宮創建山城国葛野郡上林郷縁起』）あるいは天暦九年（九五五）(『菅家御伝記』）とされる。
(50) 久米舞子「平安京「西京」の形成」前掲註10。
(51) 鎌倉時代以降「西京」は北野社領になっていくが、ここには「保」と呼ばれる土地区画あるいは神人の編成単位が存在した。ここに住む住人は節句ごとの神供を負担しており、室町時代には「七保」として再編成されたとされる（三枝暁子「北野社西京七保神人の成立とその活動」『比叡山と室町幕府　寺家と武家の京都支配』東京大学出版会、二〇一一年)。この七保の内、最も南は勘解由小路付近の「六之保」であり、三条までは達しない。但し、江戸時代から現在に至るまで北野祭の神幸路・還幸路は三条大路まで達しており(岡田荘司「平安京中の祭礼・御旅所祭祀」前掲註49)、戦国時代以前の「西京」の範囲を反映するものかもしれない。
(52)『平安京右京一条四坊十三町跡』京都市埋蔵文化財研究所発掘調査報告二〇〇四—八、京都市埋蔵文化財研究所、二〇〇四年。
(53)『平安京右京六条一坊—平安時代前期邸宅跡の調査—』京都市埋蔵文化財研究所調査報告第一一冊、京都市埋蔵文化財研究所、一九九二年。
(54)『平安京右京六条一坊十四町跡』京都市埋蔵文化財研究所発掘調査概報二〇〇八—一二、京都市埋蔵文化財研究所、二〇〇九年。
(55)『平安京右京六条一坊・左京六条一坊跡』京都市埋蔵文化財研究所発掘調査概報二〇〇二—〇六、京都市埋蔵文化財研究所、二〇〇二年。
(56)鈴木久雄「平安京右京六条一坊六町の仏堂とその宅地」『古代文化』第六二巻第四号、二〇一一年。
(57)『平安京右京六条一坊—平安時代前期邸宅跡の調査—』前掲註53。
(58)五町北辺部小規模建物は、形態としては町屋であるが、建物と道路の間に若干の空閑地が存在することや、建物と道路に接道性はないことなど町屋とはいい難い。
(59)平安京左京四条一坊二町では、建物遺構は検出されていないが、藤原為隆の「坊城堂」に伴うとみられる十二世紀前半の庭園遺構が検出されている。『平安京左京四条一坊二町』京都市埋蔵文化財研究所発掘調査概報二〇一四—一〇、京都市埋蔵文化財研究所、二〇一五年。
(60)清水擴『平安時代仏教建築史の研究—浄土教建築を中心に—』中央公論美術出版、一九九二年。
(61)美川圭「京・白川・鳥羽　院政期の都市」元木泰雄編『日本の時代史7　院政の展開と内乱』吉川弘文館、二〇〇二年。
(62)南孝雄「町屋型建物の成立」前掲註12。
(63)「右京八条二坊(1)」『昭和56年度　京都市埋蔵文化財調査概要(発掘調査編)』京都市埋蔵文化財研究所、一九八三年、「平安京右京八条二坊・西市跡」『平成元年度　京都市埋蔵文化財調査概要』京都市埋蔵文化財研究所、一九九四年。
(64)『平安京右京七条二坊四町(西市)跡』京都市埋蔵文化財研究所発掘調査概報二〇〇五—六、京都市埋蔵文化財研究所、二〇〇五年。
(65)山本雅和「平安京の街路と宅地」前掲註26。
(66)山本雅和「平安京の街路と宅地」前掲、山田邦和「「前期平安京」の復元」前掲註13。

(67)『平安遺文』第五二四号。
(68)北村優季「平安京都城論」『平安京—その歴史と構造—』吉川弘文館、一九九五年。
(69)久米舞子「平安京「西京」の形成」前掲註10。
(70)『山槐記』仁安二年四月五日条。
(71)五島邦治「平安京の祭礼と民の成熟」『京都町共同体成立史の研究』岩田書院、二〇〇四年、初出は一九八七年。
(72)四つのエリア以外にも十世紀中頃以降の右京の居住域は増加する可能性はある。例えば発掘調査があまり行われていないが、右京八条の一帯はその候補地である。
(73)榎村寛之「都城と神社の関係について」『律令天皇制祭祀の研究』塙書房、一九九六年。
(74)野口実「京都七条町の中世的展開」『朱雀』第一集、京都文化財団、一九八八年。
(75)美川圭「院政期の京都と白河・鳥羽」西山良平・鈴木久男編『恒久の都 平安京』吉川弘文館、二〇一〇年。

図4-1参考文献
調査1　「右京三条二坊」『昭和57年度　京都市埋蔵文化財調査概要』京都市埋蔵文化財研究所、一九八四年。
調査2　『平安京右京三条二坊十一町跡』京都市埋蔵文化財研究所発掘調査報告二〇〇六—二四、京都市埋蔵文化財研究所、二〇〇七年。
調査3　「平安京右京三条二坊」『平安京跡発掘調査概要　京都市埋蔵文化財研究所概要集一九七八』京都市埋蔵文化財研究所、一九七九年。
調査4　「平安京右京三条二坊十二町」『昭和53年度　京都市埋蔵文化財調査概要』京都市埋蔵文化財研究所、二〇一一年。
調査5　『平安京右京三条二坊十三町跡』京都市埋蔵文化財研究所発掘調査概報二〇〇四—一九、京都市埋蔵文化財研究所、二〇〇五年。
調査6　『平安京右京三条二坊十四町跡』京都市埋蔵文化財研究所発掘調査報告二〇〇六—一、京都市埋蔵文化財研究所、二〇〇六年。
調査7　「平安京右京三条二坊2」『平成元年度　京都市埋蔵文化財調査概要』京都市埋蔵文化財研究所、一九九四年。
調査8　「平安京右京三条二坊十四町跡　島津メディカルプラザ新築工事に伴う発掘調査」『平安京右京内五遺跡　平安京跡研究調査報告第二三輯』古代学協会、二〇〇九年。
調査9　「平安京右京三条二坊」『平成10年度　京都市埋蔵文化財調査概要』京都市埋蔵文化財研究所、二〇〇〇年。
調査10　『平安京右京三条二坊十五町・三坊二町跡』京都市埋蔵文化財研究所発掘調査概報二〇〇一—六、京都市埋蔵文化財研究所、二〇〇二年。

調査11『平安京右京三条二坊十五町跡』京都市埋蔵文化財研究所発掘調査概報二〇〇三―八、京都市埋蔵文化財研究所、二〇〇四年。

調査12『平安京右京三条二坊十五町跡・三坊二町跡』京都市埋蔵文化財研究所発掘調査報告二〇〇五―五、京都市埋蔵文化財研究所、二〇〇五年。

調査13「平安京右京三条二坊」『昭和62年度　京都市埋蔵文化財調査概要』京都市埋蔵文化財研究所、一九九一年。

調査14a「右京三条二坊（2）」『昭和56年度　京都市埋蔵文化財調査概要』京都市埋蔵文化財研究所、一九八三年。

調査14b・15『平安京右京三条二坊十五・十六町』京都市埋蔵文化財研究所調査報告第二一冊、京都市埋蔵文化財研究所　二〇〇二年。

調査16・17・19・22・24『平安京右京三条三坊』京都市埋蔵文化財研究所調査報告第一〇冊、京都市埋蔵文化財研究所、一九九〇年。

調査18「平安京右京三条三坊」『昭和63年度　京都市埋蔵文化財調査概要』京都市埋蔵文化財研究所、一九九三年。

調査20『平安京右京三条三坊六町・西ノ京遺跡』株式会社日開調査設計コンサルタント、二〇〇七年。

調査21「平安京右京三条三坊九町跡　島津本社内新築工事に伴う発掘調査」『平安京右京内5遺跡　平安京跡研究調査報告第23輯』古代学協会、二〇〇九年。

調査23「HR-145」『京都市内遺跡試掘立会調査概報　平成元年度』京都市文化観光局、一九九〇年。

調査25『平安京右京三条三坊三町跡』京都市埋蔵文化財研究所発掘調査報告二〇〇九―四、京都市埋蔵文化財研究所、二〇〇九年。

調査26『平安京右京三条三坊四町跡』京都市埋蔵文化財研究所発掘調査報告二〇一一―四、京都市埋蔵文化財研究所、二〇一二年。

調査27「平安京右京四条二坊」『昭和63年度　京都市埋蔵文化財調査概要』京都市埋蔵文化財研究所、一九九三年。

表4-2参考文献

右京一条三坊九町『埋蔵文化財発掘調概報　一九八〇年　第三分冊』京都府教育委員会、一九八〇年、『京都府遺跡調査概報　第九二冊』京都府埋蔵文化財調査研究センター、二〇〇〇年。

右京一条三坊十六町『埋蔵文化財発掘調査概報集　一九七六』鳥羽離宮跡調査研究所、一九七六年。

右京二条二坊八町『平安京右京二条二坊八町跡―平安時代庭園跡の調査―』株式会社日開調査設計コンサルタント　文化財調査報告書第4集、株式会社日開調査設計コンサルタント、二〇一一年。

右京三条二坊十六町（斎宮邸）『平安京右京三条二坊十五・十六町―「斎宮」邸宅跡―』京都市埋蔵文化財調査報告書第二一冊、京都市埋蔵文化財研究所、二〇〇二年。

右京三条一坊六町『平安京右京三条一坊六町跡』京都市埋蔵文化財調査報告二〇〇六―一三、京都市埋蔵文化財研究所、二〇〇六年。

右京三条一坊六町（西三条第）『平安京右京三条一・三坊六・七町跡』京都市埋蔵文化財発掘調査報告二〇一四―九、京都市埋蔵文化財研究所、二〇一三年。

右京三条三坊四町『平安京右京三条三坊四町跡』京都市埋蔵文化財調査報告二〇一四―四、京都市埋蔵文化財研究所、二〇一二年。

右京三条三坊五町『平安京右京三条三坊』京都市埋蔵文化財調査報告書第一〇冊、京都市埋蔵文化財研究所、一九九〇年。

右京四条一坊（朱雀院）『朱雀院跡現地説明会資料』一九九五年、永田信一「朱雀院跡発掘調査概要」『平安京研究』一、平安京調査会、一九七四年、『平安京右京四条一坊七町（朱雀院）跡』有限会社京都平安文化財、二〇一三年。

右京四条二坊（淳和院）『淳和院跡発掘調査報告　平安京右京四条二坊』関西文化財調査会、一九九七年。

右京六条一坊五町『右京六条一坊―平安時代前期邸宅跡の調査―』京都市埋蔵文化財調査報告書第一一冊、京都市埋蔵文化財研究所、一九九二年。

右京六条一坊十三町「平安京右京六条一坊」『平成8年度　京都市埋蔵文化財調査概要』京都市埋蔵文化財研究所、一九九八年。

右京六条一坊十四町『平安京右京六条一坊十四町跡』京都市埋蔵文化財調査報告二〇〇八―一二、京都市埋蔵文化財研究所、二〇〇九年。

第五章　平安京左京域南部における遺跡の展開

辻　裕司

第一節　平安京跡南東部における都市再開発と埋蔵文化財の動向

古代都市、平安京左京の六条大路以南、一坊から四坊に至る地域では、JR京都駅を中心に周辺地域で比較的大規模な調査が相次いで実施され、膨大な考古資料が蓄積されている。ここでは、平安京造営基盤をはじめに、遺跡を通じて多岐にわたる調査成果を整理・集積し図示することで、当該地域の歴史過程を概観する。

当該地には、平安京造営当初から公的機関や寺院、邸宅・宅が分布した。平安時代後期以降、第二・三次産業が出現し、高度に集積・隆盛した。平安京造営時、九条一坊に国家鎮護の施設として東寺が造営され、東側の二坊域には、綜芸種智院や藤原氏の九条家所領や施薬院を始め貴族邸宅が構えていた。七条二坊には、官営市である東市が設置され、七条大路と町尻小路を中心とした地域に商工業が発生した。平安時代後期、八条大路を幹線に八条院領や西八条第を始め平氏一門の邸宅が広大な敷地を占地した。八条院領は鎌倉時代以降東寺領に受け継がれ、商工業地域として活況を呈した。また、三坊域には、城興寺や七条仏所・金光寺が創建される。商工業地域としての機能は、室町時代も継続するが、室町時代後

図5-1　発掘調査地点および既存の施設現況図（1:25,000）

期以降衰退し、多くの地域で耕作地化が顕著となる(1)。

さて、当該地の現況を図5-1に示した。黒色で示した箇所は、既発掘調査地点、灰色で示した箇所は、京都市発行の都市計画基本図から抽出した河川や鉄道敷設範囲および公共施設や寺社敷地などである。塗りを施さない地域は、民家などの低層住宅や空地などで、地下遺構が遺存する可能性のある地域である。

第二節　平安京跡南東部における調査

この地域では、二・三坊跡地域を中心に発掘調査が行われている。JR京都駅（京都駅ビル）を核とした地域は、近年、広域にわたり都市再開発が進められた。一九九〇年代以降、JR西日本による京都駅ビル新築計画を契機に周辺地域に大規模な再開発を促し、京都駅ビルの正面（北側、烏丸中央口側）と南側の八条通側（八条口側）にも開発が及んだ。再開発は、一九七〇年代の京都市域に於ける交通体系の大幅改変と都市開発を背景とした。

ここでは、烏丸通（烏丸小路）から新町通（町尻小路）

の地域で、近年比較的広域にわたる発掘調査が実施された三地点を取り上げることで、この地域の遺跡の現況を示す。一つは、JR京都駅ビル建設に伴う一連の調査で、八条三坊六・十一町跡に相当する。(2) 一つは、近畿日本鉄道（近鉄）とJR西日本間に、近鉄が新たに計画したホテル建設とホーム増設を兼ねた再開発計画に伴う東西に長い地域で、八条三坊四・五町跡に相当する。(3) 一つは、八条口側で、九条三坊十町跡に相当する各地点である。(4)

1　埋蔵文化財調査の契機

この地域における大規模再開発は、京都市電廃止に伴う京都市営地下鉄新規敷設を始め交通体系の改編を契機とする。烏丸通を南北に延長する地下鉄「京都市高速鉄道烏丸線」敷設は、京都駅周辺における交通網再編をも促した。(5) さらに、四代目の京都駅としてJR京都駅ビル新築が計画された。八条口側には市電の八条口操車場があったが、交通網再編によって大規模施設の建設が計画され、周辺にも影響が及んだ。(6) 一九九七年、JR京都駅ビルが完成したことを契機として、烏丸中央口側および八条口側にも開発計画が次々と持ち上がった。開発に伴い、この地域一帯で発掘・試掘・立会などの調査が実施され、膨大な調査成果が挙げられた。(7) ここで扱う遺跡の範囲は、平安京左京の南東部地域を対象とする。

JR京都駅の中央烏丸口側での調査の増加とともに研究は高まり、鋳造・鍛冶関連の遺構・遺物を始め漆器生産や酒などの流動物を蓄える埋甕などの検出例が激増した。調査成果の詳細については、各報告書や論文などで詳細が明らかにされ、当該地における都市形態の変遷や手工業生産の研究も進んだ。

2　調査成果の作図

各時代および遺構の種類など、区分の図化に際し、概要を示す。図５-２・５-３は、埋蔵文化財の調査方法・種類で調査地点を表示した。図5-4以下は、検出遺構を時代別、種類別に分類し図示した。

図5-2では、一二九地点で実施された発掘調査地点を図示した。各地点は、平安京の条坊呼称に従い、原則として、左京七条一坊一町から左京九条四坊一六町に向かって調査1から調査129までの番号を付した（調査地点の番号は本章末尾に掲載した表5-1の発掘番号と対応している）。発掘調査地点のうち、烏丸通上に連続する調査地点は、京都市高速鉄道烏丸線敷設工事に伴う発掘調査地点、七条通上に連続する調査地点は、市電撤去に伴う発掘調査地点である。また、JR京都駅ビルの北側および南側の多くは、京都駅ビル建設を契機とした周辺の再開発に伴う調査地点である。

遺跡からは、平安京造営前の遺構を始め、平安京（京都）に係る道路敷（道路幅・路面に相当し、小礫・砂・土などを用い舗装する事例がある）・側溝あるいは排水機能を担う川などの条坊路（条坊制に基づく直線道路で、原則として大路に囲まれた条・坊の中に三条の小路を通す。平安京では道路に囲まれた一町の面積は等しい）関連遺構や一町内を区画する区画遺構、町内の空間利用を示す建物・井戸・土坑などの遺構が検出される。平安時代前・中期の遺構検出頻度は二・三坊域で高い。平安時代後期以降の遺構検出地点は、前代に比べ増加する。

図5-3では、試掘・立会調査地点(8)を図示した。試掘調査は、開発地点の遺構分布・遺存状況を確認する調査であり、調査成果に応じて発掘調査に切り替える場合がある。多くの場合、発掘調査地点と重なるため、試掘調査地点は省略している。立会調査は、各地点の開発計画時に、掘削深度・開発面積などの条件により発掘・試掘調査に至らない場合、開発の及ぶ範囲内で遺跡を確認する調査方法で、遺跡検出状況によっては、試掘調査以上の追加調査を実施する可能性がある。上・下水道、ガス管、共同溝敷設などの公共基盤敷設工事に伴い、広域にわたる調査もある。この調査方法は、平安京跡など広域遺跡における遺構・遺物分布の検出・確認に有効な調査方法である。立会調査地点は、当該地域内で一千百箇所を超える。

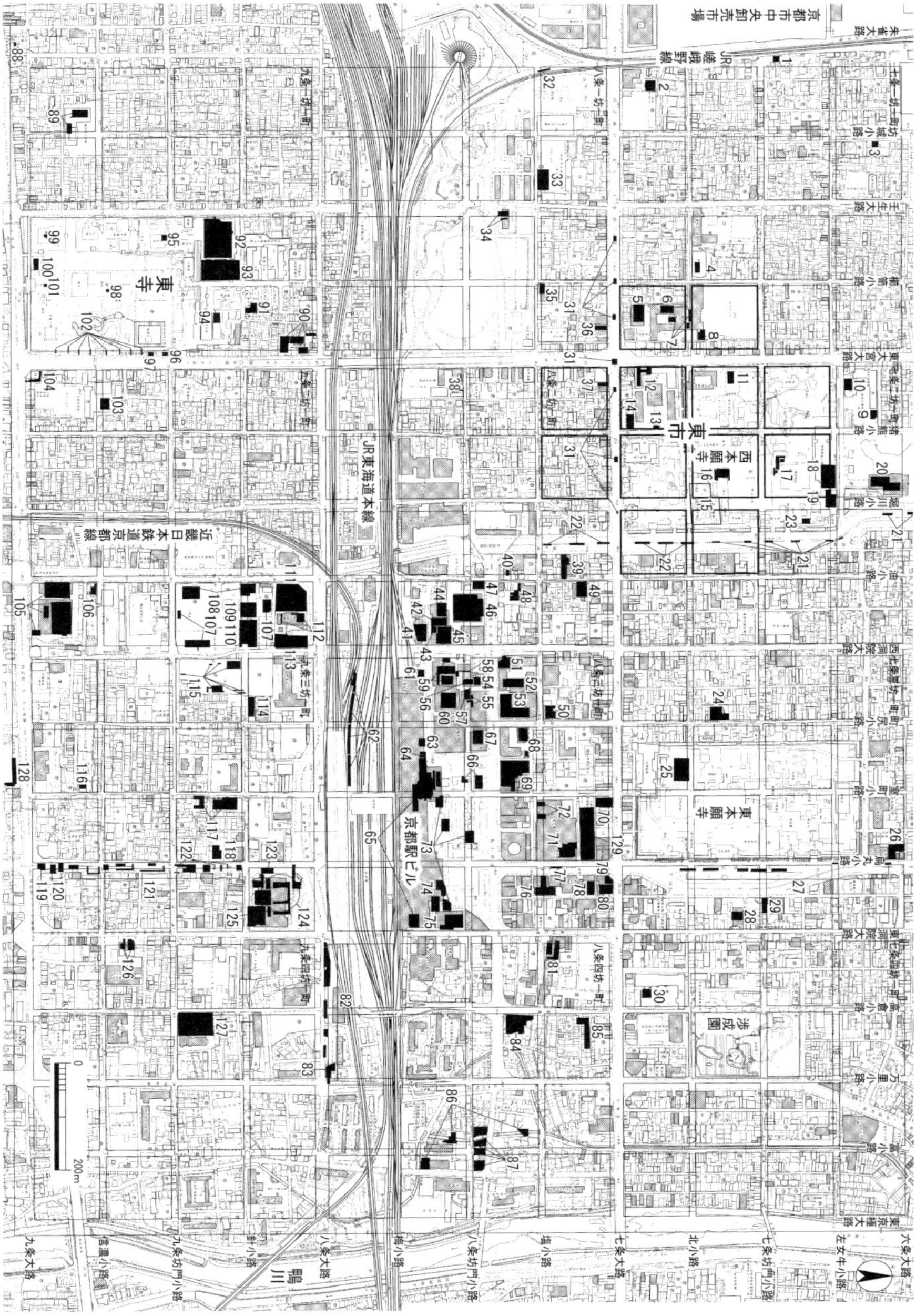

図5－2　発掘調査地点図（1:15,000）

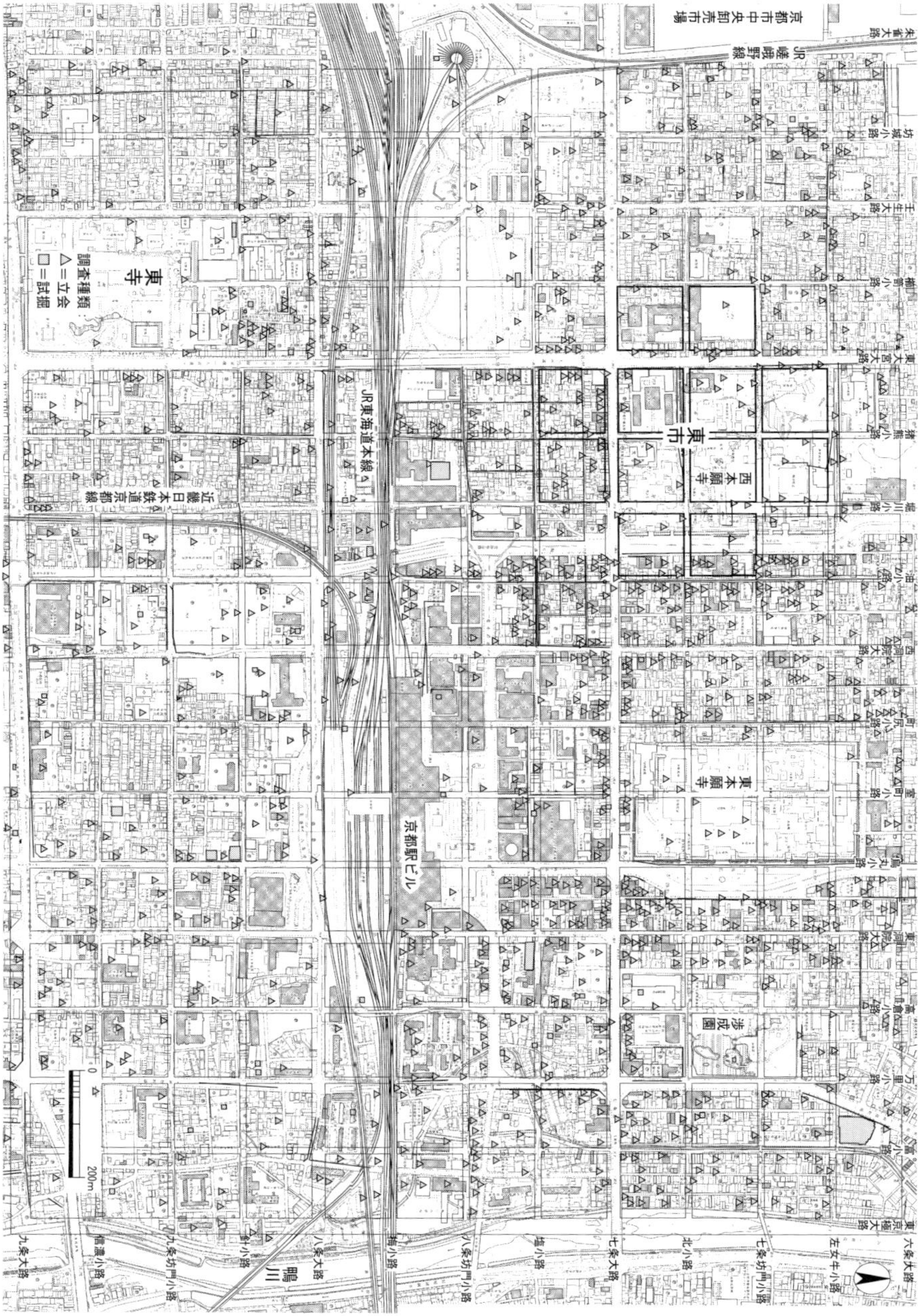

図５－３　試掘・立会調査地点図（1:15,000）

第三節　遺跡の変遷

平安京は、京都盆地の中央、古代山城（背）国の愛宕・葛野郡地域に、四神相応の地として計画・造営された都城である。ここでは、平安京造営前の地理的環境を概観する。

これまでの調査では、平安時代前期以降の池が検出される調査地点が複数あり、扇状地ないし扇状地縁辺部の地理環境が背景にあることを示唆する。京都盆地の地層分布図によれば[9]、氷期や間氷期を繰り返す気候変動の過程で堆積した古期ないし新期の鴨川扇状地（図5-4参照）が北北東から南南西方向に形成され、砂礫層などの氾濫堆積物が堆積する。自然堤防や後背湿地なども形成され、上面には粗砂層からシルト層も分布し、扇状地縁辺部に氾濫堆積物による微高地が形成された結果、縄文時代から古墳時代の遺跡が出現した[10]。

1　平安京造営前（図5-4）

図5-4では、平安京造営の基盤層について、平安時代前の遺跡や、流路・氾濫堆積・湿地堆積層などの検出地点を示した。鴨川あるいは高野川などの河川による度重なる氾濫や下刻による地形を概観する。

図の南東部の調査127では、古墳時代河川の肩口となる基盤層はシルト層、埋土もシルトないし粗砂層であり、砂礫を運搬するような氾濫が及ばない程度の微高地が形成されていた。一方でその少し北東の調査83では、氾濫堆積土層から磨滅した平安時代以降の遺物片が深さ四・三メートルまで包含される。出土遺物状況から堆積状況の逆転現象も確認され、平安京造営以降も地点によって激しい氾濫が繰り返されたことがわかる。

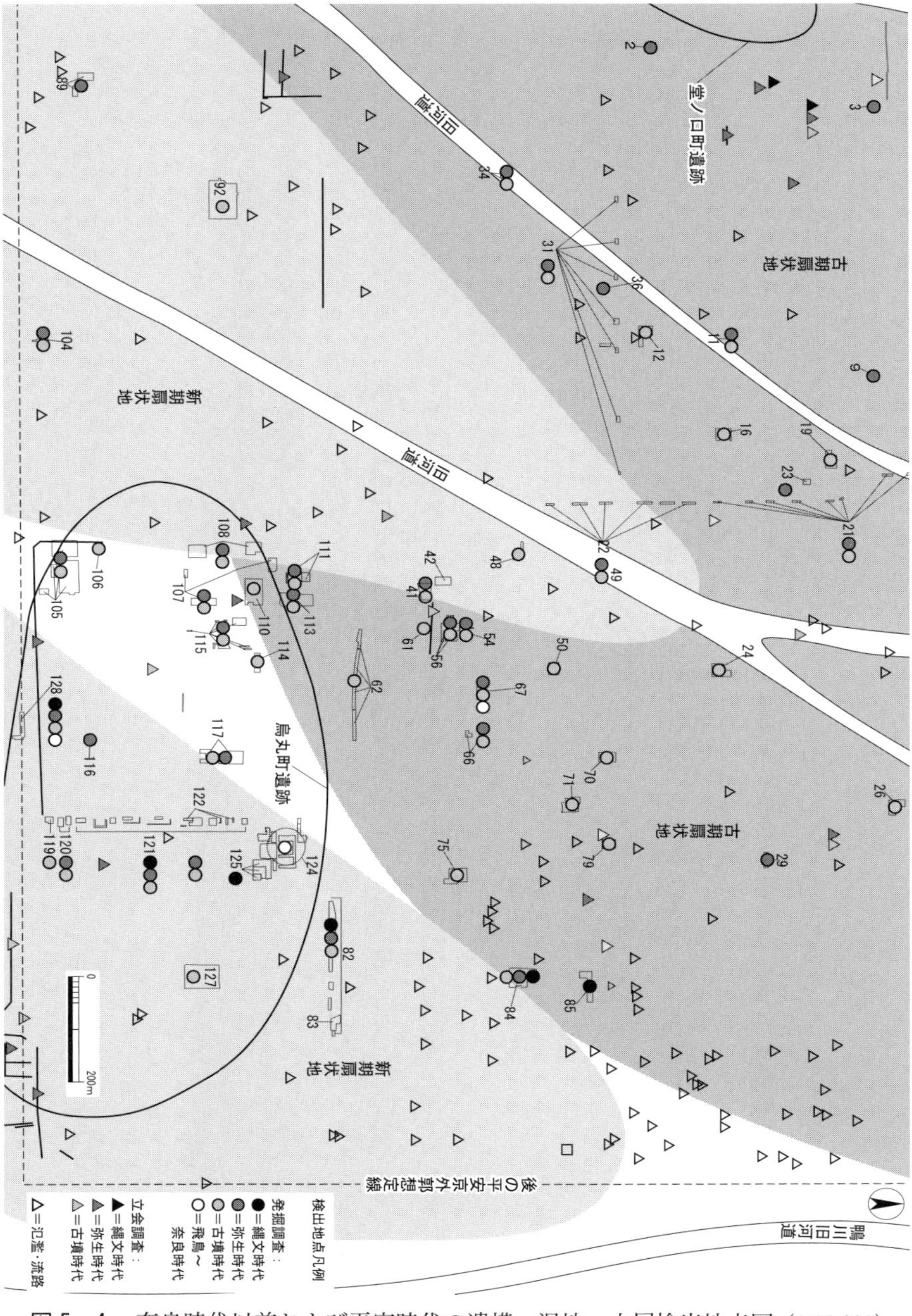

図5－4　奈良時代以前および平安時代の遺構、湿地・土層検出地点図（1:15,000）

平安京跡南東部域では、縄文時代から奈良時代の遺構・遺物が検出される。遺跡地図[11]には、烏丸町遺跡、堂ノ口町遺跡などの遺跡が示される。烏丸町遺跡は、南東端域（九条三・四坊相当箇所）に位置する縄文・弥生・古墳時代の遺跡である。堂ノ口町遺跡は、北東隅（七条一坊相当箇所）以西に位置する古墳時代から奈良時代の遺跡として周知される。検出された遺構・遺物は、遺跡範囲を超え、広範に分布する。

氾濫・流路・湿地検出地点

図5-4中の塗りを加えない［△］地点は、立会調査で、流路・氾濫堆積などおもに砂礫層の検出地点である。遺物未検出地点が大半であり、時代ごとの区分はしていない。鴨川の氾濫堆積状況を示す資料である。立会調査地点は、当該地域にほぼまんべんなく分布し、基盤層の堆積状況の在り方を示す。

また、図5-4中には、平安時代前期から江戸時代の流路・氾濫堆積層の検出地点もある。平安時代前期では七条一坊で一地点、平安時代後期では、七条四坊と八条三・四坊で複数地点、鎌倉時代では、七条四坊で一地点ある。室町時代では、七条四坊・八条三・四坊と七条二坊〜九条二坊の二地域に分布する。江戸時代では、七条四坊から九条四坊に集中し、広範に及ぶ。氾濫堆積・流路あるいは湿地など、居住に不適な地理環境にも微高地的な範囲で遺跡は営まれていた。平安京南東部地域は、平安時代後期に至り都市的様相を帯びたのではなく、氾濫が及びつつも、その都度再生した。

縄文時代の遺構・遺物検出地点

図5-4中の［●・▲］で示した縄文時代の遺構・遺物は、東部（七〜九条の四坊相当地域）および北西部（七条一坊北西部相当地域）に分布する。

東部の調査82〜85では、中期から晩期の土器や石器が、調査121・125・128では、中期・晩期の土器が砂礫層や後世の堆積層から出土した。検出地点は、北北東から南南西方向へ分布する。

一方、北西部の二箇所の立会調査（一九七九年調査）でも縄文時代の遺物が出土し、一九八七年調査では溝状遺構が検出された。堂ノ口遺跡の東縁に位置する。当該地付近では古期扇状地上や縁辺部に浸食あるいは堆積が繰り返され、砂礫層が堆積・形成された。遺物の中には比較的磨滅の少ない土器も含まれ、近接した箇所に中期・晩期の遺跡が立地した可能性を示す。

弥生時代の遺構・遺物検出地点

図5-4中の［●・▲］は、弥生時代の遺構・遺物検出地点である。検出地点は、ほぼまんべんなく点在するが、概して流路・氾濫堆積層などに包含された状態で遺物が出土した地点が主体である。

遺構検出地点では、調査3では前期流路、調査2では前期の落込や中期の溝・土坑、調査9では溝、調査21では後期の落込・溝、調査41では窪み、調査89では流路、調査104では後期の流路、調査121では後期の溝、調査128では前期から中期の落込・流路がある。調査2の溝・土坑は、方形周溝墓を構成する遺構の可能性が高い。土器に磨滅が少なく、周辺に集落が立地する可能性を示す。また、上記以外の発掘調査地点のうち二十数地点で、基盤層の砂礫層などから遺物が出土する。

立会調査では、十数地点で堆積土層から土器・石器が出土する。七・九条一坊相当地域の一九八二・八七年調査では土坑が、一九九九年調査では遺物包含層などが検出された。また、八・九条二坊相当地域や九条三・四坊相当地域では、流路や遺物包含層などが検出されている。

弥生時代の遺構・遺物検出地点も前代同様、旧期扇状地上ないし縁辺部に広がる。

古墳時代の遺構・遺物検出地点

図5-4中の［●・▲］は、大半が遺物検出地点である。発掘調査では、前期（調査16・19・21・104・127）、中期（調査34・84・120）、後期（調査26・61・62・85・121）がある。調査127では、前期の河川跡があり、北北東から南南西方向を示す。遺存状態の良好な遺物が出土し、近接地域に遺跡の存在が窺われる。このほか、四三地点で、基盤層である砂礫層・流路・窪地から遺物が出土した。

立会調査では一〇地点で遺構・遺物の検出例がある。七条一坊一町相当地域の一九八二年調査では前期の土坑、九条四坊相当地域の南端の一九八一・九三年調査では後期の土坑や落込・縦穴住居がある。この他、数地点で流路・砂礫層から遺物が出土した。

飛鳥・奈良時代の遺構検出地点

飛鳥時代の遺構は、調査124では後期の井戸、調査128では流路がある。奈良時代の遺構は、調査67で後期の井戸がある。当該期の遺構検出例は、平安京相当地域内でも少なく、平安京造営前の地理環境を復原する上で重要な資料である。

以上、発掘調査成果や立会調査などの調査成果から、平安京造営前の地理環境を示した。遺跡が展開する縄文時代中期以来、繰り返される河川の氾濫や湿地が広がる環境上に、遺跡は断続的に営まれた。

これら遺跡環境上に平安京は遷都を迎える。

2　平安時代前・中期（図5-5）

図5-5では、平安時代前・中期の遺構検出地点と、条坊遺構・町内区画施設が検出された調査地点、および平安時代の湿地・流路検出地点を図示した。三坊域の半数は湿地・流路など、四坊では湿地がある。

遺構には、条坊路・建物・井戸・土坑・溝・整地土層などのほか、流路や湿地を利用した園池や関連施設がある。調査45・71・105・112・117・118では平安時代前期以降の池、調査47では平安時代中期の池、調査26・44・49・65・113・115では平安時代後期以降の池が検出された。洲浜を備えた事例もあり、池を構える大規模邸宅が分布した。また、調査52・69では、平安時代前期の流路が検出され、祭祀の場として利用された地点もある。

東市外町や周辺に位置する調査21・22では、前期以降の遺構が連綿と継続する。

立会調査地点では、概して発掘調査地点の範囲に重なる。土坑などの遺構検出地点は、七・八条、二・三坊の範囲にあり、他は、遺物包含層・湿地などである。

条坊路関連遺構は複数の地点で検出した。道路敷、側溝のほか各町内を区画する施設などがある。道路敷には小礫を用

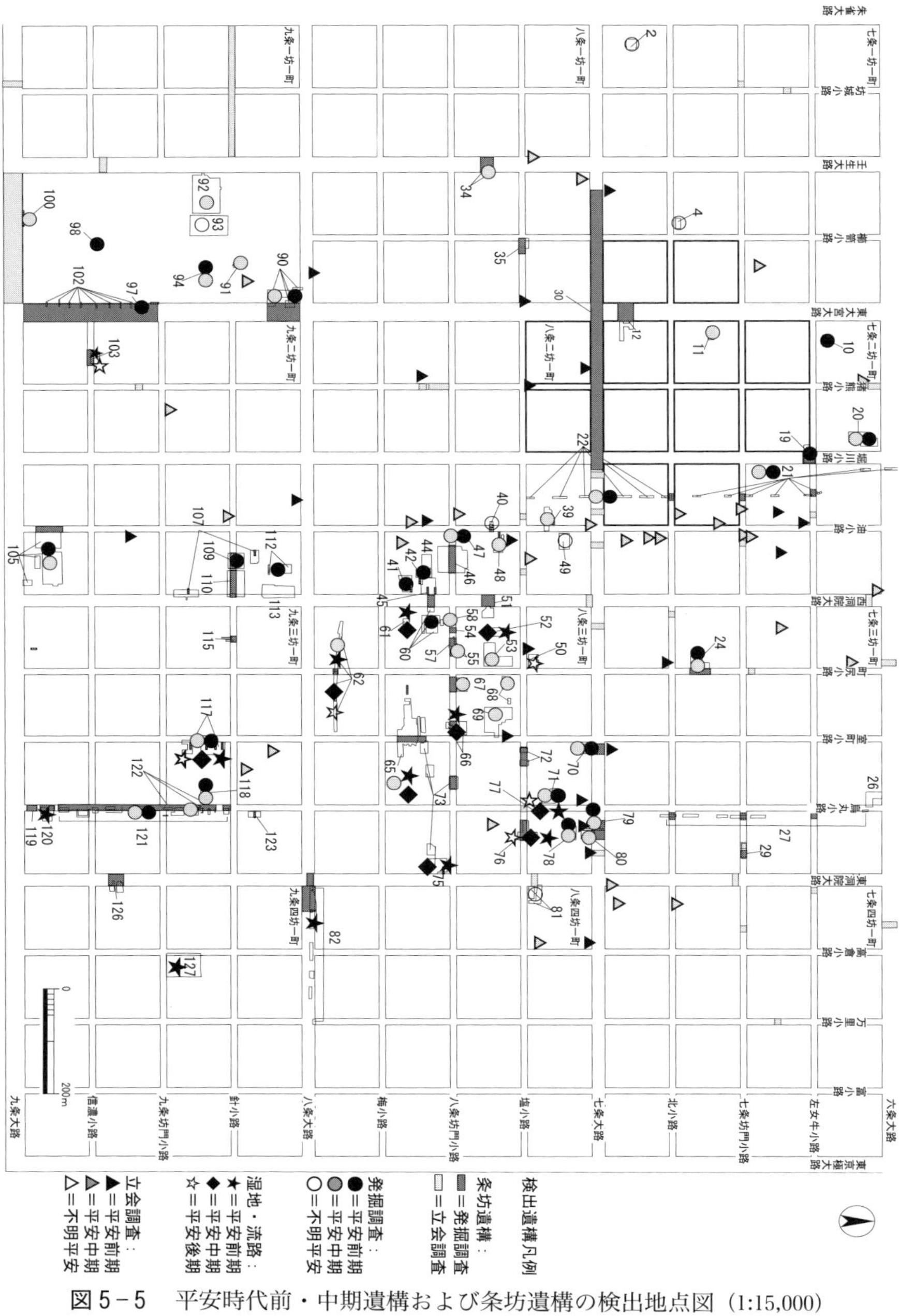

図５－５　平安時代前・中期遺構および条坊遺構の検出地点図（1:15,000）

いた極めて堅固なものもある。検出路には、六〜九条大路、朱雀大路〜東洞院大路がある。

七条大路は、東洞院大路まで確認される。東西路として都市機能を維持しつつ、都市と郊外を繋ぐ路の機能を有するが、鴨川の氾濫などの影響により、四坊域では未検出である。東・西市の七条大路門前では祭祀が行われた。大嘗祭時には標《しめ》山《やま》を伴う祝祭行列が東・西大宮大路を七条大路まで南下、折り返して朱雀門に向かう。郊外の祭りにおいても重要な位置を占める。西市の旧地に近接して松尾大社の旅所が位置し、東市に近接して伏見稲荷大社の旅所が位置する。七条大路は、都市空間内の境界を意識した重要な大路である。

なお、条坊遺構未検出箇所でも、想定条坊路に接する町内の遺構分布から条坊路敷設は想定できる。

3　平安時代後期・鎌倉時代・室町時代（図5-6）

遺構分布範囲は、前代とほぼ同範囲であるが、検出地点数は増加する。平安時代後期では、七〜九条の三・四坊西半域で検出され、鴨川右岸の氾濫原にも分布し、一帯に平安時代の整地土層が検出される。建物・井戸・土坑などの生活関連遺構に伴い、鋳造遺構・遺物、埋甕など当該地域を特徴付ける遺構が分布する。また、複数の調査地点で墓が検出され、宅地内墓や集団墓としての空間利用を示す。

平安時代後期以降、鴨東の八条大路末には平氏の居館が六波羅に居を構える。平氏一門は京内に進出し、八条一坊には八条大路に接して西八条第を構える。八条大路や九条坊門小路も重要な東西路と認識される。七条三坊域には、七条道場金光寺が造作される。八条二坊から四坊西端では八条院領が広大な敷地を占める。八条院領は鎌倉時代以降東寺領に移る。また、七条大路の町尻小路界隈に七条町が形成され、京都における一大商工業地域となる。九条地域には、東寺領巷所や散所、城興寺・寺領が造作される。

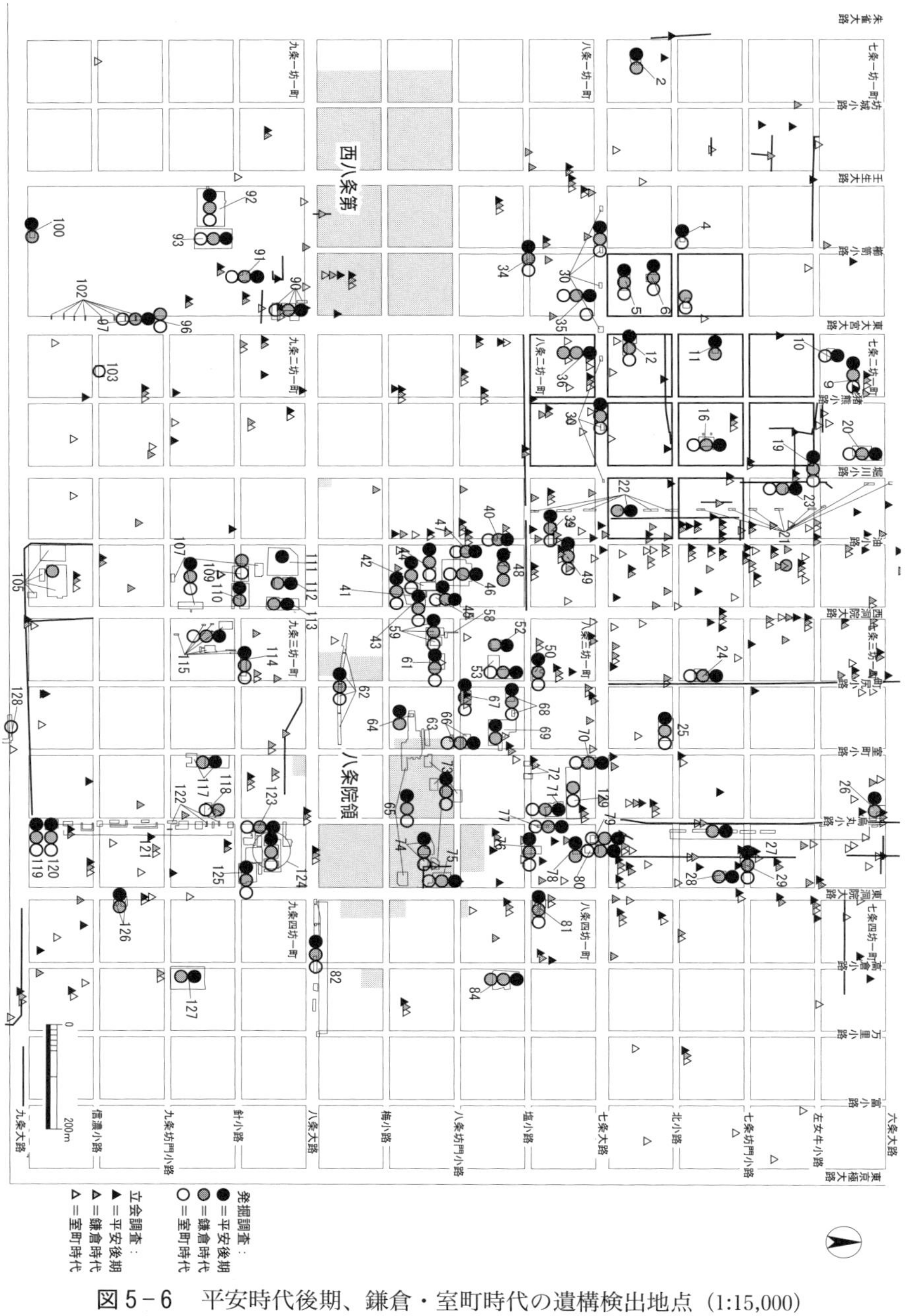

図5－6　平安時代後期、鎌倉・室町時代の遺構検出地点（1:15,000）

第四節　左京三坊域における近年の調査

この節では、京都駅周辺で行われた発掘調査事例三箇所を示す。三坊域における室町小路や町尻小路に接する調査地点であり、図５-７～５-９では、個別発掘調査成果図を示した。一箇所は八条坊門小路～梅小路間の調査65、一箇所は梅小路～八条大路間の調査62、一箇所は針小路～九条坊門小路間の調査117・118である。

1　左京八条三坊六・十一・十四町跡の調査（調査65、図５-７）

室町小路に接して八条院領が置かれた地域で、六町の室町小路側は「八条院御倉」、十一町は「女院庁跡」、十四町は「女院御倉跡」に比定され、鎌倉時代には東寺八条院町となる。六町・十一町では、十四世紀後半には遺構が減少するが、十四町では十五世紀まで継続し、その後耕作地化する。室町小路は、平安時代前期には、流路として南流し、八条院が営まれる平安時代後期になり流路上に道路敷が敷設される(12)。

六・十一町では、室町小路に面対する箇所で建物・井戸・土坑などが検出される。八条院町の具体的な事例である。また、銅製品の鋳型が出土し、当該地における鋳造生産活動の実態を示す。八条院町の変遷を辿ることのできる重要な成果である。

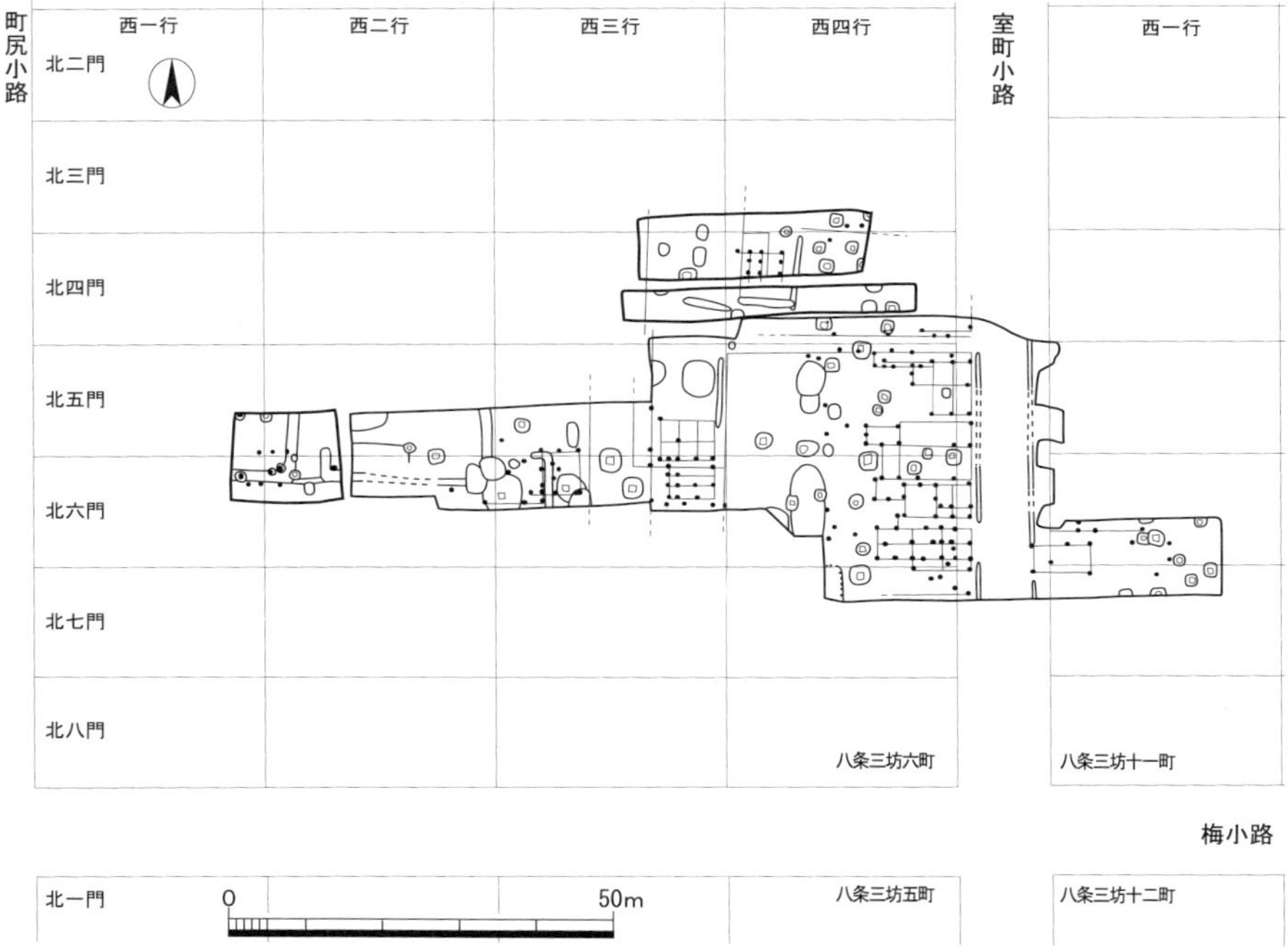

図５－７　左京八条三坊六・十一町跡（65調査）平面図（部分　1:1,500）

２　左京八条三坊四・五町跡の調査（調査62、図5-8）

四・五町の南側に位置する。発掘調査区の東西総延長は、二一五メートルに及び、ほぼ両町にまたがる。当該地東部は、平安時代中期まで湿潤な地理であったが、平安時代後期に整地が施された。建物跡や付属する泉・池・井戸などが検出され、鎌倉・室町時代にも及ぶ。

平安時代後期から鎌倉時代の四・五町には、庭園をともなう大規模な邸宅が軒を連ねる。室町時代前期には町尻小路沿いに小屋（町屋）が軒を連ね、室町時代後期以降は耕作地化を遂げた。

四町

文献史料によると、康治年間（一一四二〜一一四四）藤原忠実が阿弥陀堂を建立し、丈六の阿弥陀如来像を安置した。東部の南北二箇所には鳥羽天皇内親王八条院の所領（八条院領）が設けられた。正和二年（一三一三）八条院領は東寺に寄進され、東寺領八条院町が成立した。

四町を東西に区画する溝・塀などの施設は未検出で、一町規模の邸宅であろう。新・旧期の泉があり、邸宅の園池の一部である。井戸からは「白散《びゃくさん》」と墨書された土器が出土した。藤原忠実が四町に邸宅を構えた時期に相当する。

平安時代末期から鎌倉時代には、新期の大規模な泉が造られる。八条院領期に相当する。四町中央西側には溝を巡らした建物地業が敷設される。地業は、溝内底面に礎石を据え、礫を充填する。近似する遺構に、右京六条一坊六町の鎌倉時代前期の建物地業がある。[13] また、建物・井戸など四町東部の遺構群は、八条院領から東寺八条院町へ移行する時期に相当し、小規模な小屋（町屋）が建つ。室町時代前期は井戸・土坑などが検出されるが遺構数は減少し、中頃以降は、空閑地あるいは耕作地化した。

五町

藤原顕隆・顕能父子の「八条町尻第」が造営された。大治二年（一一二七）顕隆は「八条堂」を建立し、丈六の五大尊

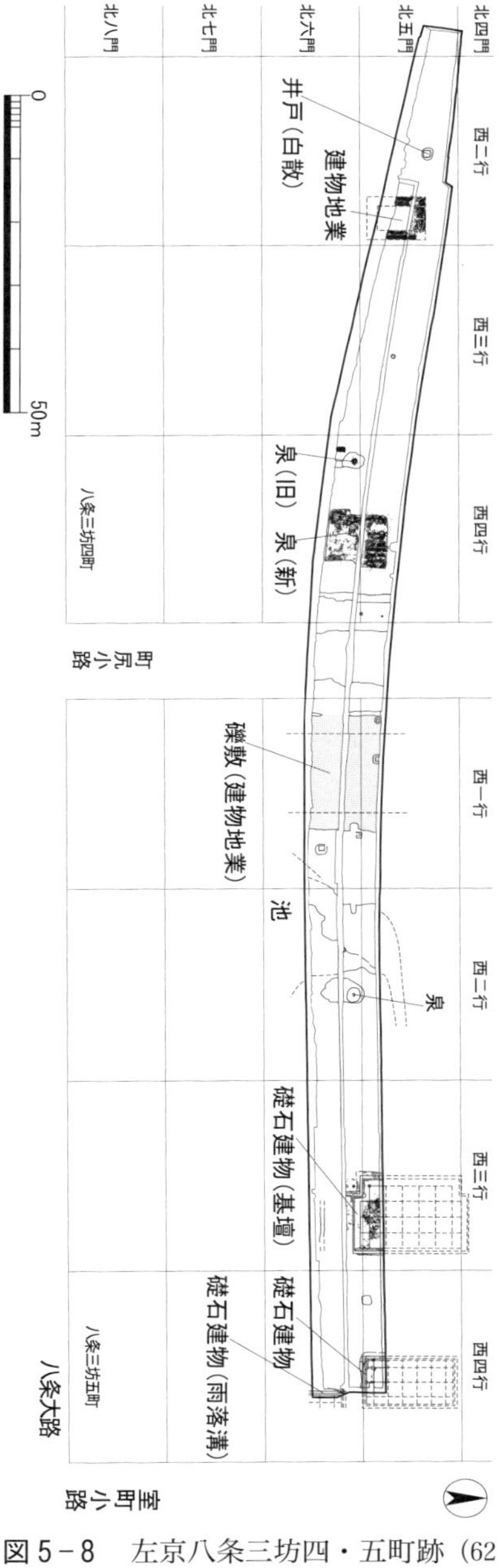

図５－８　左京八条三坊四・五町跡（62調査）平面図（1:1,500）

像を納めた。邸宅は平治年間（一一五九〜一一六〇）まで存続し、「美福門院御所」として受け継がれた。その後、鳥羽天皇の皇女である八条院暲子内親王が邸宅を構え、一時「二条天皇仮皇居」としても用いられた。養和元年（一一八一）には、平頼盛が「八条室町亭（池殿）」を新造する。

五町東半は、平安時代前期以降の遺物が包含される湿地が広がる。近接する地域に平安京造営直後に人為が及んだことを示す。平安時代後期に湿地上部に整地が施され、一町規模の邸宅が出現する。出土遺物から湿地上の整地時期は、「八条町尻第」の造営時期、基壇建物は、「美福門院御所」の年代に相当する。

平安時代後期の遺構には、基壇を伴う建物や大規模建物が想定できる地業、遣水・池などがある（口絵9）。一町を東西に区画する施設は未検出であり、遺構分布からも当該期の五町は一町規模の邸宅である。鎌倉時代には、掘立柱建物を構成する小規模な柱穴が分布する一方で、泉が敷設される（図5-8の五町の泉、第二部の扉の写真参照）。四天王寺伝『扇面法華経冊子』の絵画資料には、大甕から溢れる泉で喉を潤し、女・子供たちが洗濯や沐浴を行う。泉上部には大甕口縁部を据え、絵画を彷彿とさせる精巧且つ特殊な構造を有する。

他の基壇建物や雨落溝を伴う建物、池を伴う広大な庭園は、八条院暲子内親王が邸宅を構えた時期に相当する。その後、平頼盛が「八条室町亭」を新造する。東端の基壇建物や新期の池・泉が相当し、「池殿」の景観を彷彿とさせる。これらの建物は、南北棟の付属舎的な建物に想定でき、主屋（寝殿）は、池の北側に位置した。平頼盛没後も園池を伴う邸宅が営まれた。

鎌倉時代後期の正和二年（一三一三）に「八条院領」が東寺に寄進され、「東寺領八条院町」が成立する。柱穴や、井戸・土坑は、町尻小路に面対する五町西部、室町小路に面対する五町東部に遺構が分布する傾向にある。大規模邸宅が姿を消し、中世的な小屋（町屋）の建つ地域へと変容した。

室町時代前期の検出遺構数は、減少し、室町時代後期以降の遺構は未検出である。

町尻小路は、道路敷と東西側溝がある。平安時代後期から室町時代前期の遺物が出土し、当該地における町尻小路敷設は、この時期まで遡る。道路敷幅は、小路路面の規定幅の倍に達し、道路敷中央部は、緩傾斜面を示し、窪む。道路敷面が多量の雨水あるいは湧水を排水する機能も有していたのであろう。

なお、鋳造関連遺構・遺物などは未検出であり、当該関連遺構は梅小路沿以北に展開するのであろう。

3　左京九条三坊十町跡の調査（調査117・118、図5-9）

平安時代前期、九条三坊三町には「施薬院」が所在し、藤原氏に縁の困窮者救済に使用された。十町には「施薬院御倉」が置かれたとされる。

調査117では、平安時代前期、自然流路を利用して池が造られ、東岸や底部に拳大の礫を敷き詰めた洲浜や泉などを造作する。池の東部で大型の柱穴が検出され、建物は十町の中央部に展開する。調査118でも半円に近い擂鉢状の池が検出される。検出された井戸深からも、湧水面が極めて浅いことを示す。室町小路の道路敷や側溝は未検出であり、十町と七町の東西二町占地の可能性を窺わせる。

調査117の池から「施薬院」・「悲田院」・「弘仁六年」や薬種を示す木簡が出土。讃支・武蔵國などの国名が記され、当該国から荷が搬入される。また、「施薬院田作」人の死亡に係る具体的な木簡もある。当地には、施薬院御倉関連の施設があり、墨書土器から「厨」も敷設されていたようである。

平安時代末期から鎌倉時代前期には、池を埋め、掘立柱建物群が出現する（口絵10）。総柱建物が複数あり、町屋（小屋）には不適な構造を呈する。建物や区画施設は、四行八門制想定線にほぼ従う整然さがあり、当該期にも四行八門制による区画割が厳然と意識されていた。これら建物群は、室町小路に面する面路建物である。当該期にも室町小路に関連する溝・道路敷は未検出であるが、建物群の西妻側は概して室町小路東築地芯想定線に沿う。広狭はあろうが、室町小路相当路が延長していたことを窺わせる。

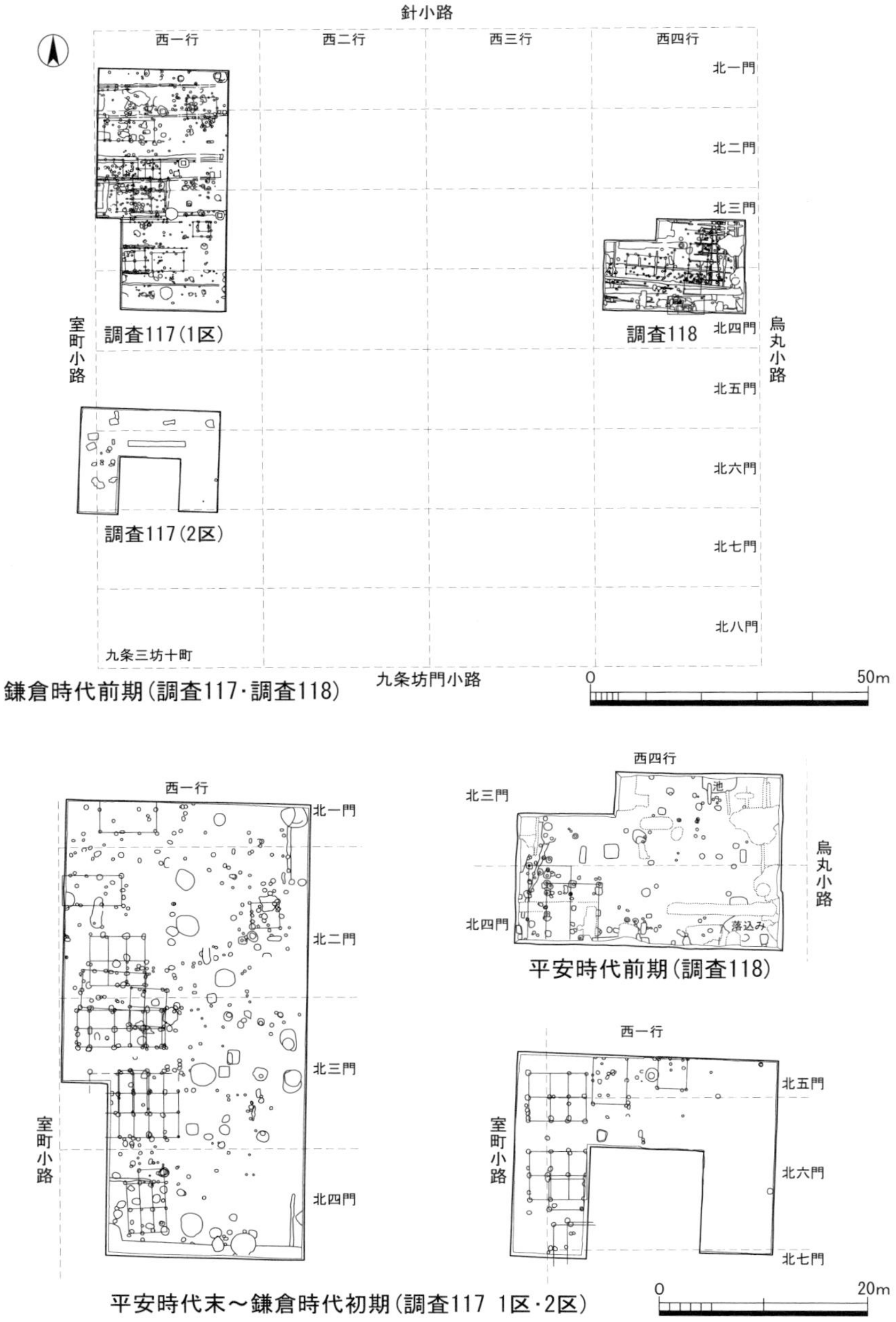

図５－９　左京九条三坊十町跡（117・118調査）平面図（上図は1:1,500、下図は1:800）

鎌倉時代前期には、さらに整地を施し、建物群が建てられる。しかし、四行八門制に従わない建物配置が現れる。調査118でも建物群が検出されており、烏丸小路側にも町屋（小屋）が並び建つ。

室町時代以降、居住環境は急速に衰退し、耕作地化した。

第五節　遺構分布と居住環境

この地域には、概して氾濫堆積の砂礫層や湿地堆積層上などに居住地域の開発がおよび、各時代の整地土層が敷かれる。礫や粗・細砂を含むシルト層主体の所謂「ウグイス色」と呼称される平安時代の灰オリーブ色の整地土層が広く分布し、地点によっては、平安時代前半の整地土層も検出される。また、平安時代の整地土層上部には、鎌倉時代や室町時代の整地土層も堆積するが、土層間あるいは土層中には砂（礫）層が流入・堆積あるいは混入する箇所もあり、断続的な氾濫堆積が繰り返される。

1　条坊と町内区画施設（図5-6、表5-2）

図5-6では、平安時代後期・鎌倉時代・室町時代の遺構検出地点の分布を図示した。

条坊路や四行八門制に係る町内区画施設の検出例は、発掘調査・試掘・立会調査とも多い。南北路では、坊城小路・壬生大路・櫛笥小路・東大宮大路・猪熊小路・東堀川小路・油小路・西洞院大路・町尻小路・室町小路・烏丸小路・東洞院大路がある。東西路では、六条大路・左女牛小路・七条坊門小路・北小路・七条大路・塩小路・八条坊門小路・八条大路・針小路・九条坊門小路・信濃小路・九条大路があり、南北路・東西路とも、高倉小路以東の地域では未検出である。

特徴的な路を示すと、調査39では、油小路西側溝は、平安時代から鎌倉時代には想定位置にあるが、室町時代は一メートル程度東側に寄り、調査40では、宅地側に寄る。調査58では、室町時代には八条坊門小路路面上に土坑が造られ、道路

表5-2　試掘・立会調査における条坊路検出地点表

	条坊路	接地街区(最寄り町優先)	試掘・立会地点記号	備考
南北路	坊城小路	七条一坊一町	81-HL24	西側溝
	〃	七条一坊二町	00-HL161	西内溝
	〃	〃	H12-41	両側溝
	壬生大路	八条一坊十町	82-HL41	東側溝
	〃	九条一坊六町	90-HL36	時期不明の路面
	東大宮大路	七条二坊二町	91-HL116	〃
	猪熊小路	七条二坊四町	90-HL165	堀川小路―七条大路交差点
	〃	八条二坊三町	86-HL65	時期不明の路面
	〃	八条二坊六町	01-HL209	鎌倉後期の路面
	〃	〃	86-HL65	時期不明の路面
	〃	九条二坊三町	95-HL272	平安後期～室町の西側溝
	東堀川小路	七条二坊七町	10-HL424	時期不明の路面
	〃	七条二坊十二町	82-HL243	平安時代の東側溝
	〃	八条二坊五町	05-H307	鎌倉時代の西側溝
	油小路	八条二坊二町	82-HL142	時期不明の路面
	〃	九条二坊四町	01-HL208	平安末期～鎌倉の西側溝
	西洞院大路	七条二坊一六町	96-HL-36	鎌倉～室町の西洞院川西肩口
	〃	七条二坊十三町	03-HL408	時期不明の西洞院川氾濫堆積
	〃	八条二坊十六町	92-HL111	江戸の西洞院川
	町尻小路	八条三坊二町	93-HL433	平安末期の路面
	烏丸小路	七条三坊九～十二町	05-HL389	鎌倉前期～室町の東側溝
	東洞院大路	七条三坊十六町	95-HL312	室町の路面
	〃	七条三坊十四町	99-HL347	時期不明の路面
	〃	七条四坊三町	00-HL347	〃
	〃	八条四坊一町	86-HL96	〃
東西路	六条大路	七条三坊一町	91-HL64	時期不明の路面
	〃	七条三坊十六町	99-HL90	〃
	〃	七条四坊一町	87-HL141	〃
	左女牛小路	七条二坊十町	86-HL-354	鎌倉前期～室町の路面
	〃	七条四坊一町	81-HL91	平安末期～室町の北側溝
	七条坊門小路	七条一坊二町	90-HL73	時期不明の路面
	〃	七条二坊二町	80-HL-134	平安中期～江戸時代
	〃	七条三坊十四町	79-405	平安後期～室町
	〃	七条四坊二町	94-HL372	時期不明の路面
	北小路	七条二坊六町	79-462	平安時代の路面
	七条大路	七条二坊十二町	82-HL243	〃
	〃	〃	83-HL80	平安時代の路面・側溝
	〃	〃	94-HL58	時期不明の路面
	〃	八条二坊十六町	85-HL319	〃
	〃	八条三坊一町	95-HL209	平安末期～鎌倉時代の路面
	〃	八条三坊九町	92-HL308	時期不明の路面
	〃	八条三坊十六町	90-HL59・19	〃
	〃	〃	95-HL321	〃
	〃	八条四坊一町	84-HL248	〃
	塩小路	八条二坊九町	93-HL171	平安後期の側溝・路面
	〃	八条二坊十五町	86-HL61	時期不明の路面
	〃	八条三坊七町	96-HL35	〃
	八条坊門小路	〃	85-HL18	平安後期～鎌倉時代
	八条大路	九条四坊十六町	94-HL289	時期不明の路面
	針小路	九条一坊三町	01-HL423	時期不明の南側溝
	〃	九条二坊七町	89-HL10	時期不明の路面
	九条大路	九条一坊一町	80-HL34	〃
	〃	九条三坊	60-51	江戸時代の側溝

敷は狭まる。室町小路や町尻小路は、複数の地点で検出されるが、各地点で排水を目的に自在な変容を示し、都市機能を保つ。調査62・65では、平安時代後期から室町時代の町尻小路・室町小路が検出される。調査65では、室町小路想定位置で南北流路が敷設され、その後、流路の一部は路が敷設され、鎌倉時代には路が敷設される。調査66では、八条坊門小路の路面・北側溝が想定線から一〇メートル南に位置する。調査82では、平安末期から鎌倉時代の東洞院大路と八条大路が検出される。八条大路北側溝は町内側に位置し、路の構造も東洞院大路が礫敷きであるのに対し、八条大路では礫敷きは未検出である。また、東寺築地位置では、調査90・102で現築地直下で築地痕跡が検出され、平安京造営当初から築地位置は変わらず、同位置で造作が続けられたことが明らかにされる。調査103では、信濃小路が検出されるが、鎌倉時代末期をまたなければならず、東寺巷所との関連が想定される。調査119～121では、烏丸小路が信濃小路を挟んで北側では一丈前後、南側では一丈東側へ寄り、城興寺の寺域との関連も指摘される。室町時代後期には濠が整備される。

一方、町内には四行八門制による町内区画施設が敷設される事例がある。平安時代前・中期では、調査22で行界施設が検出される。平安時代後期から鎌倉時代では、調査41・43・45・75・107・109で行・門界施設が検出される。鎌倉時代前期では、調査21、鎌倉時代では、調査61・117で行・門界施設が検出され、中世ならびに室町時代では、調査63・78で区画施設が検出される。調査48では、室町前期から中期の北三・四門界の柵・溝・路面が検出され、辻子遺構とされる。

条坊路は、平安京造営時から厳然と敷設されたのであろうが、自然環境・居住環境や立地などにより自在に変容を遂げる。東洞院大路以東の条坊路の大半が未検出であることは、繰り返される鴨川氾濫などにより影響を受けたことが窺われる。ただし、七条大路・八条大路あるいは九条坊門小路など重要な東西路が敷設されたことは、京域と郊外の鴨東を結ぶ鴨川の架橋を考慮すれば、容易に連続性が考えられる。

一方、町内には四行八門制による区画施設が敷設される事例や想定線に外れる事例もある。検出事例は、平安時代前期から検出される。検出遺構には、戸主制や土地買券の実態に迫る事例もある。

2　池と邸宅

池跡検出地点は、東西は七条三坊から九条二坊十三町〜十六町・九条三坊十町に及ぶ。当該地の基盤層を形成する堆積物は、砂礫が主体であり、高低差により湿地状を呈する地域もある。砂礫を通過した伏流水は、湧水として地表面近くか地上に噴出する。泉の検出例もあり、湧水あるいは泉を造作して水を確保し、池が形成される。居住に必ずしも適当ではないが、邸宅内に泉や池を構えるに適した地域と言える。また、邸宅を構えたことを示す遺構として、地業がある。地業は、重要建物の下部構造を示す遺構である。

左京六条大路以南の池に関連する文献史料を抽出すると、[15] 七条域では、一坊八町には平安時代中期、大江公仲が納涼のための別荘とし庭園を整備した。二坊十三町・十四町には平安時代中期、宇多上皇の後院（亭子院）があり、池の中島に亭（亭子）を設け、遊宴が催された。三坊九町には平安時代中期、大中臣輔親の邸宅があり、天橋立を模した園池「海橋立」が造られた。平安時代後期には白河法皇の御所や藤原顕季の六条第となる。十二町には、平安時代後期、藤原実季の七条亭あるいは七条水閣と称される邸宅があり、邸内に仏堂が造られる。

八条域では、一坊十三町には、平安時代後期、藤原顕頼の邸宅、八条大宮第があり、池の景観から「水閣」とも評された。三坊五町には、平安時代後期から鎌倉時代初頭、藤原顕隆・顕能の八条町尻第、二条天皇の仮皇居、美福門院藤原得子の八条烏丸御所、平頼盛の新造邸宅である「八条室町亭」あるいは「池殿」と呼ばれる邸宅があった。邸宅内には、藤原顕隆は「八条堂」を供養した。

九条域では、二坊三町では平安時代後期の藤原伊通「南殿堂」が知られる。二坊十一町には、平安時代前期、藤原三守の九条邸を寄進された空海が興した綜芸種智院があった。『遍照発揮性霊集』によれば、泉が湧き出で、鏡のように澄んだ園池があった。平安時代中期、六町に右大臣藤原師輔邸、十三・十四町に太政大臣藤原信長邸などがあった。また、藤原基経や忠平も九条に邸宅を所有した。九条二坊十二町には、平安時代後期、藤原宗通・伊通の邸宅があり、宗通の九条邸には景勝なる庭園が造られ、邸宅内には仏堂や御堂が供養された。

調査成果を概観すると、池の水深は比較的浅く、湧水口・施設を伴い、遣水状の溝検出例がある。池検出例には次の調査事例があり、地理条件を有効に活用した邸宅が構えられた。

平安時代前期から中期の検出例では、調査45の池状遺構から前期の遺物が出土した。調査47では前期の流路地形を利用して中期に園池が造作される。調査71では、前期から中期の自然流路ないし湿地を利用した池で、拳大の石で洲浜を造作する。調査105では、前期の一三町を東西に区画する大規模な流路や東半に池跡がある。流路土層は、腐植土層と砂層の互層堆積で、断続的な滞・流水を窺わせる。調査112では、前期の水汲み施設・池状窪地遺構があり、周辺には園池を備えた宅地が存在した。また、平安時代末期から鎌倉時代には石積小園池（泉水）がある。調査117・118では、前期から後期の流路や池跡がある。

平安時代後期では、調査26では、外装に石積を伴う基壇建物が検出された。調査区南端には後期の砂礫層が堆積する。周辺の試掘調査(16)では、平安時代後期から室町時代後半までの池状遺構が検出され、六条第の池の可能性が高い。調査44では、東西一一・五メートル、南北一二メートル以上の範囲で建物地業が検出されたが、ほぼ重複する位置で池が検出された。調査49では、肩口から底部にかけて拳大の石を敷き詰めた池状落込遺構がある。東肩口に径三〇・四〇センチメートルの石が数個配される。調査62では、平安時代後期から鎌倉時代の景石や池ならびに特別な形態や機能を有した泉が複数ある。調査113では、平安時代後期の景石を伴う庭園を備えた池がある。調査115では、平安後期の園池がある。

鎌倉時代から室町時代以降では、調査19では導水路を伴う池跡、調査10では室町時代後期の池跡がある。本圀寺との関連が指摘される。

一方、地業の検出例は、調査62では、平安時代中期から鎌倉時代の礫敷地業がある。調査69では、南北約九メートル、東西約六メートル以上の室町時代の礫敷地業が検出された。調査111では、平安時代末期から鎌倉時代の三基の石敷地業が三・五〜八メートル以上の範囲で検出された。調査114では、平安時代後期の地業が検出された。

当該地域には池跡が広く分布する。一つには、邸宅内に幽谷の景色を取り込む意図にあり、居住に不適な地理環境でありながら、邸内に池を構える風景を獲得するに適した地域でもあった。また、邸宅内に仏堂や重要建物などの下部構造を示す地業が複数の地点で検出される。地理的に不安定な基盤層上に建物を造作する上では、地耐構造として優れた工法なのであろう。

3　都市と墓地（図5-10）

図5-10では、鋳造遺構・遺物、墓検出地点分布図を作成した。

平安京内の造墓については、原則禁止されていたが、鎌倉時代以降、各地点で墓が検出される。遺跡地図には、左京七条から八条の三坊域に東本願寺前古墓群が示され、鎌倉時代から室町時代の遺跡と周知される。(17) 図5-10中では、墓検出地点を「┴」で示した。墓地としての利用は、鎌倉時代には出現し室町時代後期に及ぶ。

一九地点程度ある。桃山時代以降では、調査44で桃山時代の二十数基、調査81では江戸時代の墓が検出される。調査81の地域には、鎌倉時代以降には時宗金光寺が造営され、火葬場が設けられた。

埋葬形態には、土坑墓・木棺墓・土器棺墓などがある。調査27・28では土器や礫を敷くか盛る遺構があり、墓に想定される。調査42では、室町時代前半の墓三基とともに犬骨一〇基を埋納した土坑墓がある。甕など大型容器は蔵骨器としての用途があり、埋納される。調査52では、鎌倉時代の人骨が埋納された大甕が三基検出され、調査28・69・129では、鎌倉時代から室町時代後の土器棺墓がある。

この地域における墓域は、九条から七条域、二坊から四坊域に及び、東本願寺前古墓群範囲を遙かに超えて都市域から縁辺部に分布し、小屋（町屋）の敷地内や裏側の空閑地のほか、縁辺部の空閑地などが利用されている。あるいは、寺域

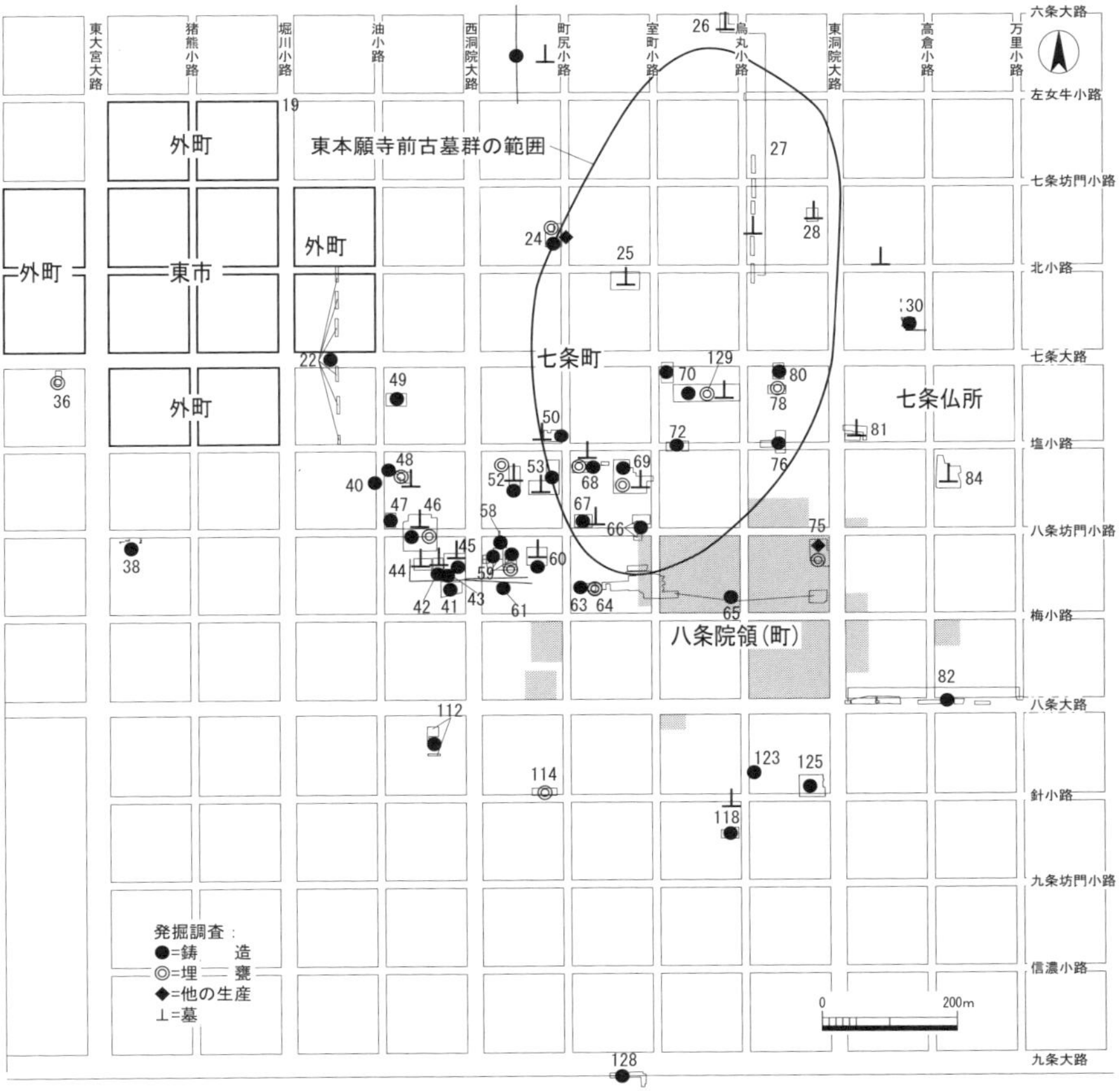

図５-10　墓跡、埋甕・鋳造遺構検出地点（1:15,000）

調査60　出土銭鋳型（『平成６年度京都市埋蔵文化財調査概要』より）

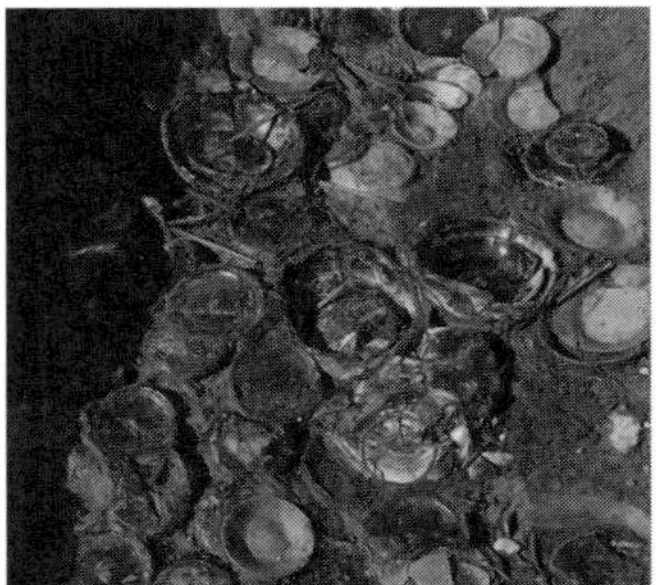

調査75　出土漆器椀など（『平成８年度京都市埋蔵文化財調査概要』より）

内埋葬の事例もあろう。

第六節　遺跡内の生産遺構

当該地域は、東市、七条仏所、七条町、八条院町（東寺領八条院町）など、生産・交易・金融に係る地域として知られる。生産遺構としては、鋳造・鍛冶など金属の生産・加工、漆器生産、酒・油などの生産に係る大甕の埋設ならびに付属する建物などの遺構・遺物がある。(18) 八条院町では、室町小路や烏丸小路に面して多くの請人が登録され、手工業者が知られ、七条町や八条院町における商工業が盛んであったことが窺える。

1　埋甕（図5-10）

大型容器の甕は、窪みに据えたり土中に埋め込み、酒・油などの液体貯蔵や蓄銭などの用途に用いる。また、甕棺にも用い、生活面下に埋没させる。検出例は十三例あり、大半は鎌倉時代から室町時代に属する。

酒・油の生産・貯蔵関連遺構には次の検出例がある。調査24では、平安時代から鎌倉時代前期の建物に付属する甕据付穴群が検出され、室町時代前期にも甕が据え付けられる。調査36では、平安時代末期から室町時代前期の埋甕が三箇所ある。甕据付穴が九基以上並ぶ例もあり、七条に面した小屋（町屋）の奥に甕が据えられる。ひび割れした甕には修復用の漆を施す。調査46では、南北約八メートル、東西約三メートルの範囲に、八個の甕が埋設される。調査48では、建物張り出し部に接して甕が埋設される。調査59では、埋甕や甕の据え付けが見られる。調査63では、漆付着の常滑甕が検出され、修復痕であろう。調査75では、縦板で仕切られた二基の埋甕がある。調査78では、平安時代末から鎌倉時代の埋甕が二基、甕据付穴が四基、関連する建物とともに検出された。調査114では、鎌倉時代前期から室町時代前期の建物群とともに地下蔵に甕を据え付ける。複数の埋甕が密な状態で列をなし、建物に付属する。調査68では、室町時代前期の銭貨埋納土坑が検出され、三万枚超の銭貨が備蓄される。

酒などの生産に関わると想定される遺構の分布は、八条三坊を中心に八条二坊東半へ及び、さらに、当該地を超え、六条三坊以北でも複数の調査で検出される(19)。

2　鋳造・漆器生産遺構（図5-10）

この地域の鋳造・漆器など生産関連遺跡には、七条町、七条仏所、東寺領八条院町などが知られる。

鋳造関連遺構・遺物は、平安時代前・中期、平安時代後期から鎌倉時代、室町時代の検出例がある。出土地点の偏在性は、時代・検出地点で顕著である（本書コラム1参照）。

平安時代前期では、調査118で鞴《ふいご》の羽口《はぐち》が出土した。施薬院御倉跡で、機関内での必要物資生産を示す。調査22では、平安時代前期から中期の坩堝・鞴・鋳型・鉄滓が出土した。北半は、東市の東外町に相当し、当該地での鋳造を示す。市周辺における器物の生産活動を示す事例は、西市周辺でも明らかにされる。

調査53で平安時代中期から鎌倉時代後期の刀装具や仏具の鋳型、坩堝・鞴羽口が出土した。

平安時代後期から鎌倉時代・室町時代の遺構・遺物出土地点には、調査22・24・30・40～43・45・46・49・50・52・58・59・61・63・65・66・123・125などがある。

鋳造炉・土坑・鍛冶跡などが検出された地点には、調査24・40・46・48・50・61・65・129がある。仏具関連鋳型などが出土した地点には、調査41・46・47・63・65・125がある。鏡関連鋳型などが出土した地点には、調査24・43・46・47・65・66・80がある。調査例65は、一四世紀前半に相当し、この地域での銅細工の初源とされる。銭関連鋳型などが出土した地点には、調査46・60・66・67・69・70がある（図5-10下左の写真参照）。刀装具鋳型などが出土した地点には、調査46・47・53・60・67がある。鍛冶遺構・鉄滓が出土した地点には、調査22・30・61・76・129がある。これら、鋳造関連遺跡の分布範囲は、概して油小路〜東洞院大路間と、七条坊門小路〜八条大路間の範囲に及び、当該範囲内でも、油小路―室町小路間と塩小路―梅小路間に高い密度で分布し、八条院町の北西側、七条町の南側に相当する。仏具・鏡・銭貨・刀装具などの種別出土地点はこの範囲内に収まる。

調査42では、鎌倉時代の鋳造関連の鋳型・坩堝・有孔塼、また、鎌倉時代・室町時代については、周辺の調査同様、鏡の鋳型造作を裏付ける遺物が出土した。調査46では、西洞院大路の西側で鋳造関連工房群が検出され、分布範囲がより広範囲にわたる。炉・作業場・井戸の配置から鋳造工房の規模・構造を知る手懸かりが得られた。一軒の間口は五・六メートル、奥行きは、小路路面端から一五メートルに収まる。また、鋳造遺構・遺物出土地点は、七条町や東寺領八条院町の領域から南へは及ばない。梅小路を境界として、南側の出土地点はわずかに散在する程度である。調査47では、平安時代後期から室町時代の鋳造炉が検出され、平安時代後期から室町時代の鏡・刀装具・器物・仏具などの鋳型と室町時代の坩堝が出土した。仏具の蓮座鋳型も、平安時代後期の井戸から出土した。この調査は、平成十五年度調査で確認された炉群と同様、油小路に面して工房が営まれていたことを示す。調査48では、平安時代後期から室町時代の鋳型とともに、坩堝・鞴羽口・炉壁・砥石が出土し、室町時代の鋳造土坑・炉が検出された。調査60では、平安時代末期から鎌倉時代の鏡・銭・刀装具・仏像の鋳型や、坩堝片・銅滓が出土した。この場所は、文献史料にも記されない地域での生産遺跡を示す調査成果である。調査67では、平安時代後期から鎌倉時代の刀装具とともに、室町時代後期の火床・鋳造遺構や鎌倉時代末期の鋳型および銭貨の鋳型等が出土した。また、煉瓦状を呈する遺物である瓦質有孔塼の使用一例が明らかにされ、火床形成の用途を有する手懸かりが得られた。調査38・82では、江戸時代の炉壁・坩堝・取瓶・鋳型・砥石・銅滓などが出土した。

一方、調査75では、室町時代の漆器・箸などを多量に埋納した土坑が複数検出された[20]（図5-10下右の写真参照）。八条三坊十四町の北東部に位置し、八条院町に相当する地点である。この地域は、『東寺百合文書』によって町内の詳細な店配置が示される。[21] 生産関連の遺構・遺物の分布は、八条三坊を中心に八条二坊へ及ぶ。

第七節　埋蔵文化財の調査成果と課題

以上、平安京南東部における調査成果を示した。研究報告は、各調査報告および論文の中でなされたが、その後も当該地における開発が断続的に行われ、新たな調査成果も蓄積された。従って、その後の調査成果を含めできる限り網羅することで、平安京造営前の環境を基に、遺跡変遷の基礎資料を提示した。

当該地には、平安京造営直後から、邸宅や公共性を帯びた施設が構えられた。鴨川の氾濫堆積土層が広く分布し、湿地や湧水域などが広がり居住環境として不適な傾向の環境にありつつも、園池に活用し、幽玄な環境に置き換えて邸宅・施設内に取り込んだ。一町規模の邸宅や施設の実態が姿を現す。

空間を限る条坊路は、大路・小路全三〇路のうち、二五路が検出される。七条大路は、平安京造営直後から平安京内の境界的な意識を演じつつ、東西路としての機能も維持する。その後も、鴨東と京内を繋ぐ他の東西路とともに基幹路として機能を増す。八条大路沿いには、八条院領や平氏一族の西八条第が形成された。八条大路界隈に邸宅群が広がる一端が遺跡から窺える。

居住空間としての遺跡は、平安時代前期では、一坊東半から四坊西半の北東から南西域に分布する。平安時代中期には前代に比べ分布数が増加する。平安時代後期以降は、飛躍的に遺構検出地点は増加し、それまで検出されなかった四坊域東部にまで及ぶが、一方で、当該地には氾濫堆積層が断続的に各地点に及ぶ。

当該地に時代変遷の過程で工業・商業活動が高まり、一大生産・金融環境が集約する。邸宅、町屋（小屋）、工業・商業地域あるいは葬地などが重層した状況が窺える。室町時代以降の遺構検出地点は各地点で減少し、多くの地域で耕作地あるいは空閑地に変貌した。

なお、図5-1を顧みれば、京都駅を中心に商業施設などが高度に集積された地域や寺院・公共施設・鉄道敷設地域の外縁には、稠密な低層住宅地域あるいは空閑地などが広がる。これら遺跡未調査地域にも開発が及ぶ可能性は高い。今後、埋蔵文化財の調査が重ねられ、当該地における考古資料のさらなる集積が進むことにより、遺跡変遷の新たな展開も想定されよう。

第五章　註

（1）京都市編『京都の歴史』学芸書林、一九六八〜一九七六年。『史料京都の歴史』平凡社、一九七九〜一九九四年。『平安京提要』角川書店、一九九四年。『平安時代史辞典』角川書店、一九九四年。林屋辰三郎、村井康彦、森谷剋久編『京都市の地名』、日本歴史地名大系二七、平凡社、一九七九年などを参考にした。

（2）「9　平安京左京八条三坊2」『平成6年度 京都市埋蔵文化財調査概要』京都市埋蔵文化財研究所、一九九六年、（調査65）。

（3）『平安京左京八条三坊四・五町跡』京都市埋蔵文化財研究所発掘調査報告二〇〇九―七、二〇〇九年、（調査62）。

（4）『平安京左京九条三坊十町跡・烏丸町遺跡』京都市埋蔵文化財研究所発掘調査報告二〇一三―一五、京都市埋蔵文化財研究所、二〇一五年、（調査117）。『平安京左京九条三坊十町―パシフィックレビュー京都駅前新築に伴う調査―』古代文化調査会、二〇〇六年、（調査118）。

（5）図5-2では調査27・77・119〜122。日本初の路面電車から発展した京都市電は、高度経済成長に伴う車社会の影響を受け、一九七八年廃止された。その後、新たに烏丸通に地下鉄敷設計画（京都市高速鉄道烏丸線、一九八一年開業）が持ち上がった。当該工事に伴い現在の烏丸通中央部で南北に調査が実施され、平安京跡の北方から南の九条大路まで南北に縦断する調査が行われ、京都盆地の地理環境、平安京造営前の遺跡分布から造営後の都市変遷に迫る成果が得られた。また、一連の調査を通して、都市遺跡における調査方法を深め、その後の土器編年にも多大な研究成果を発信した。

（6）地下鉄開業や平安京遷都一二〇〇年事業を契機として、四代目となる京都駅建て替え（調査65地点）が計画された。駅ビル建て替え範囲は広域に及び、周辺にも都市再開発が起こる。また、地下鉄敷設に関連して駅前（北側・烏丸中央口側）には京都駅前地下街（調査73地点）も併せて計画され、発掘調査が実施された。

（7）当該地域を条坊路で示せば、東は東京極大路、西は朱雀大路、北は六条大路、南は九条大路に囲まれた地域であり、条坊制による表示では、条では、左京七条から九条、坊では一坊から四坊に相当する。

（8）試掘・立会調査成果報告は、次の各年度報告による。『京都市埋蔵文化財調査概要』京都市埋蔵文化財研究所。『京都市内遺跡試掘調査概報』京都市文化観光局。『京都市内遺跡立会調査概報』京都市文化観光局。『京都市内遺跡試掘立会調査概報』京都市文化観光局。『京都市内遺跡試掘調査報告』京都市文化市民局。『京都市内遺跡立会調査報告』京都市文化市民局。

（9）横山卓雄「京都盆地の自然環境」『平安京提要』古代学協会・古代学研究所編集、角川書店、一九九四年。

（10）森雄仁・吉越昭久「井戸遺構からみた平安時代の地下水環境と洪水」『立命館地理学 第一七号』立命館地理学会、二〇〇五年。

（11）『京都市遺跡地図台帳 第八版』京都市文化市民局文化芸術都市推進室文化財保護課、二〇〇七年。

（12）右京域の調査ではあるが、西靫負小路想定位置で平安京造都当初の運河が検出された。物資運搬の目的達成後、上面に小路が敷設される。「16　平安京右京八条二坊」『平成5年度、京都市埋蔵文化財調査概要』京都市埋蔵文化財研究所、一九九六年。「12　平安京右京九条二坊」『平成6年度、京都市埋蔵文化財調査概要』京都市埋蔵文化財研究所、一九九六年。

（13）「平成13年度の調査」『平安京右京六条一坊・左京六条一坊跡』京都市埋蔵文化財研究所発掘調査概報二〇〇二—六、京都市埋蔵文化財研究所、二〇〇六年。ＳＢ79は地業で、礫を多量に詰め、底面には礎石を据える。御堂など想定される。

（14）『三教指帰、性霊集』日本古典文学大系　七一、岩波書店、一九六五年。平安時代初期、空海の遺した言を著した『遍照発揮性霊集』には、左京九条の地理環境を泉が湧き左右に流水の満ち溢れる地であるとする。園池造作の環境が整っていた。

（15）山田邦和「左京全町の概要」『平安京提要』から、左京六条大路以南の池などに関連する文献史料を抽出した。

（16）『京都市内遺跡試掘立会調査概報』昭和62年度。

（17）山田邦和「京都の都市空間と墓地」『日本史研究』四〇九号、日本史研究会、一九九六年。

（18）当該地における生産に係る考古学的成果については、次の資料がある。

網伸也「和鏡鋳型の復原的考察」『研究紀要』第三号、京都市埋蔵文化財研究所、一九九六年。

網伸也・山本雅和「平安京左京八条三坊の発掘調査」『日本史研究』第四〇九号、日本史研究会、一九九六年。

山本雅和「中世京都の堀について」『研究紀要』第二号、京都市埋蔵文化財研究所、一九九六年。「平安京左京八条三坊出土の銭鋳型」

『研究紀要』第三号、京都市埋蔵文化財研究所、一九九六年。「平安京八条院町と銭貨鋳型」『中世の出土模鋳銭』、高志書院、二〇〇一年。「平安京八条院町の鋳銭関係遺物」『わが国鋳銭技術の史的検討』、奈良国立文化財研究所、二〇〇三年。「八条院町の生産」『鎌倉時代の考古学』、高志書院、二〇〇六年。「平安京左京八条二坊十五町出土の銭貨鋳型」『研究紀要』第一〇号、京都市埋蔵文化財研究所、二〇〇七年。

東洋一「渡来銭と真土―鋳造環境からみた七条町・八条院町の立地条件―」『研究紀要』第一〇号、京都市埋蔵文化財研究所、二〇〇七年。

また本書第三章も参照のこと。

(19) 次の調査例がある。『平安京左京六条三坊五町跡』京都市埋蔵文化財研究所発掘調査報告二〇〇五―八、京都市埋蔵文化財研究所、二〇〇五年。『平安京左京四条三坊五町―菊水鉾の調査―』古代文化調査会、二〇〇八年。『平安京左京五条三坊九町跡・烏丸綾小路遺跡』京都市埋蔵文化財研究所発掘調査報告二〇〇八―一〇、京都市埋蔵文化財研究所、二〇〇八年。『平安京左京四条四坊二町跡』京都市埋蔵文化財研究所発掘調査報告二〇〇八―一二、京都市埋蔵文化財研究所、二〇〇九年。

(20) 上村和直「京都「八条院町」をめぐる諸問題―出土漆器を中心として―」『研究紀要』第八号―二五周年記念号―、京都市埋蔵文化財研究所、二〇〇二年。

(21) 『八条院町年貢帳』(『東寺百合文書』へ―三八)の元応元年(一三一九)六月条では、室町小路や烏丸小路に面して請人が登録され、番匠・薄(箔)屋・完(椀)屋・塗師・丹屋・金屋などの手工業者が記される。七条町や八条院町の隆盛が窺える。

表５－１　発掘調査地点表（平安京左京域南部）

発掘番号	調査地点	条坊・区画施設	宅地関連遺構	流路・耕作・包含層	特記遺物	報告書
1	七条一坊二町		中世溝			『平安京跡発掘調査報告 － 山陰線高架建設工事に伴う埋蔵文化財調査報告』山陰線高架化に伴う埋蔵文化財発掘調査団 1976年
2	七条一坊四町		平安末～鎌倉の溝・井戸・土坑・柱穴	弥生前期の落込・中期の溝・土坑（方形周溝墓）、室町の包含層	弥生前～中の土器	『平安京左京七条一坊四町跡・御土居跡』京都市埋蔵文化財研究所発掘調査報告 2009-01 2009年
3	七条一坊八町		中世溝	弥生前期流路	弥生前期の土器	「平安京左京七条一坊」『平成12年度京都市埋蔵文化財調査概要』京都市埋蔵文化財研究所 2003年
4	七条一坊十一町		平安～中世の柱穴・土坑			「左京七条一坊十一町　平安京東市周辺の調査」『平安学園教育研究会研究論集41号』平安学園考古学クラブ 2003年
5	七条一坊十三町		平安後期～室町の井戸			『左京七条一坊十三町　平安京東市外町の調査』平安学園考古学クラブ 1984年
6	〃		平安後の溝・井戸、鎌倉の井戸、室町の溝・井戸・土坑			「18 左京七条一坊」『昭和56年度 京都市埋蔵文化財調査概要（発掘調査編）』京都市埋蔵文化財研究所 1983年
7	七条一坊十三・十四町		江戸耕作土			「左京七条一坊十三・十四町の調査」『研究論集第41号』平安学園教育研究会 1998年
8	七条一坊十四町		平安前期・鎌倉・室町の井戸			1976年平安京調査会調査 1976年 未報告
9	七条二坊一町		平安の土坑、鎌倉～室町の土坑・溝・井戸	弥生時代の溝	弥生の土器	「13 左京七条二坊」『昭和57年度 京都市埋蔵文化財調査概要』京都市埋蔵文化財研究所 1982年
10	〃		平安前・後の溝・井戸・土坑、室町後の池			「10 左京七条二坊」『昭和58年度 京都市埋蔵文化財調査概要』京都市埋蔵文化財研究所 1985年
11	七条二坊三町	本願寺境内と町屋限る南北溝	平安中の溝、平安後～鎌倉の井戸		弥生・古墳土器	「左京七条二坊」『平成18年度 京都市埋蔵文化財調査概要』京都市埋蔵文化財研究所 2009年
12	七条二坊四町	平安後～室町の東大宮大路東側溝	平安後～室町の井戸・溝		古墳遺物	『龍谷大学構内発掘調査報告書』龍谷大学校地学術調査委員会 1974年
13	〃		江戸土坑			『重要文化財龍谷大学正門』龍谷大学校地学術調査委員会 1976年
14	〃		江戸土坑			『龍谷大学構内発掘調査報告書』龍谷大学校地学術調査委員会 1974年
15	七条二坊六・十一町		中世包含層		平安遺物	「名勝 滴翠園」平成18年度 京都市埋蔵文化財研究所年報 2009年 他複数報告
16	七条二坊六町		平安末～鎌倉の溝・土坑、室町の井戸	ベースは砂礫層	砂礫層から古墳前土器	『史跡本願寺境内・平安京左京七条二坊六町（東市）跡』京都市埋蔵文化財研究所発掘調査報告 2007-18 2008年
17	〃		桃山～江戸時代の池・井戸			『史跡本願寺境内・平安京左京七条二坊七町跡』京都市埋蔵文化財研究所発掘調査報告 2008-1 2008年
18	七条一坊七町、左女牛小路			自然流路など		『本願寺境内地発掘調査概要』本願寺境内学術調査会 1983年

発掘番号	調査地点	条坊・区画施設	宅地関連遺構	流路・耕作・包含層	特記遺物	報告書
19	七条二坊七・八町、左女牛小路、堀川小路	平安末〜鎌倉の堀川小路西側溝	平安前の土坑、平安中の井戸・土坑、平安末〜鎌倉の土坑・溝・井戸・柱穴、鎌倉後〜室町の土坑・柱穴・溝・池・井戸	ベースは砂礫層、古墳前（庄内・布留式併行期）の包含層	古墳前の土器	「3　平安京左京七条二坊」『平成7年度 京都市埋蔵文化財調査概要』京都市埋蔵文化財研究所 1997年
20	七条二坊八町		平安前の土坑、平安中の井戸・土坑、平安末〜鎌倉前の土坑・溝・井戸・柱穴、鎌倉後〜室町初土坑・柱穴・溝、室町堀・土坑・溝・柱穴・井戸			「7　平安京左京七条二坊・本圀寺跡」『平成6年度 京都市埋蔵文化財調査概要』京都市埋蔵文化財研究所 1996年
21	七条二坊九・十・十一町、八条二坊九町	平安前の左女牛小路、鎌倉前の七条坊門小路・二-三行界溝・道路敷柱列、一-二門・三-四門界溝	平安中以降の井戸・土坑・ピット・礎石・溝・溝状遺構・掘込・落込	ベースは砂礫層、弥生後期の落込・溝、古墳前期の窪地	弥生（畿内第Ⅴ様式）、古墳前期（布留式）の土器	「7　平安京左京七条二坊・八条二坊」『昭和60年度 京都市埋蔵文化財調査概要』京都市埋蔵文化財研究所 1989年
22	七条二坊十一・十二町、八条二坊九町、北小路	平安前の北小路、西二-三行界溝、中期以降の西二-三行界道路	平安後〜鎌倉の土坑・ピット・井戸・溝・掘込・落込	ベースは砂礫層、弥生〜古墳の自然堆積、平安前の包含層	自然堆積弥生〜古墳土器、平安前〜中期の坩堝・鞴・鋳型・鉄滓など・土馬などの祭祀具	「7　平安京左京七条二坊・八条二坊」『昭和60年度 京都市埋蔵文化財調査概要』京都市埋蔵文化財研究所 1988年
23	〃		平安後の土坑・柱穴、平安末〜鎌倉の土坑・柱穴・井戸、室町の柱穴・井戸		弥生後期土器	『史跡本願寺境内・平安京左京七条二坊十町跡』京都市埋蔵文化財研究所発掘調査報告 2007-2 2007年
24	七条三坊三町	平安後の町尻小路西側溝、北五-六門界	平安前〜後の柱穴・井戸・土坑・落込、平安後の建物・井戸・甕据付跡、鎌倉後の壇状高まり・埋甕、室町前の炉・溝・井戸	古墳の流路	流路から古墳の磨滅土器、鎌倉後〜室町前の仏具鋳型、江戸の鋳型	「14 平安京左京七条三坊」『平成2年度京都市埋蔵文化財調査概要』京都市埋蔵文化財研究所 1994年
25	七条三坊五町	平安後〜鎌倉前の北小路南築地関連	鎌倉後〜室町の井戸・礎石列・柱穴・墓	平安前の流路		『平安京左京七条三坊五町』平安京跡研究調査報告第15輯 古代學協會 1985年
26	七条三坊九町		平安後の建物・井戸・池状堆積、鎌倉〜室町の井戸・土坑・柱穴・溝・土器溜・柱列・溝・土坑墓	古墳後の砂礫層	流れ堆積から古墳後期の土師器・須恵器	「15 平安京左京七条三坊」『昭和63年度 京都市埋蔵文化財調査概要』京都市埋蔵文化財研究所 1993年
27	七条三坊十三・十四町、左女牛小路、七条坊門小路、北小路	平安後〜室町の左女牛小路・北側溝。平安後〜室町前の七条坊門小路北・南側溝。北小路北・南側溝、道路敷	平安後〜室町の井戸・土坑・柱穴・墓			「№35〜37」「№72」「№73」「№76」『京都市高速鉄道烏丸線内遺跡調査年報Ⅲ』京都市高速鉄道烏丸線内遺跡調査会 1982年
28	七条三坊十四町		平安後〜鎌倉の柱穴、室町前の墓	平安後〜鎌倉の整地層		「17 平安京左京七条三坊十四町」『昭和52年度 京都市埋蔵文化財調査概要』京都市埋蔵文化財研究所 2011年

発掘番号	調査地点	条坊・区画施設	宅地関連遺構	流路・耕作・包含層	特記遺物	報告書
29	七条三坊十五町、七条坊門小路	平安後・鎌倉・室町の七条坊門小路路面・北側溝	平安後・鎌倉・室町の土坑・柱穴	ベースは砂礫層	砂礫層から弥生土器	「平安京左京七条三坊十五町」『平安京跡発掘調査概要 文化庁国庫補助事業による発掘調査の概要 1979年度』京都市埋蔵文化財研究所 1980年
30	七条四坊四町		室町後の流路・土坑・溝・柱穴列		坩堝・鉄滓	『平安京左京七条四坊四町跡』京都市埋蔵文化財研究所発掘調査報告 2008-6 2008年
31	七条大路	平安後～鎌倉の七条大路北側溝・道路敷	鎌倉～室町の溝、室町～近世の柵・土坑・方形土器溜・柱穴・井戸・溝・埋甕	ベースは黄褐色泥土	ベースの泥土から弥生・古墳の土器	「16 平安京左京七条一・二坊、東市跡」『昭和52年度 京都市埋蔵文化財調査概要』京都市埋蔵文化財研究所 2011年
32	八条一坊一町		江戸の御土居堀			『平安京跡・御土居跡1次調査』京都市埋蔵文化財研究所発掘調査報告 2006-18 2007年
33	八条一坊八町、塩小路		室町の井戸・土坑			「9 平安京左京八条一坊」『昭和61年度 京都市埋蔵文化財調査概要』京都市埋蔵文化財研究所 1989年
34	八条一坊十町、壬生大路	平安中の壬生大路東側溝	平安中の土坑		弥生～古墳中の土器	「14 左京八条一坊」『昭和57年度 京都市埋蔵文化財調査概要』京都市埋蔵文化財研究所 1982年
35	八条一坊十六町	平安後～室町の塩小路・櫛笥小路側溝	平安後～室町の井戸・柱穴・土坑			『平安京跡発掘調査報告 平安京左京八条一坊十六町』関西文化財調査会 2004年
36	八条一坊十六町		平安末～鎌倉初の井戸・土坑、鎌倉の柱穴・土坑・井戸、鎌倉～室町の柱穴・土坑・埋甕、桃山～江戸初の土坑・落込		弥生土器	『平安京左京八条一坊十六町跡』京都市埋蔵文化財研究所発掘調査報告 2013-16 2014年
37	八条二坊一町	平安後～室町の七条大路南側溝	平安後の土坑、鎌倉～室町の建物・土坑			平安京調査会 1976年　未報告
38	八条二坊三町		桃山～江戸後期の柱穴・礎石・土坑・溝など		江戸の坩堝・鋳型	『平安京左京八条二坊三町跡』京都市埋蔵文化財研究所発掘調査報告 2006-11 2006年
39	八条二坊九町	平安～近世の油小路路面・西側溝	平安中の土坑・柱穴、鎌倉～室町の井戸・土坑・柱穴			「8 平安京左京八条二坊」『昭和60年度 京都市埋蔵文化財調査概要』京都市埋蔵文化財研究所 1988年
40	八条二坊十町、油小路	平安～室町の油小路路面・西側溝	平安～室町の柱穴・土坑、平安末～鎌倉の井戸・溝・土坑、室町の路面・溝・土坑・鋳造土坑		室町の坩堝等鋳造遺物	「15 左京八条二坊」『昭和57年度 京都市埋蔵文化財調査概要』京都市埋蔵文化財研究所 1982年
41	八条二坊十四町	平安後～鎌倉中の南北溝は西三-四行界	平安前の柱穴・土坑、平安後期～鎌倉中の柱穴・井戸・土坑、鎌倉後～室町の柱穴・井戸・土坑	弥生・古墳砂泥層の窪み	弥生・古墳の遺物、鎌倉の銅鏡の破片、鋳型、鞴羽口	「4 平安京左京八条二坊」『平成7年度 京都市埋蔵文化財調査概要』京都市埋蔵文化財研究所 1997年
42	〃		平安前の東西溝・土坑、平安後の南北溝、鎌倉の井戸、室町前の木棺墓・犬埋葬墓		平安以前の竈。鋳造関連の鋳型・坩堝・有孔甎	「5 平安京左京八条二坊」『平成11年度 京都市埋蔵文化財調査概要』京都市埋蔵文化財研究所 2002年

発掘番号	調査地点	条坊・区画施設	宅地関連遺構	流路・耕作・包含層	特記遺物	報告書
43	八条二坊十四町	平安後～鎌倉西三-四門界の溝	平安後の溝、鎌倉～室町の井戸・土坑		鎌倉～室町の鋳造関係の遺物（坩堝、鏡の鋳型）	「7　平安京左京八条二坊２」『平成８年度 京都市埋蔵文化財調査概要』京都市埋蔵文化財研究所 1998年
44	〃		平安末の池・建物地業・埋納土坑、鎌倉の柱穴・土坑、室町前～後の柱穴・土坑・木棺墓・井戸・溝、桃山の墓			「6　平安京左京八条二坊１」『平成９年度 京都市埋蔵文化財調査概要』京都市埋蔵文化財研究所 1999年
45	〃	平安後～鎌倉西三-四門界の溝、北二-三門界の柵	平安前の池状遺構、平安末～鎌倉の柱穴・土坑、室町前～中の柱穴・土坑・木棺墓・井戸・溝、室町後東西柵		室町の坩堝・鞴の羽口・鋳型・砥石	「6　平安京左京八条二坊１」『平成８年度 京都市埋蔵文化財調査概要』京都市埋蔵文化財研究所 1998年
46	八条三坊十四・十五町	平安後の八条坊門小路両側溝・路面	平安後の柱穴・井戸、鎌倉～室町初の鋳造炉・工房群、埋甕遺構、土坑墓５基		鋳型（鏡・刀装具類・仏具類・銭）・鞴の羽口・坩堝・道具類・砥石・鉱滓	「7　平安京左京八条二坊２」『平成９年度 京都市埋蔵文化財調査概要』京都市埋蔵文化財研究所 1999年
47	〃		平安中の園池、平安後～室町の井戸・土坑・柱穴・鋳造炉	平安前の流路	平安後～室町の鋳型（鏡・刀装具・器物・仏具）・室町の坩堝	『平安京左京八条二坊十五町』オムロン株式会社　(株)日開調査設計コンサルタント 2007年
48	〃	室町前～中の北三-四門界の柵・溝・路面（辻子遺構）	平安中の柵・土坑、平安後～鎌倉の建物・柵・井戸・土坑、室町の建物・埋甕・柵・路面・鋳造土坑・炉・木棺墓	古墳流路	古墳土器、平安後～室町の（鋳型・坩堝・鞴羽口・炉壁・砥石）刀装具、銅鏡	『平安京左京八条二坊十五町跡』京都市埋蔵文化財研究所発掘調査報告 2003-17 2004年
49	八条二坊十六町		平安の土坑・井戸・池状落込・溝、鎌倉～室町の井戸・土坑		鎌倉～室町の坩堝・銅製品	「15　平安京左京八条二坊」『昭和62年度 京都市埋蔵文化財調査概要』京都市埋蔵文化財研究所 1991年
50	八条三坊一町		平安後の柱穴・土坑・井戸、鎌倉前の鋳造土坑、鎌倉後の井戸・柱穴・土坑墓、室町の土坑墓・鋳造	古墳～平安の流路	鎌倉前の坩堝・鋳型	「18　平安京左京八条三坊一町」『昭和52年度 京都市埋蔵文化財調査概要』京都市埋蔵文化財研究所 2011年
51	八条三坊二町、西洞院大路	中世末～近世初の西洞院川	中世の井戸			「24　平安京左京八条三坊二町２」『昭和53年度 京都市埋蔵文化財調査概要』京都市埋蔵文化財研究所 2011年
52	八条三坊二町		平安後～鎌倉後の溝・土坑・井戸・柱穴・埋甕、鎌倉の木棺墓・土坑墓	平安前～中の流路（後期埋立）	鎌倉の鋳型	『平安京左京八条三坊二町-第２次調査-』平安京跡研究調査報告16輯 古代學協會 1985年
53	〃		平安後～鎌倉後土坑・井戸・柱穴、鎌倉～室町の墓	平安前～中流路	平安中～鎌倉後の鋳型（刀装・仏具）・坩堝・鞴羽口	『平安京左京八条三坊二町』平安京跡研究調査報告６輯 古代學協會 1983年

発掘番号	調査地点	条坊・区画施設	宅地関連遺構	流路・耕作・包含層	特記遺物	報告書
54	八条三坊二町		中世の井戸・小ピット			「23 平安京左京八条三坊二町 1」『昭和53年度 京都市埋蔵文化財調査概要』京都市埋蔵文化財研究所 2011年
55	八条三坊二町、八条坊門小路	平安中以前の八条坊門小路	平安中の井戸			「5 平安京左京八条三坊二町」『昭和51年度 京都市埋蔵文化財調査概要』京都市埋蔵文化財研究所 2008年
56	〃	鎌倉以降の八条坊門小路	鎌倉以降の溝・井戸・柱穴			「23 平安京左京八条三坊二町 1」『昭和53年度 京都市埋蔵文化財調査概要』京都市埋蔵文化財研究所 2011年
57	〃	鎌倉の八条坊門小路	鎌倉の溝・井戸・土坑・柱穴			「27 平安京左京八条三坊二町」『昭和54年度 京都市埋蔵文化財調査概要』京都市埋蔵文化財研究所 2012年
58	八条三坊三町、八条坊門小路	平安中の八条坊門小路	平安中～平安後の土坑、鎌倉～室町前の井戸・土坑・柱穴、室町後の土坑	ベースは砂礫層、室町後半以降は耕作地	砂礫層から弥生～古墳の遺物、鎌倉の鋳型・坩堝	「9 平安京左京八条三坊 2」『平成9年度 京都市埋蔵文化財調査概要』京都市埋蔵文化財研究所 1999年
59	八条三坊三町、西洞院大路	室町後の西洞院川	平安前の土坑・溝、平安後の土坑、鎌倉～室町前の井戸・溝・土坑・ピット・埋甕・甕据え付け土坑群	ベースは砂礫層	砂礫層から弥生～古墳の遺物、鎌倉～室町前の鋳型・坩堝・鞴	「8 平安京左京八条三坊 1」『平成9年度 京都市埋蔵文化財調査概要』京都市埋蔵文化財研究所 1999年
60	八条三坊三町	平安～鎌倉の三町を東西に二分する溝	平安～鎌倉の井戸・土坑・柱穴・金属加工・生産遺構、室町の井戸・土坑・溝・柱穴・石敷遺構・鋳造・墓跡		平安末～鎌倉の鋳型（鏡・銭・刀装具・仏像）・坩堝片・銅滓	「8 平安京左京八条三坊 1」『平成6年度 京都市埋蔵文化財調査概要』京都市埋蔵文化財研究所 1996年
61	〃	鎌倉の一-二行界溝	古墳・平安前～中の流路・柱穴、鎌倉前の溝・井戸・柱穴、鎌倉後の土坑・井戸・柱穴	ベースは砂礫層、平安前～中の流路	砂礫層からナイフ形石器、古墳後の須恵器、鎌倉後の和鏡鋳型・坩堝・羽口・銅滓・鉄滓・砥石	『平安京左京八条三坊三町跡』京都市埋蔵文化財研究所発掘調査報告 2005-10 2005年
62	八条三坊四・五町	平安後～室町の町尻小路	平安中の建物・溝、平安後の建物・溝・井戸・泉・池・土坑・落込・石敷、平安末～鎌倉の井戸・泉・土坑・柱列、室町前の井戸・土坑	ベースは砂礫層、平安前～後の湿地、室町以降の耕作土	砂礫層から古墳後土器	『平安京左京八条三坊四・五町跡』京都市埋蔵文化財研究所発掘調査報告 2009-7 2009年
63	八条三坊六町	室町後の宅地内の区画溝	室町前の井戸・溝、室町後の溝・土坑		室町の仏器の鋳型片・坩堝、漆付着の常滑甕	「8 平安京左京八条三坊」『平成5年度 京都市埋蔵文化財調査概要』京都市埋蔵文化財研究所 1996年
64	〃		平安後の土坑、鎌倉の土坑、室町の溝	灰色砂礫層は無遺物層		「16 左京八条三坊」『昭和57年度 京都市埋蔵文化財調査概要』京都市埋蔵文化財研究所 1982年

発掘番号	調査地点	条坊・区画施設	宅地関連遺構	流路・耕作・包含層	特記遺物	報告書
65	八条三坊六町・十一町・十四町	平安後～室町前の室町小路	平安中の井戸、平安後～室町前の室町小路、鎌倉の建物・井戸・土坑・鋳造関係土坑・溝	平安前～中の流路、平安後の湿地十四町	鎌倉の鋳型(鏡・仏具)・坩堝・鞴羽口、この地域での銅細工の初源、14世紀前半に銅細工	「9 平安京左京八条三坊2」『平成6年度 京都市埋蔵文化財調査概要』京都市埋蔵文化財研究所 1996年
66	八条三坊六・七町、八条坊門小路	八条坊門小路、南北溝	平安末～鎌倉・室町の井戸・土坑・柱穴・路面・溝・祭祀遺構？	平安前～中期の流路	弥生壷、古墳土師器・須恵器、鋳型(鏡・銭)・鞴の羽口・坩堝・銅滓	「8 平安京左京八条三坊1」『平成8年度 京都市埋蔵文化財調査概要』京都市埋蔵文化財研究所 1998年
67	八条三坊七町	室町後の八条坊門小路	奈良の井戸、平安中の井戸、平安後～鎌倉の土坑・溝・井戸・落込・ピット、室町前の土坑・溝・井戸・落込・ピット、室町後の土坑・土坑墓・火床・鋳造	古墳の自然流路	地山の砂礫層から弥生～古墳土器、奈良の遺物、鎌倉末の鋳型・銅製品・金銅製飾金具	「9 平安京左京八条三坊」『昭和60年度 京都市埋蔵文化財調査概要』京都市埋蔵文化財研究所 1988年
68	〃		平安中～後の井戸・土坑、鎌倉前の土坑・溝・井戸・柱穴、鎌倉後～室町の土坑・溝・井戸・柱穴・埋甕・土坑墓・銭貨埋納土坑		鎌倉～室町の鋳型・砥石・金属滓	『平安京左京八条三坊七町』京都文化博物館（仮称）調査研究報告 第1集 京都文化財団 1988年
69	〃		平安前の井戸・土坑、平安中～鎌倉の井戸・土坑・溝・柱穴・墓・埋甕・炉跡、室町の礫敷地業・鋳造遺構・土坑・溝・石室・建物跡	平安前の流路、室町後以後は空閑地か畑	弥生中・古墳後の土器、鎌倉時代の坩堝・鋳型・炉壁	『平安京左京八条三坊』京都市埋蔵文化財研究所調査報告第6冊 京都市埋蔵文化財研究所 1982年
70	八条三坊九町	平安前～江戸の七条大路	平安前の井戸、平安後の井戸・土坑・柱穴、鎌倉～室町前の溝・井戸・土坑・柱穴		古墳土器（混入)、鎌倉～室町前の金属塊、坩堝・取瓶・銭鋳型・石灰	『平安京左京八条三坊九町跡』京都市埋蔵文化財研究所発掘調査報告 2010-6 2010年
71	八条三坊九町		平安前～中の池・井戸、平安後の井戸、鎌倉の建物・柱穴列・井戸、室町の井戸・溝・土坑	ベースは砂礫層	砂礫層から古墳時代の土器	『平安京左京八条三坊九町跡』京都市埋蔵文化財研究所発掘調査報告 2009-12 2010年
72	八条三坊九・十町、塩小路	平安後～室町前の塩小路	平安後～室町前の井戸、土坑・掘立柱建物		平安後（11c)～室町の鋳型・坩堝	『平安京左京八条九・十町-七条町の調査-』古代文化調査会 2007年
73	八条三坊十・十一・十四町、室町小路、八条坊門小路	平安の八条坊門小路、室町小路	平安後～鎌倉初の溝、鎌倉末～室町の溝・柱穴・井戸・土坑			『平安京左京八条三坊 京都駅前地下街建設に伴う発掘調査』(株)京都ステーションセンター 1980年 「26 平安京左京八条三坊十・十一・十四町」『昭和53年度 京都市埋蔵文化財調査概要』2011年

発掘番号	調査地点	条坊・区画施設	宅地関連遺構	流路・耕作・包含層	特記遺物	報告書
74	八条三坊十四町		平安後～鎌倉の土坑、室町前の井戸・溝・土坑	平安前の湿地		「№69」『京都市高速鉄道烏丸線内遺跡調査年報Ⅲ』京都市高速鉄道烏丸線内遺跡調査会 1982年
75	〃	平安後～鎌倉の北一-二門界溝	平安後～鎌倉の溝、鎌倉～室町前柱穴・井戸・土坑・遺物埋納土坑・埋甕、室町後の溝	古墳～平安後の湿地、平安後の整地、室町後の耕作土	古墳土器、漆器椀多量、鋳造関係の遺構や遺物なし	「９　平安京左京八条三坊２」『平成８年度 京都市埋蔵文化財調査概要』京都市埋蔵文化財研究所 1998年
76	八条三坊十六町、塩小路	平安末～室町の塩小路	鎌倉～室町の建物・井戸・溝・土坑	平安前～後の湿地、室町後以降耕作地	室町の鉄滓・鞴羽口、銅鋳型・坩堝	『平安京左京八条三坊十五・十六町』-京都銀行京都駅前支店新築工事に伴う調査- 古代文化調査会 2005年
77	八条三坊十六町		平安後の井戸・土坑、鎌倉～室町の建物・井戸・溝・土坑	平安前～後の湿地		「№74」『京都市高速鉄道烏丸線内遺跡調査年報Ⅲ』京都市高速鉄道烏丸線内遺跡調査会 1982年
78	〃	中世の宅地区画溝	平安前～後の井戸・土坑・柱穴・溝、中世埋甕、平安末～鎌倉の検多数遺構・埋甕遺構			「10 平安京左京八条三坊」『昭和61年度 京都市埋蔵文化財調査概要』京都市埋蔵文化財研究所 1989年
79	八条三坊十六町、七条大路	平安前～鎌倉の七条大路	平安前～鎌倉の柵、平安後～室町の井戸・土坑・溝・柱穴			「15 平安京左京八条三坊１」『平成２年度 京都市埋蔵文化財調査概要』京都市埋蔵文化財研究所 1994年
80	〃	平安中～室町の七条大路・宅地内溝	平安中の井戸・柱穴・木樋状遺構、鎌倉～室町の井戸・土坑・柱穴	古墳後の流路、平安前の整地	室町の鋳造(鞴羽口・鋳型・和鏡)	「16 平安京左京八条三坊２」『平成２年度 京都市埋蔵文化財調査概要』京都市埋蔵文化財研究所 1994年
81	八条四坊一町		平安の井戸・溝・土坑、鎌倉の井戸・溝・土坑・柱穴、室町の井戸・溝・土坑、江戸墓		平安前の漆紙文書片	『平安京跡発掘調査報告　左京八条四坊一町』関西文化財調査会 2004年
82	八条四坊四・五町	平安末～鎌倉の東洞院大路・八条大路	平安末～鎌倉の井戸・土坑、室町の井戸・土坑・柵	平安前の洪水堆積、平安～室町の洪水砂礫、桃山以降の耕作地	縄文・弥生・古墳遺物、江戸の炉壁・坩堝・取瓶・砥石・スラッグ	『平安京左京八条四坊四・五町跡』京都市埋蔵文化財研究所発掘調査報告 2006-20 2007年
83	八条四坊五町		江戸の土器溜り	鴨川氾濫堆積土	縄文・弥生・古墳遺物、江戸の炉壁・坩堝・取瓶・砥石・スラッグ	『平安京跡発掘調査報告 -左京八条四坊-』平安京調査会 1977年
84	八条四坊七町		平安後の土坑・溝、鎌倉の土坑・溝・井戸・柱穴・土坑墓	ベースは砂礫層	縄文・弥生土器・石器、古墳中期須恵器	『平安京左京八条四坊七町跡』京都市埋蔵文化財研究所発掘調査報告 2003-11 2004年
85	八条四坊八町		江戸の土塁・土坑	ベースは砂礫層、江戸の耕作土	砂礫層から縄文中期前半～縄文晩期末の長原式	『平安京左京八条四坊八町跡・御土居跡』京都市埋蔵文化財研究所発掘調査報告 2013-11 2014年
86	八条四坊十町・十五町			１m以下鴨川の氾濫堆積		「Ⅱ-4 平安京左京八条四坊」『平成９年度 京都市埋蔵文化財調査概要』京都市埋蔵文化財研究所 1999年
87	八条四坊十町・十五町			１m以下鴨川の氾濫堆積		「Ⅱ-1 平安京左京八条四坊跡」『平成16年度 京都市埋蔵文化財調査概要』京都市埋蔵文化財研究所 2006年

発掘番号	調査地点	条坊・区画施設	宅地関連遺構	流路・耕作・包含層	特記遺物	報告書
88	九条一坊四町、羅城門跡			鍋取川の流路または氾濫		『平安京跡発掘調査概報』京都市埋蔵文化財研 究所概報集 1978- II 1978年
89	九条一坊四町、坊城小路			弥生後期の流路	弥生後期土器	「8 平安京左京九条一坊」『平成10年度 京都市埋蔵文化財調査概要』京都市埋蔵文化財研究所 2000年
90	九条一坊十六町、東大宮大路	平安の東大宮大路西側溝、西三-四行界	平安前～後の井戸・溝・土坑・柱穴、鎌倉の井戸・土坑・溝、室町の溝・土坑			『平安京左京九条一坊十六町 -東寺旧境内遺跡-』古代文化調査会 2009年
91	九条一坊十六町、東寺旧境内		平安中～後の建物・柵・井戸・土坑・溝、鎌倉～室町の井戸・溝・堀・土坑		瓦窯壁に用いた平安の熔着した瓦	『教王護国寺旧境内（東寺旧境内）』京都市埋蔵文化財研究所発掘調査報告 2009-3 2009年
92	九条一坊十町、東寺旧境内		平安中～後の井戸・土坑、鎌倉～室町の建物・柵・井戸・土坑	古墳の流路（河川）	古墳土器	『東寺（教王護国寺）旧境内』京都市埋蔵文化財研究所発掘調査報告 2001-7 京都市埋蔵文化財研究所 2002年
93	九条一坊十町、東寺旧境内		平安～江戸の基壇状遺構・溝・柱穴・土坑・涌水遺構・井戸・瓦窯・集石遺構			『(財) 真言宗京都学園 洛南高等学校新築体育館用地　埋蔵文化財調査報告』東寺境内発掘調査団　洛南高校班 1981年
94	九条一坊十五町、東寺旧境内		平安前～中の溝、鎌倉～室町の柱穴・土坑・溝	平安前～中の整地層		「17 平安京左京九条一坊・東寺旧境内2」『昭和63年度 京都市埋蔵文化財調査概要』京都市埋蔵文化財研究所 1993年
95	九条一坊十四町、東寺旧境内		礎石群			『重要文化財教王護国寺宝蔵・大師堂修理工事報告書』京都府教育庁文化財保護課 1960年
96	九条一坊十四町、大宮大路、東寺旧境内		鎌倉～江戸の溝・基壇状遺構			『史跡教王護国寺』『京都府遺跡調査概報 第48冊』京都府埋蔵文化財調査研究センター 1992年
97	九条一坊十四町、大宮大路、東寺旧境内		築地基壇・礎石			「東寺東側築地外発掘調査報告」『古代文化 第27巻 第1号』古代學協會 1975年
98	九条一坊十四町、東寺旧境内		創建時の講堂基壇など			『重要文化財教王護国寺講堂修理工事報告書』京都教育庁文化財保護課 1954年
99	九条一坊十二町、東寺旧境内		礎石・基壇など			『重要文化財教王護国寺潅頂院並北門・東門修理工事報告書』京都府教育庁文化財保護課 1960年
100	九条一坊十二町、東寺旧境内	平安の九条大路	平安中～後の柱穴・溝・土坑、鎌倉の東寺鎮守八幡宮社殿・亀腹			「16 平安京左京九条一坊・東寺旧境内1」『昭和63年度 京都市埋蔵文化財調査概要』京都市埋蔵文化財研究所 1993年
101	九条一坊十一～十四町、東寺旧境内		中門・回廊・経蔵・僧房などの施設			『教王護国寺防災施設工事・発掘調査報告書』教王護国寺 1981年
102	左京九条一坊十三・十四町東寺旧境内	平安～現代の東大宮大路	東寺東築地			『教王護国寺（東寺）境内現地公開資料』京都市埋蔵文化財研究所 2010年
103	九条二坊三町、信濃小路	室町の信濃小路	平安前の北東-南西方向溝、室町の溝・土坑・井戸・柱穴			「15 平安京左京九条二坊」『平成元年度 京都市埋蔵文化財調査概要』京都市埋蔵文化財研究所 1994年
104	九条二坊四町		近世の遺構	弥生末～古墳前の流路	弥生末～古墳前・中の土器	『京都市埋蔵文化財研究所概報集 1978-I』京都市埋蔵文化財研究所 1978年

発掘番号	調査地点	条坊・区画施設	宅地関連遺構	流路・耕作・包含層	特記遺物	報告書
105	九条二坊十三町	平安前〜中の油小路、桃山〜江戸の御土居	平安前〜中の池状遺構、鎌倉の建物・井戸・土坑・溝	平安前〜中の流路	弥生土器・環状石斧、古墳の土器	「6　平安京左京九条二坊四町」『昭和59年度 京都市埋蔵文化財調査概要』京都市埋蔵文化財研究所 1987年
106	〃			基盤の砂礫層は流れ堆積層	砂礫層から古墳の土師器・須恵器片	「25　平安京左京九条二坊十三町」『昭和60年度 京都市埋蔵文化財調査概要』京都市埋蔵文化財研究所 1988年
107	九条二坊十五・十六町	平安後の十五町の北五-六行界溝、十六町の北四-五門界溝	平安後の堀状溝・溝・柵・柱穴・土坑、鎌倉井戸、鎌倉〜室町の井戸・柱穴	ベースは砂礫層	ベースの砂礫層から弥生〜古墳土器	「17　平安京左京九条二坊」『平成２年度 京都市埋蔵文化財調査概要』京都市埋蔵文化財研究所 1994年
108	九条二坊十五・十六町、針小路	御土居		ベースは砂礫層	砂礫層から弥生〜古墳の土器	「9　平安京左京九条二坊」『平成３年度 京都市埋蔵文化財調査概要』京都市埋蔵文化財研究所 1995年
109	九条二坊十六町、針小路	平安後〜鎌倉の針小路北側溝、二-三行界の溝	平安前の掘立柱建物、鎌倉〜室町の井戸・柱穴			「9　平安京左京九条二坊１」『平成４年度 京都市埋蔵文化財調査概要』京都市埋蔵文化財研究所 1995年
110	九条二坊十六町、針小路・西洞院大路	平安後〜鎌倉の針小路北側溝	平安後〜鎌倉の溝・柱穴・井戸	ベースは砂礫層	「長生宜子蝙蝠座内行花文鏡」、砂礫層中より古墳の須恵器、埴輪	「9　平安京左京九条二坊」『平成５年度 京都市埋蔵文化財調査概要』京都市埋蔵文化財研究所 1996年
111	九条二坊十六町		平安末〜鎌倉の建物・地業・井戸・土坑・柱穴・落込			『九条二坊十六町跡・御土居跡』京都市埋蔵文化財研究所 2014年 現説資料
112	〃		平安前の水汲み施設・落込・池・柱穴・土坑、平安末〜鎌倉の柱穴・井戸・土坑・溝・溝状遺構・石積小園池（泉水）	ベースは砂礫層	砂礫層から弥生〜古墳遺物、鎌倉の銅関連の係取瓶・鞴羽口	「9　平安京左京九条二坊」『平成10年度 京都市埋蔵文化財調査概要』京都市埋蔵文化財研究所 2000年
113	九条二坊十六町、西洞院大路		平安後〜鎌倉・室町の柱穴・土坑・井戸・池状遺構（洲浜・景石）	ベースは砂礫層	砂礫層から弥生・古墳土器	「10　平安京左京九条二坊２」『平成４年度 京都市埋蔵文化財調査概要』京都市埋蔵文化財研究所 1995年
114	九条三坊一町	針小路関連	平安後の地業、平安末〜鎌倉の井戸・土坑・柱穴、鎌倉初〜室町前の井戸・土坑・柱穴・甕据倉		流路から古墳遺物	「平安京左京九条三坊一町跡」『平安京左京内５遺跡 平安京跡研究調査報告 第22輯』古代學協會 2008年
115	九条三坊二町	平安後以降の針小路路面・南側溝	平安後期の園池、鎌倉前〜室町後の溝・柱穴・土坑	ベースは砂礫・砂層	弥生〜古墳の遺物	「10　平安京左京九条三坊」『平成９年度 京都市埋蔵文化財調査概要』京都市埋蔵文化財研究所 1999年
116	九条三坊五町			平安時代中期の包含層、ベースは砂礫層	砂礫層から弥生土器	「平安京左京九条三坊」『昭和54年度 京都市埋蔵文化財調査概要』京都市埋蔵文化財研究所 2012年
117	九条三坊十町	鎌倉の門界区画施設	平安前〜後の池・流路、平安末〜鎌倉初の建物・柵・井戸・溝、鎌倉の建物・柵・井戸	室町以降の耕作溝、ベースは砂礫層	砂礫層などから弥生・古墳土器、「悲田院」・「施薬院」木簡	『平安京左京九条三坊十町跡・烏丸町遺跡』京都市埋蔵文化財研究所発掘調査報告 2013-15 2015年

発掘番号	調査地点	条坊・区画施設	宅地関連遺構	流路・耕作・包含層	特記遺物	報告書
118	九条三坊十町		平安前～中の建物・池・溝・土坑、鎌倉～室町の建物・塀・井戸・土坑		平安前の鞴羽口（施薬院の御倉）	『平安京左京九条三坊十町 -パシフィックレビュー京都駅前新築に伴う調査-』古代文化調査会 2006年
119	九条三坊十三町、烏丸小路	平安後～鎌倉前の烏丸小、室町後～桃山の濠	室町後の土坑・溝状遺構・井戸・ピット・杭穴		古墳、平安前の遺物	「12 左京九条三坊(2)」『昭和58年度京都市埋蔵文化財調査概要』京都市埋蔵文化財研究所 1985年
120	〃	平安後の烏丸小路	鎌倉の井戸、室町後期～桃山前半の濠・柱穴	平安前の窪地、平安後の整地層	弥生中～古墳中の遺物	「11 左京九条三坊(1)」『昭和58年度京都市埋蔵文化財調査概要』京都市埋蔵文化財研究所 1985年
121	九条三坊十五町、烏丸小路	平安後～鎌倉の烏丸小路、信濃小路、室町後～桃山の濠	平安前の小井戸、平安中の土坑・溝・井戸・柱穴、平安後～鎌倉の土坑・井戸・溝・柱穴・掘込・落込	ベースは砂礫層、弥生後の溝	砂礫層から縄文晩期・弥生後の土器・石器、古墳後の遺物	「平安京左京九条三坊」『昭和59年度京都市埋蔵文化財調査概要』京都市埋蔵文化財研究所 1987年
122	九条三坊十三～十五町、烏丸小路	平安後～鎌倉前の九条坊門小路・烏丸小路	平安中の土坑、平安後～鎌倉前の土坑・ピット・落込	室町以降は耕作地	平安前遺物	「10 平安京左京九条三坊」『昭和60年度 京都市埋蔵文化財調査概要』京都市埋蔵文化財研究所 1988年
123	九条三坊十六町	平安後～室町前の北六-七門界の柵	平安後～室町前の井戸・土坑・建物・柵		平安後～室町前の鋳型	「19 左京九条三坊」『昭和56年度 京都市埋蔵文化財調査概要』京都市埋蔵文化財研究所 1982年
124	〃		飛鳥後期の井戸、平安後～室町の井戸、鎌倉の井戸・柱穴・土坑、室町初の建物・柱穴・溝・柵・土坑		飛鳥時代後期の遺物、唐三彩陶枕	『平安京左京九条三坊跡 京都駅南口第一種市街地再開発事業に伴う埋蔵文化財調査概報 昭和54年度』京都市埋蔵文化財研究所 1980年
125	〃		平安後～室町後の井戸・土坑・溝・柱穴		縄文土器、平安後の仏教関連の鋳型、室町の鋳型・鞴羽口・坩堝	『平安京左京九条三坊跡 京都駅南口第一種市街地再開発事業に伴う埋蔵文化財調査概報 昭和55年度』京都市埋蔵文化財研究所 1981年
126	九条四坊三町、東洞院大路	平安後の東洞院大路東側溝・築地内側溝	平安後の井戸・柱穴列、平安後～鎌倉初の井戸、室町の井戸			『平安京跡発掘調査概要 京都市埋蔵文化財研究所概要集1978』京都市埋蔵文化財研究所 1979年
127	九条四坊七町		平安末～鎌倉の井戸	古墳前（布留）～平安前河川、鎌倉～室町の流路	古墳前(布留)土器・砥石	「11 平安京左京九条四坊」『平成4年度 京都市埋蔵文化財調査概要』京都市埋蔵文化財研究所 1995年
128	九条大路跡・烏丸町遺跡			弥生の落込、弥生～飛鳥の流路、中世以降の落込・耕作溝	縄文中～晩期土器・石器、弥生土器・石鏃、古墳～飛鳥土器、中世以降の鞴羽口・鋳型	『平安京左京九条大路跡・烏丸町遺跡』京都市埋蔵文化財研究所発掘調査報告 2009-19 2010年
129	八条三坊九町	平安前～江戸の七条大路	平安の土坑、鎌倉後～室町の柱穴・区画溝・井戸・土坑・埋甕・墓		鎌倉後～室町前の鍛冶、鋳造、取瓶・金箔・鍛冶滓・銅滓	『平安京跡・東本願寺古墓群』京埋セ現地説明会資料 14-04 京都府埋蔵文化財調査研究センター 2015年

Column 1

町小路の北と南

西山良平

1　町小路の北――三条・町と四条・町などの地域形成

平安時代後期、町小路は商業地域に発展し、町小路と東西の大路などの交差地点は三条・町、四条・町、七条・町などと呼ばれ、鎌倉時代には平安京・京都の最も重要な経済路に展開する[1]（大路小路の位置については第一章の図1-1を参照）。町小路には、久安六年（一一五〇）四条・町に「切革坐棚」があり、「保延年中」（一一三五〜一一四一）に三条・町、七条・町、錦小路・町に綿本座が推定される[2]。寛治元年（一〇八七）から保延二年（一一三六）には、火災は左京に平均に分布するが、「町通りを含む地帯」に比較的多く、町屋商業が展開する準備期と推測される[3]。また、応徳三年（一〇八六）から保延二年の小屋（町屋）の分布と火災の類焼範囲から、町小路沿いの五条大路以北と、二条大路から五条大路の堀川小路以東に小屋が密集する[4]。十一世紀末期から十二世紀以降に、三条・町や四条・町は商業地域に発展するとみられる。

左京四条三坊七町（六角・町、三条・町から一町南、図C1-1・2）の西一・二行の北五・六門では、九世紀には須恵器など数片破片が存在するが、遺構は確認されない。十世紀には土師器・黒色土器・須恵器・緑釉陶器・灰釉陶器・輸入磁器などが包含層から出土するが、遺構は検出されない。十一世紀から十二世紀（4期から5期）には多数の柱穴と土坑があり、包含層から瓦器・輸入白磁が極端に増加する[5]。また、4期Bから5期B（一〇五〇年から一一七〇年）には大量の輸入陶磁器が出土し、山茶椀の出土量も多い。十一世紀の遺物は調査区の中央から西より（町小路に近い）に多く、十二世紀の遺構と遺物は西側に多いが、北東部でも確認される。十三世紀（6期から7期前半、一一七〇年から一三〇五年頃）には

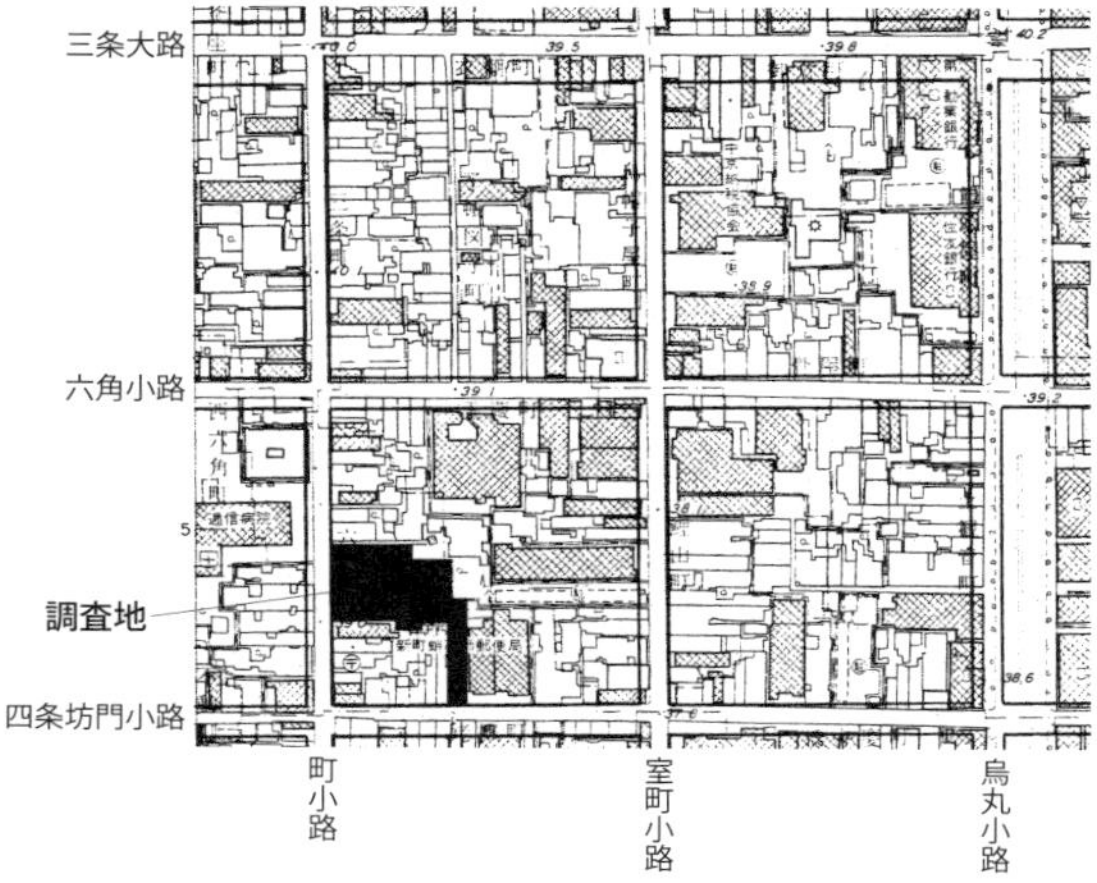

図C1-1　平安京左京四条三坊七町の調査位置

図C1-2　平安京左京四条三坊七町出土の輸入白磁

土坑数基に過ぎず、遺物もあまり多くない。

溝SD1600と溝SD1700は整地作業の末端とみられ、SD1700は3期から4期前半頃（九三〇年から一〇六五年頃）の遺物を含み、SD1600は4期BからC頃（一〇五〇年から一一一〇年頃）の遺物が含まれる。SD1600とSD1700の間に第10層が存在し、古くは十一世紀第1四半期、新しくは中頃から後半に想定される。十一世紀に、大規模な整地作業が確実に実施される。[6]

十一世紀中頃に輸入白磁が極端に増加し、十二世紀後半まで大量に出土する。遺物が中央から西よりに多いのは、小屋・町屋が町小路に展開するためと推測される。6期の遺物量の減少は「福原遷都に伴う混乱」が影響すると推定されるが、左京四条三坊七町は安元三年（治承元年、一一七七）の太郎焼亡の焼亡範囲で、そのため衰滅する可能性がある（『清獬眼抄』「一大焼亡事」所引「後清録記」安元三年四月廿八日・廿九日条）。十一世紀中頃以来、左京四条三坊七町は輸入白磁の物流の拠点で、相前後して大規模な整地が実施される。

左京四条三坊八町（三条・町の南東に隣接）の西一行の北四・五門では、九世紀後半には遺構二基が検出されるが、十世紀には遺構・遺物がほとんどない。十一世紀から十二世紀初頭（Ⅳ期からⅤ期古段階、一〇一〇年から一〇八〇年代・一〇八〇年から一一一〇年代）には土師器の出土量が急激に増大し、中世にピークを迎える[7]。平安時代後期から鎌倉前半に多数の柱穴を検出するが、建物跡に復元できない[8]。十世紀以前は遺跡の痕跡が希薄で、十一世紀から土師器が急激に増大するのは、左京四条三坊七町と通底する側面がある。

左京四条三坊七町は輸入白磁の物流の拠点を示唆するが、その詳細は不明である。しかし、三条・町に近接し、以後の三条・町や四条・町などの発展を暗示する。

2　町小路の南——七条・町周辺の地域形成

十一世紀後半

左京八条三坊周辺は七条・町の南方であるが、中世には鋳造工房の中核地域である。九・十世紀には主に自然河川が見つかるが、十一世紀には整地が進み、遺構が増加する。十二世紀には鋳造工人の最初の痕跡が現れ、鋳造関連遺物と中国製陶磁器がこの地区を強く特徴づける[9]。左京八条三坊四・五町では、北側の京都駅再開発の調査で広範囲に出土の鋳造関連遺物が皆無で、鋳造関連遺跡は梅小路沿いから北側に展開すると推定される[10]。

天喜・康平の頃（一〇五三〜六四）、金集百成は右馬寮の史生、「七条以南の保長」で、鍛冶・鋳物師幷びに銀金の細工とされる（『新猿楽記』[11]）。

以下は藤原頼長と中原師元の対話。（中原師元）「御堂藤原道長の童随身は「皇帝記」に見え、「勘書幷びに日記」に見えません。入道殿藤原忠実は記録類に見たことがないとの仰せです。」。（藤原頼長）「二条殿藤原教通の御記（二東御記）に見える。教通が「七条の細工を召し」、雑事を問うと、「七条の細工」が申すには、童の時、みめよしとて、御堂道長が童随身にお仕えさせになると。」（『中外抄』下・九）[12]。藤原教通が「七条の細工」を召すので、その時期は藤原教通の生存年代（九九六年から一〇七五年）の後半、十一世紀中葉以後とみられる[13]。

左京八条三坊九町の南西隅部（塩小路・室町角）では、花枝蝶鳥方鏡の鋳型が出土し、十一世紀後半代（小森編年のV期古、一〇八〇年から一一一〇年代）成立と推定される。当時のかなり高位の人物からの注文品とみられる[14]。

さて、平安時代前期（八世紀末から九世紀）には、左京の西洞院以東、七条大路以南では路面・側溝が全く見つからない。左京八条三坊六町では、平安前期の遺物を含む流路が埋まり、平安後期（十一世紀後葉から十三世紀前半）に新たに幅約二メートルの室町小路と幅約三メートルの水路が造られるなど、左京南東部は急激に広い範囲で整備される[15]。

永保元年（一〇八一）四月十日、前馬助永清が「七条より南・町尻より西」に狭敷を儲け、権中納言源経信が向かう。永清は「地主」。また、稲荷祭の日（四月十日）に、左近大夫高階能遠が「七条より南・町尻より東の狭敷」に罷り向かう。（七条）「大路の北町」は参議・左大弁藤原実政領の「荒畠」で、人々は牛を繋ぎ、能遠の牛も繋ぐ。畠から童（検非違使・右衛門権佐藤原敦宗の牛童）が出来て、繋いではいけないと切り放つ（『帥記』永保元年四月十日・四月十五日・廿三日条）[16]。七条・町尻の南東と南西に稲荷祭の狭敷があり、北東に藤原実政の「荒畠」がある。長久元年（一〇四〇）四月、蔵人頭藤原資房らは「七条・堀河辺の小屋」で稲荷祭を見物するが（『春記』長久元年四月十九日条）、この狭敷も「小屋」程度と推定される。結局、七条・町の南東と南西は小屋（町屋）であるが、北東はいまだ小屋が散在しない。

十一世紀前半に、七条・西洞院以西はすでに開発が進展すると推測される。長元八年（一〇三五）、僧因万は、源 久《みなもとのひさし》追捕の騒動のため、先日預け給う御車牛と私の牛馬が追い取られる。御牛を尋ね求めると、「七条と油小路とに立ち、東行し北辺の五と云う門に出入りす。」。早く検非違使庁に愁い申されたいと言上する（僧因万解、九条家本『延喜式』巻四紙背文書、『平安遺文』五四三）。油小路は西洞院大路のすぐ西で、「東行し北辺の五と云う門」から、小屋等が密集すると想定される。

十二世紀初頭

康和五年（一一〇三）、「室町末・七条以南の小屋等」が焼亡する（『中右記』康和五年二月廿四日条）。「室町末・七条以南」に着目するが、これには類例がある。寛治六年（一〇九二）、「一条北辺・東洞院末の小屋」が少々焼亡し、大治五年（一一三〇）、焼亡所があり「一条北・堀川末の小屋」（『中右記』寛治六年五月卅日条、大治五年三月二日条）。「一条北辺・東洞院末」などは「北辺道路網」である。「北辺道路網」は一条大路以北の道路網であるが、平安京の南北大路・小路が北辺の南北道路に「延伸」する。東洞院末から大宮末では、「一条北辺・東洞院末」が「特に早い時期」である。(17) 東洞院末・堀川末は一条大路以北に「延伸」し、「小屋」が簇生する。「室町末・七条以南の小屋等」の焼亡から、室町小路は七条大路以南に「延伸」し、「小屋」が展開する。十二世紀初頭には、室町小路の南端は七条大路と強く意識され、一方、室町小路は七条大路以南に「延伸」すると推定される。(18)

元永元年（一一一八）閏九月、七条・堀川の小屋が焼亡し、西風が大いに吹き、東洞院辺に及ぶ。新大納言藤原仲実の七条家や藤原能仲の宅が煨燼となり、すっかり「十余町」に及ぶ。「七条の南北の小屋」が多く焼けてしまう。また、「八条辺廿余町」から、八条辺の二十余町が焼亡するとみられる（『中右記』『殿暦』元永元年閏九月廿三日条、『大日本史料』元永元年閏九月二十三日条）。新大納言藤原仲実の七条家は詳細不明。（前土佐守）藤原能仲の宅は、永久二年、白河法皇は大炊御門御所から「土左守能仲宅、七条坊門・町尻也、《（マヽ）》」（讃岐守能仲朝臣七条坊門宅）に遷御する（『中右記』『殿暦』永久二年八月十七日条）。西は七条・堀川から東は東洞院まで、北は七条坊門・町尻から南は八条まで、七条大路の南北二・三町程度が焼亡すると推定される。小屋が東は東洞院まで、七条大路の南側に進出する。また、同年十一月、焼亡があり、東洞院東・七条坊門南の「二町の小屋」である（『中右記』元永元年十一月廿三日条、『大日本史料』元永元年「雑載　天文・変異」）。十一世紀後半から十二世紀前半に、左京南東部は急速に開発されるとみられる。

左京九条三坊十町では、平安前期から後期には、室町小路東築地想定個所で小路関連の溝や路面などを検出せず、室町小路は敷設されないと想定される。平安末期から鎌倉初期には、建物が室町小路の路面幅の東半部に張り出し、室町小路は西側に規模を縮小し敷設されるとみられる。[19] 左京八条三坊四・五町では町小路路面と東西側溝を検出し、路面最下層から十二世紀前葉の遺物が出土し、この時期に町小路が敷設される可能性がある。[20]

永久二年（一一一四）、検非違使別当・左兵衛督藤原宗忠に、検非違使・左衛門少尉橘説兼が「七条の刃傷の下手人」は院の薄師と云う（『中右記』永久二年四月十一日条）。[21]

三条・町や四条・町などは、十一世紀末期から十二世紀以降に商業地域に発展するが、それ以前の詳細は不明である。一方、三条・町南辺では、十一世紀中頃から十二世紀後半まで、輸入白磁が大量に出土し、物流の拠点とみられる。また、十一世紀から十二世紀初頭に土師器の出土量が急激に増大する。今後の研究と調査の進展が期待される。

七条・町周辺では、十二世紀には鋳造関連遺物がこの地区を強く特徴づける。十一世紀後半は、七条・町周辺の生成・形成の過程と推定される。「七条以南の保長」・細工などの金集百成、藤原教通に召される「七条の細工」、花枝蝶鳥方鏡の鋳型、半面では、七条・町の北東の「荒畠」。十二世紀初頭には、「室町末・七条以南の小屋等」、「七条の刃傷の下手人」の院の薄師など。町小路は三条・町南辺、七条・町周辺など、個々の地域形成の特性に留意する必要がある。

コラム１　註

（１）『平安時代史事典』「町小路」項〈川嶋将生執筆〉。
（２）赤松俊秀「町座の成立について」『古代中世社会経済史研究』平楽寺書店、一九七三年。
（３）秋山國三「条坊制の「町」の変容過程—平安京から京都へ—」秋山國三・仲村研『京都「町」の研究』法政大学出版局、一九七五年。
（４）山村亜希「院政期平安京の都市空間構造」金田章裕編『平安京—京都　都市図と都市構造』京都大学学術出版会、二〇〇七年。
（５）土師器編年の平尾（政幸）編年では、３期は九三〇年から一〇二〇年、４期は一〇二〇年から一一一〇年、５期は一一一〇年から一一七〇年。一段階を三〇年均等にし、3期と4期はA・B・C、5期はA・Bに分割する。
(6)平安京発掘調査報告『左京四条三坊七町・姥柳町遺跡（南蛮寺跡）』関西文化財調査会、二〇一四年。
(7)土師器編年の小森（俊寛）編年は旧説と新説があり、旧説の京都Ⅳ期は新説の京Ⅴ期、旧説の京都Ⅴ期は新説の京Ⅵ期である。以下、旧説で表記するが、Ⅳ期は一〇一〇年から一〇八〇年代、Ⅴ期は一〇八〇年から一一七〇年代、その古段階は一〇八〇年から一一一〇年代。
(8)『平安京左京四条三坊八町跡・烏丸御池遺跡』京都市埋蔵文化財研究所発掘調査報告二〇一三―二、二〇一三年。以下、発掘調査の時期区分は、特記する以外、平安時代前期は平安京遷都から九世紀なかごろ、中期は九世紀なかごろから康平元年（一〇五八）ごろ、後期は十一世紀後半から十二世紀後半まで（上村和直「平安京の瓦の概要」『平安京提要』角川書店、一九九四年）。
(9)鋤柄俊夫「七条町と八条院町」『中世京都の軌跡―道長と義満をつなぐ首都のかたち―』雄山閣、二〇〇八年。
(10)『平安京左京八条三坊四・五町跡』京都市埋蔵文化財研究所発掘調査報告二〇〇九―七・二〇〇九年、本書第二部第五章。
(11)拙稿「平安京の社会＝空間構造と社会集団」『年報都市史研究』一三、二〇〇五年。
(12)久米舞子「平安京都市民の存在形態―道々細工を中心として―」三田古代史研究会編『法制と社会の古代史』慶應義塾大学出版会、二〇一五年。
後藤昭雄・池上洵一・山根對助校注『江談抄　中外抄　富家語』新日本古典文学大系に依拠する。（頼長）「ところが、入道殿忠実は知らないとおっしゃる。御堂道長に「文殿御記」とて、りっぱなものがあり、それには見えない。」など。事実性に少々不安がある。
(13)『二東記』は、逸文が長元四年（一〇三一）から承保元年（一〇七四）まで検出される（大島幸雄・木本好信「『二条内府記』逸文」『史聚』一〇号・一九七九年、大島幸雄「藤原教通と『二東記』―付『二条内府記』補遺―」『史聚』一一・一九八〇年、大島幸雄「『二東記』追考」『史聚』一二・一九八〇年）。「師元朝臣記」に「本条の抄出とおぼしき記事」があるが、上掲二箇所の入道殿藤原忠実の言説が欠落する（『原中最秘抄』上「澪標」）。
(14)『平安京左京八条三坊九・十町―七条町の調査―』古代文化調査会、二〇〇七年。
(15)山本雅和「平安京の街路と宅地」西山良平・藤田勝也編著『平安京の住まい』京都大学学術出版会、二〇〇七年。
(16)（七条）「大路の北町」の原文は「其大路北町」であるが、稲荷祭の神幸路から七条大路と推定される。
(17)高橋康夫「平安京北辺の地域的発展」『京都中世都市史研究』思文閣出版、一九八三年。
(18)貞観十三年（八七一）、山城国紀伊郡十二条上佐比里の北の四至は「京南大路西末幷びに悲田院南沼」である（『類聚三代格』貞観十三年閏八月廿八日官符)。上佐比里は大略右京三坊すなわち野寺小路から木辻大路に隣接する(右京二坊西端から三坊西端まで)。「京南大路西末」から、大略三坊では京南大路(九条大路)は「延伸」すると推定される。他面、右京の道祖大路以西・八条大路以南では平安時代の遺構を認めず(山本雅和「平安京の街路と宅地」前掲)、「京南大路西末」は造成されない可能性がある。

(19)『平安京左京九条三坊十町跡・烏丸町遺跡』京都市埋蔵文化財研究所発掘調査報告二〇一三―一五・二〇一五年、本書第二部第五章。

(20)『平安京左京八条三坊四・五町跡』前掲、本書第二部第五章。

(21) 十二世紀初頭以降では、七条辺の「薄打ツ者」(『今昔物語集』巻第二十第六)、七条・町の「鋳物師」、七条の「薄打」(『宇治拾遺物語』巻一ノ五、巻二ノ四)、七条の「細工」(入道鍛冶)、「銅細工」字七条の紀太(『吾妻鏡』文治二年二月廿五日条、八月廿六日条)。拙稿「平安京の社会=空間構造と社会集団」前掲。

(追記) 平安京左京南部では、鋳造関連遺跡は、東西は油小路から室町小路、南北は塩小路から梅小路の間に高い密度で分布し、七条・町の南側に相当する。また、左京八条三坊二町では、平安中期から鎌倉後期の刀装具や仏具の鋳型、坩堝・鞴羽口が出土する(本書第五章)。

第三部

貴族の住まいの広がり

右大臣藤原良相の西三条第跡より出土した仮名墨書土器（写真提供：（公財）京都市埋蔵文化財研究所）
右大臣藤原良相の西三条第（百花亭）の池250の西岸では、墨書土器71点、木簡２点が出土、うち仮名墨書土器は約20点、木簡１点にも仮名が記され、平仮名に近い。この時期の仮名資料はわずかで、しかも平安京以外の文書や遺物が多い。西三条第の仮名墨書土器は、その空白を埋める稀有な資料群である（第６章参照）。

第六章　右大臣藤原良相と平安京の百花亭

西山良平

第一節　右大臣藤原良相と西三条第

貞観八年（八六六）三月二三日、清和天皇は右大臣藤原良相の「西京第」に行幸し、桜花を観て、文人を喚びて、「百花亭の詩」を賦す。席に預かる者四〇人、四位四人、五位八人、六位二八人。天皇は射庭に御し、親王以下侍従以上に射を賜る。伶官が楽を奏し、玄髫稚歯十二人が逓いに出でて舞い、晩に女楽を奏す。参議右大弁大枝音人らに授位する（『日本三代実録』貞観八年三月廿三日己亥条）。西京第は西三条第、「西三条」は良相大臣の旧跡で、「また百花亭と号す」[1]。西三条第は、平安京右京三条一坊六町に「西三条」とあり、[2]六町が有力と推定される。[3]

平安京右京三条一坊六町は二〇一一年四月から十二月に発掘調査され、1期（九世紀初頭から中葉）と2期（九世紀後半）の遺構が検出される。2期の池250では「三条院鈎〔釣〕殿高坏」の墨書土器が出土し、西三条第・六町説は確実とされる。池250から、仮名墨書土器約二〇点が出土する。[4]（口絵1、第三部扉写真参照）

さて、右大臣藤原良相（八一三～六七）は多彩な人格である。まず、良相は「本、内典を習い、真言に精熟す。」とあり、仏教を深く信仰する。良相は漢籍の造詣も深い。「弱冠に及びて、始めて大学に遊び、雅《もと》より才弁有り。」とあり、崇親院の小堂に仏像を安置し、「自ら願文を製る。」。「文学の士を愛好し、大学中の貧寒の生を択びて、時に綿・絹を賜う」、また「時節、学生の文を能くする者を喚びて、詩を賦せしめ物を賚《たま》うこと数なり。」（『日本三代実録』貞観九年十月十日乙亥条）。

西三条第行幸の「百花亭の詩」は白楽天に典拠がある。外山英策は、平安朝貴族は『白氏文集』を愛誦し、その詩句の模倣に努め、白楽天の庭園を模造し、彼の好める植物を植えると主張する。貞観八年、右大臣藤原良相の西京第に『白氏文集』に模して百花亭が設けられる(5)。金子彦二郎は、仁明天皇の承和二年（八三五）以後、唐人の詩句や詩題などを詩題に賦詠し、清和天皇の時代には「百花亭（白氏文集）」などその大半を占めると指摘する(6)。後藤昭雄氏は、藤原良相は邸第に百花亭を構えるが、この命名は『白氏文集』巻十六所収「百花亭」「百花亭晩望夜帰」に学ぶと考えられ、『白氏文集』に対する好尚をもの語るとする(7)。

百花亭（0946）

朱檻　空虚に在り（百花亭の朱塗りの欄干が虚空の中に建つ。）、涼風　八月の初め。

山形は峴《けん》首の如く、江色は桐廬に似たり。（背景の山の形は湖北の峴首山のようであるし、前面の川の景色は浙江の桐廬県のようである。）

仏寺　船に乗りて入り、人家　水に枕《のぞ》んで居る。

高亭　仍《な》お月有り、今夜宿すること何如。（この高層の百花亭に更に月が出れば、今夜の宿はどんなにすばらしいことだろう。）（『白氏文集』巻第十六）

百花亭にて晩に望み、夜に帰る（0949）

百花亭上、晩に徘徊すれば、

雲影　陰晴（雲の形が明るくなったり暗くなったり）　掩うて復《ま》た開く。
日色悠揚として　山に映じて盡き（夕日がゆったりと山の端にかくれてしまうと）、
雨声簫颯として（雨がしとしとと）　江を渡って来る。
鬢毛　病に遇うて　双《ふた》つながら雪の如く、
心緒　秋に遇うて　一に灰に似たり。
夜に向《なん》なんとして　帰らんと欲して　愁い未だ了らず、
満湖の明月（湖面に映る満月の中を）　小船廻る（『白氏文集』巻第十六）[8]。

承和年間に、唐商人・入唐僧達が元稹・白居易の詩文集をもたらす。『和漢朗詠集』や『本朝文粋』は弘仁期（八一〇〜二四）詩人の作を採らず、承和以後の文人の作を採る。承和以後、詩境はより身近な花鳥風月詠と、私的な人生に即した詠懐に向かい、詩風が一変する。それは、承和以後の前期摂関体制の進展と文人の疎外など政治的な環境の変化と、承和期に将来された『白氏文集』の圧倒的な影響とが複合した結果である[9]。

本章では、右大臣藤原良相の百花亭と文人（第一節）、藤原良相の「男女」（第二節）、平安京の百花亭の伝領（第三節）を検討する。平安京右京三条一坊六町の遺構と遺物を吟味し、九世紀から十世紀の社会と文化を認識するためである。

第一節　右大臣藤原良相の百花亭と文人

貞観八年（八六六）三月、清和天皇が右大臣藤原良相の西京第に行幸し、「百花亭の詩」を賦すが、「席に預かる者」四十人、四位四人・五位八人・六位二八人。参議・右大弁従四位上大枝音人、参議・右近衛権中将藤原常行、参議・左近衛中将藤原基経の三人に正四位下を加え、従五位上少納言藤原諸葛に正五位下、従五位下左兵衛権佐藤原直方に従五位上、散位正六位上大枝氏雄、木工少允従七位下布施真継、外従五位下伊統善子の三人に従五位下を授ける（『日本三代実録』貞観八年三月廿三日己亥条）。大枝音人・藤原常行らは、この詩会に参加するとみられる。

後藤昭雄氏は「摂関家の詩人たち」を取り上げ、「好文の卿相」藤原良相に注目する。(10) 良相主宰の詩会には、大枝（江）音人・島田忠臣・都良香・橘広相らが参加するが、音人らは貞観期を代表する文人である。

まず、大枝（江）音人は有力な文人、また外戚の一員である。(11) 清和天皇の百花亭行幸では、従四位上から正四位下を加えられる。貞観の初め、右大臣藤原良相は客館を開き、英才を招き、「枝中丞」に旬毎に文章筆札を試み、その高下を品定めさせる。良相の両子が学士の列に預かり、自余の数子も各々詩篇がある。十一月中旬の試に「冬日愛すべし」を賦す（『本朝文粋』巻第八「詩序一・天象」橘贈納言（広相）「賦二冬日可一レ愛」）。「枝中丞」の「枝」は大枝、「中丞」は中弁、大枝音人は天安二年（八五八）十二月に右中弁、貞観元年十二月に権左中弁、貞観三年正月に左中弁、貞観五年二月に右大弁（『弁官補任』）。「冬日」「十一月中旬」とすると、貞観元年から四年までと推定される。

貞観八年十月、「是より先」参議正四位下右大弁大枝音人・散位従五位下大枝氏雄らが、延暦九年（七九〇）勅書では「土師氏を改めて大枝朝臣となす」が、「枝字を以て江となさん」と上表し、「是に至りて」詔許する（『日本三代実録』貞観八年十月十五日丙戌条）。(12)「散位従五位下大枝氏雄」は百花亭行幸で、正六位上から従五位下を授けられる。(13) ところで、「大枝」の注記に「格文に云わく、音人土師姓を改め大枝となす、後大枝を改め大江となす、西三条院序者の賞なり。」とある（十巻本『伊呂波字類抄』（大東急記念文庫本）六「於・姓氏」）。「格文」と貞観八年の詔許を比較すると、前者の「土師姓を改め大枝となす」は後者の「土師氏を改めて大枝朝臣となす」、「大枝を改め大江となす」は「枝字を以て江となす」と対応し、格文は詔許の節略と推定される。「西三条院序者の賞」は詔許にないが、造作の可能性は少ない。(14)

島田忠臣は「晩秋、右丞相開府（右丞相府、即ち良相の邸）にして飲を賜うに陪す。時に美作、白鹿を献ず。仍りて命じて四韻を賦せしむ。同じく徴・興・升・膺を勒す。」を賦す（『田氏家集』巻之上・一二二）。(15) 右丞相は右大臣藤原良相、白鹿は、貞観四年九月、美作国が白鹿を献ず（『日本三代実録』貞観四年九月廿七日癸巳条）。「勒」は一つの詩の中に数個の字を韻字として取り、定められた順に詩を作る。「同」は「皆同じように」で、複数の文人を示唆する。前述のように、貞観の初め、藤原良相の客館では、十一月中旬の試に「冬日愛すべし」を賦すが、島田忠臣も「冬日愛すべし」と賦す（『田氏家集』巻之上・二八）。貞観の初め、忠臣は良相の客館の詩会に列席する。

都良香は「百美《花イ》亭行幸」で、「帝宮の南・小一里に、右丞相の百花亭を得たり。」とする（『平安朝佚名詩序集抜萃』「所誉」、『含英私集』所収「佚名詩序佳句抜萃」「所誉」）[16]（図6−1）。「右丞相の百花亭」は右大臣藤原良相の百花亭、「行幸」は貞観八年の清和天皇行幸である。貞観八年の行幸では、「百花亭の詩」が賦されるが、都良香の詩序はその一部である。

橘広相。前述のように、貞観の初め、藤原良相の客館では、十一月中旬の試に「冬日愛すべし」を賦すが、橘広相が詩序の作者である（『本朝文粋』巻第八「詩序一・天象」橘贈納言（広相）「賦二冬日可一レ愛」）。貞観の初め、橘広相は良相の詩会に参加する。

右大臣藤原良相の西三条第（百花亭）の詩会には、大江音人・島田忠臣・都良香・橘広相らが列席する。また、良相は

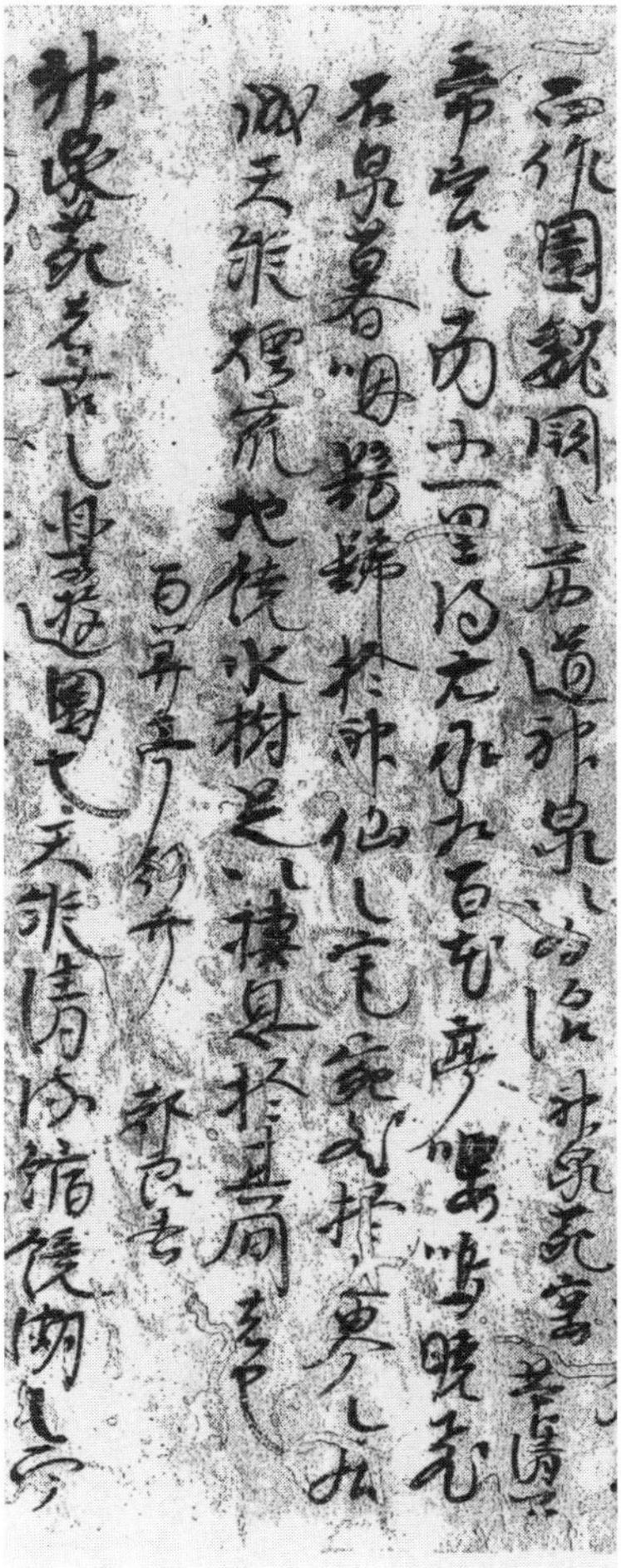

図6−1　『平安朝佚名詩序集抜萃』「所誉」35都良香「百美《マヽ》亭行幸」（写真の2行目から5行目まで）（桜井健太郎氏所蔵より）

西三条第以外でも文人と交遊する。

島田忠臣は「左将軍の琴を弾ずるを聴く。同じく風字を用いる。」を賦す（『田氏家集』巻之上・二五）。『田氏家集』は「原則としては年代順の配列」とみられ、巻之上・二五の前後では、二一が斉衡年間（八五四〜五七）か、二二が貞観四年、三〇が貞観三・四年頃か、三六が貞観三年九月九日と推定される。[17] 左将軍は、「春日、左将軍臨況す。一首。勇山文継」の「左将軍」は左近衛大将藤原冬嗣（『文華秀麗集』巻上「宴集」）、「左大将朝光」らが御前に候し、「左将軍」らが退出する（『小右記』永観二年十一月廿七日条など）。「左将軍」は左近衛大将、貞観初めの左大将は右大臣藤原良相。良相は「琴」に堪能とみられる。「同じく風字を用いる。」は、風字を「一座の人々」がともに韻字に用いる。すなわち、複数の文人が列席する。「紫微の仙客　雲空に住む」（宮中に会した一座の面々は仙人のように飄飄として、空に住むような様子である）。「紫微」は「天帝の居る所」「帝の居処」、内裏をさす。左大将良相や忠臣は内裏の内部と想定される。

また、忠臣は「右丞相の省中の直廬に於て史記を読み竟んぬ。史を詠じて高祖を得たり。応教。」を賦す（『田氏家集』巻之上・三七）。[18] 右丞相は右大臣藤原良相、「省中」は「禁中・宮中」（『漢書』巻七「昭帝紀」後元二年二月戊辰条）。『史記』に関する詠史詩が各人に作られ、忠臣には「高祖」が当たり、良相の下命に応じて詩を作る。

さて、天皇の元服には、勧学院の児童で、高さ四尺五寸以下（マヽ）の者十余人に加冠・参入させ、前庭に引見する。是より先、預め勧学院から内蔵寮や穀倉院の布・銭を装束料に充て給わり、加冠・参入する。また、「貞観□の後、右大臣直廬に酒を賜り詩を賦せしむ。その題に云わく、元日の陰雪（空がくもって雪が降ること。）[19]」。「貞観」以下二字が欠損し、二字目はまったく不明である。一字目はわずかに右半分の残画があり、「御」、この欠損は「御覧」と推定される。[20] 貞観年間と天皇元服では、貞観六年正月に清和天皇が元服する。

貞観六年正月朔、大いに雪が雨《ふ》る。清和天皇が元服を加え、前殿に御す。親王以下五位以上が閤門より入り、殿庭に拝賀す。是より先、預め勧学院の藤原氏の児童で、高さ四尺五寸以上（マヽ）の者十三人に加冠させ、是の日、内殿に引見する（『日本三代実録』貞観六年正月戊子朔条）。大雪と陰雪は符合する。さらに、清和天皇女御藤原多美子は右大臣藤原良相の「少女」であるが、貞観六年正月朔日、天皇が元服を加え、この夕、「選を以て後宮に入る」（『日本三代実録』仁和二年十月廿九日甲戌条）。すなわち、貞観元年正月朔日は良相の特別な一日である。そこで、良相は直廬で酒を賜り、「元日の陰雪」の詩を賦させると推定される。複数の文人が列席するとみられる。

右大臣藤原良相は内裏の直廬などでも、文人を招集し、琴を弾じ、史記などを講読し、詩を賦す。良相は西三条第と内裏の直廬の双方で、「文学の士」を愛好する。

ところで、貞観八年の西三条第行幸では大枝音人・藤原常行・藤原基経・藤原直方・大枝氏雄ら文人・近親・姻戚（第三節参照）以外に、藤原諸葛・布施真継・伊統善子が叙位される。少納言（のち中納言）藤原諸葛は琴の名手。元慶八年（八八四）、光孝天皇が紫宸殿に御し、宴を侍臣に賜う。勅して参議藤原諸葛と前伊勢守藤原諸藤の兄弟に「琴を弾き歌をなさ」せる。仁和二年（八八六）、勅して参議藤原諸葛に「和琴を弾か」せ、王公はともに「歌を作り」、天皇も「自ら歌す」（『日本三代実録』元慶八年十月戊子朔・仁和二年十月二日丁未条）など。(21)

木工少允布施真継は不明であるが、木工寮の土木建築の可能性がある。貞観六年、右京人・内教坊頭・従七位下秦忌寸善子に姓伊統朝臣を賜り、弟秦忌寸安雄らに姓伊統宿祢を賜る（『日本三代実録』貞観六年八月八日壬戌条）。内教坊では「女楽」を教習し、西三条第行幸では「晩に女楽を奏す」。伊統善子は女楽に堪能と推定される。(22)

第三節　藤原良相の「男女」

本節では、藤原良相の家族を検討する。良相は、「室大江氏」、「子に男・女九人あり」、「長子常行」、「次いで直方・忠方」とされる（『日本三代実録』貞観九年十月十日乙亥条）。

「室大江氏」は「大臣の生年三十余歳に臨み、旧寝に卒す。」。良相は腥鮮を徹却しもっとも念仏を事とし、「江氏を喪いしより、また妻を娶ることなし。」（『日本三代実録』貞観九年十月十日乙亥条）。常行は「母従五下大江乙枝女」、行方は「母同じ」、忠方も「母同じ」（『尊卑分脈』「摂家相続孫」）。常行は「母従五位下大江乙枝女」（『公卿補任』貞観六年条「尻付」）。良相の室は大江（枝）乙枝の女。大枝乙枝（枚）は大枝永山の「子」と推定される（『続日本後紀』承和十二年二月戊寅朔条）[23]。永山は従五位上、乙枝（枚）は従五位下（『日本後紀』〈逸文〉弘仁元年四月戊子条、『日本文徳天皇実録』仁寿元年十二月丙寅条）。貞観九年（八六七）十月、良相は病を得、俄かに薨ず、時に年五五、良相の生年は弘仁四年（八一三）、生年三十余歳は承和九年（八四二）以降。

良相の「女」は多可（賀）幾子と多美子である。

多可幾子（～八五八）は良相の「第一女」、若くして雅操あり、嘉祥三年（八五〇）文徳天皇の女御、斉衡元年（八五四）従四位下、天安二年（八五八）卒す（『日本三代実録』天安二年十一月十四日辛未条、『日本文徳天皇実録』嘉祥三年七月甲申・斉衡元年正月癸巳条）。天安二年、「西三条女御」が重病に罹り、右大臣良相は丁寧に相応和尚を請ずる。相応は「一十二年」（十二年間下山を禁じ専ら学業を修めさせる）を終えず、良相邸に参る。山々や寺々の名僧などが席に溢れるが、相応はいまだいくばくならずして「その霊を呪縛す。」。「着くところの霊気、屈伏の詞を陳ぶ」。良相は感激し歓喜する（『天台南山無動寺建立和尚伝』）。「西三条女御」は多可幾子、その重病が想像される。

多美子（?～八八六）は良相の「少女」、婦徳を称せられる。貞観六年正月朔、清和天皇が元服を加え、多美子は後宮に入る。同月二七日、女御、「専房の寵」あり。元慶七年（八八三）正二位、「増寵、他姫に異なり。」。清和天皇が入道し、多美子も尼となる。仁和二年（八八六）熱発してたちまち薨ずる（『日本三代実録』仁和二年十月廿九日甲戌・貞観六年正月廿七日甲寅・元慶七年正月八日乙亥条）。

貞観三年ころ、相応の元師・鎮操が延暦寺東塔の定心院供僧に任じられたいと語る。相応は事の次第を「西三条女御」に陳べ、女御は厳父・良相に申す。しかし、良相は、定心院は天台最重の処ゆえ、力及びがたく、清和天皇に奏するのがよいと答える。そこで、女御は「舎弟右大将を差し」、内裏に奏する。公家はたちまち鎮操を定心院十禅師に補任する

(『天台南山無動寺建立和尚伝』)。この「西三条女御」は多美子、「舎弟右大将」の「舎弟」は「実の弟。自分の弟。」。多美子の兄弟のうち、右大将は常行だけである[24]。多美子は常行の姉である。

さて、多美子は清和上皇の逝去の後、清和の御筆の手書を紙に作り、法華経を書写し、大斎会を設ける(『日本三代実録』仁和二年十月廿九日甲戌条)。この出来事は、嫗の「昔語り」では「反故色紙のはじまり」とされる。清和太上法皇が逝去し、「一人の御息所」が御経を供養する。その色紙の色が「墨染なりければ」、人々が不思議に思う。「昔賜はり給へりける御文どもを色紙にすきて、御法の料紙となされたり」。それより「反故色紙の経」は世に伝わる。「橘の氏の贈中納言ときこえ給ふ宰相の日記にぞ、このことは書かれたると聞き侍りし。」(『今鏡』「むかしがたり」第九「あしたづ」)[25]。「一人の御息所」は藤原多美子、「橘の氏の贈中納言ときこえ給ふ宰相」は橘広相[26]。多美子の反故色紙の経の由緒は橘広相の「日記」に「書かれ」るとされる。

また、この由来は「東宮の御息所」が清和帝の御文を色紙にすかせて、大小乗教を書き供養する。「その願文を橘贈納言広相に書かせられけ」る。広相は御息所の意を願文にほのめかす(『十訓抄』第五「可レ撰二朋友一事」十六)[27]。「東宮の御息所」は適切ではないが、藤原多美子が橘広相に願文を書かせる。藤原良相・多美子と橘広相に由縁が想定される。

藤原常行(八三六〜七五)は良相の「第一男」「長子」また「一男」(『日本三代実録』貞観二年四月廿五日乙巳・九年十月十日乙亥条、『公卿補任』貞観六年条「尻付」)。「第一女」多可幾子と「少女」多美子の「舎弟」である。常行は基経と同齢であるが、一年早く従四位下に叙され、貞観六年、基経と一緒に参議に補される。叙位が早く、序列は基経より上位。文学に理解が深く、在原業平と親交があるとされる[28]。

仁寿三年(八五三)年十八で蔵人、斉衡二年、年二十で正六位上から従五位下(『公卿補任』貞観六年条「尻付」、『日本文徳天皇実録』斉衡二年正月戊子条)[29]。貞観六年に参議、八年に右近衛大将、十四年に大納言(『日本三代実録』貞観六年正月十六日癸卯・八年十二月十六日丁亥・十四年八月廿五日癸亥条)。貞観十七年、大納言・右近衛大将藤原常行が薨じ、右馬頭在原業平らを遣わし、従二位を贈る(『日本三代実録』貞観十七年二月十七日辛未条)。年四十、西三条右大将と号する(『公卿補任』貞観十七年条)。

貞観五年十月、右近衛権中将藤原常行は太政大臣美濃公藤原良房の六十齢を賀す。慈覚大師円仁を染殿第（美濃公の家）に請じ、灌頂を修す。三摩耶戒・入壇灌頂は公卿以下百四十余人、尚侍・典侍・女御以下六十余人、太政大臣は「有身」ゆえ、中宮大進高向公輔に五瓶灌頂を受けさせる（『慈覚大師伝』)[30]。また、貞観九年三月、清和天皇は皇太后藤原明子を常寧殿に曲宴する。太后は去年十一月に東宮より常寧殿に遷り、新居を慶すべし。ゆえにこの宴あり。「是の日」、参議・正四位下・右近衛大将藤原常行に従三位、女御・従三位藤原多美子に正三位を加える（『日本三代実録』貞観九年三月十二日壬子条)。常行が染殿第で良房の六十を賀し、清和天皇の基経六十算賀で直方・多美子、明子の新居宴で常行・多美子が叙位される。

良相の「男・女九人」では、「次いで直方・忠方」は「並びに才行を以て称せら」れ、忠方は「最も隷書に工み」とされる。「才学」「才幹」などは「経史類を中心とする漢籍への学問的修得」である[31]。しかし、常行は「官、大納言に至る、自ずから伝あり。」とあり、「才行」が特記されない。

常行は文学に理解が深く、在原業平と親交があるとされる。

貞観十七年、大納言・右近衛大将藤原常行が薨じ、右馬頭在原業平らを遣わし、従二位を贈る（『日本三代実録』貞観十七年二月十七日辛未条)。

「むかし」、田村の帝（文徳天皇）の女御「多賀幾子」がうせ、安祥寺でみわざ（法事）をする。人々はお供え物を千捧ばかり奉る。沢山のお供え物を木の枝につけて、堂の前にたてたので、山がことさらに動いて出現するように見える。「右大将にいまそかりける藤原の常行」が、講の終わるほどに「歌よむ人々」を召し集め、今日のみわざを題に、「春の心ばへある（気持をよんだ）歌」を奉らせる。「右の馬頭なりける翁」が「目はたがひながら」（それを山だと見違えたまま)、「春の別れ」とよむ（『伊勢物語』七十七段)。また、「むかし」、女御「多賀幾子」がうせ、安祥寺で七七日のみわざをする。「右大将藤原の常行」はみわざの帰り道に、「山科の禅師の親王」（人康親王）の宮にもうで、こよいは伺候する。「かの大将」は趣向をこらす。「三条の大行幸せし時」、さる人が紀の国の千里の浜のおもしろい石を奉る。しかし、「大行幸の後」奉るので、「ある人の御曹司のまへの溝」に置くが、その石を奉る。これを趣向も添えずに奉るのは風情がなさすぎ、「人々に歌よませ」る。「右の馬頭なりける人」の歌を、青き苔をきざみ蒔絵の様子にして、石につけて奉る（『伊勢物語』七十八段）。

「右の馬頭なりける翁」「右の馬頭なりける人」は、「業平を指すつもり」「在原業平か」「業平」[32]。藤原常行の贈位に在原業平が派遣され、文徳天皇の女御藤原多可（賀）幾子の法事では、右大将常行が右馬頭業平（か）に「歌」をよませるとみなされる。業平が常行の贈位に派遣され、「常行とも親しかった」とされる[33]。まず、贈位の使者と故人の関係を検証する。

贈位を賜与する手続きは、「葬日」に勅使二人を遣わす。一人は宣命文、一人は位記を持つ。勅使は「亡者の品位に随い、臨時に定む。」。殯室に高机を立て、筥を置く。勅使一人が宣制する。その詞は臨時に制す。喪家の行事者一人が位記の函を受け、筥に納める。行事者二人が机を舁き、霊柩の前に置く。勅使が引き出で、霊柩は即座に発す（『儀式』巻第十「贈二品位一儀」[34]）。贈位の対象には「贈二品位一儀」が行われ、送葬当日、私第に派遣される弔使はすなわち贈位使と推定される[35]。贈位の勅使二人は「亡者の品位に随い、臨時に定む。」、また「使人の位階は亡者の高下に随う。」。さらに「御所より使を定めらる」。故人と勅使は品位また位階に規制され、「御所」が選定すると想定される。

官人が死没すると、弔使が派遣されるが、贈位・贈官は弔喪の延長上にある。まず、弔使は弔意を述べる宣命を喪家に赴き読み上げ、賻物を届ける。実例では、弔使は多くは贈位使であるが、弔意宣命よりも具体的な保障を伴う贈位に主眼が置かれ、弔使は贈位に吸収される。第二に、弔使の実例では、弔使の姓名が残るのは故人が三位以上に限られ、故人の位階と弔使の位階の差は二から五階程度とみられる。第三に、弔使は異なる人物が多く任じられ、贈位使はほとんどが二名である。第四に、故人と弔使の関係は多く「広く認識されていた」と推定される[36]。

平安貴族社会の人間関係は複雑であるが、血縁の関連は比較的明瞭である。藤原常行と在原業平の前後では、貞観十一年、左大臣・正二位源信に正一位を贈るが、贈位使は参議・正四位下源生と従四位下大学頭潔世王である。源信は嵯峨天皇の「源氏第一郎」、生は「第九源氏」（『日本三代実録』貞観十年閏十二月廿八日丁巳・十一年三月四日壬戌条）。天安二年、故正三位源潔姫に正一位を贈る。従四位上越中守源啓を神楽岡の冢に遣わし、贈位を告げる。潔姫は清和天皇の外祖母（『日本三代実録』天安二年十一月廿六日癸未条）。啓は嵯峨天皇の子、嵯峨は兄左大臣常の子とする（『日本三代実録』貞観十一年八月廿七日壬子条）[37]。

嘉祥三年（八五〇）、外祖父・左大臣・正一位藤原冬嗣に太政大臣を贈り、外祖母・尚侍・従三位藤原美都子に正一位を贈る。「散位従五位下藤原雄滝」を使に差す（『日本文徳天皇実録』嘉祥三年七月壬辰条）。「散位従五位下藤原雄滝」は、承和十二年に従五位下を授けられ、三河守・摂津守の後、貞観二年に散位・従五位下から日向守となる（『続日本後紀』承和十二年正月甲寅条、『日本三代実録』貞観二年正月十六日丁卯条）。雄滝の位階や経歴は、冬嗣や美都子の太政大臣や正一位の贈官・贈位使に不釣り合いである。雄滝は冬嗣の弟桜麿の男で、「従五下・摂津守」（『尊卑分脈』「摂家相続孫」）。桜麻呂は、弘仁三年正月に、従五位下を授けられ、また十一月、従四位上藤原冬嗣・従五位下福当麻呂・桜麻呂らを本官に復させる（『日本後紀』弘仁三年正月丙寅・十一月癸未条）。十月、右大臣藤原内麻呂が薨じ、冬嗣らは内麻呂の喪に服す（『日本後紀』弘仁三年十月辛卯条）。桜麿は「下総守・従五下」、福当麿は冬嗣の弟、「従五下・肥前守」（『尊卑分脈』「摂家相続孫」）。結局、雄滝は冬嗣の甥で、冬嗣や美都子の贈官・贈位使に起用されると推定される。

故人と贈位使には、しばしば血縁など相応の関連がある。藤原常行と在原業平が親密な可能性は充分にある[38]。

藤原多可幾子のみわざでは、「右大将常行」が「右馬頭」業平（か）に「歌」をよませる（『伊勢物語』七十七・七十八段）。業平と常行の親交が前提されるが、実際の関係は「判然としない」（七十七段）、業平と常行の関わり方や背後の史実が「不鮮明」とされる（七十八段）[39]。また、「史実を種」とするが、「史実と文学的虚構が相なかば」とみなされる（七十七段）[40]。〈史実〉の主要な個所を列挙する。藤原多可幾子のみわざ（七七日のみわざ）は、多可幾子は天安二年十一月に卒す（『日本三代実録』天安二年十一月十四日辛未条）。一方、藤原常行は貞観八年に右大将、在原業平は貞観七年に右馬頭（『日本三代実録』貞観八年十二月十六日丁亥・七年三月九日庚寅条）。「山科の禅師の親王」（人康親王）は貞観元年に出家入道、「山科宮と号す、また北野親王」、「山科宮と号す」（『日本三代実録』貞観元年五月七日壬戌条、『本朝皇胤紹運録』、『尊卑分脈』仁明源氏）、「三条の大行幸」は貞観八年（『日本三代実録』貞観八年三月廿三日己亥条）。〈史実〉と〈虚構〉の「ギャップ」は多様である。しかし、多可幾子・常行や「三条の大行幸」などは全体に齟齬せず、安祥寺は嘉祥元年に太皇太后藤原順子が創建する（『安祥寺資財帳』『京都大学史料叢書』一七、『平安遺文』一六四）。（太）皇太后藤原順子は冬嗣と美都子の女、良相の姉、貞観元年四月、忌みを避けるため、右大臣良相の西京三条第に、二年四月に右大臣西京第より東五条宮に遷御する（『日本三代実録』貞観元年四月十八日癸卯・二年四月廿五日乙巳条）。後者では常行が正五位下を授けられる。常行は「歌よむ人々」や業平と関係がある可能性がある。文学・物語には、常行と業平周辺に「種」が実在すると推定される。

『伊勢物語』の「成立」については本書コラム2で概観するが、『古今和歌集』以前に二条后・東下り・伊勢斎宮・惟喬親王など「原型伊勢物語」が存在し、作者は在原業平である。二条后藤原高子の文学サロンで業平が披露する。『後撰和歌集』以前に現存本『伊勢物語』が成立し、作者は紀貫之である。藤原常行と在原業平・「歌よむ人々」の章段は「原型伊勢物語」には存在せず、紀貫之が入手する経路が必要である。

今井源衛氏は「伝記」の「業平朝臣、仝（一巻）」に注目する（『本朝書籍目録』「伝記」）。「伝記」の書籍は漢文作品とみられ、『聖徳太子伝』『本朝神仙伝』（大江匡房撰）『大織冠』『恒貞親王』『民部卿保則』などは現存する。『民部卿保則』（藤原保則伝）は延喜七年（九〇七）の三善清行撰、藤原保則（八二五〜九五）死後十二年成立で、『業平朝臣』は『古今和歌集』以前の可能性がある。また、「かいせう」（戒仙）は「かの父の兵衛の佐」がなくなった年の秋、家にこれかれ集まり、宵より酒飲みなどする。兵衛佐がおいでにならず、悲しくさびしいと、「まらうどもあるじも」恋しがる。「まらうどは、貫之・友則などになむありける。」（『大和物語』二十八段）。戒仙の「父の兵衛の佐」は業平の男・棟梁と推定され、紀貫之や紀友則は棟梁とごく親しい仲である。貫之らは棟梁や男の元方・戒仙を通じて、『業平朝臣』や業平の資料を入手するとみられる[41]。

紀貫之らは藤原常行と「歌よむ人々」・在原業平の逸話を入手可能である。また、常行の贈位に業平が派遣される。常行と業平は確実に相知である。(42)

さて、常行の「男・女」は、正五位下・雅楽助名継、従五位下・兵庫頭演世、従五位上・主殿頭輔国、内蔵助万世、名継の母は陰陽頭藤原三藤女、輔国の母は従四位下当麻清雄女（『尊卑分脈』『摂家相続孫』(43)）。また、常行には「御子二人」いるが、「五位にて典薬助・主殿頭など言ひて、いとあさくて（低い官位のままで）やみたまひにき。」（『大鏡』「一　右大臣良相」）。「御子二人」あるが、兄は六位・典薬助名継、弟は五位・主殿頭棟国、「皆糸賤《いとあやし》キ人ニテ有ケレバ、其ノ子孫無キガ如シ。」（『今昔物語集』巻第二十二「閑院冬嗣右大臣幷子息語」第五）。輔国は棟国か。常行の男は五位に低迷する。

藤原直方は、「次いで直方・忠方」は「並びに才行を以て称せら」る。貞観五年、太政大臣藤原良房の六十賀宴で従五位下、無位藤原多美子が従四位下を授けられるが（『日本三代実録』貞観五年十月廿一日庚辰条）、常行の叙爵は八年以前である。貞観八年、清和天皇が右大臣良相の西京第に行幸し、参議従四位上・右近衛権中将藤原常行は正四位下、従五位下左兵衛権佐藤原直方は従五位上を授けられる。元慶三年、正五位下・散位から従四位下を授けられ、仁和二年に阿波権守となす（『日本三代実録』元慶三年正月七日丁酉・仁和二年正月十六日丙申条）。

仁和四年、藤原直方・源興基・平惟範・藤原時平らに「弘仁以後の鴻儒の詩に堪うる者」を択ばせ、画師巨勢金岡にその形状を図かせる（『扶桑略記』仁和四年九月十五日条、『日本紀略』九月（十月）十五日条）。「弘仁以後の鴻儒の詩に堪うる者」を選抜する以上、藤原直方らは漢籍を修得すると推定される。参議源興基は事績がないが、中納言平惟範は業を大外記大蔵善行に受け、寛平元年（八八九）の残菊宴に七言、延喜元年の大蔵善行七十賀宴に七言を賦す（『雑言奉和』）。藤原時平は徴証が多い(44)。「詩人」の「公卿」に「贈太上〔政〕大臣時平」があり（『二中歴』第十二「詩人歴・公卿」）、延喜元年の大蔵善行七十賀宴を命じ、「門生藤時平」は七言二首を賦すなど（『雑言奉和』）。惟範・時平は相応の陣容であり、直方も漢籍の素養が想定される。

寛平元年九月、残菊宴が開催され、題は「秋を惜しみ残菊を翫ぶ」（『日本紀略』寛平元年九月其日条）。講師は民部大輔惟良高尚、前美濃介島田忠臣、大外記大蔵善行、文章生藤原菅根、阿波権守藤原直方、弾正大弼平惟範、宇多天皇らが七言・五言を賦す（『雑言奉和』）。錚々たる顔ぶれに、藤原直方が参加する。かくして、直方は「才行を以て称せら」る。

藤原忠方は、貞観十年、正六位下・式部少丞から従五位下を授けられ、元慶二年、大学頭・従五位上から大蔵大輔とする（『日本三代実録』貞観十年正月七日壬寅・元慶二年八月十四日丁丑条）。忠方の叙爵は直方に四年程度先立たれるが、官歴は式部少丞や大学頭に特色がある。式部丞は文章得業生・文章生などを任じ、多くは成業者一人を置く（『官職秘抄』上「同（八省）丞・式部」）(45)。大学頭は大業や文章生・諸王を任ずるが、諸王の任例は「往代の事」である（『官職秘抄』下「諸道官・紀伝・大学頭」）(46)。前後の大学頭は、豊階安人（天安二年任）は「学を好む」、忠貞王（貞観三年任）は幼くして「就学」、潔世王（貞観五年任）は幼くして「史伝を学ぶ」、巨勢文雄（貞観十三年見任）は文章博士、藤原佐世（元慶八年任）は文章得業生（『日本三代実録』貞観三年九月廿四日乙未条、『公卿補任』元慶三年条「頭書」、『日本三代実録』元慶六年四月廿八日庚子・貞観九年二月十一日辛巳・十四年五月廿三日壬辰条）(47)。藤原忠方は官歴から「才行」が裏付けられる。

藤原行方は「民部丞」以外に所見がない（『尊卑分脈』「摂家相続孫」）。良相の男は常行が「第一男」「長子」「一男」、「次いで直方・忠方」は「才行」を特筆され、その事績が確証される。叙爵の側面では、常行と直方に八年、直方と忠方に四年程度の間隔がある。行方の序列は不明である。常行・行方・忠方の母は大江乙枝（枚）の女（『尊卑分脈』「摂家相続孫」）。貞観の初め、良相の客館では中弁大江音人が文章筆札を試みるが、「相公の両子、年皆成童」が学士の列に預かる（『本朝文粋』巻第八「詩序一・天象」橘贈納言（広相）「賦二冬日可レ愛」）。この「両子」は「才行」と実績・官歴から、直方・忠方である(48)。

良相の「男」は「長子常行」、「次いで直方・忠方は並びに才行を以て称せらる」。直方・忠方は「才行」を特記されるが、常行は不明である。「才行」ではなく、常行は「歌よむ人々」や業平と親密と推定される。常行に「才行」が特筆されないのは道理である。貞観の初め、良相の客館では「両子」だけでなく、「自余の数子、各詩篇あり。」とあり、常行らも参加するとみられる。直方は寛平元年まで、忠方は元慶二年まで裏付けでき、九世紀末まで良相の「男」世代は生存する。

第四節　平安京百花亭の伝領

延喜十三年（九一三）、右大臣源光（八四五〜九一三）が薨ず、西三条右大臣と号す（『日本紀略』延喜十三年三月十二日条、『公卿補任』延喜十三年条、『尊卑分脈』「仁明源氏」）。「西三条」は右大臣藤原良相の邸宅で、貞観十七年（八七五）の大納言常行の薨後に売却され、源光が「買い求め」るとみられる(49)。

さて、菅原雅規（?〜九七九）が「百花亭は、昔右丞相の蓮府（大臣の屋敷）たり、今即ち常州王の花亭なり。」とする。以下、「水石改まらず、風煙なお幽にして、松江を砌前に縮め、柱《桂イ》水を牆門《墻内イ》に模《うつ》す。是れすなわち洛陽城中の一仙洞なり。／《改行》花の錦は機を須《治イ》いず　菅雅規(50)」（『平安朝佚名詩序集抜萃』「所誉」、『含英私集』所収「佚名詩序佳句抜萃」「所誉」）（図6-2）。右大臣藤原良相の百花亭は「常州王」が入手する。「常州王」は「常陸太守」。九世紀末から十世紀末では、昌泰元年（八九八）に貞数親王（八七五〜九一六）（是貞親王）、延喜十三年・十八年・延長四年（九二六）・承平元年（九三一）に貞真親王（八七六〜九三二）、延長三年に代明親王（九〇四〜三七）、承平四年・六年・天慶九年（九四六）に有明親王（九一〇〜六一）、貞元二年（九七七）以降に昭平親王（九五四〜一〇一三）（『国司補任』第三）。

貞数親王は清和天皇第八皇子、母は中納言在原行平女の更衣文子、『後撰和歌集』『新拾遺和歌集』各々一首。貞真親王は清和第九皇子、母は更衣斎宮頭藤原諸藤女、承平二年、常陸太守貞真親王薨ず（『貞信公記抄』承平二年九月廿日条、『日本紀略』承平元《マヽ》年九月廿日条）。「詩文に優れ」、延喜四年・延長四年の花宴に「善く文を属《つづ》るに依り」召され、詩を献る（『新儀式』第四「臨時上」花宴事、『日本紀略』延長四年二月十八日条・『醍醐天皇日記』二月十七日条）(51)。代明親王は醍醐天皇第三皇子、母は伊予介藤原連永女の更衣鮮子、承平七年、中務卿代明親王薨ず（『日本紀略』承平七年三月廿九日条）。有明親王は醍醐第七皇子、母は光孝天皇皇女の女御源和子、応和元年（九六一）兵部卿有明親王薨ず（『日本紀略』応和元年閏三月廿七日条）。昭平親王は村上天皇第九皇子、母は左大臣藤原在衡の女更衣正妃、能書とされる。永観二年（九八四）出家（『本朝皇胤紹運録』）、長和二年（一〇一三）入道無品昭平親王薨ず（『日本紀略』長和二年六月廿八日条）。

貞真親王は「属文の王卿」である。「詩人」の「親王」に「貞真親王、貞観天皇親王」（『二中歴』第十二「詩人歴・親王」）、貞真親王の「梁孝王を得たり」に「鄒枚《すうばい》散じて後平台静かなり（梁の孝王の没後、鄒陽・枚乗の二臣が去った後の、孝王が建築した豪華な平台は、しんと静まりかえっている。）、空しく春の風をして只だ腸《はらわた》を断たしむ。」（『新撰朗詠集』下「雑（詠史）」、『十訓抄』第五「可レ撰二朋友一事」五ノ序）。また、「諸道講書、紀伝講書、漢書竟宴の日、貞真親王参会し、詠句を出す。」とあり（『西宮記』第二巻「竟宴事」）、「詠史詩」を実作する。[52]

貞数親王・貞真親王以下では、貞真親王に着目される。百花亭は白楽天に準拠するが、昔「右丞相の蓮府」、今「常州王の花亭」と対比される。常州王（常陸太守）は右大臣藤原良相の遺風を強く意識する。常州王は良相の「文学」や「賦

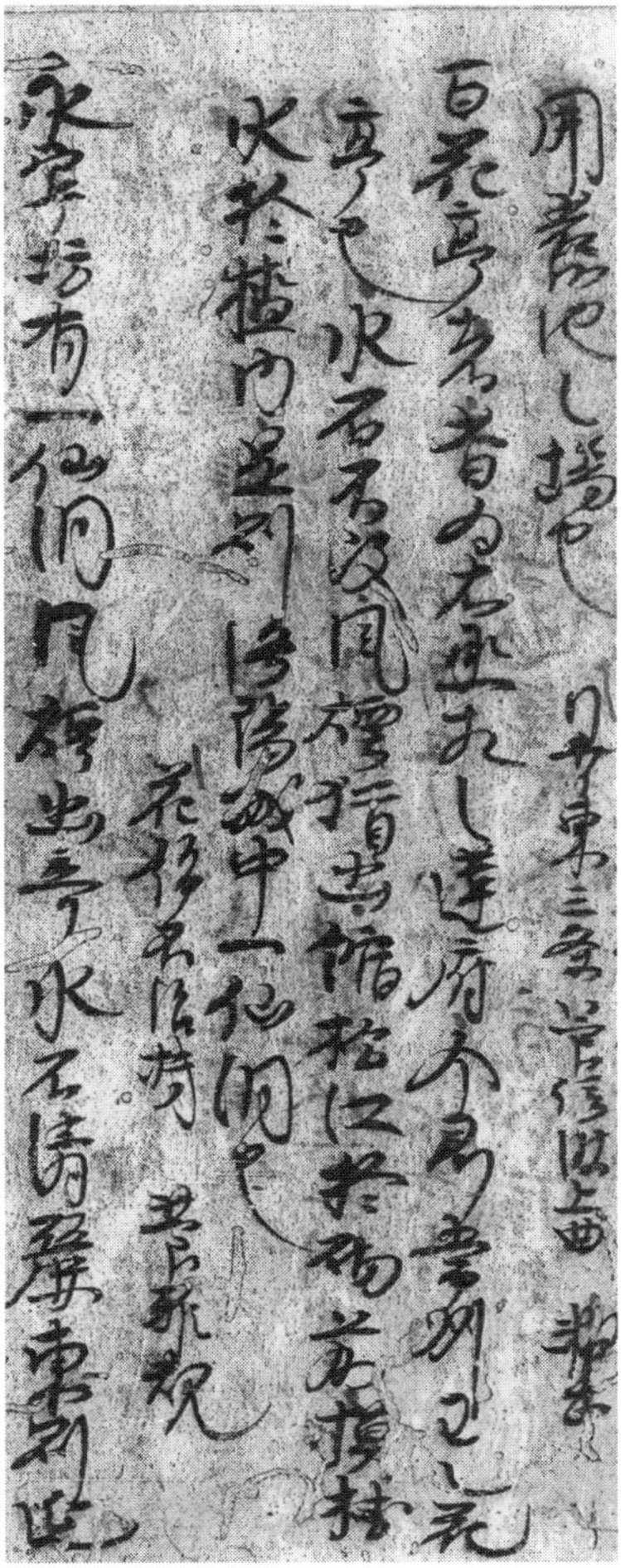

図６－２　『平安朝佚名詩序集抜萃』「所誉」40菅原雅規「花錦不レ須レ機」（写真の２行目から５行目まで）（桜井健太郎氏所蔵より）

詩」の愛好を継承すると推定される。貞真親王は「詩人」で「善く文を属る」とあり、もっとも相応しい。良相の百花亭はおそらく源光の薨後、常陸太守貞真親王に引き継がれると想定される。貞数親王の百花亭では、「水石（水と石、水中にある石）改まらず」「松江を砌前に縮め、柱（桂イ）水を牆（墻内イ）門に模《うつ》す。」とあり、池水が特色とみられる。

天慶元年、無品英子内親王が「西三条第において初笄す。」（『日本紀略』天慶元年八月廿七日条）[53]。英子内親王（九二一〜四六）は醍醐天皇（八八五〜九三〇）第十六皇女、母は参議藤原菅根の女更衣淑姫（?〜九四九）、淑姫の所生は長明親王・兼明・源自明・英子。参議藤原菅根（八五五〜九〇八）は「学に篤く、経史百家 畢《ことごと》く該《か》ぬ」とされ、醍醐天皇の「侍読」（『日本三代実録』元慶元年三月十日辛亥条、『日本紀略』延喜八年十月七日条）、男に従四位上右馬頭季方、大納言元方（八八八〜九五三）（『尊卑分脈』「武智麿公孫」）[54]、元方の母は石見守従五位下藤原氏江女（『公卿補任』天慶二年条）。

さて、親王・内親王の元服・着裳（初笄）の場所は、天皇と同母の親王は清涼殿の「御前」で元服を行い三品に叙す、「今上ではない親王」は「私第」で元服を加え内裏に参入する（『新儀式』巻第五「親王加元服事」）。山本一也氏は、実際、今上親王・今上内親王は内裏内の殿舎の御前で元服・着裳を行い、非今上親王・非今上内親王は基本的に「私第」で元服・着裳すると指摘する。女御所生は父の生死にかかわらず、居住する母方の里邸で元服する。更衣所生の章明親王は母方の里邸で元服を行い、英子内親王の「西三条第」が母方の里邸の可能性は高い[55]。

西三条第は英子内親王の母方の里邸、すなわち更衣藤原淑姫の里邸とみられる。天慶九年、英子内親王を斎宮に卜定し、左近衛少将源為善に「彼の家」に告げさせる（『貞信公記』天慶九年五月廿七日条）。「親王家」は酒饌を儲け、勅使少将源為善や神祇官人を饗す（『北山抄』巻第六「卜定斎王事」[56]）。

西三条第・百花亭は、右大臣源光からその没年（九一三）前後、常陸太守貞真親王に引き継がれるとみられる。貞真親王の詩会では、西三条第は「百花亭」と認知され、右大臣藤原良相の事績を強く意識する。貞真親王は「詩人」で、「善く文を属る」。貞真親王の没年（九三二）前後に、醍醐天皇の更衣藤原淑姫が西三条第を継承し、天慶元年、その女英子内親王が初笄す。天慶九年、英子は斎宮に卜定されるが、その「本家」は西三条第の可能性がある[57]。

第五節　九世紀後半の西三条第

平安京右京三条一坊六町では、2期（九世紀後半）の池250から「三条院鈎〔釣〕殿高坏」の墨書土器や、仮名墨書土器約二〇点が出土する。右大臣藤原良相の西三条第・六町説は確実とされる。

藤原良相は漢籍の造詣が深い。清和天皇の西三条第行幸では「百花亭の詩」を賦すが、その典拠は白楽天である。良相主宰の西三条第や内裏直廬の詩会には、大枝（江）音人・島田忠臣・都良香・橘広相らが参加する。音人らは貞観期を代表する文人である（第二節）。良相の「男女」では、紀貫之が、良相の「長子」常行と「歌よむ人々」・在原業平の逸話（『伊勢物語』七十七段・七十八段）を入手可能である。また、常行の贈位に業平が派遣されるが、故人と贈位使には血縁など相応の関連がある。常行と業平は確実に相知である。直方・忠方は「才行」を特筆され、その事績が確証される（第三節）。

西三条第（百花亭）は良相・常行以後、十世紀中葉まで伝領が判明する。右大臣源光から常州王（常陸太守）貞真親王に引き継がれる。貞真親王の詩会では、右大臣藤原良相の事績を強く意識する。醍醐天皇の更衣藤原淑姫が西三条第を継承し、その女英子内親王が初笄す。英子は斎宮に卜定されるが、その「本家」は西三条第の可能性がある（第四節）。

さて、右大臣藤原良相と西三条第の出来事を整理すると（表7-1）、嘉祥元年（八四八）良相が参議、仁寿元年（八五一）権中納言、斉衡元年（八五四）大納言、天安元年（八五七）右大臣（『続日本後紀』嘉祥元年正月辛未条、『日本文徳天皇実録』仁寿元年十二月壬戌・斉衡元年八月庚辰・天安元年二月丁亥条）。良相の「第一女」多可幾子は、嘉祥三年文徳天皇の女御、天安二年に卒（第三節）。貞観元年（八五九）、皇太后藤原順子が良相の西京三条第に御し、二年に良相の西京第から東五条宮に御す（第三節）。

表7－1　藤原良相と西三条第関連年表

年	出来事
848	藤原良相、参議。
850	藤原多可幾子、文徳天皇女御。
851	良相、権中納言。
854	良相、大納言。
857	良相、右大臣。
858	多可幾子、卒。
859	藤原順子、西京三条第に御。
859～862	良相が客館を開き、英才を招く。
860	順子、西京第から東五条宮に御。
864	藤原多美子、清和天皇の女御。
	藤原常行、参議。
866	清和天皇、西京第行幸。
867	良相、薨。
870	常行、中納言。
872	常行、大納言。
875	常行、薨。
886	多美子、薨。

貞観の初め（元年から四年）、良相は客館を開き、英才を招く（第二節）。貞観六年、良相の「少女」多美子が清和天皇の後宮に入り、女御（第三節）、同年に藤原常行、参議（『日本三代実録』貞観六年正月十六日癸卯条）。八年三月に清和天皇、西京第行幸（第一節）、閏三月に応天門焼亡、九月に応天門の変。九年十月に良相、薨（『日本三代実録』貞観九年十月十日乙亥条）、十二年に常行、中納言、十四年に大納言（『日本三代実録』貞観十二年正月十三日丙寅・十四年八月廿五日癸亥条）。貞観十七年に常行、薨、仁和二年（八八六）多美子、薨（第三節）。

九世紀の第四・四半期を中心に、右大臣藤原良相と西三条第では様々な出来事が発生する。右京三条一坊六町の2期が見事に一致し、池250出土の墨書土器はその出来事の一面を垣間見せる。「西三条女御」多可幾子は文徳天皇の女御、「西三条女御」多美子は清和天皇の女御である。九世紀から十世紀には、女御は「殿舎名で呼ばれることがあ」り、「一つの殿舎を曹司に賜る」と推定される。[58] 子どもを内裏に連れて来たり、内裏で養育可能である。[59]「西三条女御」の通称から、「西三条」を里第とするとみられる。「西三条右大将」常行は仁寿三年に年十八で蔵人、斉衡二年に年二十で従五位下（第三節）。十世紀初頭から十一世紀中頃には、婚姻居住は「妻方居住を経た新処居住か、当初からの新処居住」で、十一世紀末まで父系二世代同居は未成立である。[60] 一方、良相の「室大江氏」は「大臣の生年卅余歳に臨み、旧寝に卒す。」。良相の生年三十余歳は承和九年（八四二）以降（第三節）。さらに、皇太后藤原順子の遷御などと良相の居住との関連、仮名墨書は「歌よむ人々」を想像させるが、それと藤原常行や在原業平の関係など、今後の課題は少なくない。

第6章　註

（1）『拾芥抄』中「諸名所部第廿」。「西三条」は良相大臣の家、「俗に百衣〔夜イ〕公事と云う。」（『拾芥抄』中「諸名所部第廿」「已下西京」）。「百衣公事」（清家文庫本・国会図書館本・大東急記念文庫本）、「百夜公事」（尊経閣文庫本）、「百衣事」（東京国立博物館本・東山御文庫本）、「百衣事」の「衣」に「夜公イ」（天理図書館本）。「衣」「夜」は「花」の、「公事」は「亭」の誤写。

（2）『拾芥抄』中「京程部第廿二」「西京図」、仁和寺所蔵「京都古図」（『大日本史料』第一編之十九・天元五年十二月十六日条）。

（3）拙稿「平安京と貴族の住まいの論点」西山良平・藤田勝也編著『平安京と貴族の住まい』京都大学学術出版会、二〇一二年。

（4）『平安京右京三条一坊六・七町跡—西三条第（百花亭）跡—』京都市埋蔵文化財研究所、二〇一三年。

〔補註〕本章は事情により発掘調査報告の発行（奥付は二〇一三年三月）に間に合わず、機会を得て本書に収録する。本章脱稿（二〇一四年十月）以降、丸川義広「平安京右京三条一坊六町（藤原良相邸）出土の仮名墨書土器をめぐって」（『日本史研究』六三九、二〇一五年）がある。

（5）外山英策『源氏物語の自然描写と庭園』丁子屋書店、一九四三年。

（6）金子彦二郎『平安時代文学と白氏文集—句題和歌・千載佳句研究篇—』復刻版、藝林舎、一九七七年、原版一九五五年。

（7）後藤昭雄「摂関家の詩人たち」『平安朝文人志』吉川弘文館・一九九三年、『本朝文粋抄』二・第一章「「冬日愛すべし」を賦す詩の序（橘広相）——詩文の作られる場（一）　大臣の邸宅」勉誠出版・二〇〇九年。

（8）百花亭は、「江州司馬庁の記」（1471）（『白氏文集』巻第二十六）に「江州は、左には匡廬あり、右には江湖あり、土高く気清くして、佳境を富有す（よい景色が沢山ある。）。（中略）惟《た》だ司馬のみは、綽綽として（ゆったりと）以て山水詩酒の間に従容す（楽しむ）可し。是に由つて郡の南楼・山の北楼・水溢亭・百花亭・風篁・石巌・瀑布・廬宮・源潭洞・東西二林寺・泉石松雪は、司馬盡く之を有す。」とある。

「百花亭」（0946）「百花亭晩望、夜帰」（0949）は元和十一年（八一六）、白楽天四五歳、「江州司馬庁記」（1471）は元和十三年七月八日の制作（花房英樹『白氏文集の批判的研究』中村印刷出版部、一九六〇年）。

元和十年六月、藩鎮討伐の急先鋒・宰相武元衡が暗殺される。白楽天は裏で操る存在を究明すべきと上書を呈するが、越権行為と非難され、江州司馬に左遷される。司馬は政治犯の名目の官。諷諭詩と閑適詩を公私に使い分け、日常生活のなかによろこびを見出し、そのよろこびに浸る自分自身を詩の対象に形象化する（川合康三『白楽天──官と隠のはざまで』岩波新書、二〇一〇年）。

（9）藤原克己「承和以前と以後の王朝漢詩」『菅原道真と平安朝漢文学』東京大学出版会、二〇〇一年。

（10）後藤昭雄「摂関家の詩人たち」前掲、後藤『本朝文粋抄』二・第一章「「冬日愛すべし」を賦す詩の序（橘広相）──詩文の作られる場（一）大臣の邸宅」前掲。本節は後藤氏に多く依拠する。

（11）藤原良相の室は大江（枝）乙枝の女。第三節参照。

（12）「土師氏を改めて大枝朝臣となす」（『続日本紀』延暦九年十二月壬辰朔条）。

（13）貞観八年前後では、大枝（江）朝臣は従五位下駿河権守直臣が貞観三年まで、従六位下大内記公幹が貞観十四年から所見する（『日本三代実録』貞観三年二月廿五日己巳条、十四年五月廿五日甲午条）。

（14）「序者」は詩宴の詩序の作者で、「貞観八年十月の頃」、良相が西三条院に詩宴を主宰するとされる。貞観八年十月、「是より先」大枝音人らは上表し、西三条院の詩宴は十月以前、三月の百花亭行幸の賦詩とみられる。
十巻本『伊呂波字類抄』は鎌倉時代初期成立、大東急本は室町時代初期書写。字類抄諸本では、二巻本『世俗字類抄』は「姓氏・名字」二部が追加され、十巻本『伊呂波字類抄』は漢文注記が著しく増補される（峰岸明「字類抄の系譜（上）（中）（下）─人事・辞字両部所収語の検討を通して─」『国語国文』五三─九・一〇・一一、一九八四年。「格」「格文」は『類聚三代格』所収の太政官符などとみられるが、大枝の「格文」は所見しない。

（15）小島憲之監修『田氏家集注』巻之上・和泉書院・一九九一年、中村璋八・島田伸一郎『田氏家集全釋』汲古書院・一九九三年。

（16）前者は山崎誠「平安朝佚名詩序集抜萃について」『中世学問史の基底と展開』和泉書院・一九九三年、後者は牧野和夫「『〔本朝〕文集』編纂資料についての一考察─十二巻本『表白集』・『含英私集』など─」『実践国文学』三六・一九八九年。前者は桜井健太郎氏所蔵。
以下、「嚶鳴（鳥が仲よく声を合わせて鳴く）暁に飛び、石泉暮に咽ぶ。神仙の宅に髣髴たり、上界（天上の世界）の居に宛然（そっくり同じさま）たり。誠に天は煙霞を縦し、地は水樹を繞らす。是を以てその間に棲息するものなり。」。

『平安朝佚名詩序集抜萃』は鎌倉時代末期の書写、書名は未詳、後冷泉朝以降に成立と推定される。本書はA「法会」B「寺」C「庚申」D「所詣」に部類される。ABは詩序の題を比較的長文とし、本文の抄出も長文であるが、CDは句題だけを掲げ、抄出も長くない。

『含英私集』は近世初期に編纂、所収の「佚名詩序佳句抜萃」は虫損少ない『平安朝佚名詩序集抜萃』を底本に書写と推定される。

(17) 蔵中スミ「島田忠臣年譜覚え書」小島憲之監修『田氏家集注』巻之上・前掲。

(18) 貞観三年頃か。

(19)『北山抄』巻第四「御元服儀」所引『清涼抄』。

『清涼記』(清涼抄)は、村上天皇御撰本が応和年間(九六一～六四)前後に清書され、加注本は安和元年(九六八)か二年頃に成立し、のちに『新儀式』とも称される(西本昌弘「九条家本『神今食次第』にみえる「清涼御記」逸文―「清涼記」の成立年代と「新儀式」との異同―」田島公編『禁裏・公家文庫研究』第三輯、思文閣出版、二〇〇九年)。

(20) 尊経閣文庫所蔵巻子本『北山抄』。

『新儀式』第四「天皇加元服事」は『清涼抄』と小異があるが、後者の欠損は前者では「御覧」である。皇帝が加冠し、親王以下が拝舞、皇帝は紫宸殿から後殿に入る。「是の日」、皇帝は大后の御殿に詣《いた》り、「また」、勧学院藤原氏児童が加冠・参入する。『北山抄』は「勧学院」以下が記載されず、『清涼抄』で補足する。

(21) 告井幸男「名器に名付けられた人物について―玄上・為尭―」『日本伝統音楽研究』三、二〇〇六年。

(22) 藤原基経は積極的に詩人を集め文事を開催し、藤原佐世・島田忠臣など近習や、菅原道真・紀長谷雄・藤原時平など基経の子息が参集する。基経邸の文事では、基経を讃美し庇護を求める。藤原良相主催の文事では良相に触れず、天子の温徳を称揚する(滝川幸司「藤原基経と詩人たち」『語文』八四・八五、二〇〇六年)。

(23) 角田文衛「良房と伴善男―『応天門の変』をめぐって―」『王朝の映像』東京堂出版、一九七〇年。

(24) 右大将は、天安二年から貞観五年まで源定、貞観五年から八年まで藤原氏宗、貞観八年から十七年まで藤原常行。

(25)『今鏡』の成立は嘉応二年(一一七〇)が有力、作者は藤原為経(寂超)にほぼ確定。

(26) 寛平二年(八九〇)参議橘広相が卒し、中納言を贈る(『日本紀略』『扶桑略記』寛平二年五月十六日・十七日条)。

(27)『十訓抄』は建長四年(一二五二)成立、作者は未詳。

(28) 角田文衛「良房と伴善男」前掲。

(29) 藤原氏冬嗣流の房前から基経世代までの叙従五位下では、基経の十九歳は最年少である。基経・常行だけが兄弟・イトコを圧して特別に昇進する(栗原弘「藤原良房と基経の養子関係の成立時期」『平安前期の家族と親族』校倉書房、二〇〇八年)。

(30) 貞観五年十月、清和天皇が太政大臣良房を内殿に宴し、満六十の齢を賀す。藤原直方に従五位下、无位藤原多美子に従四位下を授ける。十一月、中宮藤原明子は太政大臣良房の染殿第で大いに斎会を設け、大乗経を演じ、太政大臣の六十に満つるを賀す（『日本三代実録』貞観五年十月廿一日庚辰・十一月廿六日乙卯条）。
(31) 渡辺秀夫「在原業平の卒伝の解釈」『平安朝文学と漢文世界』勉誠社、一九九一年。
(32) 渡辺実校注『伊勢物語』新潮日本古典集成・一九七六年、鈴木日出男『伊勢物語評解』筑摩書房・二〇一三年、片桐洋一『伊勢物語全読解』和泉書院・二〇一三年。
(33) 今井源衛『在原業平』『在原業平と伊勢物語』今井源衛著作集第七巻、笠間書院、二〇〇四年。
(34) 親王や大臣が薨ずると、即座に装束司と山作司を任ず。「送葬の日」に、勅使二人が第に就き弔い贈る。一人は詔書、一人は位記を持つ。贈位がないと、一人は賻物を持つ。その数や「使人の位階は亡者の高下に随う。」。中納言以上や妃・夫人の弔賻は此に准ず（『延喜式』「太政官」葬官条）。文中の「其数使人」は虎尾俊哉校注『延喜式（上）』（神道大系編纂会、一九九一年）に依拠する。また、臣下の贈位は、上卿が勅を奉り、内記に仰せて位記を作る。「御所より使を定めらる」（『西宮記』臨時八・臣下贈位条）。
(35) 虎尾達哉「贈位の初歩的考察」『律令官人社会の研究』塙書房、二〇〇六年。
(36) 牧飛鳥「令制における弔使について」『学習院史学』四一、二〇〇三年。
(37) 太政大臣・従一位藤原良房に正一位を贈る。大納言源多・中納言南淵年名・参議藤原仲統を遣わし、柩前に宣制させる。良房の母・藤原美都子と仲統の父・三守は兄妹（『日本三代実録』貞観十四年九月二日己巳・四日辛未条）。良房と年名は「共に『貞観格』『貞観式』の編纂に携」るとするが、良房の編纂は誤り。
(38) 「上官に当たる右大将藤原常行の弔問の勅使とな」るとされるが（今井源衛「伊勢物語の史実をめぐって」『在原業平と伊勢物語』今井源衛著作集第七巻、前掲）、誤りである。貞観十七年正月、右馬頭在原業平を「右近衛権中将となす」とするが（『日本三代実録』貞観十七年正月十三日丁酉条）、この記事は全体に「錯簡」と推定される。元慶元年正月、業平は右近衛権中将に任ぜられるとみられる（目崎徳衛「在原業平の官歴について」『平安文化史論』桜楓社・一九六八年、今井源衛『在原業平』前掲）。
(39) 鈴木日出男『伊勢物語評解』前掲。
(40) 今井源衛『在原業平』前掲。
(41) 今井源衛「戒仙について——業平から貫之へ」『在原業平と伊勢物語』今井源衛著作集第七巻・前掲、今井『在原業平』前掲）。戒仙は、元方出家＝戒仙説（久保木哲夫「在原元方について」『和歌史研究会会報』三三・一九六九年、稲賀敬二「在原元方（戒仙）の出家」『王朝歌人とその作品世界』稲賀敬二コレクション五・笠間書院・二〇〇七年）、元方早世・元方戒仙兄弟説（村瀬敏夫「在原元方試論」『論集 古今和歌集』和歌文学の世界 第七集、笠間書院、一九八一年）の諸説がある。

(42)「人のほう事を、つねゆきの大将し給しに、まうてたりしに」、藤の花がしみじみと咲くが、雨がひどく降るので、その花を折り、人にたてまつる。三月晦日。

　ぬれつゝそしゐておりつるとしのうちに　はるはいくかもあらしとおもへは

　（雅平本『業平集』六五。また『伊勢物語』八十段、『古今和歌集』一三三、『在中将集』五）。

後者の詞書などに、常行は登場しない。

(43) 藤原三藤は南家・中納言貞嗣男（『尊卑分脈』「貞嗣卿孫」）、仁寿三年に従五位下・任陰陽頭（『日本文徳天皇実録』仁寿三年七月庚戌条）。当麻清雄は貞観八年に従四位下、清雄の姉は嵯峨天皇の幸姫となり、源潔姫・全姫を生む（『日本三代実録』貞観八年正月七日甲申・十一年十二月七日庚寅条）。

(44) 後藤昭雄「摂関家の詩人たち」前掲。

(45) 忠方の前後では、藤原良近（天安二年任）は「学術なし」とされるが、平季長（貞観十四年見任）を掌渤海客使、高階茂範（元慶七年見任）を存問兼領渤海客使となす。掌客・領客・存問使は「才学」を十分に備えるとみられる（渡辺秀夫「在原業平の卒伝の解釈」前掲）。また、橘良基（貞観元年任）は幼くして「篤学」とされる。

(46) 諸王の任例は実世・是行・高棟、高棟は平賜姓以前である。

(47) 諸王任例の実世・是行・高棟では、実世王（元慶二年任）・是行王（仁和三年任）は実績がない。平高棟（天長元年・八二四任）は「好んで書伝を読む。」とされ、天長二年に姓平朝臣を賜わる（『日本三代実録』貞観九年五月十九日丁巳条）。また、忠貞王（貞観三年任）・潔世王（貞観五年任）は「就学」「史伝を学ぶ」。なお、忠方は「最も隷書に工み」とされる。少内記は文章生・紀伝学生を任じ、「能書の輩」を最となす。小野道風は兵衛尉より任じ、藤原敏行は内舎人より遷す（『官職秘抄』下「諸道官・紀伝・少内記」）。

(48) 彦由三枝子氏は直方を「第三子」、叙爵（貞観五年）は「二十五歳前後」、右大臣良相の「両子、年皆成童」は「才行」の特筆から直方・忠方の二人と推定する（彦由三枝子「西三条右大臣藤原良相についての一考察（Ⅱ）―貞観八年「応天門の変」との関連において―」『政治経済史学』三〇〇、一九九一年）。また、「才行」と詩作から、直方・忠方とされる（後藤昭雄『本朝文粋抄』二・第一章「冬日愛すべし」を賦す詩の序（橘広相）――詩文の作られる場（一）大臣の邸宅」前掲）。「両子、年皆成童」とあり、「成童」は「十五以上」（『礼記』「内則」注など）。常行の叙爵は斉衡二年で二十歳、直方は貞観五年、忠方は貞観十年、冬嗣流の基経・常行世代の叙爵は十九歳（基経）二十歳（常行）から二二歳まで（栗原弘「藤原良房と基経の養子関係の成立時期」前掲）。直方・忠方は充分に「成童」とみられる。

(49) 角田文衞「右大臣源光の怪死」『平安人物志』上・角田文衞著作集第五巻、法蔵館、一九八四年。

(50)「松江」は今の呉淞江《ウースン》の古称。太湖から発して、上海で黄浦江に合流し海に注ぐ。「柱水」の「柱」は旁の一画目は横に、二画目はそれを縦に突き抜ける。「柱」ではなく「桂」とみられる。「仙洞」は仙人の住んでいる所。

菅原雅規の「花の錦は機を須いず」は「窠々たる濃《こま》やかなる色は　露霑して暖かなり（小さな花が集まる色濃く美しい花は露にぬれていかにも暖かそうに見え）　札々たる機の声は　風扇ぎて新たなり（錦を機織る声が聞こえてくるかと思う程に春風は美しい花の錦をゆるがせている）（中略）未だ弁えず　快く仙洞の浦に開くことを（花か錦かまだよく見分けもつかないのに仙人の住まう水辺に錦を開き展べたと見立てたり）　誤ちて言う　深く蜀江の津に濯うかと（見誤って蜀江の渡し場では錦を濯って染の仕上げをしているのかと口にしてしまったりする始末である）」（『類聚句題抄』十七「不須」、『続群書類従』第十二輯上）。「仙洞の浦」は「洛陽城中の一仙洞」と共通する。

菅原雅規は道真の孫、高視の男。卒時は七八歳を越えるとみられる（『平安時代史事典』「菅原雅規」項・後藤昭雄執筆）。

江相公大江朝綱（八八六〜九五七）・中書王兼明親王（九一四〜九八七）・菅原庶幾（?〜九三一〜九四三〜?）の「花の錦は機を須いず」（『類聚句題抄』十七「不須」）も「同時作」で、天暦年間（九四七〜九五七）以前、春花の時節、「兼明親王邸あたりでの作」、菅原雅規詩が冒頭にあり、雅規が唱主で詩序を作す可能性があるとされる（本間洋一『類聚句題抄全注釈』和泉書院、二〇一〇年）。韻字が同じなど、「同時作」は蓋然性がある。兼明親王は醍醐天皇更衣・藤原淑姫の所生（後述）。

(51)『平安時代史事典』「貞真親王」項（高田淳執筆）。

(52) 後藤昭雄「漢文学史上の親王」『平安朝漢文学論考』補訂版、勉誠出版、二〇〇五年。

斎宮頭藤原諸藤は、元慶八年（八八四）、光孝天皇が勅して参議藤原諸葛と前伊勢守藤原諸藤の兄弟に「琴を弾き歌をなさ」せる（『日本三代実録』元慶八年十月戊子朔条）。諸葛は貞観八年（八六六）、清和天皇の西三条第行幸に正五位下を授けられる（第二節）。諸葛は琴の名手。諸藤の男・備前介善行は「箏、従五下任《(源)》弟子」（『尊卑分脈』「真作孫」）。また、延長四年の花宴では、貞真親王に「箏を弾かせ（『醍醐天皇日記』延長四年二月十七日条）、天徳四年（九六〇）の内裏歌合では、その男・雅楽頭（大膳大夫）蕃平（繁平）が「箏つかうまつる。」（『天徳四年三月三十日内裏歌合』「殿上日記」「仮名日記甲」「仮名日記乙」）。貞真親王の周辺には、琴や箏の名手が多い（告井幸男「名器に名付けられた人物について―玄上・為堯―」前掲）。

(53) 平安王朝社会の成女式は、十世紀後期に「加笄」から「着裳」「もぎ」に変化し、十世紀末に「着裳」が主流となる。当初髪上げなどの儀式が、童装束から大人装束へと、衣装の区分が取り入れられ、大人装束の象徴である裳を結ぶ儀式が重要になるとされる（服藤早苗「平安王朝社会の成女式―加笄から着裳へ―」『平安王朝の子どもたち―王権と家・童―』吉川弘文館、二〇〇四年）。

(54) また、季方は従四位上右兵衛督敏行の男（『尊卑分脈』「真作孫」）。

(55) 山本一也「通過儀礼から見た親王・内親王の居住」西山良平・藤田勝也編著『平安京の住まい』京都大学学術出版会、二〇〇七年。

(56) 醍醐天皇は長明親王の母更衣藤原淑姫が「里に侍けるに」「よそにのみ松ははかなき住の江のゆきてさへこそ見まくほしけれ」とつかわす（『後撰和歌集』六五三）。醍醐天皇は貞真親王の没年（九三二）以前に逝去し（九三〇）、この「里」は西三条第とみなしにくい。

藤原良相の西三条第と「別個の邸宅の可能性」説（拙稿「平安京の墨書「齋宮」と斎王家・斎王御所」『平安京右京三条二坊十五・十六町―「齋宮」の邸宅跡―』京都市埋蔵文化財研究所、二〇〇二年）は取り下げる。

(57) 更衣藤原淑姫の周辺には、藤原菅根・兼明親王・藤原元方など、文人が目立つ。

(58) 増田繁夫「女御・更衣・御息所の呼称―源氏物語の後宮―」『源氏物語と貴族社会』吉川弘文館、二〇〇二年。

(59) 山本一也「通過儀礼から見た親王・内親王の居住」前掲。

(60) 服藤早苗「王朝貴族の邸宅と女性―伝領」「純婿取婚をめぐって」『平安王朝社会のジェンダー――家・王権・性愛』校倉書房、二〇〇五年。

Column 2

『伊勢物語』の「成立」論

西山良平

『伊勢物語』の「成立」を概括する。片桐洋一氏の「三段階の成立論[1]」が「大きな支持を受け」「大方の支持を得」る。[2]まず、「第一次伊勢物語」は『古今和歌集』の撰集資料で、在原業平自身の創作物語である。九世紀末に出来上がるが、二条后・東下り・伊勢斎宮・惟喬親王など、ごく少数の章段である。物語は業平の歌から構成されるが、業平の名はまったく出ず、すべて「昔」の「男」の話として語られる。純粋な男の純粋な愛の物語である。「第二次伊勢物語」は雅平本『業平集』・『在中将集』の撰集材料で、十世紀前半の成立とみられる。二十数章段で、大半の歌は業平作と断定できない。業平の名は表面に出ず、物語の業平のリアリティを増強する。挫折した主人公は「翁」と称し、権門貴族を寿ぐ姿勢から昔語りをする。作者は在原氏の一族と推定される。「第三次伊勢物語」は十世紀後半の成立とみられ、別人の歌などを利用して物語化する。主人公は色好みの英雄業平に変貌し、「在原なりける男」などと明記される。享受者の立場で創作活動に参画する。[3]

さて、二条后藤原高子の文学サロンでは、在原業平が高子のために物語を作り、『伊勢物語』の「原型」が成立するとみられる。二条后藤原高子の周辺には、在原業平(『古今和歌集』二九四・八七一)・素性(『古今和歌集』二九三)・文屋康秀(『古今和歌集』八・四四五)・藤原興風(『古今和歌集』三五一)・藤原敏行(『後撰和歌集』一)などの歌人が集まる。「文学サロン的なもの」が醸成され、「原型伊勢物語」が成立する。東下り・二条后・狩の使(伊勢斎宮)などは〈史実〉ではなく、原型章段は業平が二条后高子のために作った虚構の物語である。その成立時期は、惟喬親王出家以後のほぼ貞観十五年から(『日本三代実録』貞観十四年七月十一日己卯条)業平卒の元慶四年の期間と推定される。[4]片桐氏も、二条の后藤原高子の

「文芸サロン」には在原業平など一流歌人が出入りし、業平と二条の后の関係はサロンの女主人と出入りの作家と主張する。「原初形態の『伊勢物語』の中の幾つかの章段」は、二条の后のサロンで披露される可能性がある。(5)

『古今和歌集』以後の作者では、紀貫之説が多い。『土佐日記』には在原業平の故事・惟喬親王の故事が引かれ、強く意識される(『土佐日記』承平五年正月八日・二月九日条)。『伊勢物語』の「原型」が『古今和歌集』の撰集資料とすると、紀貫之の手許にはその「原型」があり、それに手を加える。二条后・東下り・狩の使(伊勢斎宮)・惟喬親王などの優れた物語をもとに、新たに教育的発想の物語を創作・増補する。晩年期に権門の子弟に供するため、「原型」から統一的作品にまとめあげると推定される。(6)

渡辺泰宏氏は、『古今和歌集』以前に「原型伊勢物語」が存在し、『古今和歌集』以後・『後撰和歌集』以前に現存本に近い『伊勢物語』が成ると主張する。二条后・東下り・伊勢斎宮・惟喬親王など、「原型伊勢物語」は業平を作者とする物語で、古今集に近い内容をもつ。一方、現存の『伊勢物語』は、「原型伊勢物語」または『古今和歌集』を改変して成るとみられる。『伊勢物語』は『後撰和歌集』業平歌四首を採り入れず、その頃には和歌蒐集をほぼ終了すると推定される。『伊勢物語』と『土佐日記』等の紀貫之作品は用語や発想が共通し、その共通性は片桐氏の第一次・第二次・第三次成立の章段に及ぶ。現存本の形態は段階的ではなく、一回的に貫之の手に成ると想定される。『伊勢物語』は業平自筆を装い、作者が自身の姿を隠すが、貫之は自身が表面に出るのを避け、両者は一致する。紀貫之が現存本に近い『伊勢物語』の作者とみなされる。(7)

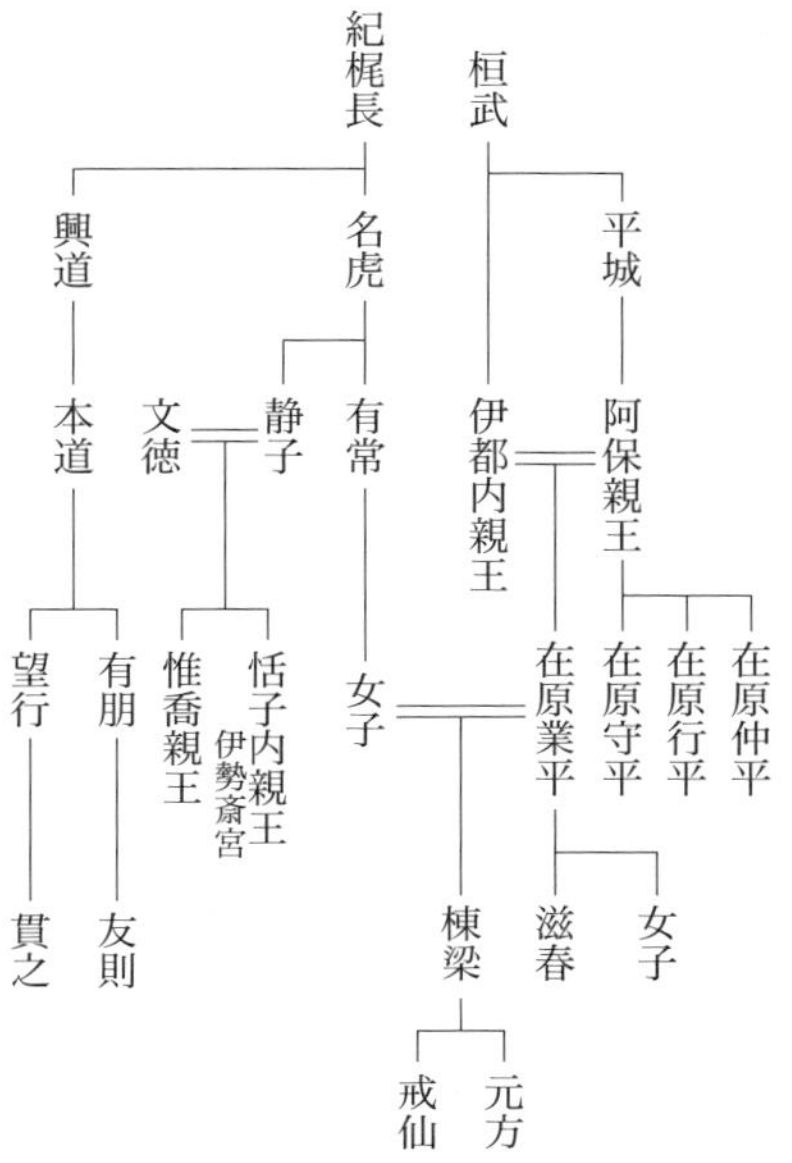

図C2-1　在原業平・紀貫之関係系図

コラム2　註

(1) 片桐洋一『伊勢物語の研究』〔研究篇〕明治書院・一九六八年、片桐『伊勢物語の新研究』明治書院・一九八七年。

(2) 渡辺泰宏「伊勢物語の研究史とその展望」『国語と国文学』八二―五・二〇〇五年、鈴木日出男「伊勢物語について」『伊勢物語評解』筑摩書房・二〇一三年。

(3) 片桐洋一「解題」校注古典叢書『伊勢物語』明治書院・一九七一年、片桐「初期物語の世界―『竹取物語』『伊勢物語』を中心に―」『竹取物語・伊勢物語』図説日本の古典五、集英社・一九七八年。七十七段・七十八段は第二次伊勢物語に付加される。

(4) 吉山裕樹「原型伊勢物語考―その成立をめぐっての推論―」『国語と国文学』五五―六、一九七八年。

(5) 片桐洋一『天才作家の虚像と実像　在原業平・小野小町』日本の作家五、新典社、一九九一年。

(6) 吉山裕樹「「惟喬親王物語」の展開と『土佐日記』―『伊勢物語』紀貫之筆作試論―」『比治山女子短期大学紀要』一六、一九八二年。

(7) 渡辺泰宏『伊勢物語成立論』風間書房、二〇〇〇年。

二条后藤原高子と在原業平は二条后の「文学サロン」のパトロンとその一員で、「原型伊勢物語」はそのサロンで業平が披露する（渡辺泰宏「二条后の史実と伊勢物語」山本登朗編『伊勢物語　虚構の成立』伊勢物語　成立と享受①、竹林舎、二〇〇八年）。

第七章　王朝文学の中の寝殿
――子女たちとの関わりを中心に

天野ひろみ

第一節　主人と寝殿

平安期を中心とした貴族住宅には寝殿と呼ばれる建物がある。そのことについて、近世期の有職故実家・澤田名垂が著した『家屋雑考』には次のように記されている。

その寝殿造といふは、一家一構の内、中央に正殿あり。南面。其東西もしくは北に対屋といふものあり。正殿は主人常住のところ、対屋は家内眷属の居るところなり。（本文は『故実叢書』による）

右の引用文には寝殿という言葉はないが、「正殿」が寝殿のことであったと考えられる。「正殿は主人常住のところ、対屋は家内眷属の居るところ」という言説はそれ以降の寝殿・対の理解を決定付けたように思われる。現存の史料において、寝殿が主人の場であったことを確証づける史料は確認できない。ただ、券文を所持した者でなければ寝殿には居住できないと考えられていたようで、高陽院に移徙した藤原忠実も券文を所持していないことを理由に当日は寝殿ではなく東対に入り、儀式は後日（寝殿に移る日）に行う予定にしたという（『中右記』康和四年（一一〇二）十月十三日条）[(1)]。

虚構の物語『源氏物語』では、主人公光源氏の青年期の部屋は二条院の東の対であったが[(2)]、その理由も、光源氏は実質的な主人でありながら、券を所有していなかったからだと考えられる。二条院は元来光源氏の母桐壺更衣の里邸であったが、一旦は父桐壺帝の管理下に入っていた。正式に光源氏が所有したのは父帝の死後であったと推察される[(3)]。

しかし、同じく『源氏物語』の寝殿の用例を確認すると、寝殿に主人以外の人物が居住する場合もあった。この問題について木村佳織氏は「紫上の妻としての地位―呼称と寝殿居住の問題をめぐって―」の中で、『源氏物語』における用例を整理されている。木村氏によると、主人以外で寝殿に住む人物には、姫君、親王・内親王、主人より身分の高い客が挙げられるとのことである。主人より身分の高い客には、入内した娘も含まれる[(4)]。

寝殿は邸内で最も格の高い空間であるので、主人より身分の高い客（親王・内親王の居住もこれに含まれる）が居住するのは尤もなことであるが、時には、公的な身分を持たない娘が寝殿に住むこともあった。両親との同居の場合もあるが、一方で、主人である両親が娘に寝殿を譲り、自分たちは対に住むという例も見られる（第二節参照）。また、限定的ではあるが娘だけではなく息子が寝殿に住まう例も確認できる（第四・五節参照）。格の高い寝殿に主人である親を差し置いて子どもの方が住むのはどうしてか。そこで本章では、寝殿の使用方法が描かれることの多い王朝文学作品を中心に用例を抽出し、その中から娘や息子に関するものに焦点を当て、その用例から垣間見える寝殿の性格について考察してみたい。

第二節　寝殿と娘との関わり①――独身の娘の場合

前述したように、寝殿は本来主人の居所であると考えられるが、その殿舎に主人以外の人物が住む場合、その居住は

「将来の主人」という意味合いを含んだものだったと想定される。『栄花物語』には、それが明確に示される例が見られる。

A『栄花物語』巻第四「みはてぬゆめ」

女君たち今三所一つ御腹におはするを、三の御方をば寝殿の御方と聞えて、またなうかしづききこえたまふ。四、五の御方々もおはすれど、故女御と寝殿の御方とをのみぞ、いみじきものに思ひきこえたまひける。「女子はただ容貌を思ふなり」とのたまはせけるは、四、五の御方いかにとぞ推しはかられける。

（『新編日本古典文学全集』〈小学館〉①一九〇頁。『栄花物語』の引用は以下同じ）

B『栄花物語』巻第十六「もとのしづく」

今日明日の大臣がねにておはするが、小野宮にえもいはず造り建てさせたまひて、寝殿の東面に、この姫君をかしづきたてて住ませたてまつりたまふ。その御前に、われも紐解き乱れても見えたてまつりたまはず、いみじき后がねとかしづききこえたまふほど、ことごとなくただ母北の方の、世にめでたきと見えたり。

（②二一七頁）

Aは藤原為光の娘たちに関しての記述である。為光は娘たちの中でも亡くなった女御と三の御方のみを可愛がったという。三の御方は寝殿の御方と呼ばれ、一条殿の寝殿を伝領した。その後、三の御方は一条殿を売却したが、このことは『権記』長徳四年（九九八）十月二十九日条でも確認できる。[5] Bは藤原実資の娘千古の話で、『大鏡』にも「この女君を、小野宮の寝殿の東面に帳たてて、いみじうかしづき据ゑたてまつりたまふめり。」（『新編日本古典文学全集』一〇四頁）とある。「寝殿の東面」とはこの場合、寝殿の母屋の東側を指すと考えられる。この二つの例に共通することは寝殿に住まわされた娘に父の家が伝領されている点である。そして、伝領されたものは家だけではなかった。三の御方の場合、父為光は「よろづの物ただこの御領に」と決定し、実資の娘千古の場合も実資は早い段階で財産の多くを千古に譲ることを決定している。[6] 女子一人に相続させる父の心情については『落窪物語』にその一端を垣間見ることができる。危篤状態に陥った落窪の君の父大納言忠頼は息子の越前守に、少しでも良いものはすべて落窪の君に与えるように遺言する。その際に忠頼は、

「異子ども、これをうらやましとだに思ふべからず。同じやうに力入り、親に孝したるだに、少し人々しきになむ、よろしき物取らする。いはむや、ここらの年ごろ顧みるを、恩にやと思へ」

（巻四『新潮日本古典集成』〈新潮社〉二四三頁。『落窪物語』の引用は以下同じ）

と、子どもたちに些か厳しい言葉を投げかける。御曹司道頼と結婚した落窪の君の将来にはもはや不安はない。道頼の復讐のために結婚に失敗した三・四の君こそその将来が心配であるが、父は取り柄のある子にそれ相応の価値の財産を与えるべきだと考える。落窪の君は道頼と結婚することによって、忠頼家の評判を上げたことになる。もちろん現実社会の相続は各家の事情によって行われたと思われるが、『栄花物語』の記述を読む限りでは、為光の三の御方の場合はその容貌が、実資の千古の場合は娘であること自体が家の評判を上げると期待されたのだろう。為光や実資の心にも『落窪物語』の忠頼の心情と似通った思いがあったにちがいない。[7] 寝殿に居住させたのも、将来の主人と見なした結果だと考えられる。娘を寝殿に住まわせることは『栄花物語』の前に成立した虚構の物語にも見られる。以下に挙げる例も先行研究で触れられているものであるが、[8] 再度確認してみたいと思う。

かくて、父母住みたまふ町には、寝殿にはあて宮よりはじめたてまつりて、こなたの御腹の若君たち、内裏の女御の御腹の女宮たちなど。みな、おもと人、乳母、うなゐ、下仕へなんど、かたち、心、ある中にまさりたるを選りさぶらはせたまふ。

（『うつほ物語』「藤原の君」『新編日本古典文学全集』①一三五頁。『うつほ物語』の引用は以下同じ）

右の引用は『うつほ物語』に登場する源正頼の家に関する記述である。源正頼は四町の屋敷を所有する大貴族で、子どもたちに外住みを許さず、男子の家族までもが同じ敷地内に居住していた。そして、主人である正頼と妻の居所は、引用の直後の記述に「父母、北の御方になむ住みたまひける。」（「藤原の君」①一三五頁）とあるように、寝殿ではなく「北の御方」（北の対のことを指すと考えられる）であった。寝殿には未婚の娘たちと正頼の孫に当たる未婚の皇女たちが集められて住まわされていた。また、『源氏物語』では、紅梅大納言が娘たちを寝殿に住まわせる例が確認できる。

君たち、同じほどに、すぎすぎおとなびたまひぬれば、御裳など着せたてまつりたまふ。七間の寝殿広くおほきに造りて、南面に、大納言、大君、西に中の君、東に宮の御方と住ませたてまつりたまへり

（紅梅『新編日本古典文学全集』⑤四〇頁。『源氏物語の引用は以下同じ』）

引用は『源氏物語』紅梅巻の文章で、紅梅大納言家の寝殿使用方法が説明されるくだりである。南面の使用者については、「南面に大納言の大君」とする本もある。(9)前の引用では「南面に、大納言、大君」とあり、父「大納言」と娘「大君」が住んだという解釈になるが、「住ませたてまつりたまへり」という表現から、寝殿は娘だけの空間であったと考えるのが自然であるため、本章では、「南面に大納言の大君」という表現の方で解釈したい。寝殿を広く大きく造ったというのは、三人の娘に個別の部屋を与えるためであったのだろう。ここで注目すべきは、大納言が大君・中の君と同じ殿舎内に宮の御方の部屋を用意しているところである。宮の御方は大納言の後妻真木柱の連れ子であった。真木柱の前夫は光源氏の弟蛍兵部卿宮である。大納言が宮の御方を寝殿に住まわせたのは、彼女が親王の娘であったからだと考えられるが、宮の御方も実子と同じように可愛がっているとアピールする意図もあったにちがいない。さらに、紅梅大納言家の東隣にある玉鬘家（故鬚黒家）でも、入内を期待されていた二人の娘の居所は寝殿にあったようである。明記はされていないが、本文の「寝殿の西面に琵琶、箏の琴の声するに」（竹河⑤七一頁）や「中の戸ばかり隔てたる西東をだにいといぶせきものにし

たまひて、かたみに渡り通ひおはするを、」（竹河⑤八九頁）という表現からそのことが窺える（口絵4参照）。

また『今昔物語集』巻第三十一の「大蔵史生宗岡高助傅娘語第五」も表題に「傅（かしづく）」という言葉があることからもわかるように、父が娘たちを異様なほど可愛がった話である。大蔵史生宗岡高助について、物語は次のように記述する。

> 家ハ西ノ京ニナム住ケル。堀河ヨリハ西、近衛ノ御門《みかど》ヨリハ北ニ、八戸主《はちへぬし》ノ家也。南ニ、近衛ノ御門面《おもて》ニ唐門屋ヲ立テタリ。其ノ門ノ東ノ脇ニ、七間《しちけん》ノ屋ヲ造テ、其レニナム住ケル。其ノ内ニ綾檜垣《あやひがき》ヲ差廻シテ、其ノ内ニ、小《ちひさ》ヤカナル五間四面《ごけんしめん》ノ寝殿ヲ造テ、其レニ高助ガ娘二人ヲ令住《すまし》ム。其ノ寝殿ヲ□タル事、帳《とばり》ヲ立テ、冬ハ朽木形《くちきがた》ノ几帳ノ帷ヲ懸ケ、夏ハ薄物ノ帷ヲ懸ク。前ニハ、唐草ノ蒔絵ノ唐櫛笥ノ具ヲ立タリ。（中略）父高助ハ、行ク《あり》時ニハ極《いみ》ジ気ナル様シタリケレドモ、我ガ娘ノ方ニ行ク時ニハ、綾ノ襴《なほし》ニ葡萄染《えびぞめ》ノ織物ノ指貫ヲ着テ、紅ノ出シ袙《あこめ》ヲシテ薫《たきもの》ヲ焼《たき》シメテ行ケリ。妻ハ、紬《つむぎ》ノ襖《あを》ト云フ物ヲ着タリケルヲ脱棄テ、色々ニ縫重タル衣ヲ着テゾ娘ノ方ニハ行ケル。此様ニ、力［ノ］及ブ限リ、極《いみじ》ク傅ク事無限《かぎりな》シ。
>
> （『新日本古典文学大系』〈岩波書店〉五・四四六頁）

ここでも娘たちは寝殿に住まわされている。しかし、彼女たちの場合、父の死後は薄情な兄の企みで財産を相続することはできず、困窮から病になり、ついには死んでしまう。悲劇的な最後の物語であるが、ここで注目したいのは、主人である親たちの居所である。娘たちを寝殿に住まわせる一方で、主人夫婦は門の東の脇の七間の屋で生活していた。寝殿はおろか対よりも簡素な空間であったと推察される。また、『うつほ物語』では「北の御方」が主人夫婦の居所であった。主人夫婦は自分たちの身よりも未婚の娘たちの方を尊重している。『今昔物語集』の高助とその妻は娘の居所には正装で訪れた。『栄花物語』によると藤原実資も娘の前では紐を解くことはなかったという。主人にとって、可能性のある未婚の娘たちはすでに自分たちよりも身分の高い存在となっていたのであろう。

第三節　寝殿と娘との関わり②——既婚の娘の場合

前節では、独身の娘たちの居所について確認したが、彼女たちが結婚した場合、その住まいはどうなったのか。『うつほ物語』の源正頼邸では結婚した娘とその婿に殿舎を一つずつ提供していた。また、『落窪物語』では「大君、中の君には婿取りして、西の対、東の対に、はなばなとして住ませたてまつりたまふ」(巻一・九頁)とあるように、左右の対を娘夫婦の居所としており、これらの事例から、左右の対が娘夫婦の居所であるという考えが定説化しているように思われる。だが、同じ『落窪物語』において、忠頼の娘三の君・四の君は婿を迎える段になっても住まいを変える様子は見られない。三の君・四の君の居所に関する記述は見られないが、左右の対が姉夫婦の居所となっている点と三の君付きとなったあこき(落窪の君を後見する女童)の部屋が寝殿内にあることから[10]、三の君・四の君は寝殿に住んでいると目される。両親の居所については、まず継母北の方(以下「北の方」)の場合、落窪の君と道頼が寝ている所に「例はさしものぞきたまはぬ北の方、中隔ての障子をあけたまふに」(巻一・五五頁)と北の方が障子を開けて落窪の君のいる部屋を覗く点から、北の方と落窪の君の部屋が近接しており、北の方の部屋も落窪の君の部屋と同殿舎にあったと想定できる。落窪の君の部屋については、本文に「寝殿の放出の、また一間なる落窪なる所の二間なる」(巻一・九頁)と説明されており、寝殿内にあることが読み取れる。そして、北の方も寝殿に住んでいたと解釈できる。父忠頼に関しては「樋殿におはしけるを、落窪をさしのぞいて見たまへば」(巻一・一七頁)という記述から、落窪の君の部屋が樋殿(便所のこと。所在は不明)への途中に在ったと想定でき、父も寝殿居住だった可能性が高い。このことから、大君・中の君以外の家族は皆寝殿で生活していたと考えられ、三の君・四の君の婿も寝殿に迎えられたと思われる。

『落窪物語』において、既婚三の君・四の君の居所が寝殿であったことを考えるに当たっては『うつほ物語』の用例に一つの手がかりがある。それは源正頼の娘八の君の居所の例である。八の君の居所については、「藤原の君」巻では「これは御子どもの住みたまふ町。（中略）東のおとど、左衛門督の殿の御方、年十五。」（①一五二頁）と記述されているが、嵯峨の院巻では次のように説明されている。

この左衛門督の君の住みたまふ八の君は、まだ若ければ、異君たちの住みたまふやうにて、方々異にても住ませたてまつりたまはで、宮、おとどの住みたまふ北のおとどに住ませたてまつりたまひけり、されば、中のおとどに、昼はおはしましつつ、夜なむわが御方にはおはしましける、（後略）。

（①三〇三頁）

右の引用によると、本来なら、他の既婚の姉妹と同様に、別殿舎で生活させるところを、八の君がまだ若いので、父母と同じ殿舎、すなわち「北のおとど」に八の君の部屋を設けたという。「中のおとど」（寝殿のことを指すと考えられる）は前節で確認したように、未婚の娘の居所であった。昼間はここで未婚の姉妹と共に過ごし、夫が通ってくる夜になると父母の殿舎内にある「わが御方」に戻るという生活である。この八の君の例を参考にすれば、『落窪物語』三の君・四の君を含め、未婚時代両親とともに寝殿に住んでいた娘たちは結婚後しばらくは両親も住む寝殿に夫を通わし、その後、対など親の提供する殿舎に移ったと考えられる。親の提供する別の家に移る場合もあれば、夫が用意した家に移る場合もあったであろう。

『夜の寝覚』では中の君付きの女房の曹司が対にあることが語られる。彼女は「対の君」とも呼ばれているが、このことから、中の君の家では対は女房たちの居所であったと考えられる。主人の娘が女房たちと同格の対に住んだとは考えにくいため、中の君の居所は寝殿であったと推測される。しかし、その殿舎には既婚の姉の部屋もあり、夫の中納言の居所も同空間にあった。

（引用者註――中納言は）静心なく、夜は、いとどつゆもまどろまれぬままに、人の寝入りたる隙《ひま》には、やをら起きて、そなたの格子のつらに寄りて立ち聞きたまへば、人はみな寝たる気色なるに、帳のうちとても、廂一間を隔てたれば、程なきに、衾《ふすま》押しのけらるる音、忍びやかに鼻うちかみ、おのづから寝入らぬけはひのほのかに漏り聞こゆるを、（後略）。

（『新編日本古典文学全集』七五～七六頁）

本文では中納言の居所から中の君の部屋の物音が聞こえることが記される。未婚の娘と姉の夫が近接した空間にいるという状況であった。

また、『蜻蛉日記』にも「ひんがしおもての朝日のけ、いとくるしければ、みなみの廂にいでたるに、つゝましき人のけぢかくおぼゆれば、」（『新日本古典文学大系』一九四頁）という記述が見られる。『新日本古典文学大系』（今西祐一郎校注）では「つゝましき人」を同母妹の夫と解する。その解釈で読むと、引用の部分は南おもてに住む同母妹に通う男性の気配を近くに感じて落ち着けない作者の様子を記したくだりということになる。『蜻蛉日記』の作者の家の場合両親はいないが、姉妹が同じ殿舎に部屋を持ち、そこにお互いの夫を迎えていたと考えることができる。以上のような例から、寝殿と既婚の娘との間にも深い繋がりがあったことが窺える。

第四節　寝殿と息子との関わり①――義理の息子（婿）の場合

冒頭で確認したように、寝殿という建物は所有者の空間であって、それ以外の者は使用が憚られる空間であった。しかし、主人より身分の高い客や主人が目上の存在と見なす娘たちは例外であった。

そのような例外がある中で、主人の息子たちに寝殿居住が許された例は確認できない。主人以外の男性は寝殿に居住できなかったと考えられる。ただ、物語には婿となる男性が寝殿に居住した例が確認できる。『うつほ物語』の主人公藤原仲忠は源正頼の長女仁寿殿女御と朱雀帝の間に生まれた女一の宮（正頼家に居住）の婿になり、正頼邸に迎えられている。その様子は「沖つ白波」巻で詳しく語られる。

（正頼）「（前略）内裏より日を取りて下し賜はせて、責めさせたまふことをば、はかなき私事にて破るべきにてはあらず」とて、一の宮の住みたまひし中のおとどに、造り磨き、御座所をしつらはれたること、綾、緋どもして飾り、候ふべき人、みな髪長く、かたち、心は定められて、八月十三日に婿取りたまふ。（②二八八頁。傍線は引用者。以下同じ）

「一の宮の住みたまひし中のおとど」とは前節でも引用した主人・正頼の住む東北の町の寝殿であった。仲忠は主人を差し置いて寝殿に居住することになったのである。婿を迎えるに当たっては殿舎が念入りに整えられたというから、仲忠がこの家の婿として格段に尊重される存在であったことが窺える。そもそもこの婚姻は女一の宮の父・朱雀帝の宣旨によるものであった。仲忠を格別な存在とみる朱雀帝は、以前、正頼にあて宮と仲忠を結婚させることを勧めたが、あて宮は東宮妃となった。その埋め合わせのために、帝は自分の娘を仲忠に与えることとしたのである。帝自ら吉日を選んで結婚の宣旨を下された点からも、この婚姻が正頼家にとっても格別なものであったことが窺える。

『源氏物語』では、光源氏の孫（明石中宮の息子）匂宮が光源氏の息子夕霧に婿取られる場面がある。妻となる女性は夕霧と藤典侍との間に生まれた六の君で、彼女は夕霧の妻となった朱雀院女二の宮（落葉の宮）の養女となり、六条院東の町に住んでいた。この婚姻の三日夜の儀式については、「寝殿の南の廂、東によりて御座まゐれり。」（宿木⑤四一四頁）とあり、婚礼の会場が寝殿であったことが読み取れる。ちなみに、薫（光源氏の妻女三の宮の子）が東の対に出て供の人々をもてなす場面が見られることから、寝殿の南廂から東側が婚礼の儀の会場となったことがわかる。対が供人の場とされている点から、六の君の部屋は寝殿にあったと考えられる。匂宮も寝殿に通う婿になったと想定される。

見てきたように、物語では婿を寝殿に迎える例が確認できた。見所のある婿は寝殿に迎えたいというのが主人の願いであったようで、『住吉物語』上において男主人公少将が女主人公の継母に騙されて中納言三の君（女主人公の妹で継母の実子）に婿取られた時も、

北の方、もてなしかしづき給ふ事、かぎりなし。寝殿の東面に住ませければ、（後略）。

（『新日本古典文学大系』三〇四頁）

とあり、継母が婿を丁重に扱い、寝殿の東面に住まわせたことが語られる。また、『海人の苅藻』巻一にも、

按察殿は、弁の乳母・新宰相・小中将、そのほか女房三十人・童六人整へ、いと住むかひある御家居をいと心殊に磨き立てて、寝殿に住ませ奉らんの御心設け、いといかめしくしつらひなし給へり。

（『中世王朝物語全集２』〈笠間書院〉二六頁）

という記述が見られ、立派な婿を寝殿に住ませるという形が後々の物語に引き継がれていく様子が確認できる。

さて、実際の社会となると用例を確認するのが困難であるが、それでも『栄花物語』巻第十「ひかげのかづら」には、藤原公任が道長の息子教通を婿取る際、

あべいことどもしたてさせたまひて、四条の宮の西の対にて、婿取りたてまつらせたまふ。寝殿にてと思せど、宮の御前などおはしましつきたれば、今さらになど思しめすなるべし。

（①五二六～五二七頁）

とあり、公任が婿取りを寝殿で行いたいと考えていたことが示されている。実際には、四条宮の主・円融院后遵子が寝殿にいたため、寝殿での婿取りは実現できなかった。もちろん『栄花物語』も物語の一つであり、公任の実際の思いは確認できないが、立派な婿は寝殿に迎えたいという物語の父親の思いは現実社会の父親の思いとそうかけ離れたものではなかっただろう。

以上のように、物語には婿を寝殿に住まわせる用例が数例見られる。しかし、古記録類には管見の限りでは見当たらなかった。婿を寝殿に住まわせる例は現実には存在しなかったのだろうか。『水左記』承暦五年（一〇八一）十二月二日条には、その問題を紐解くうえでの手がかりとなるであろう記述が見られる。

家《亥カ》終渡二土御門一、□（前同車、）御前駆衣冠布衣相交矣、入レ自二東門一、道言反閇、下家司二人着二褐衣一牽二黄牛一、寄レ車レ於二廊北面妻戸一、相次尼上、幷大将上、姫君御方□二北対一給、中納言渡二西小寝殿一、

（本文は『史料大成』による）

『水左記』の記主源俊房はこの日、父師房の邸宅であった土御門第に転居している。父の生前は中御門第に住み、土御門第に縁のなかった俊房であるが、父の死の二年後に土御門第が焼亡、俊房はその跡地に新たに家を新築して住むこととなった[11]。引用文にある「尼上」は俊房母尊子（道長娘）のことであり、「大将上」は頼通の息子通房の妻であった師房の長女妧子のことであろう。そして、「姫君御方」は同じく師房の娘の一人（角田文衞氏によると源澄子）を指すと考えられる[12]。『水左記』のそれ以前の記事には「寝殿御方」や「寝殿姫君」と呼ばれる女性がしばしば登場するが[13]、「寝殿御方」は前の引用に登場する「大将上」、「寝殿姫君」は「姫君御方」と同一人物であると想定される。土御門第が師房の所有であった頃には、彼女たちは主人の娘として寝殿に居住していたのだろう。妧子が寝殿居住だったとすれば、通房も生前は師房邸の寝殿に通っていた可能性が高い。ところが、俊房にとっては姉に当たる彼女たちも、家が弟俊房の所有となった際には母とともに北の対に移ったと考えられる。ここで稿者が注目するのは最後の「中納言」である。「中納言」とは俊

房娘の婿藤原宗俊のことである。新築された俊房邸では婿の居所は「西小寝殿」であったという[14]。俊房所有となった土御門第移転の後、宗俊は本来の寝殿ではないが、それに準ずると考えられる小寝殿に住まわされることとなった。「給」という敬語を付して記される母や姉たちの居所が北の対で、婿の居所がそれよりも格が高いと思しき小寝殿であったことは、この家で宗俊が厚遇されていたことを如実に示す事例と言えよう。

第五節　寝殿と息子との関わり②——実の息子の場合

高群逸枝氏の研究では、平安期の貴族の家において、結婚した息子が自身の親と同居することはなかったとされる[15]。これまでの節でも確認したように、家は娘に伝領されるのが基本であったため、親と同居するのは娘であった。しかし、家父長制の浸透に伴い、親の財産を息子が相続するようになり、住まい方にも変化が見られるようになる。前節で宗俊の居所となっていた小寝殿は平安後期になってあらわれた殿舎であるが、その使用方法については未だに不明瞭な点が多い。藤田勝也氏の研究によると、小寝殿は内向きの居所であり、高陽院の小寝殿は北政所（麗子）と太皇太后（寛子）、そして太皇太后の養女である前斎院（禛子内親王）などの居所として用いられ、上皇御所では上皇の居所となっているという[16]。一方、平井聖氏は小寝殿を中世以降に確認される小御所に繋がる殿舎であると推測する[17]。平井氏は小御所が鎌倉時代に二代将軍頼家の世子一幡君の居所とされた例[18]や、内裏において春宮御所とされた例[19]を挙げ、小御所が本来は跡取りの御所として造られた御殿であったとし、平安後期の小寝殿も小御所と同様、息子夫婦の住まいであったのではないかと想定している。そして小寝殿を「この建物が寝殿に準ずる機能を持っているか、この建物に生活する人物が寝殿に生活していた人物に準ずる性格をもっていた」建物であると指摘する。主人格の人間としての体面を保つためには寝殿形式の殿舎に居住する必要があったのだろう。小寝殿は主人以外の男性でも居住できる寝殿であり、寝殿に住むべき身でありながら寝殿に居住できない人物のために造られた殿舎であったと言える。

ところで、この小寝殿は虚構の物語である『狭衣物語』にも登場する。小寝殿の用例は主人公狭衣の大将が自邸に式部卿宮の姫君を引き取る場面に見られる。引用部分は姫君の乳母の目から見た狭衣の住まいの様子である。

大殿のおはしますかたよりは別に、五間四面なる小寝殿、対、廊、渡殿など、みなこの御方の女房曹司、侍、蔵人所などにせさせたまへるなるべし。（巻四『新潮日本古典集成』下二八六～二八七頁。『狭衣物語』の引用は以下同じ）

大殿とは狭衣の父・堀河の大臣のことである。堀河の大臣に関しては巻一に、

このころ、堀川の大臣と聞こえて関白したまふは、一条院、当帝などの一つ后腹の二の御子ぞかし。母后もうち続き帝の御筋にて、いづ方につけてもおしなべて同じ大臣と聞こえさするもいとかたじけなき御身の程なれど、何の罪にかただ人になりたまひにければ、故院の御遺言のままに、うち代り、帝ただこの御心に世をまかせきこえさせたまひて、いとあらまほしうめでたき御有様なり。（巻一上一二頁）

と説明される。堀河の大臣は皇族の生まれであるが、臣籍降下した人物であった。そして前の引用の続きには、

二条堀川のわたりを四町築き籠めて、三つに隔てて造りみがきたまへる玉の台に、北の方三人をぞ住ませたてまつりたまへる。（同頁）

とある。三人の北の方の居所のうち、狭衣の母、すなわち前斎宮の居所については、「堀河二町には、やがて御ゆかり離

れず故先帝の御妹、前の斎宮おはします」（同頁）とあり、四町のうちの二町分の敷地内に居住していた。息子狭衣の住まいもこの敷地内にあったと目される。このことを踏まえて巻四の記述を解釈すると、父の住まいとは別に、狭衣用に五間四面の小寝殿、対、廊、渡殿が用意されたということになる。「五間四面なる小寝殿、対、廊、渡殿など、みなこの御方の女房曹司、侍、蔵人所などにせさせたまへる」という表現について、小寝殿までもが女房や侍の空間となったと説明される点には疑問が残るが、ここではひとまず小寝殿が息子に関係する殿舎として使用されている点に注目したい。

『狭衣物語』の作者は後朱雀天皇の第四皇女禖子内親王に仕えた宣旨と呼ばれる女性であったと言われる。宣旨は『尊卑分脈』や『勅撰作者部類』では、源頼国女と伝えられている[20]。執筆時期については明確ではないが、宣旨の晩年近くの作品で、天喜三年（一〇五五）五月三日の『六条斎院禖子内親王物語歌合』からおよそ二十年後辺りに書かれたと考える説が多い[21]。禖子内親王の母は後朱雀天皇の中宮嫄子である。嫄子はもともと一条天皇皇子敦康親王と具平親王女との間に生まれた娘であった。その嫄子を養女とし入内させたのが藤原頼通であった。頼通の妻隆姫が嫄子の母の姉であった縁による。そのため、禖子内親王は母嫄子亡き後、姉の祐子内親王とともに頼通の庇護下で生活することになった。以上のような背景から、彼女に仕えた宣旨は頼通に非常に近しい存在であったと言える。

小寝殿の語が文献で初めて確認できるのは『栄花物語』巻第三十六「根あはせ」であると言われる[22]。『栄花物語』には、

西の対を例の清涼殿にて、寝殿を南殿などにて、小寝殿とてまたいとをかしくてさし並び、山はまことの奥山と見え、滝木暗きなかより落ち、池の面はるかに澄みわたり、左右の釣殿などなべてならずをかし（③三七一頁）。

とある。天喜元年（一〇五三）八月二十日、瘧病に罹った後冷泉天皇は療養のために高陽院に移ることになった。引用部分は高陽院の素晴らしい佇まいを説明するくだりである。小寝殿は登場するが、その用途については触れられていない。小寝殿の風情が賞賛されているのみである。この高陽院は長暦三年（一〇三九）に焼亡した後に再建が始まり、長久元年

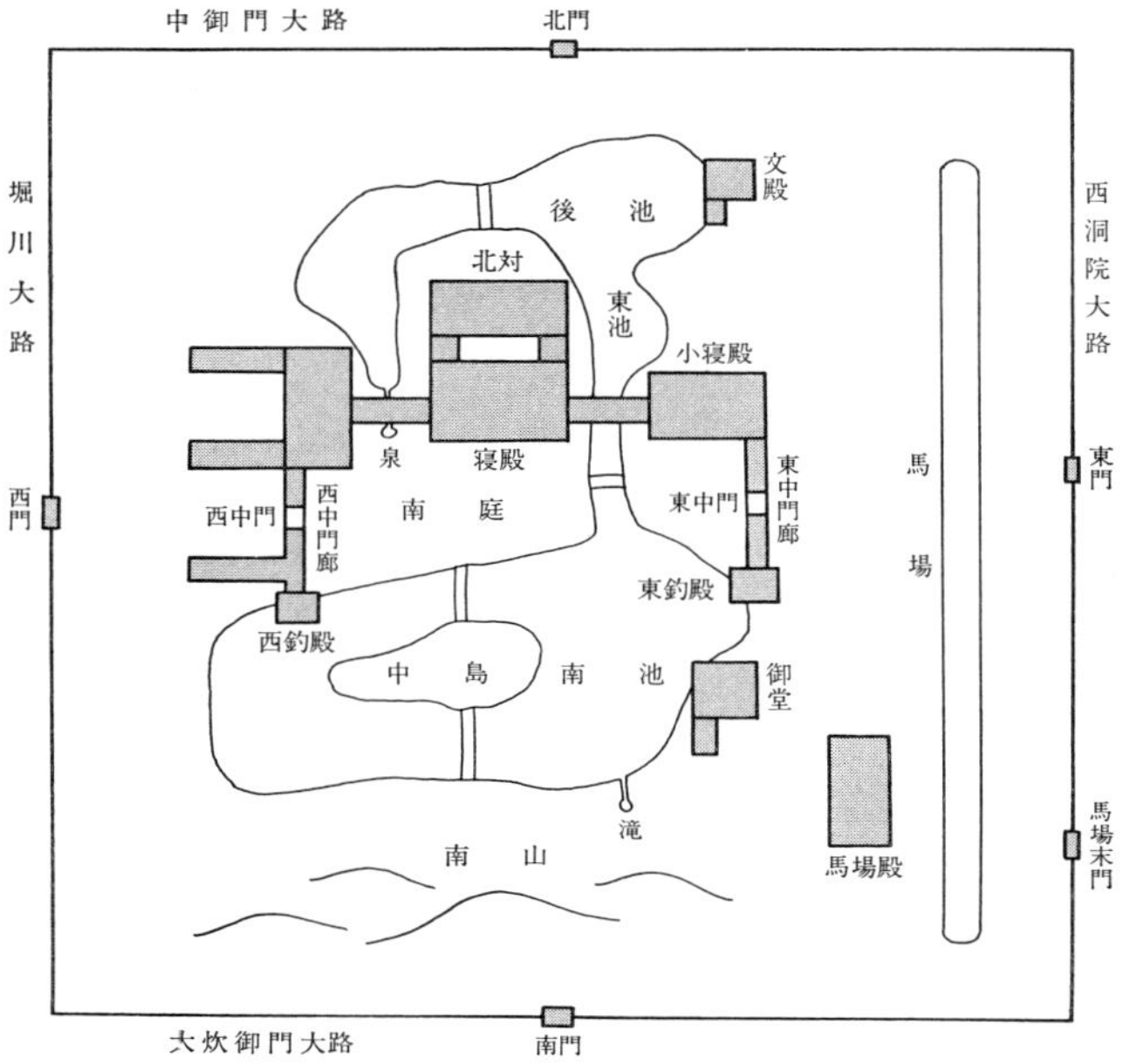

図7－1　関白藤原頼通の第二期高陽院（1040～1054年）推定復原図（太田静六『寝殿造の研究』吉川弘文館、1987年より）

（一〇四〇）に完成した邸宅である。小寝殿がこの時から存在したかは不明であるが、『栄花物語』巻第三十四「暮まつほし」で後朱雀天皇の里内裏となった際（長久四年（一〇四三）十二月一日に遷御）には「東の対はこのたびはなくて」（③三一四頁）とあることから、その位置に小寝殿が建てられたとする意見が見られる(23)（図7-1）。

『栄花物語』に見える高陽院の小寝殿の実態は不明であり、『狭衣物語』の小寝殿の存在も不明瞭な点が多いが、小寝殿の初例が頼通の邸宅であり、小寝殿の用例が頼通に近しい女房によって創作された『狭衣物語』に見られるというのも偶然ではないように思われる。『狭衣物語』では小寝殿が主人公狭衣の居所の描写の中で語られるが、実際の社会でも息子の居所とされた可能性は大いにある。

物語の冒頭の狭衣の官位は二位中将であったが、二位中将という呼称は執柄の子息に限られるという(24)。物語においては、優れた者は早世すると異様なまでに心配する両親の姿が描かれるが、その様子は若くして亡くなった関白頼通の息子通房を想起させる。また、狭衣の年齢も物語の始発で「御年二十にいま二つばかりや足りたまはざらむ」（巻一上一四頁）と語られており、そこにも二十歳で亡くなった通房の影が見え隠れする。

前述のように、原則としては寝殿に男主人以外の男性が居住することはなく、息子が父親とともに寝殿に住むという例は見当たらなかった。『うつほ物語』の源正頼の場合は既婚の息子も自邸に住まわせていたが[25]、普通の家では既婚の息子の世話は息子の妻の家に任せられていたと思われる。しかし、夫を家長とする「家」が貴族層の間でも十一世紀から十二世紀中頃にかけて形成され[26]、それに伴って男子、特に長男の存在が重要視されるようになったと想定される。その結果、両親、特に父親と息子の関係にも変化が生じる。『狭衣物語』では、父堀河大臣が狭衣のために三条に家を用意する場面も見られ[27]、実の父親が鍾愛の息子の居所について気を配る様子を知ることができる。そのような点を考慮すれば、『狭衣物語』の用例を、小寝殿登場の理由を示唆するものとして捉えることも充分可能であろう。

第六節　寝殿が担った役割

本章の考察では、主に貴族の子女と寝殿との関わりについて触れてきた。寝殿が娘の居所となるパターンが物語等に多く見られるが、それは傅かれている娘が将来、その家を伝領することと深く繋がっているのだろう。一方、男子が寝殿と関わるのは寝殿に住む娘の婿となった場合で、実父の家の寝殿に居住することはなかったように思われる。ところが、時代の流れとともに「家」に対する考え方も変化する。「家」が確立し、男子に家の力を継承させるようになる。そこで重要な存在となるのが、後継者となる男子である。平井氏は小寝殿をその男子のために造営された殿舎であると考察する。

小寝殿の「小」については、小造りに建てられているからとする説[28]や、古くからあるものに対する「新しい」といった意味とする説など諸説見られ[29]、定説化されていない。ただ、その用例から主人格の人物の居住空間であったことが窺える。そして、その造営は上流の貴族に限られたのではないかと推察される。というのも、正規の寝殿の造営にはかなりの財力が必要とされたと考えられるからである。そして、小寝殿がその家の二つ目の寝殿であるとすれば、その造営にはさらなる費用が必要とされる。よく知られるように、藤原基通が本所としていた時期の近衛殿には寝殿が無かったという。基通叔父九条兼実の日記『玉葉』治承三年（一一七九）十一月二十三日条には「当時居所無㆓寝殿㆒、於㆑事失㆓便宜㆒、」（本文は『図書寮叢刊・九条家本』による）とあり、また、基通の息子家実の日記『猪隈関白記』建久八年（一一九七）十月十七日条にも「今日殿下令㆑渡㆓高辻大宮入道前大弐範能（藤原）卿家㆒給、可㆑為㆓御春日詣出立所㆒之故也、当時御所〈近衛殿〉無㆓寝殿㆒、仍借召也、」（本文は『大日本古記録』による）とある。川上貢氏によると、『玉葉』には、近衛殿で行われた基通元服（嘉応二年（一一七〇））時の記事もあり（四月廿三日条）、その記事には寝殿の語が確認できるという。従って、近衛殿の寝殿は何らかの原因で失われた後、長く再建されなかったようである。その間、基通は寝殿が必要な際も他の家の寝殿を借りるなどして当座を凌いでいるが、川上氏は基通が寝殿のない邸宅に居住しなければならなかったことに対して「この時代の公卿の無力さがうかがわれる」と述べている(30)。

また、近衛殿の例以前にも寝殿の無い邸宅の例は確認できる。『左経記』長元四年（一〇三一）十二月十三日条に後一条天皇の斎院の御座所として丹波守章任の三条宅が選ばれたことが記されるが、その宅は「抑件宅本自無㆓寝殿㆒、只所㆑在㆓東対代北対許㆒也」（本文は『史料大成』による）とあり、寝殿が無かったことが明記される。また、『中右記』康和四年（一一〇二）正月二十日条には「内大臣有㆓大饗事㆒、〈土御門亭新㆓造寝殿㆒、初有㆓此大饗㆒也、〉（中略）此亭本西対許也、而去年作㆓五間四面寝殿㆒、有㆓大饗㆒也、」と記され、内大臣源雅実が大饗をする段になって初めて寝殿を建てたという事実が認められる。

藤原頼通の政権時代から院政期にかけての時期に複数の寝殿を造営する家がある一方で、寝殿の存在しない家が見られるのは興味深いことである。近衛邸の寝殿が再建されなかった理由としては、前述の通り川上氏が公卿の力不足（財力不足か）を指摘している。だが、その理由を丹波守章任宅や源雅実邸にも当てはめることができるだろうか。ここで想起するのは『源氏物語』に登場する光源氏の邸宅六条院の西北の町である。この町には光源氏の妻の一人・明石の君が住む。この町は「ただ大きなる対二つ、廊どもなむ廻りてありける」（若菜上巻④一〇三頁）という状態であった。西北の町は造営当初からこの体裁であった。『中右記』の源雅実の土御門亭の例でも、雅実は必要になってから寝殿を造営している。

つまり、居住のみを目的とする家には寝殿は不必要な殿舎であったのではないだろうか。以上を踏まえれば、寝殿の造営の有無は経済的事情の場合も含めて、その家の所有者の意志によって決定されたと考えることができる。寝殿は本来、儀式用に造営されたものであり、居住は対が中心であったと考えられる。その寝殿をわざわざ居住空間にしたのは、居住者の格を高めるためであったのだろう。そう考えると、寝殿に主人の子どもたちを住まわせることは、主人が彼らを鍾愛している証左となる。そして、小寝殿もその鍾愛の結果生まれた殿舎であるとすれば、寝殿は実用性よりもむしろ象徴性の方を重視する建物であったと考えることができる。

第七章　註

（1）『中右記』の本文は以下の通り。

今夕初渡二給高陽院一也、（中略）右大臣殿坐二東対一給、故大殿北政所御所寝殿西渡殿、（中略）殿下談給云、此高陽院券□〔文〕未レ渡二我許一、今夜移儀、只北政。〔所〕渡給御共之儀也、（中略）後日追券文渡□移二寝殿一之日、如二尋常一移徙儀可レ有者、

（本文は『大日本古記録』による）

（2）光源氏が二条院東の対を自室としたという解釈は以下に挙げる記述を根拠とする（傍線は引用者。以下同じ）。

・紫の上を二条院西の対に引き取る場面

こなたは住みたまはぬ対なれば、御帳などもなかりけり。（中略）御几帳の帷子引き下ろし、御座などただひきつくろふばかりにてあれば、東の対に御宿直物召しに遣はして大殿籠りぬ。

（若紫『新編日本古典文学全集』①二五六頁。『源氏物語』の引用は以下同じ）

・光源氏須磨退去の際に光源氏付きの女房たちが紫の上のもとに参上する場面

東の対にさぶらひし人々も、みな渡り参りしはじめは、などかさしもあらむと思ひしかど、見たてまつり馴るるままに、なつかしうをかしき御ありさま、まめやかなる御心ばへも思ひやり深うあはれなれば、まかで散るもなし。

（須磨②二〇七頁）

・光源氏が朝顔の姫君の女房・宣旨を呼び寄せる場面

東の対に離れおはして、宣旨を迎へつつ語らひたまふ。

（朝顔②四七七頁）

（3）詳しくは拙稿（水田ひろみ）「『源氏物語』における邸宅使用方法について―光源氏と匂宮の二条院を中心に―」（『中古文学』八五、二〇一〇年）で論じている。

（4）木村佳織「紫の上の妻としての地位―呼称と寝殿居住の問題をめぐって―」（『中古文学』五二、一九九三年）。寝殿が后の御座所とされたことに関しては、淺井ちひろの「后の邸宅に於ける御座所―『源氏物語』を中心に―」（『鶴見日本文学』第五号、二〇〇一年）でも詳しく論じられている。

（5）『権記』の本文には、「此夜遷御一条院、依家主姫君沽却、(佐伯)公行朝臣所買進也、直八千石云々」（本文は『史料纂集』による）とある。

（6）『小右記』寛仁三年（一〇一九）十二月九日条には、「小野宮并荘園・牧・厩及男女・財物・惣家中雑物織芥不遺充給女子千古了」とある。

（7）服藤早苗の「女の経済生活」（『「源氏物語」の時代を生きた女性たち』第五章、日本放送出版協会、二〇〇〇年）においても詳しく説明されている。

（8）胡潔「紫の上の呼称に関する研究／寝殿について」『平安貴族の婚姻慣習と源氏物語』第三部第一章、風間書房、二〇〇〇年。

（9）池田亀鑑『源氏物語大成　第五冊　校異篇』（中央公論社、一九八五年）「こうはい」によると、「大納言の」とするのは、青表紙本系の陽明本と肖柏本・河内本系・別本系の諸本である。

（10）『落窪物語』の本文には、「この御方のつづきなる廂二間、曹司には得たりければ、」（巻一・一四頁）とある。

（11）高群逸枝「純婿取期の離婚」（『高群逸枝全集第二巻　招婿婚の研究一』第七章第七節、理論社、一九六六年）および「純婿取期の族制」（『高群逸枝全集第三巻　招婿婚の研究二』第七章第九節、理論社、一九六六年）を参照。源俊房の邸宅については、土岐陽美が「源俊房とその第宅――「土御門」と「堀河」」（『東京大学史料編纂所研究紀要』一五・二〇〇五年）の中で詳細に調査されている。

（12）角田文衞「源澄子―土御門右大臣師房の娘たち―」（『王朝の映像』東京堂出版、一九七〇年）を参照。

（13）『水左記』承暦四年（一〇八〇）十月十四日条「今夜寝殿御方渡東北院給、自明日可有御念仏之故也」、承暦五年（一〇八一）八月十八日条「此日予出河原近衛末、除服、寝殿姫君南御方同除服給、」、承暦五年八月二十八日条「今日寝殿御方於蚊松被供養仏経、」など。

（14）藤原宗俊が土御門殿の西小寝殿を居所としたことに関しては、高群逸枝「純婿取期の離婚」（前掲註11書）や藤田勝也「小寝殿の登場と展開」（『日本古代中世住宅史論』第四章、中央公論美術出版、二〇〇二年）の中でも触れられる。

（15）高群逸枝「純婿取期の族制」（前掲註11書）参照。

(16) 藤田勝也「小寝殿の登場と展開」(前掲註14書)。
(17) 平井聖「小御所の成立（小寝殿――小御所と男子相続）」（NHKブックス209『日本住宅の歴史』Ⅲ中世1、NHK出版、一九七四年）。
(18)『吾妻鏡』第十七・建仁三年（一二〇三）九月二日条の比企能員誅殺の場面に「仍彼一族郎従等引二籠一幡君御館一。号二小御所一。」とある。
(19) 藤原公忠の日記『後愚昧記』応安三年（一三七〇）七月二日条に「東宮御二坐東小御所一之時、予拝賀」とある。
(20) 鈴木一雄校注『新潮日本古典集成　狭衣物語』（一九八六年）の解説を参照。
(21) 小町谷照彦・後藤祥子校注訳『新編日本古典文学全集29　狭衣物語』の解説を参照。
(22) 前掲註16、17を参照。
(23) 太田静六「宇治関白藤原頼通の邸宅・高陽院の考察」『寝殿造の研究』第三章第七節、吉川弘文館、一九八七年。
(24) 前掲註20書の「二位中将」の注には「中将は近衛府の次将、四位相当の武官。三位、二位で中将に任ずる者を三位中将、二位中将と呼ぶ。特に二位中将の例は稀で、執柄の子息に限られていたようである。」(上一四頁）と説明されている。
(25)『うつほ物語』本文には「（引用者註――源正頼の子どもたちは）男も妻具したまへる、さらにほか住みせさせたてまつりたまはず」（「藤原の君」①一三四頁）とある。
(26) 服藤早苗「北政所の成立と家」（平凡社選書169『平安朝の家と女性――北政所の成立』第二章、平凡社、一九九七年）を参照。
(27)『狭衣物語』巻四に「三条わたりに、いと広くおもしろき所、この御料とて大殿心ことに作り磨かせたまふを、」（下二六五頁）とある。「この御料」は「狭衣大将のお住まい」の意である。
(28) 前掲註20書の「小寝殿」の箇所の注には、「五間（「間」は柱と柱との間）四面の小造りに建てられている寝殿。」（下二八六頁）とあるが、続きに「寝殿は一般に七間四面に造るから「小寝殿」と言うのか、五間四面が普通だが、柱と柱の間隔を短めにしてあることを言うのか、よくわからない。『源氏物語』（紅梅）の「七間の寝殿広く大きに造りて」も、七間四面だから「広く大き」いとも、七間四面は定法だが、柱間の間隔が「広く大き」いとも解釈できる。」（下二八六～二八七頁）という説明がある。
(29) 増田繁夫は「源氏物語の建築」（『源氏物語と貴族社会』吉川弘文館、二〇〇二年）の中で、「この「小」は、小さなということではなくて、「小一条」などの「小」と同じく、もとのもの、古くからのものに対する「新しい」といった意と考えられる。」（二〇五頁）と述べている。
(30) 川上貢「近衛殿の考察」（『日本中世住宅の研究』第三編第一章、墨水書房、一九六七年。〈新訂版〉中央公論美術出版、二〇〇二年）。

第八章　平安・鎌倉時代の織戸、織戸中門

藤田勝也

第一節　織戸とはなにか

本章は「織戸」「織戸中門」に関する試論である。両者とも、平安京ならびにその周辺の、朝廷や公家の住まい、あるいは仮設の桟敷などにみえる。平安末から鎌倉時代の院政期に際立つから、この時期に特有の存在といえるが、しかし当該期の住宅史研究でとくに取り上げられたことは、これまでほとんどない(1)。

「織戸中門」とは、「織戸」と「中門」の併記、もしくは「織戸の中門」と解される。「織戸の中門」の場合、扉に織戸を用いた中門ということになる。では、「織戸」とはなにか。

『日本国語大辞典』は「おりど」として、「折戸」と「織戸」の二項をたてる(2)。前者は「二枚の板を蝶番（ちょうつがい）でつなぎ、折りたためるようにした扉。両開きの扉が二枚とも折りたためるようになっているときは両折（もろおれ）両開きという。」と説く。いっぽう「織戸」は、「片開きの扉をいうか。」という短い解説で、やや曖昧である。日本の近現代における建築用語とくに大工用語を豊富に集めた辞書、『日本建築辞彙〔新訂〕(3)』が立項するのは「折戸」

のみで、「折畳める〈唐戸《からど》〉（英Folding door)。」とし、参照すべき語として片折戸、両折戸《もろおりど》を挙げる。「片折戸」の項では、折戸の意で、片方に釣元があって中央で折り畳める扉とするが、「両折戸」の項では「〈二枚開〉の扉をいう。」とあって、単に両開きの扉の意としている。この解説に関して、「両折戸」の頭注に、「近世までは引戸に対して普通の開き戸のことをも「扉」「折戸」と呼んでいた」とあり、片開きの戸の呼称として、「片扉」「片戸」「折戸」「片折戸」とともに「織戸」を挙げ、両開きの戸の呼称として「両扉」「もろおり戸」そして「両織戸」などを挙げる。[4] ここでの「織戸」は、『日本国語大辞典』の「織戸」の解説と一致する。「織戸」が片開きの戸というのは、「織戸」が折戸と同じ音をもつことによるものと考えられる。しかし実際に記録に多くみえるのは「戸」や「妻戸」であって、「折戸」や「片戸」ではない。むろん戸や妻戸は時代をさかのぼって確認できる。また「織戸」が片開きの戸とすると、なにゆえ「片」戸でも「折」戸でもなく「織」戸と表記したのか、その理由が問題となろう。[5]

時代は下がるが、『庭訓往来』の注釈本である伊勢貞丈『庭訓往来諸抄大成扶翼』は、「織戸」について「未詳」としつつも、「細木を以て菱形などを織たる戸を云か」と説く。[6] これは網代組による戸＝網代戸のことで、「竹または葦などを編みて作りたる扉」（前掲『日本建築辞彙』）である「編戸《あみど》」である。後述するが、織戸とまま併存するのは檜垣《ひがき》（檜牆）である。「檜垣はあじろ垣のことで、あじろは編席の略、檜、竹、葦を以て斜又は縦横に編んだもの」[7] という。網代垣のうち、とくに檜の薄板を用いたものが檜垣とも考えられるが、とまれ伊勢貞丈の「織戸」の解説に従えば、網代組という手法、そのデザインにおいて、織戸と檜垣は共通し、一方は戸で一方は垣、という相違に過ぎない。網代の垣は絵巻物に多く描かれ、一般に用いられる垣であって、当時流行していたともいう。[8] 関連して注目されるのは、『年中行事絵巻』では町屋と目される建物のファサードに網代の腰壁が用いられていることである（図8-1）。そしてこれが屋敷の境界装置にみられる網代塀（網代組の垣根）に通じることから、街路に面する町屋は、同時に、街区を囲繞する建築でもあったことがその成立の背景にある、との町屋成立に関する説がある。[9] 前提となるのは、町屋の成立期に、網代の垣や塀（あるいは檜垣）は平安京の都市空間に普遍的な存在であった、ということであろう。

図8-1　『年中行事絵巻』巻十二、祇園御霊会の町屋（日本の絵巻8『年中行事絵巻』、中央公論社、1987年より）

平安京の平安末〜鎌倉期において、檜垣や町屋の網代壁として網代組は広範にみられる手法であった。垣根や塀に網代組の網代垣・網代塀があり、町屋の外壁面を網代組にしたのと同様に、網代組でつくった戸がこの時期存在しても不思議ではない。公家たちの住空間にも浸透し、それは「織戸」と呼ばれたのだろう。要するに「織戸」とは、檜などの細木や竹、葦などを斜めや縦横に織ってつくった戸のことで、これを扉に用いた中門が「織戸中門」である。なお『平安時代史事典』[10]が「織戸《おりと》」を立項し、「茅や柴などを縦横に織って作られた戸をいう。これが斜めに編まれたものは編戸と呼ばれる。」と解説する。織り方（編み方）の方向が縦横か斜めかによって「織戸」と「編戸」を区別するが、区別する根拠は明示されない[11]。

第二節　織戸は格下の戸

網代組の手法はこの時期、広範にみられる。とくに平安京の町屋では庶民の住まいは網代壁で、富裕な家の板壁と対比される[12]。公家社会ではむろん網代組は格下で、網代組の戸である織戸は格下の戸、これを用いた中門すなわち織戸中門は、したがって格下の中門となる。

十三世紀前半の源顕兼編『古事談』（巻第一　王道后宮　九一）の「藤原忠通、鳥羽法皇への元日拝礼の事」に、織戸をめぐる話がある。(13)

> 同法皇白河殿に御坐《おはしま》すに、元日の拝礼、織戸《おりど》の中門為《た》り。御所の躰《てい》凡卑。拝礼有りや否やの沙汰の間、関白殿法性寺殿参らしめ給ふ。顕時卿院司と為《し》て此の由を申すに、仰《おほ》せられて云はく、「御所を拝するには非《あら》ず。君を拝し奉るなり」と云々。仍《よ》りて拝礼常《つね》の如《ごと》し。

鳥羽法皇の白河北殿における元日の院拝礼をめぐって、「御所の躰凡卑」が問題となった。原因は中門が織戸の中門だったことで、それでは体裁良からず正規の中門ではないとの認識である。しかし関白忠通は、拝し奉る対象は「御所」ではなく「君」であるとし、織戸の中門をそのまま用い、拝礼は通常どおり行われた。

住宅の中門には社会身分に応じた、しかるべき形式があった。『吉記』の記主吉田経房と中宮大夫藤原隆季の言談に次のようにある。(14)　白河院近臣であった六条修理権大夫藤原顕季の中院亭（六条北・烏丸西）では上中門《あげちゅうもん》に連子があった。(15)　これをみた関白藤原師通が前駈に家の主について問いただし、美作守顕季の家であることを知ると、連子がある中門の形式は公卿以上の身分の家のつくりであるから、早く壊し撤去すべしと言ったという。公卿かそうでないかという社会身分に応じた中門のデザインコードの一つが、連子窓の有無であった。

『古事談』では関白の院拝礼において中門の扉が織戸だったことが取り上げられている。中門が織戸中門では、院の御所での、とりわけ公的儀礼に際しては、相応しくないのである。

しかし、にもかかわらず、この時期の貴人の生活空間に織戸はみえ、織戸の中門がたてられている。次節で具体例を概観する。

第三節　院御所・女院御所における織戸、織戸中門

管見に触れた範囲で、織戸、織戸中門の実例を院御所と女院御所、そして公家住宅に分けて瞥見する。本節では院御所と女院御所についてみたい。

織戸の早い事例は、京外の院御所、白河北殿である。前節『古事談』の邸である。白河北殿の鳥羽法皇への関白忠通による院拝礼は、『兵範記』に二件確認できる。一つは仁平四年（一一五四）正月で、公卿侍臣が参集、列立した「中門外」について、「西織戸」と注記する。[16]その後、公卿以下は「織戸中」の御所の西庭に入り、東面して列立した。織戸中門は西面し、法皇御所の西庭に開いた。いま一つは翌久寿二年（一一五五）正月の諸院拝礼で、公卿以下は「織戸中」を参進、列立しており、「織戸」が鳥羽法皇の御所の中門としてみえる。[17]いずれも『古事談』が語る通り、中門は織戸中門のまま、院拝礼は行われた。

院政期の白河では、西方に北殿・南殿が南北に並列していた。[18]鳥羽法皇の御所、白河北殿は天養元年（一一四四）五月に焼失、十月に再建された。皇后美福門院得子の移徙を記す、権右中弁藤原朝隆の『冷中記』によれば、この御所は「諸事省略、以織戸為中門、」であった。[19]「諸事省略」の具体例として挙げられるのが、織戸を中門としたこと。いわゆる正規の中門として織戸は相応しくないとの認識である。

保元元年（一一五六）三月十一日、後白河天皇は石清水八幡宮より高松殿へ還御のところ、「帰忌日」だったため白河北殿へ移御した。行幸の装束を記す『兵範記』同日条は、「其儀、北殿織戸中門内也」とまず記す。この織戸中門内の御所施設として、寝殿、西北卯酉廊、細廊、北車宿《くるまやどり》などがみえる。鳥羽法皇の御所だが、このときは院の殿上西庇を御厨子所にあてるなどした。後白河天皇の御輿は南門を入り、織戸中門を経て、御所西面に到着。当日の「鈴奏」の省略は、

「甚雨」に加え、中門が「無便宜」だったためという。中門が織戸中門では体裁不備ということである。『兵範記』仁平三年（一一五三）閏十二月二十七日条は、権中納言中将藤原兼長の院への慶賀において、北殿の中門が「織戸」であったことをとくに注記する。やはり通例の中門ではないとの認識である。

しかしそれでも鳥羽法皇の白河北殿では、中門は織戸の中門であって、織戸を撤去し、しかるべき中門に改変したといった記録は、管見にみえない。

後白河上皇の御所、法住寺殿にも織戸はあった。まず法住寺南殿である。仁安二年（一一六七）三月、法勝寺での千僧御読経のため、後白河上皇と女御（建春門院平滋子）が御幸した。『山槐記』によれば、御車を着けた「北織戸中門内」は「西面」にあり、齢七歳の東宮の御所となっていて、そのため出御したのは中門廊でなく織戸で、また織戸内は御鞠壺とよばれ、そこに御車を着けるのは「太無便宜」であった[20]。南殿はこの直前に新造、同年一月十九日に上皇渡御があり[21]、二月より東宮高倉が同居していた[22]。

さらに院の御車が出御した「西面北門」は東宮の御所方で、北面に門はなかったという。つまり敷地西面の南・北二ケ所に門を開き、南の門はおそらく中門廊に開く中門に対応する門で、北門の方は織戸中門に通じたのだろう。門内に御鞠壺を形成していたという織戸中門は、表門に対応する位置にたつ中門とは別の中門であった[23]。

織戸は法住寺北殿（七条殿）にもみえる。承安四年（一一七四）八月に新造、後白河上皇と建春門院が移徙した院御所である[24]。約四年後の治承二年（一一七八）十月、春日祭使の発遣では、祭使は九条良通で九条邸が出立所となった。院御所七条殿へ向かった際の経路をみると、兼実は「閑路」より参り、退出時に乗車したのが「南門織戸」であった。いっぽう祭使良通の七条殿への経路は、「七条殿南楼」より入って「御所西門」において下馬するというもので、その後、院御所から内裏へは、まず「七条殿西大路」を北行している[25]。この「南楼」が判然としないが、七条殿西面の「南」方の「楼」門の意と解され[26]、祭使良通は院御所の西面から出入りしたものと考えられる。これに対して「閑路」から院御所へ参入した兼実の経路は、祭使良通の一行とは反対側であったとすると、織戸の南門は七条殿の東方にたつ裏方の門に推定される。

後白河院御所では、京内の六条西洞院殿にも織戸は確認できる。後白河上皇が寿永二年（一一八三）移徙した院御所にはじまる同邸は、文治四年（一一八八）四月に焼失、十二月の再建で六条北・西洞院西の方一町に規模を拡大した。[27] 法皇は建久三年（一一九二）三月崩御の前月、御悩のため右近衛中将藤原忠経を臨時祭使として日吉社に発遣、翌日午刻に帰参した忠経らの禄の受け取り場所が、六条西洞院殿の「西面織戸中門方」であった。[28] 六条西洞院殿は、東の西洞院大路に面して四足門と棟門を開き、東中門廊に中門がたち、いっぽう西の油小路には唐門と土門が開くという、いわゆる東ハレの構成であった。織戸中門は邸の西面、ケの領域にあったことになる。

後白河法皇崩御の翌月、四月二十九日は娘の宣陽門院の、御行始の御幸で、御車の乗車場所が寝殿西面の「西織戸中門内」であった。[29] この「西織戸中門」は上記と同じ織戸中門と考えられる。留意されるのは宣陽門院の経路である。西織戸中門を出た後、さらに「西中門」から南庭、東中門を経て、西洞院大路に開く四足門から敷地外の路に至るというもので、この経路では南庭を通過して（寝殿前を横切って？）いることから、御車を（寝殿の）南面に寄せなかったことに藤原定家は疑問を呈している。「西織戸中門」は寝殿西方に位置し、また寝殿南庭に面する中門とは別に存在した。[30] なお邸内西面には北方に萱御所、[31] 南方に後述する長講堂があった。

時代は下がるが、六条西洞院殿では、鎌倉時代以降も織戸中門が確認できる。

『六条殿修理料支配状写』[32] は、「六条殿御修理間宛」として、邸内の建物破損の実態と修理分担を列記し、「御影堂」の項に「顚倒　同西面檜垣織戸中門　加賀　富安庄」とある。西面にたつ檜垣、これに開く織戸中門の意であろう。同史料が記す順に建物名のみ抽出して次に挙げる。

長講堂、僧座、透渡殿、公卿座、中門廊、上中門、軒廊、鐘楼、定朝堂、同渡殿、院御方常御所、同御中居、女院御方常御所、御車寄、御庇、公卿座、同廊并釣殿、池橋、御影堂、同東西釣屋、同西面檜垣織戸中門　同北面屏、御文

庫宿、西対六間、東対六間、進物所、釜殿、御車宿、四足、唐門、上土門、土門、築垣

冒頭の長講堂は、敷地内に法華経を長日購読するために後白河上皇が建立した持仏堂「法華長講弥陀三昧堂」である。主要な建物はこの長講堂のほか、定朝堂、院御方常御所、女院御方常御所、御影堂、西対、東対などで、敷地周囲は築地塀が囲み、四足門、唐門、上土門、土門の計四門がみえる。

この史料は年紀未詳である。鎌倉期といい[33]、文永十一年（一二七四）頃ともされる[34]。また「顛倒」や「柱少々相残」といった建物の惨状から、後深草上皇の時代ではなく南北朝の後期とも推定されている[35]。

六条西洞院殿が文治四年（一一八八）に一町規模で再建されたことは前記した。その後、承元二年（一二〇八）[36]、貞応元年（一二二二）に焼失し、その都度再建、文永十年（一二七三）火災[37]の後、後深草院が建治元年（一二七五）に再建。さらに建治三年（一二七七）に焼亡[38]、その後に再建といったように、焼失と再建を繰り返しており、明徳二年（一三九一）長講堂は罹災して土御門油小路に移転した。

後深草院の建治元年（一二七五）四月再建の六条殿に、長講堂とともに定朝堂がみえる[39]。文保元年（一三一七）三月、花園天皇の長講堂への方違行幸があった。六条殿内での経路をたどると、まず長講堂、次に院御方（亀山法皇）へ参り、その後、御影堂に向かった後、再度、院御前を経て、女院御方へ向かった後、定朝堂に参って仏像等を拝見して後に還御した。文保三年（一三一九）二月の、花園上皇の六条殿御幸では、まず御影堂に参った後、長講堂に向かい、翌三月は長講堂で御八講の後、上皇は御影堂で読経念誦した[40]。

元応二年（一三二〇）十二月、後伏見上皇が御幸した六条殿には長講堂、御影堂があり、元亨元年（一三二一）五月の後深草天皇御月忌では、院御方、御影堂、長講堂がみえる。元亨二年（一三二二）五月、後伏見上皇、花園上皇は供花で六条殿に御幸し、いつも通り供花終了の後、花園上皇は別途、御影堂に参った。かように六条殿内の御影堂は、長講堂とは別の区域を形成していた。ほかにもたとえば元亨三年（一三二三）五月に長講堂供花、御影堂における阿弥陀講があり、

また元亨三年（一三二三）九月の花園上皇の六条殿供花では、後伏見上皇の御所、御影堂、定朝堂がみえる。(41)

以上のごとき鎌倉時代一四世紀前半の諸建物は、『六条殿修理料支配状写』が記す主要な建物の構成と大方矛盾しない。元応元年（一三一九）五月、後伏見上皇が六条殿の修理御覧のため御幸したが、関連するものか否か定かではない。

鎌倉時代以降、六条西洞院殿には区画形成された仏堂施設の一郭があって、その一つ、長講堂は中門廊をそなえた。これとは領域を区別する御影堂の一郭には「東西釣屋」や「西面檜垣織戸中門」「北面塀」があって、ひとまとまりの施設を形成していた。そこは西面を「檜垣」で区画し、「織戸中門」を開いたのである。(42)

さて、さかのぼって後鳥羽上皇の御所に、織戸は複数確認できる。とりわけ鳥羽殿に顕著である。建永元年（一二〇六）八月、後鳥羽上皇の鳥羽新造御所への移徙があった。新御所は北殿にあり、南殿の北方に営まれた。上皇は板葺の棟門である御厩北門から入御し、公卿たちは新造された織戸の中門の内・外に列立した。中門の内外にわたったのは参入者数に対して場所が狭かったためというが、この移徙は略儀であった。(43)鳥羽殿において北殿の遊興的性格を示唆するのは萱御所の存在で、(44)織戸中門は、かかる北殿の性格を反映する。

南殿にも織戸があった。建暦三年（一二一三）三月、水無瀬殿から修理成った鳥羽南殿へ後鳥羽上皇が移徙した。この移徙も「密儀」で、まず鳥羽北殿に入御の後、御雁衣（狩衣）を着して女院（修明門院）と同車し、南殿へ入御。到着したのは邸内の「御厩南門并中門」で、「風炉殿御所」の「西面妻戸」に御車を寄せた。風炉殿御所は北面御湯殿と併記されるから、邸のケ向きの施設であろう。そして「御厩南門并中門」のうち、南門は内大臣の沙汰によって棟門形式へ改変されたもの、中門は「墻織戸」であった。(45)「墻織戸」とは、垣根とこれに開く織戸と解されるが、「墻」は檜垣であろうか。後鳥羽上皇の移徙に対応して体裁を整えるため、御厩南門は棟門に改築したのだが、その内側の中門はケ向きに相応しく「墻織戸」の形式であった。(46)そのほか、北殿の東南方にあった馬場殿にも、馬場屋に設けられた埒に開く「織戸門」があった。(47)なお建永元年（一二〇六）八〜九月、上皇は鳥羽殿より水無瀬殿へ御幸し、水無瀬殿の馬場殿で御琵琶が奏され、続いて隠れ遊び、さらに御双六が行われた。この隠れ遊びの中で、隠れ場所の一つとして「織戸腋」がみえる。(48)当時の水無瀬殿は、景勝地にあって萱葺の建物が景観に風趣をそえるような御所であった。[49]

後鳥羽院御所では、京極殿にも織戸中門があった。京極殿は大炊御門《おおいみかど》大路の北、東京極大路の東の、京外に位置した。[50]承元元年（一二〇七）八月、後鳥羽院の中宮、宜秋門院（九条任子）の御幸があり、御車は南面の大炊御門大路に開く「南門」を入って、「織戸中門内」に寄せられた。[51]

京極殿には寝殿とその南庭、[52]車宿や中門、透渡殿[53]そして東弘御所[54]などがあった。京極大路に開く西門が四足門で、この付近に車宿、中門、殿上屛を設け、京極大路側の西をハレ面とする建物構成であった。[55]南面の大炊御門大路に開く上記南門は後鳥羽上皇の御幸時にも用いられたが、[56]ハレ門ではなかった。その位置は特定しがたいが、西方の中門とは別に織戸中門が南門からの経路上にあって、織戸中門内に女院の御所施設を形成していたものと考えられる。

女院御所では、八条院（暲子《あきこ》内親王）の御所八条殿に織戸中門が確認できる。正治元年（一一九九）正月、八条院の石清水八幡宮・日吉社への御幸に際して、御精進始御祓が八条殿の「西織戸中門内」で行われた。[57]建久五年（一一九四）八条殿は炎上していて、[58]その後再建された御所である。

八条殿は八条大路北、東洞院大路西の一町を占めたが、[59]邸内は大きく東・西に分かれていたらしい。建久の焼亡以前だが、文治元年（一一八五）前斎院式子《のりこ》内親王が八条院と同居していた時の御所は「東洞院面」すなわち邸の東方であったから、[60]八条院の空間は西方（烏丸面）に推定される。なお式子内親王の同居前の御所は法住寺殿の萱御所であった。[61]下って元久元年（一二〇四）正月、後鳥羽上皇御幸で入御したのは「八条院東門」からで、関連して車宿、中門南廊、殿上屛といった施設ならびに、女房の参入口として「北門」がみえる。[62]それらは八条殿の東方を構成する建物群であろう。正治二年（一二〇〇）九月、東洞院大路をはさんで東隣の洞院局宅（梅小路南）で火災発生、女院避難のための御車がつけられたのは八条殿の「西門」であった。[63]火災場所から遠いのは西側ということもあろうが、女院の日常の御所が邸の西方にあったことを示唆するもので、織戸中門も「西」を冠するから、その周辺に推察される。

八条院（暲子内親王）は二十一歳で出家、二十五歳で八条院の院号を宣下されて後も、仏道に帰依し、御所八条殿では身なりや邸の掃除にもとくに気にとめないような、地味で質素な暮らしぶりであったという(64)。織戸の中門がそれを象徴するかのようである。

第四節　公家住宅の織戸、織戸中門

公家の住宅での織戸の早い事例は、管見では宇治の小松殿であり、院御所の場合と同様、こちらも京外である。小松殿は藤原忠実とその息頼長の別邸で、所在地は平等院の西方、現在の宇治市街遺跡（「中宇治」）に比定されている(65)。記録では保延元年（一一三五）十月の鳥羽上皇の御幸が早い(66)。

保元三年（一一五八）十月、後白河上皇の御幸、同時に皇后統子《むねこ》内親王ならびに女御姝子《よしこ》内親王（八条院暲子の妹）の臨御があり、上皇の昼御座がおかれた寝殿をはじめ、各建物の鋪設について『兵範記』が詳記する。寝殿西面が御所となった皇后宮関係の次に、女御の御在所が「北織戸内御所」にあてられたことを記す(67)。「北織戸内」の御所には北子午廊があって台盤所となり、その南に馬道があった。また西南の子午廊は女御の女房局にあてられた。女御の進物所は上皇の進物所の「西妻」すなわち北築垣に副えられた片庇の西側で、また上記のとおり御所は「北」の織戸の内であった。そして女御の侍所は「北御堂南子午廊」にあった。北御堂とは邸の北方を占めた成楽院であろう。さらに女御の庁は「西南車宿西妻」であった。以上のことから、女御の御所の邸内での位置は、寝殿一郭より北方かつ西方に推定される。邸内には寝殿を中心とする建物群とは別に、北方に成楽院の一郭があり(68)、それらとはさらに別に御所施設の一郭が西北方にあって、この御所施設と寝殿一郭との境界にたつのが「北織戸」であった。邸内で別区画を形成する御所施設の境界にたつ織戸というのは、後鳥羽院御所の京極殿などの織戸中門に通じる。

織戸は京内の公家屋敷にも確認できる。九条兼実の本宅九条邸である。まず治承三年（一一七九）十月、中納言中将師家の拝賀来臨の際、「織戸中門」が参入経路となった[69]。またこの織戸中門とは別に織戸があったらしい。養和元年（一一八一）十二月四日、姉の皇嘉門院が亡くなり、同月十八日に二七日《ふたなのか》の法事があり、兼実とその息良通は素服を着した。まず兼実が「家中」において直衣を着し、「郭外」の「巳方」（南東方）に出て素服を着した。帰入の後、次に良通が同様に家中で布衣（狩衣）、郭外で素服を着した。この過程で郭外とは「織戸外也」のことであるという[70]。邸内には、郭の内・外を分ける境界があり、そこに開くのが織戸であった。また文治二年（一一八六）四月、兼実は図書頭賀茂在宣に、禁忌月における修造作事について問うている[71]。築地塀に開く小さな門やこれに装置される「織戸」などを修造することの是非で、それらは門ではなく戸であるから問題無しというのが在宣の回答であった。九条邸では、築地塀に開く小門にも織戸があった。

以上、兼実の九条邸での、織戸の都合三件は、重複する可能性も排除できないが[72]、中門の戸、邸内を画する境界に設けられる戸、さらに敷地外周の築地塀に開く戸といったように、各所で織戸は用いられていた。

織戸を複数もつ兼実の九条邸は、どのような邸と見なされていたのか。文治二年（一一八六）四月、兼実は修造なった冷泉万里小路邸に移った。九条の本宅ではなく冷泉邸に借住したのは内裏（閑院）に近いためだが[73]、しかし文治四年（一一八八）二月、内大臣良通が弱冠二十二歳で急死して、冷泉邸に帰宅できず、九条邸での居住を余儀なくされた。その後、後白河法皇が左大臣経宗から入手した大炊御門亭（大炊御門北・富小路西）を兼実に貸与し、同年八月、兼実は女房・姫君等を相伴して大炊御門亭に移った。法皇の貸与は、兼実の「九条小屋」（九条邸）での居住について、法皇が「痛此事」からであった[74]。京南方の九条の邸では内裏から遠方で何かと不便ということもあろうが、当時摂政であった兼実の邸としての体裁を、九条の邸は整えてはいなかったのだろう。そのような邸の性格を象徴するのが、複数の織戸の存在であった。

兼実の九条邸と同じ時期、他邸でも織戸中門はみえる。

治承三年（一一七九）四月、堀川宰相（参議）頼定の娘で、当時十八歳であった内女房の按察典侍《あぜちないしのすけ》が、高倉天皇との子（後の潔子《きよこ》内親王）を出産した。場所は春日南・京極西の宅で[75]、その後、刑部卿頼輔の沙汰による七夜儀（産養）が同邸で行われた。この邸は方一町に満たず[76]、三間四面の檜皮葺の寝殿以外の建物はすべて板葺で、「織戸中門」があり、東の京極面に棟門を開いた[77]。

織戸中門をもつ春日南・京極西の宅は誰の家か。管見に史料が見いだせず特定はできないが、堀川宰相頼定の可能性がある[78]。

潔子内親王の祖父にあたる参議頼定の邸は綾小路堀川にあったが、安元三年（一一七七）四月の太郎焼亡で罹災した[79]。養和元年（一一八一）三月、五十五歳で死去した頼定は裕福で、家、領地を多く遺していて[80]、それらは悉く後家に相続されたという[81]。いっぽう潔子は文治元年（一一八五）十一月伊勢斎宮に卜定、翌年五月に御禊、文治三年九月伊勢にむかい、十一年後の建久九年（一一九八）一月に退下した。そして帰京後の住まいが、出生地の「春日京極[82]」であった。祖父頼定邸の多くの家屋敷の一つとして、後家を経て孫娘潔子内親王へと継承されたのではないか。

堀川宰相頼定は裕福ではあっても特筆すべき政治的実績を挙げなかったと評される[83]。春日南・京極西の宅が彼の屋敷とすると、かかる一公卿が所有した複数の邸の中の一つに過ぎなかったともいえる。公卿邸としての体面保持から、表門から寝殿に至るアプローチを形成する中門が不可欠だったのはこの邸も例外ではない。しかしその中門が織戸の中門だったというのは、檜皮葺の寝殿以外はすべて板葺で、表門は京極大路に開くにも拘わらず棟門の形式であったこともあわせて、邸の性格を反映するものであろう。

内大臣藤原実宗の邸に織戸中門がみえる。元久二年（一二〇五）十二月、藤原為家の元服式が同邸で行われた際、御馬を引き入れたのが「織戸中門」で、『明月記』の会場鋪設を描いた図（口絵11）でも、「織戸」が確認できる[84]。為家は藤原定家と実宗の娘との子で、実宗は為家の母方の祖父にあたる。その実宗邸で為家の元服式が実宗を加冠として行われたのである。前月の十一月に実宗は父祖をこえて内大臣に就任し、邸は一条室町にあった[85]。

口絵11の右脇に「寝殿坤方御出居也」とある。元服会場の「御出居」は、寝殿南西方の東西五間・南北二間の空間である。西第一間の柱間に「弘庇也」とあるが、口絵11に描かれる会場は建物の一部で、建物は寝殿なのか、あるいは寝殿とは別の、南西方の東西廊なのか判然としない。その南方を塀で画して前庭をつくり、南面して織戸を開く。中門廊に開く中門ではなく、敷地内を画する塀に開く織戸のようにみえる。

時期はやや下るが、鎌倉時代、近衛家実の猪隈殿《いのくまどの》にも織戸が確認できる。延応二年（一二四〇）正月の大殿（家実）拝礼について記す『平戸記』に「猪隈殿、此御所織戸中門也」とある。中門が「織戸中門」であるという事実をことさら記す。(86)

猪隈殿は近衛家の本宅近衛殿に対する別所で、一条北辺の北小路南・猪隈東に位置した。邸内の小御堂（堀川堂）は近衛家にとっての菩提所で、同邸は「堀川堂」「堀川小御堂」と呼ばれ、居住所である御所方ではなく、この小御堂の御堂方を主体とする菩提所的な邸であったという。(87) 家実は翌年、仁治二年（一二四一）十一月の出家後はほとんどここを居所とし、同三年十二月の死去も同邸で、家実は猪隈殿と号されている。同邸内で御所方は従属的な存在ではあったが、寝殿があり、形の如く階も備わっていて、当時の本宅近衛殿が寝殿無き邸であったのに比べれば体裁は整っていた。(88) しかし兼経は父家実の猪隈殿を指して「此御所、非尋常作様(89)」と評し、自身が摂政詔の儀礼御所としたのは近衛殿であった。中門が「織戸中門」では儀礼御所として相応しくない。そのような猪隈殿の性格を象徴するのが、「織戸中門」なのである。

第五節　裏松固禅が注目した織戸、織戸中門

織戸、織戸中門の存在に注目したのは、本小稿が初めてではない。早くに裏松固禅《うらまつこぜん》が関心を示し、『院宮及私第図《いんぐうおよびしていのず》』（東博本、以下、『院宮』と略す）および、これと重複した内容をもつ『宮室図』で取り上げている。(90) しかも複数である。

『院宮』の巻二、巻四は絵巻物を抄出・集成した巻である。巻二をみると、頭文目録に「織戸中門圖」と題する図二点がある〈85〉・〈90〉＝図8-2・図8-3、〈　〉は『裏松固禅「院宮及私第図」の研究』による図の通し番号を示す。以下同様）。

図8－2　『院宮及私第図』巻二（東京国立博物館蔵）の「織戸中門圖」〈85〉（『裏松固禅「院宮及私第図」の研究』中央公論美術出版、2007年より）

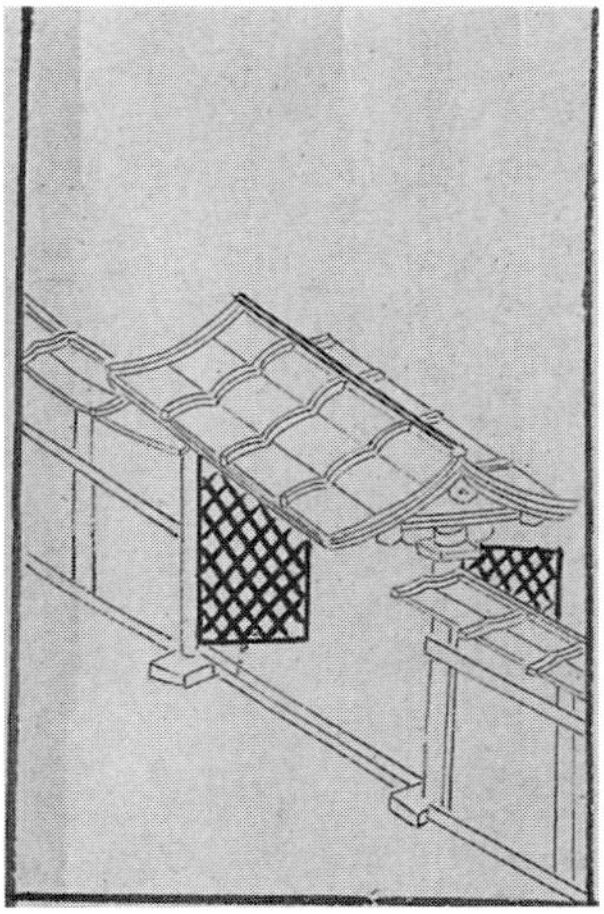

図8－3　『院宮及私第図』巻二（東京国立博物館蔵）の「織戸中門圖」〈90〉（『裏松固禅「院宮及私第図」の研究』中央公論美術出版、2007年より）

ともに『法然上人絵伝』（十四世紀頃）からの抄出である。〈85〉（図8-2）は巻十二第三～四紙に描かれる、左大臣藤原経宗の邸（口絵12）、〈90〉（図8-3）は巻九第二十～二十一紙に描かれる、比叡山横川の首楞厳院《しゅりょうごんいん》（横川中堂、図8-4）からの引用である。『院宮』では図右に表題の欄を設けているが、空欄である。『宮室図』では同様に表題欄があり、〈85〉に該当する図では「織戸中門圖」と表題を記し、「大炊御門左大臣経宗公第」「圓光大師行状記」そして「同記大宮内府実宗公第織戸中門亦同」と注記する。また〈90〉に該当する図では「織戸中門」と表題を記し、「首楞厳」「圓光大使行状記」と注記する。

巻九第二十～二十一紙は、写経を終えた後白河法皇が首楞厳院へ奉納するための御幸を描いた場面で、山道から石段を上がって如法堂へ至る経路上に、連子窓で白壁の塀に中門が開く（図8-4）。中門も塀も檜皮葺屋根だが、中門に装置される両開きの扉は細い部材

図8－4　比叡山横川の首楞厳院の中門（『法然上人絵伝』巻九）（続日本の絵巻1『法然上人絵伝　上』、中央公論社、1990年より）

を斜めに組んだものである。斜めの部材が緑に着色されるのは、塀の連子窓や山道左手に描かれる法界房の御簾の縁と同様である。斜め方向に部材をきわめて粗く編んだものと固禅は解し、これを織戸中門としたのだろう。しかし斜めに編んだというより、組子を斜めに配して菱形の格子にした菱格子と見なした方が妥当で、これを織戸中門とするのは疑問である。[91]

巻十二第三〜四紙は、病にあった経宗の邸に法然が訪れ、法然と僧の法談を隣室で聞く場面で、経宗はこれを契機に信仰心をおこし、以後、法然に帰依したという。この邸はどこか。

経宗は文治五年（一一八九）二月十三日に出家、同月二十八日に七十一歳で死去した。さかのぼって文治四年（一一八八）十一月の後白河院庁下文を最後にその名は記録から消えるというから、[92]描かれるのは文治四年末〜五年二月頃の経宗の邸と考えられる。[93]元暦二年（一一八五）頃、経宗の邸（左大臣亭）は大炊御門北・富小路西にあり、[94]大炊御門家と称される通り、そこが経宗の本宅であった。しかしこの大炊御門亭を後白河法皇が経宗から入手し、さらに文治四年（一一八八）八月、九条兼実に貸与したことは前記した（第四節）。そして経宗は大炊御門亭との交換で「中御門東洞院故成親卿家」を法皇から譲られた。[95]そこで巻十二第三

〜四紙に描かれる経宗の邸は大炊御門亭ではなく、故成親卿家ではないか。[96]
権大納言藤原成親（故成親卿）の家は、中御門北・東洞院西にあり、もとは成親の父中納言家成の邸であった。[97] 成親は後白河法皇の寵臣だったが、安元三年（一一七七）六月鹿ヶ谷事件で備前に配流ののち死去。邸は法皇のものとなり、さらに経宗にわたり、二十六年間大臣をつとめた経宗の晩年の住まいになった。

ここに描かれる塀は築地塀ではなく上部を連子窓とする塀であり、画面左手には寝殿らしき建物があることから、塀に開く門は中門と考えられる。中門は檜皮葺の平唐門《ひらからもん》で、両開きの扉は網代とし、下部のみ斜材の組子で文様付きの板羽目とする。固禅もまたこの門を中門とみなし、網代の扉を装置することから織戸中門としたのである。

また『院宮』巻一の〈28〉は、頭文目録に「明月記　織戸圖」と記し、本文では「織戸　明月記元久二年十二月十五日小童元服」と題して、『明月記』当日の条文と所収指図を載せる（図8-5）。第四節に前記した藤原実宗邸での為家元服に関する記事で、固禅は「織戸」の事例として注目していた。

実宗の邸は『法然上人絵伝』巻十二第十八〜二十紙に描かれる。建永元年（一二〇六）十一月、法然に深く帰依していた実宗は法然の弟子となり出家する。しかし翌建永二年（一二〇七）正月法然は入滅し、法然の冥福を祈っていた実宗であったが、翌二月に病にかかり同年十二月、六十七歳で法然の後を追うように念仏相続して往生を遂げる。内大臣の邸の偉容を表すように、棟門の表門内側では桜が咲き、建物内では法然の法談を実宗が対座して聴聞している。場面は実宗出家前の姿のようであるが、若年より法然の教えに深く帰依し、念仏のうちに往生を遂げる実宗の邸に相応しいのが、織戸の中門である（図8-6）。

築地塀に開く檜皮葺の棟門の内側（画面左方）に連子窓の塀と門があり、この門が中門であることは疑いない。経宗邸（口絵12）と比べると、いずれも平唐門形式で、[98] 装置される両開きの扉も下部のデザインは共通する。ただし実宗邸の中門の扉の場合、上部は縦方向に部材が連子のごとくはめ込まれるだけで、経宗邸のような網代の描写がなく、一見しただけで織戸と判別するのは容易ではない。それでも、しかし前記した通り、『宮室図』では表題に注記して「同記大宮内府

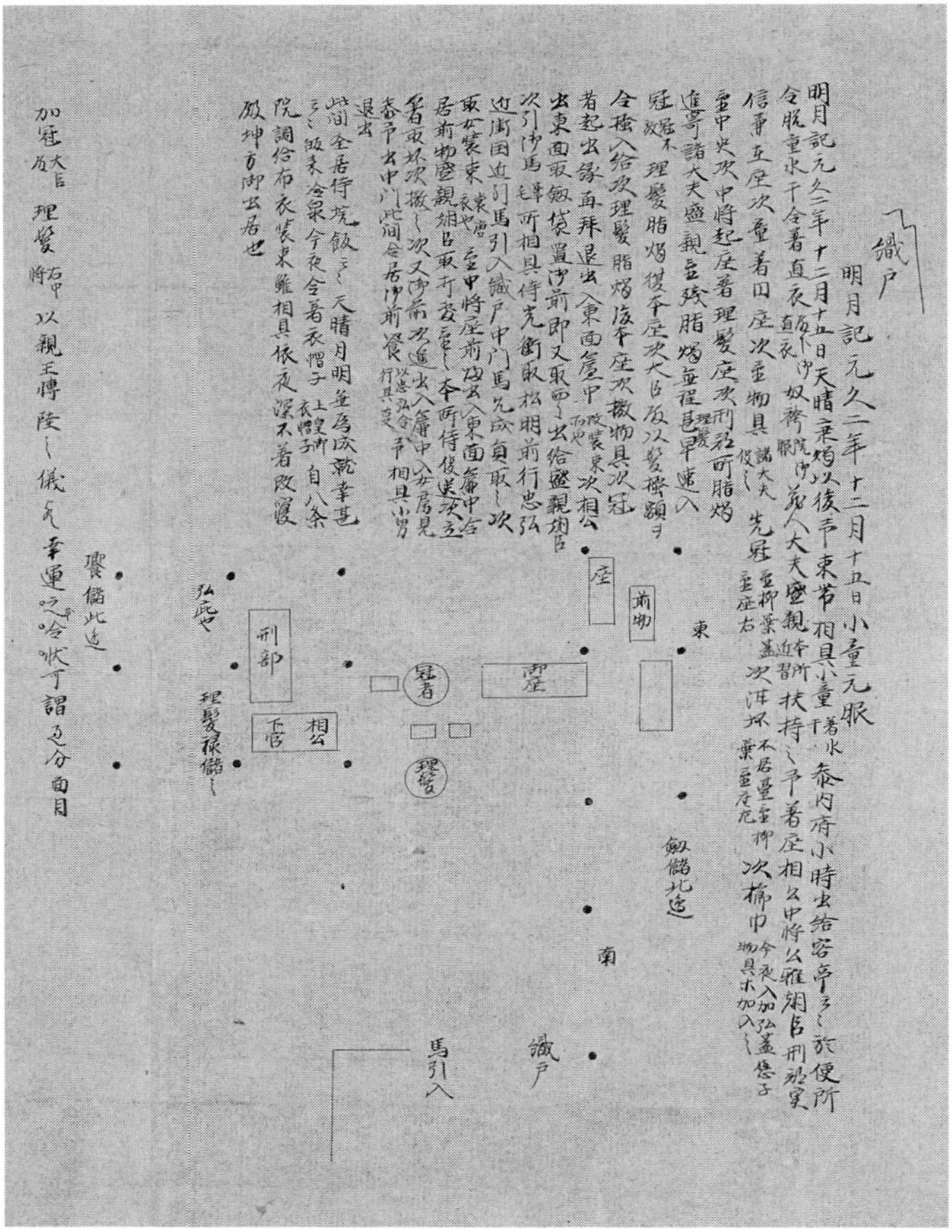

図８－５　『院宮及私第図』巻一（東京国立博物館蔵）の「織戸圖」〈28〉（『明月記』元久２年12月15日条所収）（『裏松固禅「院宮及私第図」の研究』中央公論美術出版、2007年より）

実宗公第織戸中門亦同」とあった。織戸中門として認識されていたわけで、この図の『院宮』『宮室図』での不掲載は、重複を避けたことによるものなのである。[99]

はたして経宗邸の織戸中門の扉（口絵12）から網代の描写を消去してみると、実宗邸のそれ（図8-6）とよく一致する。つまり実宗邸では、中門扉の網代の描写は単に省略されたもので、これもまた織戸中門に他ならない。口絵11と図8-6

図8－6　内大臣藤原実宗邸の織戸中門（『法然上人絵伝』巻十二）（続日本の絵巻1『法然上人絵伝　上』、中央公論社、1990年より）

が同一の織戸中門との証左はないが、図8－6は実宗邸での織戸中門の存在を確かに裏打ちするものであろう。

第六節　数寄的手法としての織戸

以上、管見によるわずかな事例検証に過ぎないが、織戸、織戸中門について概要をまとめると次のようになる。院御所、公家住宅とも、織戸の早い事例は十二世紀半ばの院政期で、しかも白河や宇治といった京外であった。院御所では白河のほか鳥羽や水無瀬、東山の法住寺殿などに顕著で、公家の邸では宇治の如き遠方あるいは一条の以北であった。いっぽう平安京内では、二条以北で東京極大路の近く、一条近辺あるいは八条・九条といった縁辺部に偏在した。後白河院の六条西洞院殿はやや例外的にみえるが、住宅ではなく仏堂に関連するからであろうか。

網代は庶民の町屋の外壁面に用いられる手法で、扉が網代の「織戸」は宮廷、貴族社会では格下の戸という認識であった。とくにハレのアプローチとなる中門が織戸を装置した織戸中門は、院拝礼や慶賀、摂政詔など公的儀礼には相応しく

図8－7　後鳥羽院御所の中門（『法然上人絵伝』巻十）（続日本の絵巻1『法然上人絵伝　上』、中央公論社、1990年より）

ないものと見なされ、通常の中門とは異なる存在であった。

しかしそうした中門に開く戸だけでなく、御所内を画する塀に開く戸や、敷地の内外を画する築地塀に開く戸など、織戸は多様に用いられた。また織戸は女院御所や遊興的な性格の濃厚な御所、菩提所的な御所や邸内の御堂、そして病中にあった公家の邸や出家し臨終をむかえていた公家の邸など、裏方、内向きの空間でみられる傾向にあった。

さて、固禅が織戸中門の事例として複数抽出した『法然上人絵伝』には、経宗邸にみられるような織戸中門（口絵12）に対して、格下ではない、第二節で触れた正規の形式、連子（窓）をもつ中門も描かれる（巻九、巻十）。たとえば巻十の図8-7は、後鳥羽院御所の中門を敷地内側から描いたもの。切妻造檜皮葺の棟門で、門の横（画面上方）、中門廊との接続部に柱間一間の白漆の壁があり、上部に連子窓を開ける様子がわかる。中門の扉は四枚の竪板に飾り金物（乳金物）、軸側に八双金物を打つ板桟戸の形式で、この中門の画面右方に描かれる表門でも、装置される扉はこれと同様である。口絵12と図8-7を比較すると、ともに檜皮葺屋根で、柱・扉の足下に厚板の立派な唐居敷《からいしき》を備えるのも共通する（図8-6には無い）。いっぽう両者の相違点として、平入りの切妻造（図8-7）に対して平唐門（口絵12）という屋根形状もあるが、[100]扉の手法・デザインが門の外観の印象に著しい差異をもたらしていることがわかる。

口絵12の経宗邸では描かれないが、実宗邸の場面では、織戸中門（図8-6）の右方に表門が描かれ（図8-6には見えていない）、その扉は図8-7と同様である。中門の扉を織戸ではなく、図8-7や実宗邸の表門のような通例の板扉にすることに何か支障があったとも、たとえば作事費用が著しく高価であったとも考えにくい。それどころか問題になるのは織戸の方で、実際、公的儀礼には相応しくない存在であったことは繰り返し紹介した。また中門の場合、単に簡略、粗略な手法ということなら屏中門である。屏中門は廊を塀に簡略化して門を開く形式で、とくに武家屋敷では門は屋根を持たないのが特徴とされる。廊ではなく塀に開くという点では、口絵12・図8-4～8-6のいずれも該当はする。しかし屏中門は造営未完の「半作」の邸において、簡便な屏にたてられる、応急的・臨時的な中門であった。[101]そのような屏中門とは、織戸中門は一線を画する。織戸の手法自体は簡略で、粗略にみえるかもしれない。しかし意図したのはそこではない。織戸をあえて選択し用いた。それはいったい何故か。

参考になるのは、仮設の桟敷とともにみえる織戸とその周辺である。嘉禎四年（一二三八）二月、鎌倉幕府四代将軍の九条頼経が二歳で鎌倉に下って以来十九年ぶり、鎌倉将軍としては頼朝による建久六年以来、四十三年ぶりに上洛した。[102]頼経入洛の際の様子を、頼経の父九条道家が詳記している。[103]将軍頼経が夜中に到着したのは新築された六波羅御所であったが、道家の舅、西園寺公経は、経路にあたる「白河之辺」である三条北・白河西に行列見物のための桟敷を設営した。この桟敷の後方には檜垣（「桧墻」）が廻らされ、そこに装置されたのが「織戸」であった。

桟敷は「板屋十二間一面」で、東から三間ずつが公経、女房等、道家そして近衛家実の桟敷にあてられ、各々は壁で仕切り、内側に几帳帷を懸け、また北縁があって腋戸を備え通路に用いられた。

注目されるのは、一つに、大路の南にも裏檜垣をたて、桟敷やそれら檜垣に懸けられたという「伊予簾」の存在である。伊予簾の使用箇所は、桟敷や檜垣のすべて、悉くであった。この伊予簾もまた織戸と同様、「御簾」に対して格下の簾とされ、凶事に用いられ、服喪中の室礼具でもあり、常居所などケの空間の用具であった。また祭礼・行幸時の桟敷や院の寺社御幸時の仮屋などに使用された(104)。『枕草子』(二十五段)では御簾と伊予簾を対比し、また板屋の家に小檜垣とともに記される伊予簾はみすぼらしさを示す要素であった(一七〇段)。『源氏物語』(柏木)でも粗末な簾であるが、『源氏物語絵巻』(橋姫、東屋二)に描かれるのは、宇治の山荘や三条あたりの浮舟の小さな家といった隠れ家で、伊予簾は単に粗末というだけでなく、鄙びた風情をあらわした。絵巻物では都に対する鄙の風趣を表現する際に描かれるのが伊予簾であった(105)。

ふたつ目に、伊予簾を懸けた「檜垣」の存在がある。桟敷を囲み、織戸を備える檜垣は、第一節でも触れたように、檜の薄板を斜または縦横に編んだ「網代垣」の一である。網代垣は貴賤問わず多くの住宅で幅広く用いられていて、略式の垣ではあったが、宮廷上級貴族が用いる場合には、鄙びた風情を意図した可能性がある(106)。素材も手法も檜垣と織戸は相通じ、両者のデザインはよく馴染み調和する。檜垣(網代垣)や伊予簾がそうであるように、織戸にも鄙びた風情を演出する意図があったのではないか(107)。

招請された道家と家実の桟敷への行向は「密々儀」であって、実際、桟敷内では、建久の頼朝入洛や後鳥羽天皇の石清水八幡・賀茂への行幸など見物した際の昔話を、道家は近衛家実と語り合い、雑談して楽しんだ。そのような様子を道家は記す。『吾妻鏡』ではどうか。将軍頼経の鎌倉出発から入京に至るこの上洛について、宿泊地や入洛軍の交名など行列の具体的なあり方に至るまで詳記する。権大納言四条隆親ほかによる関寺(滋賀県大津市)あたりまで出向いての行列見物にも触れる(108)。しかしながら、頼経の外祖父であり在京時に頼経を養育していた公経の設営によるこの桟敷については一切記してはいない(109)。将軍上洛の行列見物のための桟敷は「密々儀」の仮設の建物であり、桟敷周辺の織戸は檜垣や伊予簾とともに、ごく私的な空間を形成したのであった。

そこで想起されるのは、この時期、私的な居住空間の展開を象徴的に示す現象としての、萱葺を特徴とする建物あるいは邸である萱御所の登場である。背景には遊興・数寄的手法として萱葺を積極的に活かそうとする意識の定着があり、前提に平安京の都市化があった。(110) 萱葺建物の複数の存在で特徴づけられる邸、藤原忠通の九条殿は萱御所成立を予見させる点で注目されるが、(111) ここでも後白河天皇の方違行幸時に伊予簾が用いられた。(112)

萱葺屋根には、地方の粗末な手法という意識とともに、一方で風趣を醸し出す数寄的な意図が込められていた。萱御所が平安京に登場したこの時代、織戸もまた私的な空間における風流・風雅の趣向を意図した、いわゆる数寄的手法の一つとして用いられる面があったのではないか。(113)「網代戸」が後に数寄屋の建築の垣根などの扉に用いられているのはその証左となろう。(114) 網代戸に限らない。織戸の特徴である網代組のデザインが数寄屋や草庵茶室などの空間に広く活用されるのは周知のとおりである。

都市化の進展しつつあった平安京の空間の中に、鄙びた風情をなんとも醸し出す。そのような想いを密かに込めて、公的儀礼の場にはたとえ相応しくなくても、あるいはそれも承知の上で、織戸、織戸中門をあえて設けることがあった。それらを特徴付ける網代組の扉は、都市の街路に、あるいは邸の門前に、きわだつ存在であったと想像される。あるいは萱御所の萱葺屋根より、都市の景観に直接的に存在感を示したかもしれない。むろん建築のスケールという点では、ごく微細な現象に過ぎない。しかし大都市平安京での織戸、織戸中門の登場は、萱御所がそうであったように、住まいにおける一層の都市化の表徴だったとして大過ないであろう。

さかのぼって十世紀、きわめて強い規範性をもって成立した寝殿造は、都市における表向きの公的生活を支える住様式として、その後、公家社会では近世末まで存続した。(115)「如法一町家《にょほういっちょうや》」という呼称の院政期における出現は、かかる様式の概念が実体をともなって定着していたことを物語るものだろう。そのような規範性をもつ寝殿造の定着、墨守そして継承の一方で、住空間の中に新たに生成・展開したのが、都市化の裏返しとしての非都市的な風流・風雅の趣向であった。近世故実家が早くに注目したように、織戸、織戸中門もまた日本の住宅とりわけ都市の住宅の歴史において、看過できない存在なのである。

さて、織戸は鎌倉の武家の邸にもみえる。[116] また織戸中門は南北朝時代の内裏でも確認できる。[117] その後の織戸、織戸中門が辿った経緯について、さらに検証の必要がある。

第八章　註

(1) 管見では、川本重雄氏が中門廊の形式を分析・展望する中で「織戸中門」に注目し、「織戸を木を縦横に織るようにして組み合わせた戸、つまり格子になった蔀と解釈して、連子窓・妻戸と蔀が並んだ中門廊の形式、すなわち細川管領邸に見るような中門廊形式を「織戸中門」と言ったのではないか」と推論する（「中門廊と出入口の構成」、小泉和子・玉井哲雄・黒田日出男編『絵巻物の建築を読む』東京大学出版会、一九九六年）。
(2)『日本国語大辞典　第二版　第三巻』小学館、二〇〇一年。
(3) 太田博太郎・稲垣栄三編『中村達太郎　日本建築辞彙〔新訂〕』中央公論美術出版、二〇一一年。
(4) 高橋康夫『物語ものの建築史　建具のはなし』鹿島出版会、一九八五年に同趣旨の解説がある。
(5)「両織戸」（『源平盛衰記』五）は「両折戸」、「師織戸」（『看聞日記』永享七年（一四三五）三月九日条）は「枝折戸」の意で、「折」が「織」で表記されることはある。
(6) 石川松太郎校注『庭訓往来』平凡社、一九七三年。
(7) 岸熊吉『日本門牆史話』大八洲出版、一九四六年。なお「織り」と「編み」はもとより異なるが、編戸（網代戸）の実体は織戸とみなされる。
(8) 前掲註7に同じ。
(9) 伊藤毅「町屋の表層と中世京都」（五味文彦編『中世を考える　都市の中世』吉川弘文館、一九九二年）。後に『都市の空間史』吉川弘文館、二〇〇三年の第三章に所収。
(10) 角田文衛監修、古代学協会・古代学研究所編『平安時代史事典　本編　上』角川書店、一九九四年。
(11)『建築大辞典　第二版』（彰国社、一九九三年）は、「おりど」として、「折戸」と「織り戸」の二項を立てる。「折戸」は、「戸と戸が丁番で連結された折れる戸の総称」とし、「片折戸」「両《もろ》折戸」「折畳み戸」などを例示する。いっぽうの「おりど〔織り戸〕」について、「柴《しば》、茅などを縦横に織ったもので作った戸の一。」と解説する。『平安時代史事典』の解説は、これに一致する。また「あじろ〔網代〕」の項では、編莚《あみむしろ》の略とし、竹皮や葭、杉皮、桧の枌《へぎ》板などの薄片を「斜めまたは縦横に編んだもの」とし、天井や垣、屏風、腰羽目、笠、牛車や輿の屋形などに使われ、「網代垣」「網代天井」「網代戸」「網代車」などを例示するが、織戸には触れない。例示の中で織戸との類似性が推測される「網代戸」についても立項し、「薄い木材や竹、葭などを帯状にしたものを網代文様に編み、これを戸の表面材に用いて作った戸」で、「編み戸」とも称すると説く。『建築大辞典』では、織り方（編み方）が縦横か斜めかという方向による区別はなく、いずれも「網代戸」あるいは「編み戸」としていて、編戸はとくに斜めに編んだものとする『平安時代史事典』とは見解を異にする。

(12) 黒田日出男「網代壁・板壁・土壁　町家のイメージの変貌」（註1前掲書『絵巻物の建築を読む』）によれば、十二世紀京都の景観を描く『伴大納言絵詞』では、主人の威勢で羽振りの良い生活と、しがない下級役人の生活が、家の板壁と網代壁という対比によって象徴的に表現されているという。

(13)『新日本古典文学大系　古事談　続古事談』岩波書店、二〇〇五年。浅見和彦ほか編『新注　古事談』（笠間書院、二〇一〇年）は、その頭注で、「織戸の特長は形態（折りたたみ戸。折戸に同じ）ではなく材質」にあり、伊勢貞丈による「推測が妥当か」とする。

(14)『吉記』安元元年（一一七五）六月二十八日条（『内閣文庫所蔵吉田大納言殿公事問答』）。

(15) 中門はこれに接続する中門廊より屋根を高めているので、「上中門」と呼ばれる。鎌倉時代中期の『門室有職抄』（『群書類従』巻四百九十一）には、「上中門事」として、表門に四足門をたてる邸では上中門をもつのが本来のあり方であるが、近頃は表門が（四足門より格下の）棟門の邸でも上中門がみられることを記す。後掲註100参照。

(16)『兵範記』仁平四年（一一五四）正月二日条。

(17)『兵範記』久寿二年（一一五五）正月一日条。

(18) 上村和直「院政と白河」の「白河地域地割復元図」（『平安京提要』角川書店、一九九四年）。

(19)『冷中記』（『仙洞御移徙部類記』）天養元年（一一四四）十月二十六日条。

(20)『山槐記』仁安二年（一一六七）三月二十三日条。

(21)『兵範記』同日条。

(22)『玉葉』仁安二年（一一六七）二月十一日条。

(23) 仁安三年（一一六八）十二月大嘗会御調度の、院御所での内覧について、院御前での御覧に続いて「北面織戸中南方」の「堂上庭中」に御物がならべられた（『兵範記』仁安三年（一一六八）十二月十日条）。この「北面織戸」とは北織戸中門、「堂上庭中」の庭中とは御鞠壺のことであろう。
(24)『吉記』承安四年（一一七四）八月十日条。
(25)『玉葉』治承二年（一一七八）十月二十九日条。
(26)『山槐記』安元元年（一一七五）八月十六日条。
(27)『山槐記』文治四年（一一八八）十二月五日条（『仙洞御移徙部類記』）。
(28)『玉葉』建久三年（一一九二）二月十四日条。
(29)『明月記』建久三年（一一九二）四月二十九日条。
(30)『吉記』文治四年（一一八八）十二月十九日条は、新造なった六条殿の寝殿以下、多くの殿舎の鋪設を詳記し、「中門廊」も記すが「織戸中門」は見えない。この織戸中門は末尾の「此外屋之門・築垣等不及委記、」に含まれるものか。
(31)藤田勝也『日本古代中世住宅史論』中央公論美術出版、二〇〇二年。
(32)日本塩業大系編集委員会編『日本塩業大系　史料編　古代・中世（一）』日本専売公社、一九七四年所収の「備後国因島関係史料」の「四　（年月日未詳）六条殿修理料支配状写」。八代恒治氏所蔵の『集』からの掲載とする。また伴瀬明美「東京大学史料編纂所所蔵『集』について」『東京大学史料編纂所研究紀要』第一二号、二〇〇二年三月によると、東京大学史料編纂所にこの八代氏所蔵の『集』の謄写本があり、また別に同所所蔵の『裏松家本』にも『集』と題する冊子があって、裏松家本『集』が謄写本『集』の祖本であるという。またあわせて裏松家本『集』の釈文を掲載する。
(33)高橋一樹「六条殿長講堂の機能と荘園群編成」高橋昌明編『院政期の内裏・大内裏と院御所』文理閣、二〇〇六年。
(34)菊池紳一「長講堂領の成立について」（古代学協会編『後白河院』吉川弘文館、一九九三年所収）の「長講堂領一覧」の表末備考。
(35)奥野高廣「六条殿御修理間宛」『日本歴史』四六四号、一九八七年一月。
(36)『猪隈関白記』承元二年（一二〇八）閏四月十五日条。
(37)『一代要記』文永十年（一二七三）十月十二日条。
(38)『続史愚抄』建治三年（一二七七）七月十四日条。
(39)『とはずがたり』（巻二　六条殿の長講堂供養）、『新日本古典文学大系　五〇』岩波書店、一九九四年。
(40)『花園天皇宸記』文保元年（一三一七）三月十八日条、文保三年（一三一九）二月二十六日条、同年三月九日～十日条。

(41)『花園天皇宸記』元応二年（一三二〇）十二月十三日条、元亨元年（一三二一）五月十三日条、元亨二年（一三二二）五月九日条、元亨三年（一三二三）五月十三～十五日条、同年九月二十六～三十日条。
(42)この織戸中門は院御所内であるが、住宅のそれではない。『花園天皇宸記』元亨二年（一三二二）十二月二十一日条によれば、花園上皇の方違行幸先に長講堂が当初予定されたが、日野俊光の中御門油小路第に変更になった。俊光が言うには、院御所内ではあるが長講堂は「仏閣」との認識である。御影堂の一郭も同様と推察される。
(43)『明月記』建永元年（一二〇六）八月三日条、『都禅記』（『仙洞御移徙部類記』）・『三長記』同日条。
(44)藤田勝也「転換期の鳥羽殿―中世住空間の先駆―」院政期文化研究会編『院政期文化論集　第三巻　時間と空間』森話社、二〇〇三年。
(45)『勘中記』（『仙洞御移徙部類記』）建暦三年（一二一三）三月二日条。
(46)『行幸雑要』建暦三年（一二一三）三月十一日条（『大日本史料　第四編之十二』所収）に、石清水八幡宮から鳥羽南殿の後鳥羽上皇への、順徳天皇の朝覲行幸が記される。鳥羽南殿は「西礼御所」で、ハレ向きの西方にあって西面する西中門からの行幸であった。
(47)『明月記』建仁元年（一二〇一）十一月八日条。
(48)『明月記』建永元年（一二〇六）九月一日条。
(49)『増鏡』（おどろのした）。
(50)太田静六『寝殿造の研究』吉川弘文館、一九八七年。『見甫記』（『仙洞御移徙部類記』）建仁二年（一二〇二）十月十九日条。なお邸が京極大路の西ではなく京外の東に位置したことは『猪隈関白記』同日条が記す、二条東洞院殿から京極殿の西門への上皇の経路からも傍証される。
(51)『明月記』承元元年（一二〇七）八月二日、九日条。『三中記』（『伏見宮御記録』）九日条（『大日本史料』第四編之九所収）によれば、この御幸も略儀であった。なお翌承元二年（一二〇八）閏四月、土御門天皇の京極殿への方違行幸があった。女院の他所への渡御について「密々御所也」とは京極殿のことか（『明月記』二十九日条）。
(52)『明月記』元久元年（一二〇四）四月十七日条。
(53)『明月記』元久元年（一二〇四）正月五日条。
(54)『明月記』建仁三年（一二〇三）二月四日条ほか。弘御所については前掲註31『日本古代中世住宅史論』。
(55)『明月記』元久二年（一二〇五）十二月九日条。

(56)『明月記』建仁三年（一二〇三）八月三日条。
(57)『明月記』正治元年（一一九九）正月九日条。
(58)『玉葉』建久五年（一一九四）八月十七日条。
(59)『山槐記』文治元年（一一八五）八月十四日条。
(60)前掲註59に同じ。
(61)前掲註31『日本古代中世住宅史論』。
(62)『明月記』元久元年（一二〇四）正月五日条。
(63)『明月記』正治二年（一二〇二）九月十二日条。
(64)『たまきはる』（『新日本古典文学大系　五〇』岩波書店、一九九四年）。高松百香「八条院――〈鍾愛の女子〉の系譜」（野口実編『中世の人物　京・鎌倉の時代編　第二巻　治承～文治の内乱と鎌倉幕府の成立』清文堂、二〇一四年）。なお『たまきはる』に、殿上、中門、透渡殿、御蔵がみえる。
(65)杉本宏「権門都市宇治の成立」『佛教藝術』二七九号、二〇〇五年三月。
(66)『中右記』保延元年（一一三五）十月十一日条。
(67)『兵範記』保元三年（一一五八）十月十六日条によると、「小松殿儀」として、まず上皇関連では寝殿（母屋東方を昼御座）、東北子午廊（常御所）、同東卯酉廊（上北面）、東子午廊（院殿上）、北対（院御方女房局、同台盤所、御樋殿）、北対の北子午廊（下北面）、北築垣に副える片庇（進物所）、東別屋（御随身所）、西中門南屋（御厩）、南雑舎（庁、内膳并主水候所）があり、ほかに近辺小屋を牛飼候所とした。皇后宮関連では、同じ寝殿の西面を御所とし、また西子午長屋を、北から順に皇后の女房局、進物所そして侍所とした。皇后宮庁は院庁すなわち南雑舎の「南三間」にもうけられ、「両后」（皇后と女御か）の内膳・主水には近辺小屋があてられた。
(68)『兵範記』久安五年（一一四九）十月十八日、十九日条は、小松殿での頼長の息師長の元服装束を詳記し、主会場の寝殿一郭の指図を載せる。それらをもとに、小松殿は寝殿に付属して二棟廊、東中門廊、蔵人所廊などで構成される小規模な邸との見解がある（前掲註50太田静六『寝殿造の研究』）。保元の乱の前後で邸内景観は少なからず変化した様であるが、敷地内は寝殿一郭だけでなく、北方に成楽院を擁し、この元服では参列公卿の宿所として「北成楽院東廊」があてられた。そして上記指図には見えないが、寝殿北面には東子午廊を介して北対が、さらにその北側に子午廊が接続していたらしい。それら建物群の領域の北方は北築垣をもって画していた。ほかに東方に別屋、南方に雑舎があり、また御厩にあてられた西中門南屋は「東面南庭方」（『兵範記』保元三年（一一五八）十月十六日条）であり、寝殿南面は広庭で、その西面は中門によって画されていた。さらに寝殿西方には子午長屋があった。

(69)『山槐記』治承三年（一一七九）十月二十五日条。同条に記す中門廊の南北三ヶ間の「客亭」は、『玉葉』同日条では「尋常上達部座」とあるもので、鋪設の内容は両者で一致する。しかし『山槐記』の「織戸中門」を『玉葉』は「中門」と記し、「織戸中門」とは記さない。『玉葉』では「織戸」の記述もあり、『玉葉』が記す「中門」の実体が織戸中門という事例は他にもあり得る。

(70)『玉葉』養和元年（一一八一）十二月十八日条。

(71)『玉葉』文治二年（一一八六）四月二日条。

(72)『玉葉』文治二年四月二日条「築垣下小門并織戸等」は、「築地塀に開く小さな門や邸内の織戸など」とも解される。この場合の織戸は先の『玉葉』養和元年の条にみえる織戸と同意である。また「築垣」でなく「築垣下」とあるから、「小門」とは築地塀の下部を刳り抜き貫通させた通用口で、そこに装置される織戸の意かもしれない。

(73)『玉葉』文治二年（一一八六）四月二十八日条。

(74)『玉葉』文治四年（一一八八）八月四日条。

(75)『山槐記』治承三年（一一七九）四月十七日、十八日各条。なお十七日条では、按察典侍の母である高松院女房侍従を頼輔の母とするが、高松院女房侍従は頼輔の同母弟である中務少輔教良の娘で、頼輔は高松院侍従の叔父にあたる（『尊卑分脈』）。『玉葉』文治二年（一一八六）四月十日条は、高松院侍従（春日局）は教良の子で、その後兵庫頭重俊の養子となり、さらに頼輔が「我子」（娘）にしたと記す。また『山槐記』十八日条が堀川宰相頼定の子である按察典侍を頼定の「母」とするのも誤記。

(76)前掲註75『山槐記』十七日条に、春日南・京極西の「角」とある。

(77)『山槐記』治承三年（一一七九）四月二十四日条。檜皮葺屋根をもつ建物は三間四面の寝殿だけで、ほかは「皆板屋」というから、この場合の「板」屋とは板葺の建物の意と解される。また京極大路に開く表門は棟門であり、この棟門とともにアプローチを形成する中門が「織戸中門」であった。ただし増補史料大成本では、「織戸、中門」のように読点で区切る。後掲註78の②も同様。

(78)後の潔子内親王の生誕地であるこの宅の主について、管見では以下①～③がいずれも刑部卿藤原頼輔とする。①『角川日本地名大辞典　二六　京都府　下巻』角川書店、一九八二年の「平安京」の「左京二条四坊」、②『平安京提要』角川書店、一九九四年の山田邦和「第2部第3章　左京と右京」の「二条四坊十五町」、③伴瀬明美「「無名」の皇女のたどった生涯――潔子内親王」（服藤早苗編『歴史のなかの皇女たち』小学館、二〇〇二年）。

①は「四坊15町には平安末期蹴鞠の達人として聞こえた刑部卿藤原頼輔の邸宅が存した」とし、『山槐記』治承三年四月二十四日条

（前掲註77）を典拠に挙げ、頼輔の死後は卿局藤原兼子にわたり、その養女藤原重子（脩明門院）の里第となり、さらに後鳥羽上皇の別宮になったと記す。②は①を踏襲する。③では、治承三年四月十七日条（前掲註75）の、頼輔の言である「罷向彼所」を、「(頼定の娘が）春日京極にあるわたしの屋敷にやってきました」と訳す。しかし十七日条は、按察典侍（頼定の娘）が産気付いたため、かねてより里下がりしていた「彼所」へ頼輔が罷り向かったことを、『山槐記』の記主忠親に頼輔が直接伝えたことを記す条であり、翌十八日に典侍は皇女を出産している。また二十四日の七夜の産養を沙汰したのが頼輔でも、この宅の主を頼輔と確証するものではない。時期はやや下がるが、頼輔は四条に家があった（『吉記』寿永元年（一一八二）七月九日条）。なお卿三位兼子の所有で養女重子の里第、さらに建仁二年（一二〇二）後鳥羽院が移徙した京極殿は京極東・大炊御門北で、京極大路をはさんで東側に位置した（第四節参照）。

(79)『玉葉』安元三年（一一七七）四月二十八日条。

(80)『玉葉』養和元年（一一八一）三月十八日条。

(81)『明月記』養和元年（一一八一）三月十八日条。

(82)『業資王記』正治元年（一一九九）三月二十三日条。

(83) 前掲註80に同じ。

(84)『明月記』元久二年（一二〇五）十二月十五日条。

(85)『明月記』建仁二年（一二〇二）正月二日、同年五月二十五日、元久二年（一二〇五）六月九日の各条。「一条室町」では、一条能保の宅であり、実宗の息公経が能保の娘婿となったことから居住した一条北・室町西殿が知られるが（後掲註87川上貢『日本中世住宅の研究〔新訂〕』）、それとは異なるらしい（『明月記』建永元年（一二〇六）九月二十八日条）。いっぽう建仁二年（一二〇二）正月二日条が実宗の居住を記す「一条室町故入道宅」の「故入道」について、建久七年（一一九六）四月十六日条に「故入道左府経宗《》説、」とあって、一条室町の「故入道宅」とは左大臣藤原経宗邸の可能性がある。とまれこの邸に定家は間々訪問している。定家についてみると、建仁二年（一二〇二）より冷泉邸（冷泉北・高倉西）で、次の一条京極邸での居住は貞応年間（一二二二〜二四）以降でやや下がるものの（石田吉貞『藤原定家の研究』文雅堂書店、一九五七年）、一条末北・京極末東の京外である。実宗の一条室町の邸もあるいは京外（一条北）の可能性はある。

(86)『平戸記』延応二年（一二四〇）正月一日条。

(87) 川上貢『日本中世住宅の研究〔新訂〕』中央公論美術出版、二〇〇二年。

(88)『玉蘂』嘉禎四年（一二三八）正月二十五日条。

(89)『玉蘂』嘉禎三年（一二三七）三月十一日条。

(90)『院宮』については、藤田勝也編『裏松固禅「院宮及私第図」の研究』中央公論美術出版、二〇〇七年。『宮室図』は複数の本が確認され、そのうち『院宮』と重複した内容をもつのは、宮内庁三巻本（宮内庁書陵部蔵、函架番号　二七六函六六号）では巻三、東博六巻本（函架番号　歴史資料二三五四）では、巻三、巻四と下巻の一部、摹古絵巻本（『摹古絵巻』全八九巻所収の『集古十種　宮室』の一部、宮内庁書陵部蔵、函架番号　B二函八四号）では巻六三、巻六四、そして巻七〇の一部である。なお未公刊の『宮室図』については、別途、詳解の公表を予定している。

(91)この描写に近いのは、割竹をもって両面を菱目模様に組み上げた「枝折り戸」である。枝折り戸は、庭園、とくに露地の内外境、すなわち中門に設けられる木戸の一つであるから（註11前掲『建築大辞典』、『和風デザイン図鑑』建築知識、一九九八年）、「枝折り戸中門」となり、織戸中門に近似するのは留意される（前掲註5参照）。

(92)松島周一「藤原経宗の生涯―後白河院政と貴族層について―」『愛知教育大学研究報告』四二（人文科学編）、一九九三年二月。

(93)『日本絵巻物全集　第十三巻　法然上人絵伝』角川書店、一九六一年は、「文治五年二月、左大臣大炊御門経宗念仏往生の図」とする。

(94)『山槐記』元暦二年（一一八五）七月二十二日、同年八月十四日条。地震で破損した閑院内裏の修理の間、仮皇居となった。

(95)『玉葉』文治四年（一一八八）八月四日条。

(96)註90前掲『裏松固禅「院宮及私第図」の研究』の図〈85〉解説（執筆　岩間香）は大炊御門亭とする。

(97)『兵範記』仁平二年（一一五二）十一月十五日条。

(98)経宗邸と実宗邸の織戸中門（口絵12、図8-6）はともに平唐門の形式とみなせる。たとえば佐藤理『物語ものの建築史　門のはなし』鹿島出版会、一九九五年は、「平唐門」として図8-6を掲載する。しかし両者とも通例の平唐門ではない。唐破風の腰に茨《いばら》があるのは通例だが（天沼俊一『日本建築様式の研究』思文閣出版、一九七五年）、両図の屋根を注視すると、茨は檜皮葺屋根の螻羽《けらば》にまで及んでいて、屋根妻面には唐破風屋根の照り起りに茨が加わり、全体として花頭曲線の如き形状であることがわかる。『院宮』巻四〈85〉はそれを忠実に写しとっているようにみえる。平唐門は平安時代にはじまり、絵画では延久元年（一〇六九）法隆寺献納宝物「聖徳太子絵伝」にみえる絵画が初見とされるが（岡田英男『門』至文堂、一九八四年）、現存遺構では応永度内裏の門と伝える玉鳳院四脚門まで時代が下がる。口絵12、図8-6のごとき屋根形状の平唐門は管見では現存遺構に見いだせず、両図が実態を示す描写かどうか明らかではない。窓や出入口等の開口部上端を花頭曲線につくるのは鎌倉時代以降の新様式の特徴の一つで、絵巻成立時にはすでに通行していたであろうから、平唐門の描写にあたって影響された可能性はある。

(99) ほかに『法然上人絵伝』巻四十二第十七〜十八紙は、広隆寺の来迎房円空の住房に、法然上人の遺骸が移葬される場面で、敷地を画する塀は、下部は土で芝を植え上部を網代垣とし、ここに開く表門が織戸の門である。この描写は『院宮』『宮室図』に収載される（『院宮』では巻二〈91〉）。しかしともに頭文目録の該当箇所は空白で、『院宮』では図右の表題欄も空欄である。『宮室図』では表題欄に「芝築地圖」とあるが、これは加筆によるものである。この図の前後は一様に各種の門を取り上げていて、門ではなく塀を説明するこの題は整合的ではない。頭文目録の該当箇所が空欄なのは、当初から表題はなかったことを示唆する。この図は前図（『院宮』では〈90〉）に引き続き織戸中門の事例として挙げられたものではないか。しかし扉の縦桟の間にある網代の描写がなく、織戸であることが不明確である。そのため誤って「芝築地圖」と加筆されたものとも推察される。固禅が注目したのは芝築地ではなく織戸の方である。

　しかし一方で、織戸の描写でも、それを表題としない場合がある。『泣不動縁起』（清浄華院本、15世紀）の冒頭に、証空の師智興の三井寺の住房が描かれる（『不動利益縁起』東博本は、この場面の描写を欠く）。『院宮』巻三の〈62〉は、住房を平面図に示し、詳細を注記したものである。上土の築地塀に開く表門は板葺の棟門で、扉は両開きの板桟戸である。表門を入ると、中門廊があり、さらに奥の建物とは廊で結ばれていることが見て取れる。表門と中門廊の間の庭には目隠し塀らしき描写もあり、侍廊の存在を示唆する。要するに住房は、表門、中門廊、侍廊、二棟廊そして寝殿という、寝殿造の基本的な構成をもつ邸として描かれる。しかし中門廊の先端は屏中門の形式で、塀の上半は網代垣、下半は築地で緑の着彩が芝を示唆する。またその開口部に方柱をたて、装置される扉が織戸である。しかし編者裏松固禅は、表題を「三井寺智空大師坊圖」のように、智興と証空の名を錯綜して記し、この織戸の扉を織戸とはせず、「ヒオリク」（東博本）「ヒオリ戸」（古代学協会本）とする。「枝折り戸」の意かと推測されるが（註91参照）、織戸としてとくに注目してはいない。なお、開口部の方柱は面取りし、柱上端近くを輪状に細め、また織戸は両開きで、八双金具を打ち、下部は斜材の組子で文様付きの板羽目とする。この意匠は前記した左大臣経宗の京内邸のそれと共通する。また網代垣と芝築地による塀は、前記『法然上人絵伝』の広隆寺来迎院にも見られた。寝殿に相当する建物内では、病臥する智興に弟子達が詰めかけ、左端に若い証空もいる。陰陽師安倍晴明が師智興の身代わりとなって命を捧げる人があらわれるよう祈祷するという、鬼気迫る場面である。京内貴族邸と同様の寝殿造の建物構成をとりながら、中門が織戸と網代垣による屏中門の形式だったのは、三井寺の僧の住房ということに加え、証空が師の身代わりになる重大な決意の場面を反映したものでもあろう。

(100) 唐門は棟門より格下であった（『明月記』寛喜三年（一二三一）正月十三日条）。なお正門では、棟門より四足門が格上で、大臣家以上が四足門であった（応永二十七年（一四二〇）成立の『海人藻介』）。

(101) 鎌倉時代、二条良実の二条邸では、万里小路に面する御所はすべて「半作」で、車宿はたてられておらず、「屏中門」が仮設された

(『平戸記』寛元三年（一二四五）正月一日条）。

(102) 上杉和彦「鎌倉将軍上洛とその周辺」『古代文化』四三、一九九一年十一月、石井清文「藤原頼経将軍暦仁元年上洛の意義」『政治経済史学』三四四、一九九五年二月、岩田慎平「九条頼経・頼嗣—棟梁にして棟梁にあらざる摂家将軍の蹉跌」（平雅行編『中世の人物　京・鎌倉の時代編　第三巻　公武権力の変容と仏教界』清文堂、二〇一四年）。上杉論文は桟敷に触れず、石井論文は上洛による政治史的意義を詳細に論じるが、桟敷については公経によるものとの記述に留まる。岩田論文は公経が桟敷を設けて道家・家実とともに頼経上洛を見物したことを記す。

(103) 『玉蘂』嘉禎四年（一二三八）二月十七日条。

(104) 白方勝「古典文学の中の伊予簾」『伊予の民俗』二〇、一九七六年八月、藤原重雄「「仮屋」小考」藤原良章・五味文彦編『絵巻に中世を読む』吉川弘文館、一九九五年、同「絵巻のなかの《伊予簾》」『月刊百科』四〇七号、一九九六年九月。藤原論文にこの嘉禎四年の事例も桟敷における使用例として挙げられ、桟敷での伊予簾使用の要因に、簡略性・実用性を推論する。

(105) 秋山光和「久保惣記念美術館蔵　伊勢物語絵巻」解説」ほるぷ出版、一九八三年。加藤悦子「和泉市久保惣記念美術館所蔵「伊勢物語絵巻」の考察（前）・（後）」『美術史論叢』東京大学文学部美術史研究室、八・九、一九九二・一九九三年。秋山論文は、絵巻第七段に描かれる、都の男を慕う女が住む遠く陸奥にある家の、「遣戸（原文のまま、正しくは妻戸）の内側に吊られた簾」は伊予簾で、「王朝の文学にも田舎びた調度として描写される」ものとする。なお同段には網代垣とこれに開く織戸もみえる。

(106) 地方の庶民の住まいでも、網代垣は敷地の最奥にみえる。十二世紀後半成立の『粉河寺縁起絵巻』は、河内国讃良郡の長者の邸に、櫓門から主屋・副屋・離屋、その奥に宝蔵を描く。宝蔵の前、離屋と画する位置にあるのが網代垣である。

(107) ほかに桟敷に織戸がみえる事例では、嘉禎元年（一二三五）十月二十日、四条天皇の大嘗会御禊行幸の見物で、西御桟敷の東に設けられた織戸がある。このときも桟敷の東西に檜垣がたてられた（『明月記』『猪隈関白記』同日条）。なお板桟戸（通常の片面張りの場合）には表裏があるため、門扉を境にした内・外空間の序列を明示するが、織戸では裏表が曖昧ということも意図されたかもしれない。

(108) 四条隆親については、その邸である冷泉万里小路亭が、閑院内裏修理のため、前年の秋より直前二月十一日閑院遷幸までの間、四条天皇の皇居となっている（『百錬抄』暦仁元年（一二三八）二月十一日条）。しかし当時の「京洛政界の最大実力者」は公経と道家の二人とされ（前掲註102の石井論文）、また「四条天皇の治世下の都において、圧倒的な権勢を誇っていたのは、九条家の摂政・藤原道家であった」という（角田文衛『平家後抄　下』朝日新聞社、一九八一年）。四条天皇の生母は道家娘であった。

(109) 鎌倉後期成立の編纂物である『百錬抄』では当日条に、両太閤（近衛家実、九条道家）、摂政（近衛兼経）、九条良平（相国）による桟敷見物を記し、あわせて「天下貴賤群衆」が多く見物に押し寄せたとする。

(110) 前掲註31藤田勝也『日本古代中世住宅史論』。

(111) 前掲註110に同じ。関野克『日本住宅小史』相模書房、一九四二年は、「数寄屋住宅の濫觴」の一例として、この九条殿を取り上げる。

(112)『兵範記』保元二年（一一五七）九月八日条。

(113) 萱葺建物がそうであるように、網代が粗末な手法だったことは、たとえば南西諸島の宮古島における昭和十年代頃までの農家の住まい、カヤヤー（茅葺き家）に見られ、壁は竹で編んだチニブ（網代）である。宮古島市総合博物館（沖縄県宮古島市平良字東仲宗根添）には明治～昭和初期頃のカヤヤーが、竹の網代壁をもつ建物として復元展示される。

(114) 前掲註11の『建築大辞典』の「あじろど（網代戸）」。

(115) 藤田勝也「「寝殿造」とはなにか」西山良平・藤田勝也編著『平安京の貴族と住まい』京都大学学術出版会、二〇一二年。

(116) 嘉禄元年（一二二五）五月、鎌倉の北条政子（二品）の御所での、「鰭板中門并織戸」すなわち鰭板《はたいた》の中門と織戸の作事について審議された。陰陽師の回答は六月以降が良い、鰭板は五月でも支障なしであった（『吾妻鏡』嘉禄元年（一二二五）五月三日条）。『現代語訳　吾妻鏡　九』吉川弘文館、二〇一〇年の注は、「鰭板」とは「壁や塀の羽目板に用いる板。略式の建築に用いられた。」とする。『日本建築辞彙〔新訂〕』は「端に用いある板ならんかと思わる」と説き、『家屋雑考』が「ひれいた」と訓し、それを板塀なりと断定するのは誤りとも記す。しかし中門に取り付く羽目板が中門より先行するのは不可解である。『家屋雑考』が説くように鰭板は板塀で、「鰭板中門并織戸」とは、これに開く中門、さらに中門に装置される織戸、あるいは中門と並置される織戸と解される。また『現代語訳　吾妻鏡　九』が「織戸」を「片開きの扉」と注するのは、『日本国語大辞典』に依ったものか（第一節参照）。ここでの中門と織戸の関係、政子宅での性格は不明である。

　鎌倉では小山下野入道朝政（生西）の若宮大路の家にも織戸がみえる（『吾妻鏡』嘉禎二年（一二三六）七月十日条）。遡って四月以降、新御所造営のため将軍藤原頼経は小山朝政宅を仮御所としたものの（『吾妻鏡』同年四月四日条、十四日条、六月二十六日条）、朝政宅は先年焼失の後の新造ではあったが、まだ「半作」の状態で、「未無門立織戸」であったという。新御所への移徙がそこからの出御では「其礼不可整」のため、北条泰時宅（武州御亭）から出御するのが御本意に叶うという。礼式整わず体裁を欠くのは、門が無く織戸だったことによるもので、ここでも織戸は正規の門とは見なされていなかった。自邸九条邸で織戸が門ではなく戸にすぎないとした九条兼実の認識に通底する。また織戸が作事途上の仮の措置で門の代用、応急的な便法に過ぎなかったとすると、屏中門にも通じる。なお『現代語訳　吾妻鏡　十』吉川弘文館、二〇一一年は、「未無門立織戸」を「まだ門に織戸が立っていない」と訳す。

(117) 南北朝時代の土御門東洞院内裏では、光明天皇の舞御覧が、「西面織戸中門内」で行われている（『園太暦』貞和二年（一三四六）四月二十二日条）。この「西面」の「織戸中門」について、筆者はかつて寝殿西南方にあって、「日月花門之代」であり「和徳門」でもあった、敷地西面の南方に開く四足門に対応する中門を指すものと示唆した（藤田勝也「南北朝時代の土御門東洞院内裏について」『日本建築学会計画系論文集』、第五四〇号、二〇〇一年二月の注4）。しかし「内々儀」であることから、その位置は「西面対屋」のあった寝殿西北辺りにも想定できる。また同じ南北朝時代、洛外院御所の持明院殿に「南織戸中門」があった（『園太暦』貞和元年（一三四五）二月二日条）。また持明院殿の郭内西寄りに所在した広義門院の新御所にも、西面して織戸中門が設けられていた（『園太暦』貞和四年十一月十日条、註87川上前掲書）。いずれも詳細は今後の課題としたい。

Column 3

実は織戸は絵巻に散見する

藤田勝也

裏松固禅に倣って絵巻物を瞥見して気づくのは、織戸が都に少なからず見出せることである。敷地外周に開く門扉に織戸、中門に装置される扉にも織戸がみえる（織戸中門）。

1　街に開く織戸

『餓鬼草紙』（河本家本、十二世紀後半）「食糞餓鬼」の路頭排泄の場面に織戸の門が描かれている（図C3-1）。従来このことはあまり注目されていないのではなかろうか。小路と小路が交わる交差点で、横方向の小路の背後は築地塀である。築地塀が崩壊しつつあるのはイエの荒廃を表徴するものと推測され、辺りは権力・所有の空白地帯で、共同排泄に格好の場所であったという[1]。

縦方向の小路をはさんで築地塀の反対側にみえるのは網代垣である。排泄場所は横方向の小路の片側、おもに崩れた築地塀側であるが、網代垣のすぐ側にも排泄する老婆と餓鬼一匹がいる。網代垣の内側に榑縁《くれえん》がみえ、網代垣近くの建物の存在もわかる。網代垣は支柱と内法貫《うちのりぬき》、地覆《じふく》で支えられる。建物の縁束は礎石（束石）上にたつが、網代垣の支柱は掘立てである。垣は角から二間目を開口部とし、やや太い門柱をたてる。開口部の下端に蹴込み板を備えるが、門柱は支柱と同様、掘立ての構造である。この開口部に装置されるのが、織戸である。織戸は片開きの扉らしく、崩れた築地塀のイエと小路をはさんでたつ。表門との確証はないが、小路に開く門であることは疑いない。崩れた築地塀とともに、網代垣とこれに開く織戸もまた、共同排泄に相応しい場所であることを明示する存在として描かれているかのようである。

『狭衣物語絵巻』（東博本、十四世紀）では、二条大宮辺りの路上で誘拐される飛鳥井女君を、偶然出会った狭衣大将（一世源氏の息）が助け、女君をイエまで送り届ける。そのイエの表門の扉が織戸である。下部を網代壁、上部を格子とし、木片で押さえた板屋根をのせた粗末な建物が堀川小路沿いにたち、続けて小さな出入口がある。この出入口に装置されるのが織戸で、壁下部の網代組と相まって身分の低い姫君の貧相なイエの様子が描かれる。

図Ｃ３－１　『餓鬼草紙』（河本家本、東京国立博物館所蔵）「食糞餓鬼」の路頭排泄の場面。画面右側に網代垣、その開口部に片開きの織戸が見える。（日本の絵巻７『餓鬼草紙　地獄草紙　病草紙　九相詩絵巻』、中央公論社、1987年より）

身分違いの女との関係の露見を恐れた狭衣は素性を明かさず、その後、女君は狭衣の愛に不審を抱き、狭衣の子を妊娠したまま乳母にはめられ筑紫へ連れ去られ、その途中、身の不幸に悲嘆した女君は入水自殺を図る。のちに狭衣は女君の出産後の死や生まれた娘の存在を知ることとなる。飛鳥井女君は帥中納言の娘だったが、両親の死去後は乳母のもとでの不自由な生活を強いられ、誘拐未遂犯が女君の経済援助元であったことから、事件後さらに生活は困窮することとなる。女君の経済的困窮とその後の不幸を予見させるのが、織戸と網代壁によるイエの光景である。

『慕帰絵詞』（西本願寺本、十四世紀中葉）は本願寺第三世覚如上人（一二七一〜一三五一）の一代記を描いた絵巻である。巻五に、永仁三年（一二九五）十月、親鸞聖人伝を撰述して絵に描く場面がある。制作の現場は築地塀に平唐門の屋敷の建物内で、門も建物も屋根は檜皮葺である。屋敷が面する路は都の賑いで、行き交う旅人や馬上の僧がみえ、放下僧が鉦《かね》をたたき、子供が独楽遊びに興じている。幼児を抱えて子供を見守る女がたつのは、網代塀で囲まれたイエの門前で、住人かと思われる。中に板葺で木片をおいた屋根に蔀を吊す建物がみえる。冠木《かぶき》をわたす門に開く両開きの扉は、網代塀と連続する意匠の織戸である。両隣は竪板塀で、右手前には塀内に板葺、石置き屋根で煙出《けむだ》しのある建物である。大きな平唐門を開く屋敷の築地塀に板塀そして、網代塀という異なるファサードの景観から、京内の貴賤混住の様子がうかがえる。網代塀とこれに開く織戸は京内庶民のイエの一つの典型であろう。

『北野天神縁起』（承久本、十三世紀初頭）の第七・八巻は、十世紀の密教僧、道賢上人（日蔵）が巡った六道を描いたもので、『餓鬼草紙』と同様、六道絵の一つである。巻八の「人道」を描く中に、網代垣を巡らした屋敷があり、その垣に開くのが織戸である。

板葺で入母屋造の屋根に木連格子の妻飾がみえるのが主屋であろう。建物内では、妊婦が侍女にささえられて出産するところで、生老病死の人道四苦のうち、生苦の場面にあたる。『往生要集』は「生苦」を、この世に生まれてくる時に味わう苦痛であるとしていて、本来なら母胎から生まれ出た新生児が描かれるべきところだが、ここに新生児がみえないのは、絵をみる側、現実に生きる側の苦痛を想定したものという(2)。

次の場面は屋敷の火災で、それは絵師の日常生活の光景であり、日常的であるがゆえに、想起される苦は切実なものであったとされる(3)。京内あるいは京近郊か、その場所を特定できないが、人家の火災は家屋密集する京内こそ相応しい。そしてこの世の生苦を生々しく描くこの出産の場面もまた、日常の光景の一つであろう。網代の垣で敷地内外をわけ、開口部に方柱をたて、その上部を細い横木で連結し、方柱に両開きの織戸の扉を装置して表門とする。織戸の表門が、当時、普遍的な存在であったことを推察させる場面である。

『平治物語絵巻』（常盤巻、東博本、十三世紀後半）は、平治元年（一一五九）の平治の乱を題材にした絵巻である。源義朝の側室常盤御前の旧居が描かれ、その門が織戸である。

常盤御前と三人の幼子は都を逃れていたが、都にのこっていた母が清盛によって捕らえられ尋問されていることを知り、自身と幼子が母の身代わりになるため京に戻る。今若、乙若（義円）を連れ、牛若（後の義経）を抱いて常盤御前が到着した京の旧居は網代塀をめぐらした屋敷である。そこに開く門が両開きの織戸で、戸の一枚は外れかかっている。門内には、縁束《えんづか》は朽ちて傾き、白壁の剥落した建物があり、一匹の犬が帰宅した常盤御前たちに向かって吠える。

常盤御前は、もとは近衛天皇の中宮九条院（藤原呈子）の雑仕女で、生誕地は京の西北、嵯峨野の常盤辺りという。描かれる京の屋敷がそれにあたるのか否かはともかく、母の命とひきかえに清盛に出頭すべく都に戻った常盤御前の、空き家で半ば廃墟と化した旧居に相応しいのが、網代塀とこれに開く織戸の門である。

2　京中邸宅の織戸中門

『春日権現験記絵』（東博本、十四世紀初頭）の巻四に描かれるのは、寿永二年（一一八三）内大臣に就任した藤原実定（一一三九〜九一）が、基房によって当時十二歳の息師家にその職を振り替えられたことから悲嘆にくれるが、春日大明神に日夜祈ったことから、神の加護によって還任を果たした話である。

内大臣更迭後の藤原実定が籠もる邸に、陣の座への出仕をうながす一人の僧が参入、実定は僧と押し問答を繰り返すうちに夢からさめる。翌日、皇太后宮へ参り、夢の話を語ると、数日後に還任することとなる。邸の庭に入って急ぎ出仕をうながす僧に対し、簾からわずかに姿をあらわす実定の姿が印象的である。

切妻造で妻入という特徴的な外観の中門が、織戸中門である（図C3-2）。中にある檜皮葺屋根の建物は妻戸、蔀を装置し、榑縁板《くれえんいた》をまわし、更迭中とはいえ内大臣の邸らしく整備された趣である。しかし妻戸、蔀が開放されているにもかかわらず、柱間はすべて簾によって閉じられ、屋内の様子は一切うかがえない。内大臣更迭中という実定がおかれていた状況がよく示されている。邸主のそのような身に相応しいのが織戸の中門である。この織戸は、『法然上人絵伝』の藤原経宗邸（口絵12）や藤原実宗邸（第八章図8-6）、あるいは後述の『西行物語絵巻』の西行邸にみえる織戸ともよく似ている。

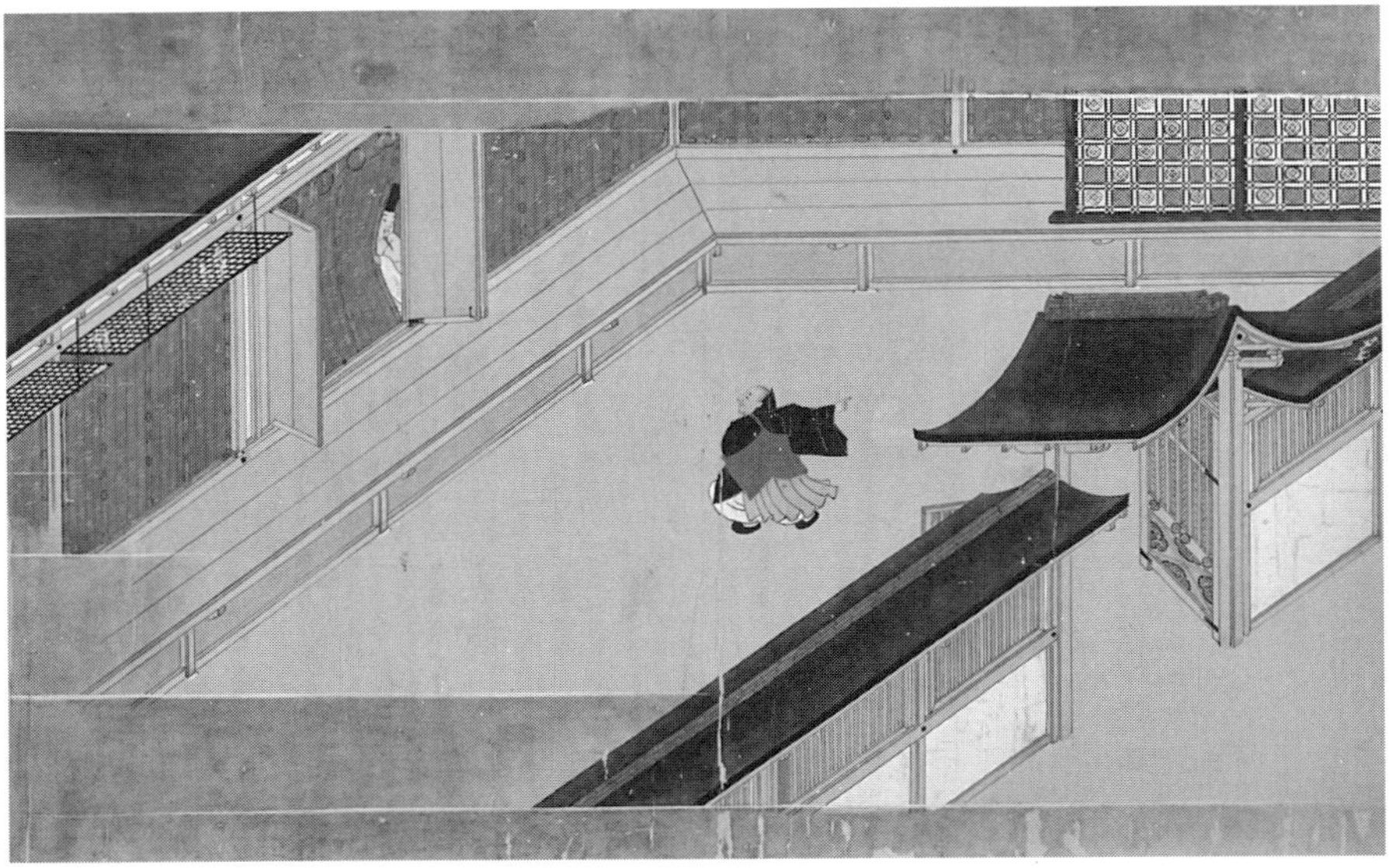

図Ｃ３－２　『春日権現験記絵』（東京国立博物館所蔵）巻四の藤原実定の夢の場面に描かれる織戸中門。庭に入って出仕を促す僧を簾の脇から実定が見ている。（続日本の絵巻13『春日権現験記絵　上』、中央公論社、1991年より）

なお実定の邸は三条南・西洞院西にあったが、安元三年（一一七七）の大火で罹災（『清獬眼抄』）、治承三年（一一七九）には「一条以北五辻以南」（『山槐記』同年二月二日条）であり、内大臣就任は寿永二年（一一八三）、還任はその翌年一月であるから、夢の中の場面ではあるが、描かれるのは平安京外のこの邸の可能性もある。

『直幹《なおもと》申文《もうしぶみ》絵詞《えことば》』（出光本、十三世紀後半）は、天暦八年（九五四）八月、橘直幹が民部大輔の職を望んで村上天皇に奉呈した申文をめぐる、『古今著聞集』『十訓抄』の逸話を絵画化したものである。直幹は従四位下、長門守長盛の息で、従五位大学頭から天暦二年（九四八）文章博士であった。

同絵巻での網代組は、雑貨屋を営む町屋の壁面にみえる一方、直幹の邸内でも確認できる。直幹の依頼で小野道風が清書した申文をもって、直幹が蔵人所へ参入すべく邸を出発する場面である。建物が妻面をみせるのは、中門廊の先端であろう。その側面外側の縁から直幹が今まさに牛車に乗車しようとする所は車寄である。中門廊の端部外側から網代塀がまっすぐ伸びて前庭を内外にわけ、中央に開口部があって両開きの織戸が装置される。この開口部は屏中門の形式で、織戸中門とみなせる。
詞書によれば、文章博士橘直幹は詩文に長じ出世も早かったが、暮らし向きは苦しく、屋敷は狭隘で、雨漏りするようなあばら屋であって、闕官中の正五位下、民部大輔の兼官を直幹が望んだのには、経済的困窮があったという。絵巻の冒頭に描かれる直幹邸の、表門は板葺が一部破損し、門の内側、手前にみえる建物も荒廃した様子である。主屋の中に申文を起草する直幹がいて、主屋の前庭と裏庭を網代垣が間仕切る。この垣に装置されるのも織戸である。裏庭の井戸では下女が水を汲んでいる。裏庭のむこうには築地塀とこれをくり抜いて出入口とした裏門があり、両開きの扉を装置する。扉内側の頑丈な閂《かんぬき》が、生活は苦しいとはいえ宮廷につかえる中級官吏としての矜恃を示唆するかのようである。

織戸中門の描写をみると、網代塀は支柱の方立の内側にもやや細めの補強材の支柱を設け、横方向も補強材を上下二ヶ所で二重に連結するという堅固な造作である。門柱が建物（中門廊）の柱より大きく描かれるのは多分に誇張的な表現であろうが、これもまたしっかりした造りである。ここに装置される織戸は、腰板に小菊、足元に花菱文の透かし彫りを施した瀟洒なデザインで、網代塀と同様、破損した箇所などはなく、維持管理が日常的になされているようにみえる。

中門廊ではなく屏中門の形式、しかも網代塀に織戸というのは、確かに簡略な手法ではある。生活に困窮していた中級官吏にとって、邸のハレのアプローチとして備え得る、これが建物構成だったのであろう。とはいえ単に粗末で貧相な造り、放置されて維持管理もままならないという状況というわけではない。織戸中門の性格を示唆する描写である。

鎌倉中期頃の『西行物語絵巻』（徳川美術館本）では、鳥羽上皇に仕える北面の武士、佐藤義清（西行）の邸が描かれ、築地塀に開く表門を入った右手（画面上方）の網代塀に開くのは中門で、その扉が織戸であって、織戸中門とみなせる。屋敷は広大だが、義清が神仏に出家を祈請して帰宅した場面である。この織戸中門について、「巴文を切り透した瀟洒な扉」[4]と評されるが、前記した通り、『法然上人絵伝』の藤原経宗邸（口絵12）や藤原実宗邸（図8-6）、『春日権現験記絵』の藤原実定邸（図C3-2）の織戸と互いによく近似する。

かように織戸が描かれるのは公家邸でも政治的失脚時期の邸、あるいは豪邸でも病中の住まい、出家を決意した人の住まいであり、ハレの公的な邸、儀礼空間ではない点が留意される。ちなみに、中門に開く扉ではないが、後白河院の近臣、中納言平親宗が病床に伏して臨終近くにあった時の邸の描写では、車宿《くるまやどり》の扉が織戸である（『春日権現験記絵』巻六）。

以上、織戸、織戸をもつ中門の、都あるいはその近郊における光景を通覧した。しかし実は絵巻物の織戸は、平安京を離れ、時代を超えて豊穣かつ多様な広がりをみせる。『信貴山縁起絵巻』『粉河寺縁起絵巻』『春日権現験記絵』『弘法大師行状絵詞』『蒙古襲来絵詞』『伊勢物語絵巻』[5]『善信聖人親鸞伝絵』『芦引絵』など織戸の場面の詳細な検証は、別の機会に譲りたい。

コラム3　註

（1）西山良平『都市平安京』京都大学学術出版会、二〇〇四年。
（2）加須屋誠『仏教説話画の構造と機能』中央公論美術出版、二〇〇三年。
（3）菅村亨「地獄絵・六道絵の歴史の中の北野天神縁起絵巻」竹居明男編『北野天神縁起を読む』吉川弘文館、二〇〇八年。
（4）小松茂美編『西行物語絵巻　日本の絵巻十九』中央公論社、一九八八年。
（5）第八章の註105参照。

第九章　西園寺家北山殿の景観

鈴木久男

第一節　金閣寺境内の遺構と先行調査研究

鎌倉時代に西園寺家が造営した山荘北山殿と室町時代に足利義満が営んだ北山殿は、幸いにも鹿苑寺（金閣寺）境内にその遺構が残されており、その一部を垣間見ることができる。二つの北山殿について、赤松俊秀氏は通史的にその変遷を詳細に述べられている。(1) 川上貢氏は建築史の立場から各建物の特徴や配置に関する研究を表されている。(2) 川勝政太郎氏は、鹿苑寺境内の不動堂本尊に関して美術史の立場から、造像の年代と特徴を紹介されている。(3)

一方、鹿苑寺による境内施設の整備事業に伴う発掘調査が十数次にわたって継続され新しい知見が得られ、埋蔵文化財の面からの実態解明がされ始めた。(4) 東洋一氏は、発掘調査成果から邸内の滝や義満の遺構について考察した。(5) 最近では下坂守氏が境内図を紹介しながら義満が造営した南御所の位置について具体的に述べられている。(6) 南御所の場所を指摘されたのはこれが初例であろう。また、伊東史朗氏や川瀬由照氏は、西園寺に伝来されてきた仏像に関する研究をなされている。(7)(8) このほか、不動堂の本尊を安置する石窟内から文字資料が発見され、本尊及び石窟の成立年代を知るうえで不可欠な資料が得られている[9]。また数年後に、石窟の解明を目的とした発掘調査がなされた[10]。細川武稔氏は義満造営の北山殿の全体像を地図上に図化し、その特徴を論考されている[11]。さらにここ数年前より、発掘調査が行われており新たな情報が蓄積されている[12]。以下、先行研究や発掘調査の成果から、西園寺公経が政治闘争のさなかに思い描いた山荘北山殿を復元してみたい。

第二節　北山殿の概要

承久二年（一二二〇）、公経は、入道兵部卿が所有していた衣笠山の北東の土地を手に入れた。前年の承久元年（一二一九）は、鎌倉幕府三代将軍源実朝が暗殺され幕府が動揺した年であった。承久三年（一二二一）になると、鎌倉幕府と後鳥羽上皇は対立し、親幕派であった公経は、上皇の命により幽閉された。しかしながら幕府は、承久の乱で勝利した。幕府の勝利に貢献した公経は、貞応元年（一二二二）に太政大臣、翌貞応二年（一二二三）には従一位に昇進し、朝廷内の権力を掴んだ。

公経はこうした動乱を上手く乗り切り、土地を譲り受けてから四年が経過した元仁元年（一二二四）十二月、山荘北山殿内に造営した西園寺（家名の由来でもある）を供養した。

北山殿は、公経の生涯のなかで最も緊張した時期であったが、朝廷内を思うようにできる座に昇り詰めたときの造営でもあった。北山殿は、西園寺家の躍進を象徴する施設の一つであった。

元仁二年（一二二五）一月、藤原定家は新造された北山殿を訪れ、山荘内の趣は「比類無し」と賞賛している（『明月記』元仁二年（一二二五）正月十四日条）。なかでも、高さ四十五尺の滝や池水・泉石の美しさに感心している。北山殿の造営はその後も継続され、嘉禄元年（一二二五）十月には不動堂と愛染堂の供養が営まれた。翌嘉禄二年（一二二六）八月、公経の夫人全子が北山殿で没している。

寛喜元年（一二二九）六月、公経は霊石と噂された北隆石を邸内に運び入れ、同年十一月にその石を立てている。そして寛元二年（一二四四）八月、公経は北山殿で亡くなった。

弘安七年（一二八四）七月、後深草上皇と伏見天皇は北山殿に行幸され、しばらく逗留されている。また翌弘安八年（一二八五）、上皇・天皇が臨席された祝賀が山荘内で催されている。

正和二年（一三一三）十二月、後伏見天皇は邸内の妙音堂において西園寺実兼から、琵琶秘曲灌頂を受けている。そして元応元年（一三一九）十一月、元亨二年（一三二二）六月、翌元応三年には、後伏見上皇と花園天皇は北山殿に度々御幸されている。また元徳三年（一三三一）三月には、光厳天皇が行幸されている。

ところが康永年間（一三四二〜一三四五）頃になると、北山殿は荒廃し始めたようである。こうした状況であったが、康安二年（一三六二）、後光厳天皇は一時、北山殿に滞在されている。すなわち、西園寺家の衰退とともに北山殿の荒廃は、進んでいた。

そして詳細な時期は明らかでないが、応永三年（一三九六）北山殿の地は、足利義満に移った。翌応永四年（一三九七）正月、足利義満は、西園寺家から手に入れた北山殿を一新するため造営を開始した。ここに、西園寺公経が元仁元年（一二二四）に供養した西園寺から始まった山荘北山殿は終焉を迎えた。

1　『増鏡』にみられる様子

『増鏡』「内野の雪」に、北山殿の様子が述べられていることはよく知られている。遺構配置を推定するうえで参考となる箇所をみる。

まず「山のたたすまゐ、こふかく」とあり、続いて「池の心ゆたかに、わたつ海をたたへ嶺よりおつる瀧のひびきも」、また「池のほとりに妙音堂、たきのもとには不動尊」とある。さらに「石橋の上には五たい堂」「宮こはなれて眺望そいたれば」とある。

すなわち、山荘周辺部の山は深山ではないが適度な佇まいで、邸内には広い池や嶺の上から水が落ちる滝があった。また池の畔には妙音堂が、滝壺近くには不動尊が位置していた。さらに流れに架けられた石橋の上方には五大堂が建立されていた。そして山荘は、極めて眺望のきく場所であったとある。

2　史料からみた建物配置

先述したように西園寺家北山殿の建造物に関する研究は、川上貢氏によりかなり明らかにされている。そのため、その一端を紹介しながら建物配置を見てみる。

山荘内の建物は、まず造営の目的の一つである祖霊供養（信仰）のための仏堂と居住・遊興のための御所などから成り立っていた。

仏堂については、本堂である西園寺（阿弥陀如来）・本願院（墓所堂）・不動堂（不動明王）・愛染堂（成就心院）・五大堂（長増心院）・善積院（薬師如来）・功徳蔵院（地蔵菩薩）・無量光院・妙音堂や宝蔵などがあげられている。

御所は、北屋（北亭）と南屋（南亭）があり、公経は北屋寝殿を住まいとしていたようである。南屋寝殿については『公衡公記』（弘安十一年三月二十八日）に指図があり、図9-1のような状況であったことが分かる。[13] それによれば、寝殿は南面し東西五間・南北五間で、寝殿の東には四間の二棟廊が、その東には東対代が南へ延び、さらにその南に東中門廊、中門が続き、南端に御念誦堂があった。また寝殿の西側には、無量光院が東面してあったようである。

二つの御所は、そんなに離れていなかったようである。さらに北屋寝殿の近くには、妙音堂や釣殿があったようで、妙音堂は池の畔に建てられていたようである。また、釣殿から伏見・後伏見両上皇は、船に乗られ園池を周遊されたことがある。

次に、正和三年（一三一四）に行われた西園寺実氏の室貞子の十三回忌の法要が行われたときの宝輿の移動記述から、本願院（墓所堂）から南屋寝殿にかけて建立された主要建物について川上貢氏によって述べられている。建物配置を復元するには重要なためその詳細を再録する。(14)

北の本願院を出た宝輿は南へ石橋を降り、南門を出て、宝蔵の東ならびに長増心院の西南を経て石の階段を降り、

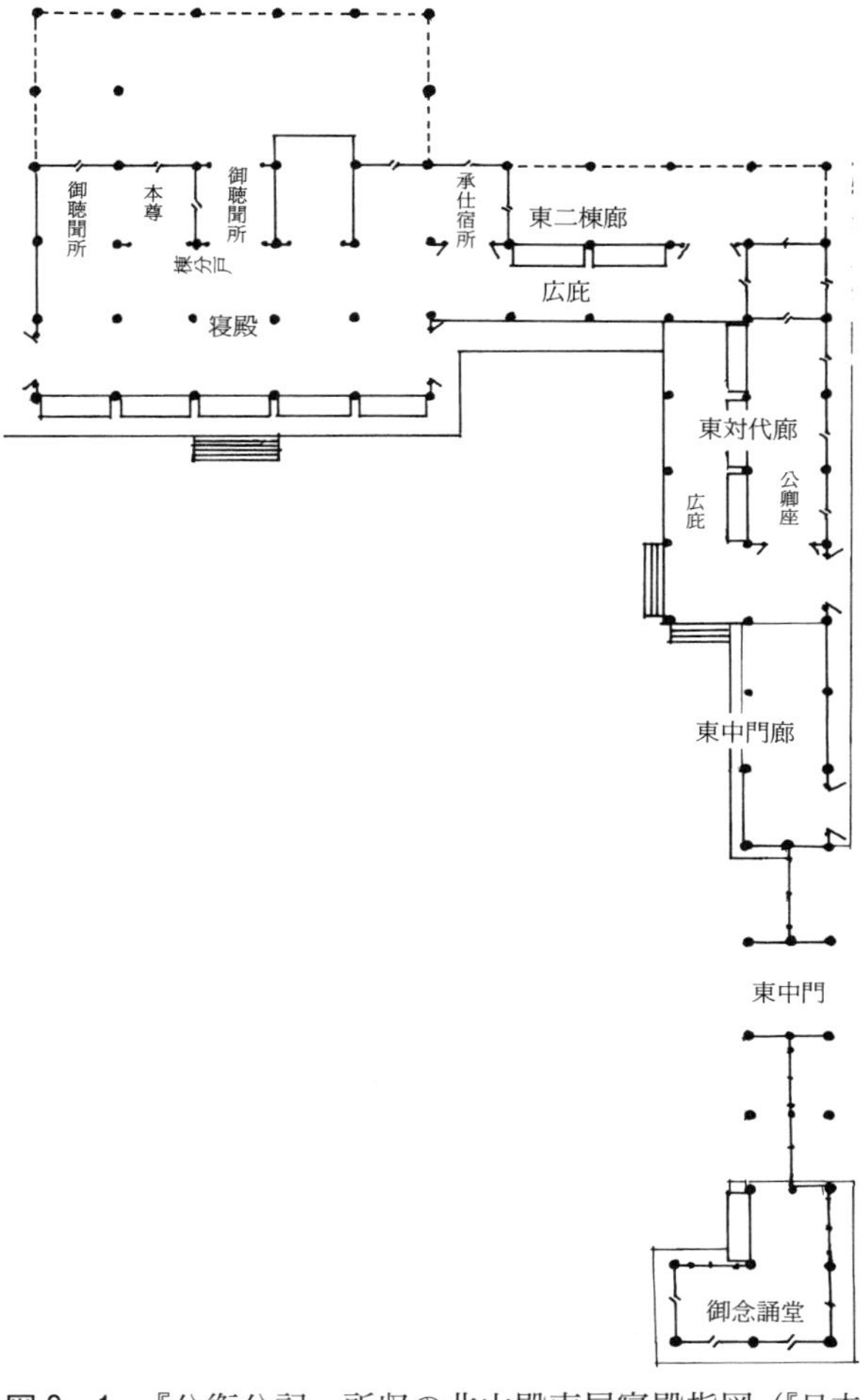

図9－1　『公衡公記』所収の北山殿南屋寝殿指図（『日本中世住宅の研究　新訂』中央公論美術出版、2002年より）

善寂（積）院ならびに西園寺北西を経て西屏中門を入り、南屋上中門そして東庭に着いている。その東中門を入って南庭を進み、寝殿の南階を昇り、母屋中央間に宝輿が安置されている。

すなわち、本願院は、北の高所に位置し、南へ降りて本願院の南門をでる。そこから南屋寝殿までの途中の道筋の、まず西に宝蔵、その東南に長増心院が所在し、両者のあいだを経由して石の階段に至り、それを降りると善寂院があり、西園寺の北西を経て西屏中門（西園寺の）を入り、つづいて南屋の上中門を経て東庭、つまり、西園寺の西南に南屋が所在し、その東中門から寝殿の南庭に入り、南階から直接寝殿に昇殿している。

とある。さらに進んで、これらの建物群が現在の鹿苑寺境内のなかのどこに位置していたかを考察されている。この研究成果を踏まえた、規模と遺構配置の復元私案は後述する。

3　明らかになった地下遺構

発掘・立会調査成果

一九八八年以降、鹿苑寺境内で実施された発掘調査や立会調査によって、西園寺北山殿や義満の北山殿、さらには鹿苑寺の遺構が重複して明らかになっている。以下にその主要成果を述べる（図9-2、表9-1参照）。

［西園寺家関連の遺構］

築地、石組遺構（第2次）。池（第3次）。安民沢（立会）。柱穴、整地層（第10次）。整地層（第11次）。不動堂石窟、滝（第12次）。

［足利義満関連の遺構］

建物、柱穴、溝、景石、池、整地層、その他多数（第1～12次）。

＊義満関係の建物遺構は、現在の書院、方丈周辺部に顕著である。

［鹿苑寺関連の遺構］

建物、土坑、溝、整地層、その他多数（第１～12次）。

などがあげられる。

西園寺家関連の遺構は希薄であるが、現鏡湖池や安民沢は西園寺家の遺構を継承していると考えられる。建物遺構は、明確に纏まる遺構はきわめて少ない。その理由の一つに、義満が北山殿を新調する際に礎石などを取り除いたためと推定する。

義満関連の建物遺構は、安民沢の南、書院の北側にある平坦地の東半部（第１・２次――Ｂ・Ｄ・Ｉ・Ｍ・Ｎ・Ｏ区）、方丈下層（第12次）、鏡湖池南東岸などで検出している。建物礎石は花崗岩の切石と自然石とが見られたが、遺構保存が良好な状態のものと痕跡がほとんど確認できない遺構とがあった。このような残存の状態が両極端な理由としては、足利義持による破却方法の違いと考える。

鏡湖池は西園寺家の作庭に伴う遺構であるが、現在鏡湖池南岸の南側に残る池跡は、義満が造営したものであり、義持がそれを破却したものである。また、総門東方（第10次―１）では、西園寺家北山殿遺構面の上面で、義満の造営による整地が厚さ数十センチにわたって堆積しており、義満も大規模造営を実施したことが判明している

鹿苑寺関連の建物遺構は、方丈下層で発見された重複する建物群がそれである。この調査によって、西園寺家ならびに義満の主要建物の位置がこの場所に代々建立されたことがほぼ確実になった。先述した鏡湖池南岸の破却された池は、埋め戻すことなく残された。

ところで、現在不動堂の拝殿である木造瓦葺建物は、寺伝によると宇喜多秀家が建立したとされている。

図9－2　鹿苑寺境内の発掘調査位置図
（『特別史跡・特別名勝　鹿苑寺（金閣寺）庭園』京都市埋蔵文化財研究所発掘調査報告　2005-17、2006年より。一部加筆）

表９－１　周辺既往調査一覧表

調査次数	調査区	面積	調査期間	調査概要	参考文献(15)
第１次	A～D区	600m²	1988.10.25～1989.04.03	室町時代の建物・廊・池・石組・溝・土坑、江戸時代の溝。室町時代の土師器・陶器・輸入陶磁器。軒瓦・瓦。	①・⑥
第２次	E～V区	722m²	1989.07.04～1990.03.13	平安時代の築地・建物、鎌倉時代の石組、室町時代の建物・石組・石列・溝。室町時代の土師器・輸入陶磁器、木製品、修羅。	②・⑥
第３次	w1～w5区	148m²	1990.05.24～1990.07.31	平安時代の土師器皿埋納、室町時代の建物・池。室町時代の軒瓦・瓦。	③・⑥
第４次	X区	57m²	1992.11.25～1992.12.18	平安時代中期の土坑・包含層、室町時代の溝、江戸時代の溝・廃棄土坑。平安時代中期の土師器、室町時代の土師器、江戸時代の陶磁器・瓦。	④・⑥
第５次	Y区	200m²	1994.08.23～1994.10.21	室町時代の建物・柵列、桃山時代の整地層、江戸時代の石組溝・集石・落込み。室町時代の土師器・輸入陶磁器・石製香炉・軒瓦・瓦、桃山時代の土師器・施釉陶器・焼締陶器・瓦、江戸時代の土師器・陶磁器・輸入陶磁器・寛永通寳。	⑤・⑥
第６次	6―1～6―9区	42m²	1997.11.07～1997.12.27	室町時代の井戸・池・整地層、江戸時代以降の整地層。鎌倉時代の土師器・瓦、室町時代の土師器・瓦器・瓦、江戸時代以降の土師器・陶器・磁器・瓦。	⑦
第７次	7次	115m²	1999.03.03～1999.04.05	室町時代の礎石建物・溝・池。江戸時代の礎石建物・井戸・溝・暗渠。室町時代の土師器・焼締陶器・輸入陶磁器・瓦・漆器、江戸時代の土師器・施釉陶器・輸入陶磁器・瓦。	⑧
第８次	8次	64m²	2001.04.23～2001.05.24	室町時代の柱列・柱穴・溝・土坑・堀、江戸時代以降の肥溜め・薬研堀・土塁。室町時代の土師器・輸入陶磁器・軒瓦・熨斗瓦・鉄製品、江戸時代以降の土師器・施釉陶器・瓦・塼。	⑨
第９次	9次	25m²	2002.01.25～2002.02.05	室町時代の土坑、江戸時代以降の柱穴・溝・土蔵基礎・廃棄土坑。室町時代の土師器・輸入陶磁器・軒瓦・丸瓦・平瓦・面戸瓦。	⑩
第10次	10―1～10―7区	98m²	2003.08.18～2003.10.10	平安時代の柱穴、鎌倉時代の柱穴・集石・溝・整地層、室町時代の礎石建物・柱穴・土坑・溝・整地層、江戸時代以降の溝。弥生土器、平安時代の土師器・須恵器・黒色土器・灰釉陶器・輸入白磁・軒瓦、鎌倉時代の土師器・須恵器・輸入白磁・軒瓦・瓦、室町時代の土師器・須恵器・瓦器・焼締陶器・施釉陶器・輸入白磁・軒瓦・瓦、江戸時代以降の土師器・瓦器・施釉陶器・磁器・軒瓦・瓦。	⑪
第11次	11―1～11―37区	300m²	2005.08.03～2006.02.27	鎌倉時代の整地面、室町時代の礎石建物・柱穴・溝・集石・埋納土坑・整地面、江戸時代の礎石建物・蹲踞・石列・溝・集石・土坑・土器埋納・化粧面・整地面。平安時代の土師器・須恵器・黒色土器・緑釉陶器、鎌倉時代の土師器・軒瓦、室町時代の土師器、瓦器、施釉陶器、焼締陶器・輸入陶磁器・瓦・軒瓦・鬼瓦・塼・銭貨・金属製品。江戸時代の土師器、瓦器、施釉陶器、焼締陶器・磁器・輸入陶磁器・瓦・軒瓦・鬼瓦・塼・銭貨・金属製品・石製品・貝製品。近代の銭貨。	⑫
第12次		5.6m²	2009.03.30～2009.05.28	石室床面に敷かれた緑色片岩・土器・銭貨・地形測量。	⑬

『特別史跡・特別名勝　鹿苑寺（金閣寺）庭園』京都市埋蔵文化財研究所発掘調査報告　2005-17掲載の表に一部加筆した。

参考文献は本章末尾の註15に記した。

4　現地形からの観察

先述した調査成果に留意しながら、現地に見受けられる造営の痕跡を観察する。鹿苑寺は、北から南へと延びる尾根の南端部に位置する。また境内の南限から南側は、南へと徐々に低くなる緩やかな傾斜地である。さらに東西方向についても、南側と同様に傾斜している。すなわち北山殿造営の地は、地形が大きく変化する場所に立地しているのである。

山荘の造営にあたっては、切土や盛土が大規模に行われた。そのため、境内の随所にその痕跡が観察できる。以下、その状況を述べる。

現在、境内の南には総門へ向かう東西方向の参拝道がある。この参拝道の南には、南側が低い落差三〜五メートルほどの段差が東西方向に見られる。この段差は、整地土の南端部である。鏡湖池北岸にある平坦地の東・西・北の三方に見られる法面は、人為的に切土された痕跡であるが、ここに切土による造成を実施したのは西園寺家であると考えている。但し、東側周辺部の法面のすぐ下方まで建物が配置されしかも滝石がしつらえられていることから、義満の造営時に拡張している可能性が高い。

安民沢北岸の北側には、東西約一二〇メートル、南北約一三〇メートルにわたる北が高い平坦地がある。もともとここは、谷筋であったところであるが、等高線の様子から人工的に造成したものと推定している。

さらに不動堂や御茶所、それに夕佳亭などが建てられている場所は、鹿苑寺境内で最も高所の造成面である。そして、北面や東面の法面は、岩盤を掘削した痕跡である。特にこの周辺部の法面に露出している岩盤は固く、この場所が極めて重要であったことが想像される。

第三節　規模・遺構配置の復元案

1　規模について

公経が造営した北山殿の規模を復元する。復元の根拠としたのは、以下の三点である。

一、復元の定点とした遺構は、鐘楼の南東で実施した第2次調査（L区）で確認した平安時代から鎌倉時代に属する建物2・築地1である。

二、地割の方位は、先述した建物2・築地1や方丈下層（第11次）で発見した建物遺構の方位を使用した。この方位は、平安京の方位とほぼ同一である。

三、北山殿周辺部の土地は、基本的に平安京の影響を受けた方形区画で、一辺一一〇メートルと仮定した。この数値は、十二世紀に平安京外に造営された法金剛院の一町である寸法（東西方向）を採用した。[16]

こうした条件を前提にして京都市都市計画局発行の都市計画基準図（縮尺一／二五〇〇）を用いて復元を試みたのが図9-3である。その結果、西園寺公経が造営した山荘北山殿は、東西四町、南北四町以上の規模であったことが想像される。すなわち北側の二町は丘陵部、南側二町は切土・盛土によって造成した平坦地であることが分かる。また、造営の地が起伏や変化に富んだ複雑な地形にもかかわらず、計画的に境内の南にある東西道路は、地区割推定線と重なる。但しこの範囲は、北山殿の主要な部分であり、山荘の敷地規模全体を表現していない。

北山殿の正門は、どこに設けられていたのであろうか。義満造営の北山殿総門は、川上氏、細川氏はともに敷地南限に推定されている。西園寺家北山殿の場合、本所（一条殿・今出川殿）と北山殿との往来経路が明確でないが、おそらくは

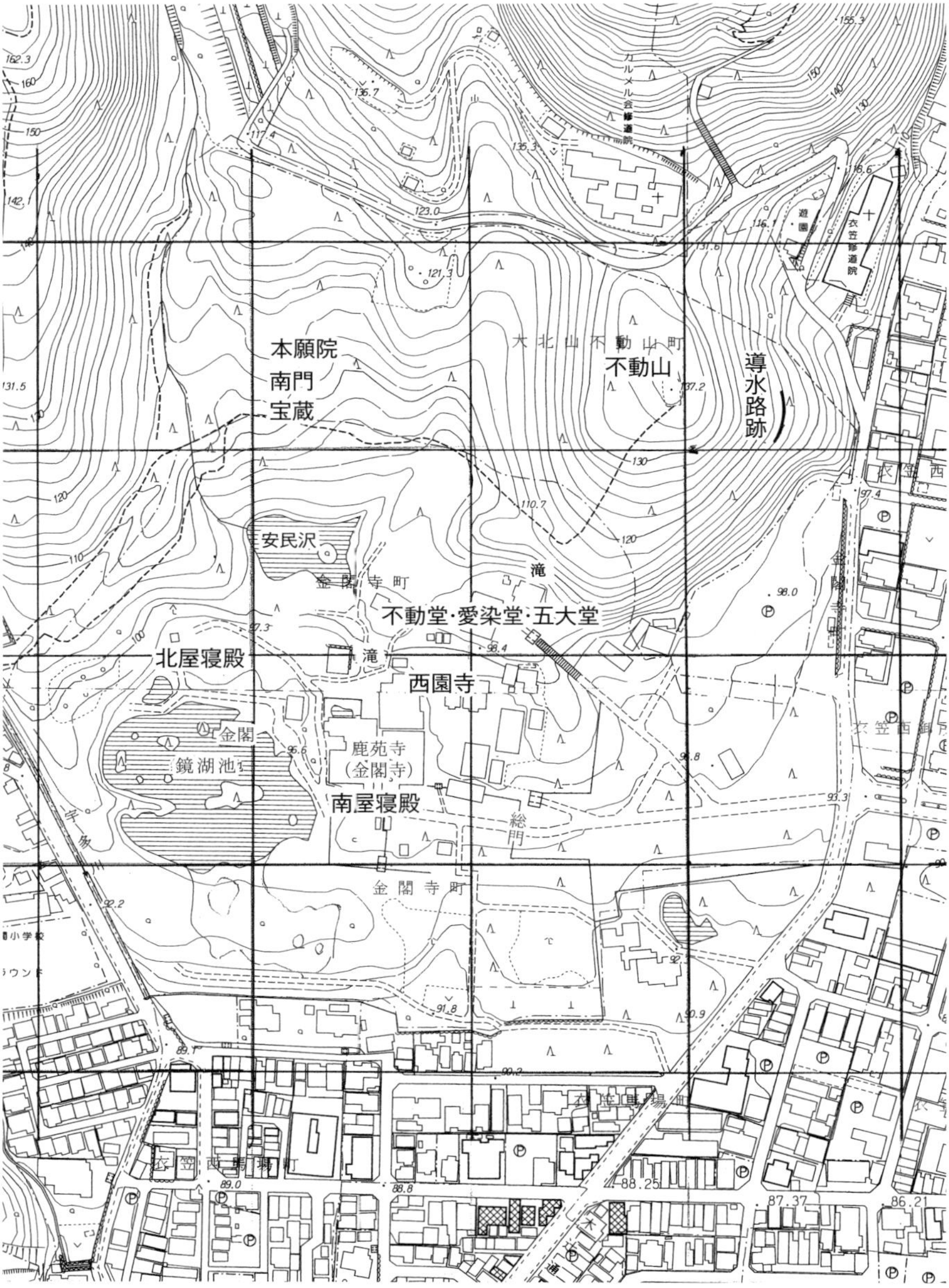

図9-3　鹿苑寺と西園寺家北山殿の地割復元私案（方眼は一辺110m四方）
都市計画基準図を基図として用い、西園寺家北山殿の建物名などをゴシック体で示した。

図９－４　鹿苑寺位置図と平安京北辺部の条坊復元図
1922年測図の都市計画基本図ほかを基図として用いた。方眼は一辺110m（一条大路以南は同120m）。

平安京内の道路を西へ行き、紙屋川を渡ってのちに北へ折れ曲がり、北山殿へ向かったと推測する。すなわち鎌倉時代にあって、現在の紙屋川を渡るには、一条大路から北側では谷が深くなり立地的に厳しかったと想像される。そのため一条大路か、それより南に架けられた橋を利用したと考える。このような条件から、平安京内の邸宅と北山殿への経路は、平安京を西へ、道祖大路で北へ折れ曲がり、道祖大路末をさらに北へ、そして北山殿の正門へと移動したと推定する。

北山殿の正門は道祖大路末の北端（一条大路から北へ一二町）と鹿苑寺境内の南側を東西に通る道路が交差する周辺部と考える（図９-４）。

2　遺構配置の復元

史料から知られている山荘内の主要建物は、先述のように、南屋寝殿、北屋寝殿、西園寺、本願院、不動堂、愛染堂（成就心院）、地蔵堂（功徳蔵院）、五大堂（長増心院）、善寂院、無量光院、法水院、妙音堂、宝蔵などである。これらの建物群は山荘内に、どのように配置されていたのであろうか。これに関して川上貢氏は、次のように復元されている。

山荘内の中心的な建物である南屋寝殿や二棟廊、中門廊などを、方丈、書院、庫裡が建てられている場所に推定されている。また、北屋寝殿については、南屋寝殿から北西の山裾に、その南側の池岸に妙音堂を、舎利殿（金閣）が所在する付近に法水院を推定されている。さらに西園寺、善寂院、不動堂、愛染堂などの仏堂を南屋寝殿から北東の山裾に、また現在の不動堂や御茶所がある一段高くなった位置に五大堂や宝蔵を、そして安民沢から東の山よりに本願院（墓所堂）が所在していたのではないかと述べられている。

ところで、この論考が発表された頃は、境内の発掘調査成果は一切ないときであった。しかしながら、詳細な考察によって示されたその位置は、後述するようにほぼご指摘された通りであることに驚愕する。

次に、鹿苑寺境内に先述した建物群がどのように配置されていたかについて、私見を述べる。基本的には、川上氏が想定された説であったと考えているが、一部再検討してはと思われる箇所について考察する。

南屋寝殿の位置については、第12次調査（方丈下層）によってほぼ確定されたといって良い[17]。また西園寺、善寂院に関しても、川上氏ご指摘の通りである。さらに北屋寝殿、妙音堂、法水院の位置についても同様である。

なお西園寺には、規模形態とも明らかでないが、第3次調査w区で浅い池が発見されており、園池が設えられていたようである。西園寺本尊が阿弥陀如来であることからも頷ける遺構である。園池の水は、北方の四十五尺の滝から流れ落ちた水を導入していたと推定する。

次の本願院（墓所堂）、不動堂、愛染堂、五大堂に関して、私見を述べてみたい。

本願院（墓所堂）の位置については、先にみた『公衡公記』（弘安三年十月一日条）の内容から、南屋寝殿の北方に位置し、南門を構えていたことが分かる。そして南門を出た宝輿はその後、西に宝蔵を、東南には長増心院を眺めながら南屋へ進んでいる。さらに長増心院と善寂院との間にある石の階段を下って善寂院に至っている。

このような条件を視野に入れて、現在の方丈から北側を見渡すと、安民沢の北岸にある北に高くなる平坦地に気づく。ここは図9-3のように、不動山とその西に北から南へと伸びる尾根との間の谷地形であるが、東西一二〇メートルに及ぶ平坦地である。この北奥に西園寺家の祖霊を供養する墓所堂があり、さらにその南に南門が位置し、本願院は区画されていたことがわかる。

安民沢が遊水地兼園池として作られたのは、正和年間（十四世紀前半）以降と考える。南屋寝殿は図9-1に見るように、東を晴としていたことが分かる。足利義満が造営した北御所も同様に東を晴とし、東面する四足門があった。このようなことから、西園寺家北山殿は、義満の北山殿と基本的に同じように東晴の構造であったと思われる。

次に、不動堂、愛染堂、五大堂について考える。

現在、木造桟瓦葺の不動堂が、不動山の南斜面を切土して造成した平坦地に見受けられている（口絵13参照）。不動堂の北にある急峻な崖は公経が作り、藤原定家が驚嘆した滝跡と考えている。そして滝壺の南東に石造の不動明王像を安置したと想像する。

現不動堂の南西にある御茶所の改築工事に際して実施した第2次調査（Y区）では、鎌倉時代や室町時代に属する明確な遺構は発見されなかった。では、もう一度建物と平坦地との関係を見てみよう。平坦地の規模は、概ね東西八〇メートル、南北三〇メートルに及ぶが、不動堂と滝跡、御茶所はいずれも平地の東端に所在する。平地規模からすると不自然である。また、滝や石像の不動明王像は、後述のように西園寺家が造営したものである。そのため、ここを切土造成したのは西園寺家の仕事であり、ここには史料に記されている不動堂、愛染堂と、平地西端には五大堂が建立されていたと想像する。すなわちここには、密教関係の諸仏を安置するための仏堂が軒を連ねていたのではないだろうか。

ところで北山殿内に建立された仏堂は、数次にわたって発掘調査が実施されているが、瓦はほとんど出土していない。こうしたことから、和歌山県高野山金剛峰寺の不動堂や愛知県西尾市に所在する金蓮寺弥陀堂などのような、屋根は檜皮葺で蔀戸を付けた、住宅風の仏堂であったと考える。

3　定家が驚嘆した滝

公経は北山殿内に破格の規模の滝を作った。しかもこの滝は山荘の造営当初から計画に織り込み済みであった。公経が西園寺を供養したのは元仁元年（一二二四）十二月、義兄の定家が『明月記』に滝のことを記したのが翌年の正月であることから明らかである。

平安時代の庭園内に滝を造った例としては、神泉苑、高陽院、堀河院、法金剛院、鳥羽離宮などが知られているが、いずれも小規模である。

滝は常時流水を必要とする。そのため滝が見られるのは、自然に水が集まる谷地形の所に立地していることが多い。ところが公経が造営した地は、眺望に優れていたが、水を容易に用いるには大変不向きな環境であった。後述するように公経は、幾つかの問題を克服して滝を設けたのである。

滝の規模と様子については、二つの史料によって具体的に窺い知ることができる。規模については『明月記』から、水が落ちる景観については『増鏡』からである。

規模については、『明月記』（元仁二年正月十四日条）に、「四十五尺曝布瀧碧、瑠璃池水」とある。これにより、滝の落差を具体的に知ることができる。四十五尺は、現在の一三メートルにあたる。

光景については先にみたように『増鏡』に、「嶺よりおつる瀧のひびき」とあることからわかる。ここで注目されるのが「嶺よりおつる」の記述である。自然の滝は嶺にはできない。そのためこの景観を見た人達は、その様子に心を引き寄せたに違いない。

この滝は、北山殿を象徴する存在であり、位置関係を指し示す目印であった。例えば、公経夫人が葬られた場所を示すのに、滝の東方とあることから分かる。しかしながら滝は、その後の史料には散見されず、何時しか忘れさられてしまった。

滝の所在地については、概ね二つの説に分けられる。前者は『山城名勝志』にあるように不動堂北側にみえる崖をその遺構とするが、後者は安民沢の南側付近とする説である。両者ともに、解決しなければならない問題点がある。前者は、水を何処から、どのような方法で導水したのかを証明しなければならない。後者の場合、水は得やすいが、高低差がなく『明月記』にある高さに到底及ばないことである。

そうしたなか昭和三十一年（一九五六）に中根金作氏は、不動堂北側の崖から不動山の東山腹、さらにその北側の尾根に幅二尺の溝と水の取水口（紙屋川上流）を発見したと二枚の写真とともに発表された。[18] しかしながら、位置や標高などについて具体的に示されることがなかったため、その所在が不明なまま約半世紀が経過した。

その後、この時に中根氏が作成された略測図が鹿苑寺に保存されていることが関係者の努力により明らかになったが、所在地については環境が変化したため依然として不明であった。

平成二十一年（二〇〇九）筆者は、不動堂北側の崖面が滝跡である（口絵15参照）との想定のもと、三次元デジタル測量とレーザ測量を実施し、滝口と思われる遺構周辺部の標高を計測した。さらに最近、導水路跡と思われる遺構が不動山東側山麓で偶然確認されたため、関係者の許可を得て遺構の標高を測量した。

現在調査中のため詳細は後日に譲るが、二、三明らかになったことを記しておく。滝の水源について中根氏は、紙屋川から取水していたとされたが、地形と導水溝の標高から無理であると判断した。そのかわり、鷹ヶ峰の南に位置する谷筋を水源としていたと考える。

史料に記載されている滝は、『山城名勝志』にあるように不動堂北側の崖面がその遺構であり、高さは約一三メートルにも及ぶ堂々とした人工の滝であった。水の取水口は、滝から北へ一五〇〇メートルほど離れた鷹ヶ峰南方の谷筋と考えている。なお明治時代の古図には「龍ケ谷」と記されている。ここで取水された水は、不動山東側の急峻な斜面に敷設された溝によって北山殿へ引き入れられていたものと考える。

第四節　不動堂と石像不動明王

西園寺家北山殿を考えるとき、不動堂石窟や『明月記』や『増鏡』にある滝は無視できない重要なものである。とりわけ西園寺公経がどのような理由でこの地を選択したのか、公経の思い描いた構想を知るには極めて重要な遺構である。すなわち現世利益をかなえるための、濃密な密教空間の創造であった。以下、不動堂と滝について考察する。

不動堂本尊の不動明王は、「石不動《いわふどう》さん」とも呼ばれ、弘法大師の作と伝えられている。昔から首から上の病にご利益があるといわれ、今でも多くの信者から崇敬されている。

いつ頃から秘仏とされるようになったかは明らかでないが、少なくとも江戸時代にはなっていた。現在もそれは変わらず、普段はその尊容を拝することはできないが、春の節分（二月三日）と夏の五山送り火（八月十六日）の両日に限り開扉法要後に、拝することができる。

1　不動堂の位置と構造

不動堂は度々述べたように、不動山の急峻な南斜面の中腹（標高約一〇〇メートル）にあるため、鹿苑寺境内にある建造物のうち、夕佳亭についで高所に位置している。現在周囲の建物や樹木などによって、眺望はほとんどきかないが、本来は極めて眺めのよい環境である。

不動堂の構造について述べる。不動堂は、正面西向きの木造桟瓦葺き建物のように見えるが、本尊の不動明王はこの建物になく、建物東端と繋がっているが全く別の施設である石窟（石室）内に安置されている（口絵14・図9-5の写真参照）。すなわち不動堂は、木造建物とその東奥にある山の斜面を掘削して構築された石窟から構成されており、本尊の不動明王は、地中の石窟に安置されている。

不動堂は、本尊を祀るための建物でなく、法要を行うことを主目的として建立されたものである。寺伝によると今の建物は、天正年間（一五七三〜一五九一）に宇喜多秀家によって建立されたとある。建物は方三間で、天井は折上天井である。西正面は吹放ちの広縁とし、西・南・北の三面は落縁をめぐらしている。建物東奥の中央間は、石窟の扉が開く構造となっている。その左右は、間口一間の龕としている。また建物北東隅にも、同規模の龕がある（図9-5）。

二〇〇六年、この北東隅の龕に安置されていた不動明王像が、鎌倉時代の不動明王であることが明らかとなり、国の重要文化財に指定された。現在、この不動明王立像は調査成果に基づき、造像された当初のお姿に戻され、相国寺境内の承天閣美術館において展示保存されている。

2　石窟と不動明王

石窟の現状について述べる。石窟の入口は、花崗岩の切石を「ロの字」に組合わせ、そこに土蔵のような漆喰の扉が取り付けられている。入口上部の切石上には、さらに長さ二メートル以上の緑色片岩を積み上げ入口部分の天井を構築して

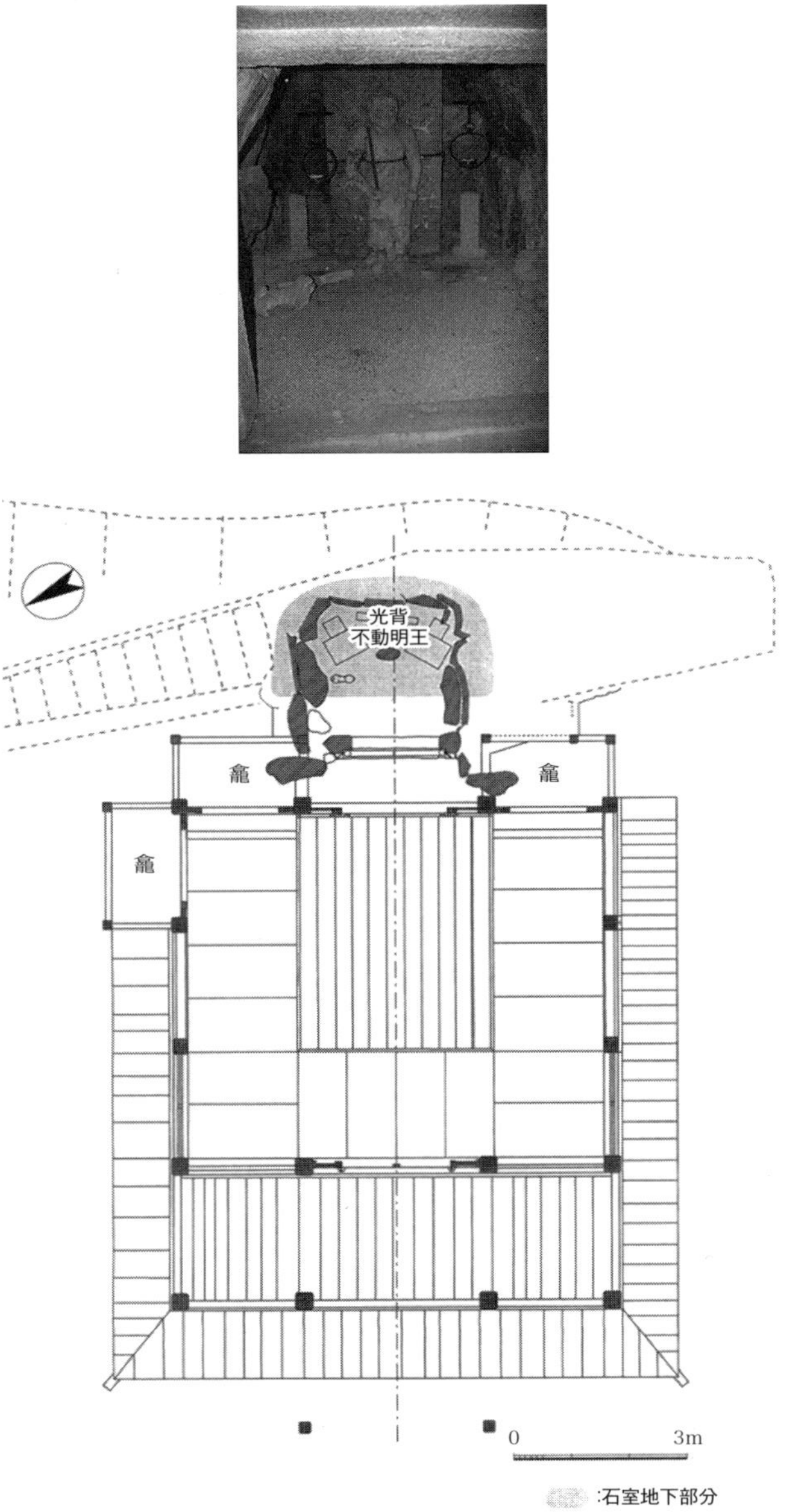

図9－5　石窟内部の写真（上）と不動堂平面図（『鹿苑寺境内不動堂石室調査報告書』鹿苑寺境内不動堂石室調査委員会、2011年より）

いる。石窟の床面は、荒い白川砂が敷かれている。

石窟の奥中央部には、不動明王立像が西向きに安置されている。不動明王の後方には、迦楼羅を彫刻した石造の光背が据えつけられている。光背と不動明王像は、金属製のベルトで繋げられている。不動明王像の左右には柱状の切石を据え付けられ、その手前に方形をしたモルタルが施された方形の施設が設えられている。その左側手前には、風化が著しい狛犬状の石造物が南向きに置かれている。

石窟内部の規模は、一様でないがおおよそ幅一・八～一・九メートル、奥行き二・三メートル、床面から天井部までの高さ一・八メートルである。構築使用されている石材は、基本的に緑色片岩である。緑色片岩は、京都盆地および周辺部には分布していない。石窟の北・東（奥壁）・南の壁面と天井ならびに床面は基本的に緑色片岩を使用している。三方の壁面は、緑色片岩の長軸を縦方向に据え付けて壁面としている。すなわち、古墳の石室のように、積み上げて構築したものではない。据え付けには、手前に背の低い石材を用い壁面が単調にならないように工夫している。そのため石窟内部の様子は、古墳石室の光景とは全く様相を異にしている。

天井部は、長さ二メートル以上の緑色片岩を南北の壁を構築している石材に差渡している。理由は定かでないが、天井の高さは不揃いである。一方床面については、全面を発掘調査したわけではないが、白川砂を取り除くと、おおよそ長さ一・八メートル、幅一・二メートル以上の緑色片岩を敷いている。

また床面北側には、壁面に沿って幅〇・一メートル程の溝が設けられている。部分的な確認であるが、緑色片岩の小片を溝の蓋にしている箇所を確認している。そのためこの溝は、開渠ではなく暗渠状に仕上げられていたと考えている。

不動明王像ならびに石窟内で発見した線刻した石造品の石材について述べる。不動明王像は、一石の和泉砂岩を丸彫りした立像で、像高は約一・六メートルである。台座は無く両足から下方部を石窟の床面に据え付け固定している。和泉砂岩は京都盆地には分布しておらず、四国北部、淡路島、和泉山脈を連ねる地帯に見られる。和泉砂岩の出土例としては、高陽院（礎石）や鳥羽離宮金剛心院（船着場）などがあり、平安時代から京都へ持ち込まれていたことが判明している。

そのほか、風化が著しい狛犬状の石造品も同じ和泉砂岩である。また仏像などが線刻された石造品（天井部）も和泉砂岩である。

ところで、不動明王像と対をなす後方の石製迦楼羅焔光背は、和泉砂岩ではなく凝灰質泥岩で、採集地は奈良県南部ではないかと推定されている。この光背は、文様形態などから後補であると考えている。

さて不動明王像は、口絵14・図9-5の写真にあるように台座を伴っておらず、素足のまま石窟の床面に立ったような状況である。ところが不動明王像前面の床面には、表面がきわだって凸凹した、緑色片岩を据え付けている。その結果、石窟の出入り口から不動明王像の足元を拝すると、不動明王は、前面に据えつけられた凹凸のある石の上に立っているように見受けられる。これは偶然に生まれたものでなく、当初から岩座を意図した造形であることがわかる。施主や設計者の細やかな拘りを強く感じる。

3　石窟の文字資料

不動明王とそれを安置する施設として構築した石窟がいつ頃、誰によって営まれたかについては、史料がなく詳らかでないが、一つの有力な手がかりとなるのが二〇〇六年秋に発見した文字である(19)。文字は、石窟を構築する石材の表面に、先端が鋭い工具（刃物）で走り書きされたものである。今のところ文字が書き記された石材は、北壁と南壁で確認している。

史料の内容は、年号、題目や名号、人名、五輪塔などである。ここでは、石窟の成立を解明する史料となる年号を古い順に述べる。「康永元暮秋下旬」「康永二年」「康永四」「貞和二五廿四」「文和二年拾月十七日」「応永十二年四月十九日」である。これを整理すると、「康永元暮秋下旬」は一三四二年九月下旬に、「康永二」は一三四三年に、「康永四」は一三四五年に、「貞和二五廿四」は一三四六年五月二十四日に、「文和二年拾月十七日」は一三五三年十月十七日に、「応永十二年四月十九日」は一四〇五年四月十九日となる。

この文字史料から石窟は、西園寺家が建立した遺構であることは間違いないであろう。最も古い「康永元暮秋下旬」は、西園寺公経が西園寺（北山殿）を供養してから、一一八年を経ている。このころの西園寺家の家督は、公宗の子の公重（一三一七〜一三六七）と実俊（一三三五〜一三八九）との間を行き来していた。実俊は康永三年（一三四四）に従三位に、貞和五年（一三四九）には正三位権中納言になっている。

年号を見ると、西園寺家の衰退して行くころに記されたことが分かる。なお最も新しい応永十二年は、この地が西園寺家から足利義満へと移ってから九年後である。

題目や名号としては、「南無不動明王」「南無阿弥陀仏」「南無妙法蓮華経」「南無伍大力菩薩」「南無阿弥」「南無妙法蓮華」「南無大聖」などが明らかになっている。

人名と思われるものとしては、「兵衛五郎」「七郎」「国久」「賢範」「重久」などがある。その他にも、意味がよく分からない文字が多数ある。

4　滝と石窟の成立

滝、石造不動明王像、石窟の成立について述べる。先の遺構のなかで最初に造営されたのは滝であり、北山殿造営当初から成立していた。滝は、大変不向きな立地条件を懸命に克服して造られた遺構であり、綿密な計画に基づいたものである。

現在不動堂や御茶所が建ち並ぶ平地と滝（崖面）は、同時に不動山南側山腹を造成したものである。滝はさらに北側斜面を幅約一八メートル、奥行き約一七メートル、高さ約一三メートルにわたり掘削して作ったものである。しかもこの場所の基盤は岩盤であり、その開削は並々ならぬ決意のもとに実施されたことが想像される。

次に、石造不動明王像と石窟について述べる。多少の時間的前後はあるものの、両者は並行して造られた。石造不動明王像の制作年代に関する先行研究では、弘法大師の作とする説、平安時代から鎌倉時代とする説、室町時代とする説など諸説ある。[20]石窟の成立年代からすると、鎌倉時代の造像であろう。

不動明王を安置する石窟で発見された史料からすると、新しくても康永元年（一三四二）九月には成立していた。現在これ以上、石窟の成立に関連する情報はないが、注目される記述が『明月記』に見られるため、それを参考にしながら、両者の年代を模索する。

寛喜元年（一二二九）六月九日、霊石とうわさされた北隆石を山荘へ牛一七頭で運び入れている。そして同年十一月十九日に公経は、北山殿に出向いて石立をおこなったとある。両日の記述内容は、一連のものと解されている。牛一七頭を使用しての石の搬入作業は、尋常な規模ではない。牛の頭数からすると霊石は複数箇であったことが推定される。また約五ヶ月後に公経自らがこの霊石を立てていることに驚かされる。

こうした特異な状況から筆者は、霊石とは不動明王像を刻んだ石材であり、牛一七頭で運び入れた石は、石窟を構築した緑色片岩のことではないかと考える。

すなわち公経は、山荘を象徴する一つである滝のもとに、当時都では大変珍しかった、水に濡れると美しさが倍増する緑色片岩で石窟の造営に着手したのではないかと思う。その後、石窟内に霊石を刻んだ石像の不動明王像を安置したと想像する。当初からこの不動明王は秘仏としたため、史料に残ることがなかったと推定する。普段は、嘉禄元年（一二二五）に供養された不動堂とその不動明王像を礼拝していたと考える。

第五節　北山殿の復元像

公経が造営し、西園寺家が代々伝承してきた北山殿について概観した。以下に、その特徴を述べる。

一、公経は、北山山麓の変化に富んだ地形を活用して、宗教色（祖霊供養・密教）が極めて色濃い空間と、寝殿造を核とした遊興の空間とで構成した。

二、北山殿造営の地は、平坦地の確保には全く不向きであったにも関わらず、中核を構成する空間として東西四町、南北四町を造営した。

三、北山殿を経営する家政機関は、鹿苑寺境内外の南にあったと考える。

四、平地には、二箇所に寝殿を造営し、南屋寝殿の西側には園池（鏡湖池）を設けた。

五、北山殿の正門は山荘の南側にあたり、平安京から北へ延びる道祖大路末の北端に位置していた。

六、西園寺阿弥陀堂は、南屋寝殿の東側に位置し、御堂の東には山上の滝から流れ落ちた水を湛える園池があった。

七、不動山南面の中腹を開削して、不動堂、愛染堂、五大堂などを創建し、密教色の強い空間を作り出していた。これらの建物は住宅風の仏堂であった。

八、本願院（墓所堂）は、安民沢北方に広がる谷間の北奥に位置し、南門で区画した、非常に封鎖的な空間であった。

九、四十五尺の滝は、造営当初から計画され、人工的に掘削したものである。

一〇、滝の水は、北山殿の北方にある谷水を水路によって尾根伝いに引き入れたものである。

一一、石造不動明王像及び石窟は、霊石を用いて公経が造営したと考える。

一二、公経がこの地に着目したのは、平安京からほど近くしかも、京内における生活を営みながら深山幽谷世界を体感できる二面性を内在していたためと憶測する。深山幽谷をさらに演出するため四十五尺の滝を設えたのである。以上が、公経が造営し、その後も充実された山荘北山殿の景観であったと考える。現在も、境内で発掘調査が実施され、新たな知見が多数得られている。今後の調査に期待したい。

第九章　註

(1) 赤松俊秀「鹿苑寺史」『鹿苑』鹿苑寺編、一九五五年。
(2) 川上貢「西園寺家の北山殿」『日本中世住宅の研究　新訂』中央公論美術出版、二〇〇二年。
(3) 川勝政太郎「北山石不動とその信仰」『史迹と美術』二九〇・二九一号、一九五九年。
(4) 前田義明ほか『特別史跡特別名勝鹿苑寺（金閣寺）庭園　防災防犯施設工事に伴う発掘調査報告書』鹿苑寺、一九九七年。
(5) 東洋一「西園寺四十五尺瀑布瀧と北山殿七重大塔（上）」『研究紀要』京都市埋蔵文化財研究所、二〇〇一年。
(6) 下坂守「鹿苑寺の歴史」鹿苑寺編『鹿苑寺と西園寺』思文閣出版、二〇〇四年。
(7) 伊東史朗「鹿苑寺不動明王像（西園寺伝来）について」『鹿苑寺と西園寺』（註6前掲書）。
(8) 川瀬由照「鹿苑寺の彫刻」『鹿苑寺と西園寺』（註6前掲書）。
(9) 鈴木久男「不動堂石室の文字」『鹿苑寺と西園寺』（註6前掲書）。
(10) 鈴木久男『鹿苑寺境内不動堂石室調査報告書』鹿苑寺境内不動堂石室調査委員会、二〇一一年。
(11) 細川武稔「足利義満の北山新都心構想」『都市を区切る』（中世都市研究15）山川出版社、二〇一〇年。
(12) 小檜山一良『特別史跡・特別名勝　鹿苑寺（金閣寺）庭園』（京都市埋蔵文化財研究所発掘調査報告 二〇〇五―一七）京都市埋蔵文化財研究所、二〇〇六年。
(13) 川上貢、前掲註2。
(14) 川上貢、前掲註2。
(15) 表9-1の参考文献は以下の通り。①前田義明「特別史跡特別名勝鹿苑寺庭園」『昭和六十三年度　京都市埋蔵文化財調査概要』京都市埋蔵文化財研究所、一九九三年。②前田義明「特別史跡特別名勝鹿苑寺庭園」『平成元年度　京都市埋蔵文化財調査概要』京都市埋蔵文化財研究所、一九九四年。③前田義明「特別史跡特別名勝鹿苑寺庭園」『平成二年度　京都市埋蔵文化財調査概要』京都市埋蔵文化財研究所、一九九四年。④前田義明「特別史跡特別名勝鹿苑寺庭園」『平成四年度　京都市埋蔵文化財調査概要』京都市埋蔵文化財研究所、一九九五年。⑤前田義明「特別史跡特別名勝鹿苑寺庭園」『平成六年度　京都市埋蔵文化財調査概要』京都市埋蔵文化財研究所、一九九六年。⑥前田義明ほか『特別史跡特別名勝　鹿苑寺（金閣寺）庭園　防災防犯施設工事に伴う発掘調査』京都市埋蔵文化財研究所調査報告第15冊、京都市埋蔵文化財研究所、一九九七年。⑦東洋一「特別史跡特別名勝鹿苑寺庭園」『平成九年度　京都市埋蔵文化財調査概要』京都市埋蔵文化財研究所、一九九九年。⑧南孝雄「特別史跡特別名勝鹿苑寺庭園」『平成十年度　京都市埋蔵文化財調査概要』京都市埋蔵文化財研究所、二〇〇〇年。⑨東洋一「第8次調査」『特別史跡・特別名勝　鹿苑寺（金閣寺）庭園』京都市埋蔵文化財研究所発掘調査概報二〇〇一―九、京都市埋蔵文化財研究所、二〇〇三年。⑩鈴木久男「第9次調査」『特別史跡・特別名勝　鹿苑寺（金閣寺）庭園』京都市埋蔵文化財研究所発掘調査概報二〇〇一―九、京都市埋蔵文化財研究所、二〇〇三年。⑪高橋潔『特別史跡・特別名勝鹿苑寺（金閣寺）庭園』京都市埋蔵文化財研究所発掘調査概報二〇〇三―六、京都市埋蔵文化財研究所、二〇〇三年。⑫小檜山一良『特別史跡・特別名勝　鹿苑寺（金閣寺）庭園』京都市埋蔵文化財研究所発掘調査報告二〇〇五―一七、京都市埋蔵文化財研究所、二〇〇六年。⑬鈴木久男『鹿苑寺不動堂石室発掘調査報告』鹿苑寺境内不動堂石室調査委員会、二〇一一年。＊飛田範夫「金閣寺安民沢の発掘調査結果について」『日本造園学会秋季大会』研究発表要旨、一九七九年。

(16)　小松武彦ほか「平安京右京一条四坊・法金剛院境内」『平成八年度　京都市埋蔵文化財調査概要』京都市埋蔵文化財研究所、一九九八年。

※法金剛院の復元では、南北方向は平安京の条坊（一町：一二〇メートル）と同じサイズで、また東西方向は一町を一一〇メートルで復元したところ、検出した遺構とうまく整合した。

(17)　小檜山一良、前掲註12。

(18)　中根金作「鹿苑寺庭園（金閣寺庭園）」『京都の庭と風土』加島書店、一九九一年。

(19)　鈴木久男、前掲註9。

(20)　弘法大師作とする説：『雍州府志』一六八四年、『山州名跡志』一七〇二年。平安時代〜鎌倉時代とする説：川勝政太郎、前掲註3。南北朝時代とする説：川瀬由照、前掲註8、ほか。

あとがき

本書『平安京の地域形成』は、二〇〇七年二月の『平安京の住まい』、二〇一二年六月の『平安京と貴族の住まい』（いずれも京都大学学術出版会）に続く論集であり、約四～五年の間隔を経て世に問う、第三篇目の成果ということになる。前二書の編著者は西山・藤田の二名であったが、本書では鈴木が新たに加わった。

前々書『平安京の住まい』では平安京の住人である貴族と庶民の住まい、邸宅と町屋を取り上げ、前書『平安京と貴族の住まい』では、とくに貴族の住まいについて重点的に検討を加えた。本書もそれらの延長線上にある。しかし対象は拡大、深化させる必要があった。住まいは平安京に面的な広がりをもって存在し、各々が有機的に関連しつつ、まとまった「地域」を形成し、そしてまた住まいはその内部においても多種多様な様相を呈したからである。

そこで、平安京・中世京都の個別の居住・住宅と、個々の居住・住宅の集合または分散という、都市内部における一定の地域、空間の個性の究明を目指すことになった。個々の居住・住宅と都市内部における地域の両者をめぐって統一的な分析を試み、もって平安京という都市の全体構造の一端を明らかにしようというものである。そのため研究代表者西山を中心に、鈴木・藤田が研究分担者となって、平成二十二～二十四年度（二〇一〇～二〇一二）の三カ年で「平安京の「居住と空間」分析」（ＪＳＰＳ科研費：課題番号22520665）に取り組んだ。

この科研費による助成研究を念頭におきつつ、日本史学と考古学、建築史学、さらに歴史地理学、日本文学などが加わる中で、その時々の最新の発掘成果を吸収して、「平安京の〈居住と住宅〉研究会」が、これまで通り継続的に開催されてきた。本書もまたこの研究会の報告をもとにしている。報告者はもとより、ご参加いただいた方々から、貴重な御意見・御批判を多く得て、はじめて本書は成立した。あらためて深謝の意を込めて、研究会の経過を記したい（報告者はあいうえお順、敬称・副題は省略）。

1　二〇一〇年三月十四日
安藤哲郎「貴族の日記にみる「京」の認識」
家崎孝治「東寺旧境内遺跡（平安京左京九条一坊十六町）の発掘調査」
西山良平「平安京施薬院・悲田院考」

2　二〇一〇年十一月十四日
北中恭裕「平安京右京二条二坊八町の発掘調査について」
久米舞子「七条大路とふたつの祭り」
水田（現姓：天野）ひろみ「王朝物語における姫君の居住空間について」

3　二〇一一年三月六日
塚本明日香「中国正史災異史料中に見られる建物用語の変化」
平尾政幸「猿投産緑釉陶器と嵯峨源氏」
南　孝雄「平安時代後期の右京」

4　二〇一一年十一月二十日
辻　裕司「平安京左京域南部（八条・九条域）における街区形成」
西山良平「西三条第と淳和院（南池院）」
山岡　瞳「鎌倉時代西園寺家の邸宅」

5　二〇一二年三月二十四日
近藤奈央「平安京右京三条一坊六町の調査」
鈴木久男「西園寺家（北山殿）庭園」
前田禎彦「院・摂関と検非違使庁」

6　二〇一二年十一月十八日
家原圭太「平安宮の囲繞施設と建物」
高橋慎一朗「中世都市鎌倉研究の回顧と展望」
浜中邦弘「中世相国寺の考古学的検討」

7　二〇一三年三月二十日
西山良平「平安京右京三条一坊六町出土の漢字墨書土器」
樋笠逸人「大極殿時代の儀礼空間とその変容」
本澤慎輔「平泉における十二世紀代の建物遺構」

8　二〇一四年一月十二日
赤澤真理「女房装束の打出の成立と寝殿造における女性の座所」
西山良平「右大臣藤原良相と平安京の百花亭」
米澤隼人「閑院内裏の歴史的意義」

9　二〇一四年十月二十六日
安藤哲郎「平安貴族の大路・小路をめぐる空間認識」
藤田勝也「平安・鎌倉時代の織戸、織戸中門」
前田禎彦「平安京と小舎人童」

10　二〇一五年三月二十八日
柏田友香「中世京都の墓制と葬送儀礼」
西山良平「平安京の隨近・在地と地域（領域）の分節」
南　孝雄「右京の衰退と変容」
11　二〇一五年九月二十六日
家原圭太「中・小規模宅地の展開」
鈴木弘太「中世竪穴建物研究の到達点と課題」
樋笠逸人「鴨社古図（賀茂御祖神社絵図）について」
12　二〇一六年三月十三日
西山良平「「四分一宅・角宅」小考」
平尾政幸「冷然院北内溝出土土器」
吉野秋二「山背の行基寺院」

なお本研究会は、京都大学における文部科学省「地（知）の拠点整備事業（大学COC事業）」（京都学教育プログラム）の一環でもある。

平安京研究は、日々、進展している。前二書がそうであるように、本書は平安京の、とくに居住と住宅に関する最新の研究成果である。とはいえあらたな知見・視角は今後も少なからず見出されるであろう。研究は不断に進め、深化させる必要があることを痛感している。そのためにも本書に対して大方の御意見・御批判をいただければ幸いである。

最後に、本書の表紙デザインは鷺草デザイン事務所の上野かおる氏の御尽力による。図版・写真の掲載にあたっては、関係機関・所蔵者の方々より御高配をいただいた。また本書の企画と編集には京都大学学術出版会の鈴木哲也・福島祐子の両氏にたいへんお世話になった。心より御礼を申し上げる次第である。

二〇一六年九月（文責　藤田・鈴木）

人　名

＊姓不明は名で、女院は院号で項目をたて、女院は（ ）内に姓名を示した。平安末期以降の藤原氏は、九条・近衛・西園寺・二条・吉田に分類した。

地　名

索　引（事項 / 地名 / 人名）

事　項

「中世初期の低地築堤例」『季刊考古学　102 土木考古学の現状と課題』雄山閣、2008年。
『平安京左京八条三坊四・五町跡』(共著)、京都市埋蔵文化財研究所発掘調査報告 2009-7 、財団法人京都市埋蔵文化財研究所、2009年。
『平安京左京五条二坊四町跡』(共著)、京都市埋蔵文化財研究所発掘調査報告 2013-10、公益財団法人京都市埋蔵文化財研究所、2014年。

西山　良平（にしやま　りょうへい）*
京都大学大学院人間・環境学研究科教授　日本古代・中世の社会史・文化史
主要著作
『都市平安京』京都大学学術出版会、2004年。
『平安京の住まい』（共編著）京都大学学術出版会、2007年。
『恒久の都 平安京』（共編著）吉川弘文館、2010年。
『平安京と貴族の住まい』（共編著）京都大学学術出版会、2012年。

藤田　勝也（ふじた　まさや）*
関西大学環境都市工学部教授　建築史・住文化史
主要著作
『日本古代中世住宅史論』中央公論美術出版、2002年。
『裏松固禅「院宮及私第図」の研究』（編著）中央公論美術出版、2007年。
『平安京の住まい』（共編著）京都大学学術出版会、2007年。
『平安京と貴族の住まい』（共編著）京都大学学術出版会、2012年。

南　孝雄（みなみ　たかお）
公益財団法人京都市埋蔵文化財研究所調査係長　考古学
主要著作
「平安京掘立柱建物の特性―庇付き建物の展開―」『研究紀要』第1号、財団法人京都市埋蔵文化財研究所、1995年。
「町家型建物の成立」『平安京の住まい』京都大学学術出版会、2007年。

【著者紹介】　五十音順　＊は編者

天野　ひろみ（あまの　ひろみ）
九州産業大学非常勤講師　日本中古文学（平安文学）
主要著作（旧姓・水田で発表）
「『源氏物語』の邸宅使用方法について―光源氏と匂宮の事例を中心に―」『中古文学』85号、2010年。
「王朝物語における男性の住まい」『国語と国文学』87巻７号、2010年。

安藤　哲郎（あんどう　てつろう）
滋賀大学教育学部講師　歴史地理学
主要著作
「説話文学における舞台と内容の関連性―平安時代の都とその周辺を対象に―」『人文地理』60巻１号、2008年。
「平安貴族における「京」の認識―日記の検討を通して―」『歴史地理学』53巻２号、2011年。

久米　舞子（くめ　まいこ）
国際日本文化研究センター技術補佐員　日本古代史
主要著作
「平安京都市民の存在形態―道々細工を中心として―」『法制と社会の古代史』慶應義塾大学出版会、2015年。
「金剛寺聖教にみえる僧仁範の足跡」『日本古代の地域と交流』臨川書店、2016年。

鈴木　久男（すずき　ひさお）＊
京都産業大学文化学部教授　日本歴史考古学
主要著作
『恒久の都 平安京』（共編著）吉川弘文館、2010年。
「鳥羽離宮庭園から見た鳥羽上皇の浄土観」『『作庭記』と日本の庭園』思文閣出版、2014年。
「嵯峨嵐山の薪炭商小山家について」『角倉一族とその時代』思文閣出版、2015年。

塚本　明日香（つかもと　あすか）
岐阜大学地域協学センター特任助教　中国建築史
主要著作
「宋代以前の正史災異史料に見られる一般的な建物用語の変遷」『日本建築学会計画系論文集』674号、2012年。
『中国正史の災異史料における建物用語の変遷』学位論文、2015年。

辻　裕司（つじ　ひろし）
公益財団法人京都市埋蔵文化財研究所常勤嘱託　日本考古学
主要著作
「木製服飾具の再検討―横櫛の分類と生産遺跡―」『研究紀要』第７号、財団法人京都市埋蔵文化財研究所、2001年。

平安京の地域形成

2016年10月15日　初版第一刷発行

編著者　西　山　良　平
鈴　木　久　男
藤　田　勝　也
発行人　末　原　達　郎
発行所　京都大学学術出版会
京都市左京区吉田近衛町69番地
京都大学吉田南構内(〒606-8315)
電　話　(075)761-6182
FAX　(075)761-6190
URL　http://www.kyoto-up.or.jp
振　替　01000-8-64677

ISBN978-4-8140-0045-6
Printed in Japan

印刷・製本　亜細亜印刷株式会社
装　　幀　鷺草デザイン事務所
定価はカバーに表示してあります